アリストテレス

今道友信

講談社学術文庫

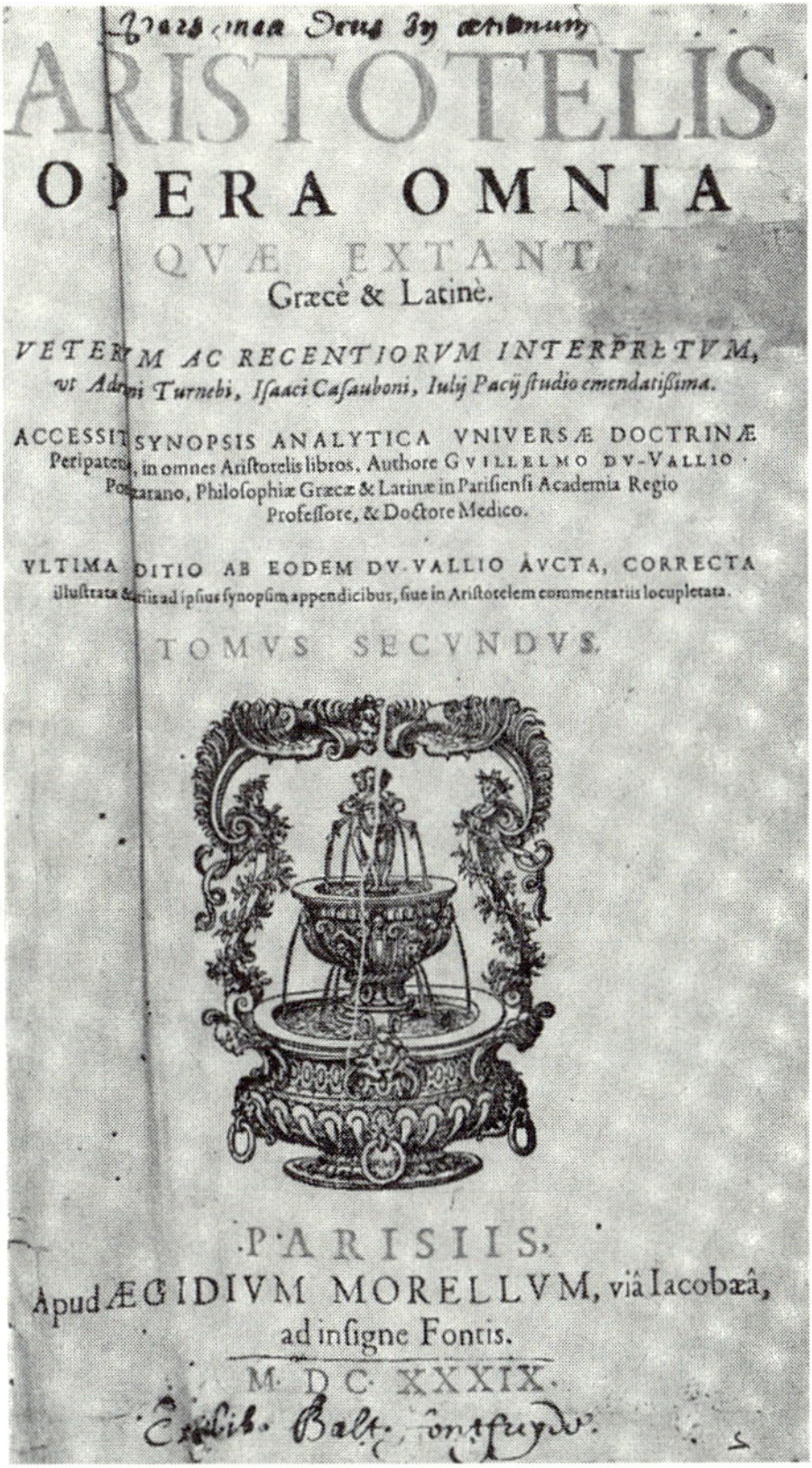

ARISTOTELIS
OPERA OMNIA
QVÆ EXTANT
Græcè & Latinè.
VETERVM AC RECENTIORVM INTERPRETVM,
ut Adriani Turnebi, Isaaci Casauboni, Iulij Pacij studio emendatissima.
ACCESSIT SYNOPSIS ANALYTICA VNIVERSÆ DOCTRINÆ
Peripateticæ, in omnes Aristotelis libros. Authore GVILLELMO DV-VALLIO
Pontesarano, Philosophiæ Græcæ & Latinæ in Parisiensi Academia Regio
Professore, & Doctore Medico.
VLTIMA EDITIO AB EODEM DV-VALLIO AVCTA, CORRECTA
illustrata & ... ad ipsius synopsim appendicibus, siue in Aristotelem commentatiis locupletata.
TOMVS SECVNDVS.
PARISIIS,
Apud ÆGIDIVM MORELLVM, viâ Iacobæâ,
ad insigne Fontis.
M. DC. XXXIX.

1639年パリで出版されたギリシア語原典にラテン語対訳のあるアリストテレス全集（全4巻）の中扉。著者の宝物のひとつ。縦37cm，横24cmの大型革製本で，印刷は鮮明である。

まえがき

本書は、序にあたる「私とアリストテレス」（全十五頁）を除けば、アリストテレスに関する研究書である。しかし、私はアリストテレスについて全く知らない人も、本書に抵抗なく入ってゆけるような、そしてまた、かなり専門研究を積んだ人でも読んで役立つような、そういう研究書になるように、できるだけの配慮と工夫を試みた。よって、「I　アリストテレスの思想」という導入部門（全百十七頁）は、この哲学者に関する一切の予備知識なしにも読めるように、まず全体的展望を得るための基礎的知識の概略的な説明を企てながらも、研究書としての特色を示すものとして、各章に幾つかの斬新な問題提起を試みてある。そのため、「1　思想史上のアリストテレス」、「2　日本とアリストテレス」という肩のこらない入門的部分でも、新しい見方や新しい資料を提示したつもりである。また、「3　アリストテレス著作の諸問題」、「4　アリストテレスの学問について」というような、どの研究書でも相似た内容になり勝ちのところでも、例えば、3では、エクソテリコイ・ロゴイ（入門的ロゴス）が講義なのか書物なのかについての私の文献学的な推論を、4では、矛盾と反対との違いや、カテゴリー（範疇）が思惟形式か記述方法かという問題などにふれておいた。

「II　アリストテレスの生涯」の部では、最初の三頁で生涯の概略を四期に分けて簡単に説明しておいた。従って、大まかな哲学史的知識としては、それでひとまず十分なのである。しかし、その後に約二十頁をあてて、古記録や所伝に基づきながら、詳しい伝記を試みた。別に特色という程のことでもないが、私としては他の伝記に較べれば、アリストテレスの人間関係に視線をあてて書いてみたつもりである。ここまで読めば、後は自然に次の専門的な領域に進むことはたやすいと思う。

私の思うところでは、「III　アリストテレスの著作と学問」以下は、特にことわるまでもなく、研究である。私は、このあたりは、大学における一般講義のつもりで書き進めている。それは、基礎的な知識や必要な研究上の情報を説明しながら、私自身の見解を論証してゆくのである。従って、どの部分にもある程度の特色はなければならないが、外面的に目立つものは、例えば、今は喪われた初期対話篇に関して約二十頁余りにわたって詳論したことである。これは普通の本ではあまり見られないことであるが、なぜこのようにしたかと言えば、これが、私はアリストテレス自身の後期の理論的展開との連関や、彼の師にあたるプラトンの研究に大切な契機になると思うからである。

入門書としての本書の特色の一つは、段々と読み進んで、形而上学や神学、倫理学にまで来ると、大学の一般講義の水準を超えて、専門的学術論文を敢えてそのままの形態でのせたことである。そこには、プラトンのイデア論の私によるまとめ、及びイデア論に対するアリストテレスの反論の意味づけ、神の存在証明についての新しい見解、『ニコマコス倫理学』

と『大倫理学』の比較や、後期ペリパトス学派の哲学的展開などが述べられている。そして特に古典文献学的方法の雛型《ひながた》を示しておきたいと思っている。私はこれらの論文を通じて、先進同僚の厳しい学的批判を俟《ま》つとともに、これを越す論文を書きさえすれば学者の仲間入りが出来るのであるという目安を、まだ大学院や学部で研究しかけているような若い学徒諸君に示しておきたいのである。事実、それらの論文は私の二十代の後期から三十代の前半に書かれ発表されたもので、学界に評価された業績である。これらはすでに哲学雑誌などに一度発表されたものであるが、今はそれらが容易に入手できないため、ここに再録する意味はあると思うし、それらは今でも話題にされることもあるから、現在の発表としても意味を喪わないと考えている。私はこうすることによって、本書を単に「アリストテレス入門」とするだけではなく「アリストテレス研究入門」としたかったのである。もとより私の最近の研究をとり入れてはいるが、全体としては、本書は五十数年前の学部卒業論文に基礎をおいたもの及び大学院の学生時代の論文である。

尚、最初、本書は「人類の知的遺産」という叢書に属していたが、その叢書の特色であった著書抄録ないし語録の部分を作成する、ということをしなかった。その理由は三つある。一つは、本書で何かを論じる際に、私は必ずアリストテレスの書物をそのまま引用してあるため、それがそのまま著書抄録になるであろうということと、次に、著書抄録を作成するには、原則としてアリストテレスの全著作に通じていなければならないが、私は当時まだその全部を読んではいなかったこと、そして、第三に、この抄録については、日本語では、出《いで》隆《たかし》教授の『アリストテレス哲学入門』（岩波書店）という名著があり、今でも図書館で利用できるし、抜粋としてこれを追いぬくものはその頃は言うに及ばず今の私でも到底できないと思うからである。更に、それを手にして、本書を利用されれば一層研究は立体化されるであろう、と考えたからでもある。

その代わり、本書では、できる限り、原典によって、アリストテレス自らに語らせる努力をした。その際、私自身もその一員の末席にいる出隆監修、山本光雄編『アリストテレス全集』（岩波書店）を参考にし、また場合によってはそのまま訳を引用したこともあるので、訳者の方々や出版社に感謝したいと思う。

本書では一般の読者の便を考えて、ギリシア文字は後ろの方の学術論文などのように絶対に必要な場合を除いて殆んど使用せず、ラティナイズ（ローマ字化）してあり、それさえも最小限に止めた。またプラトーン、アリストテレースというような長音も使わず、一般の慣習に従ってアリストテレスとしてある。

本書の旧版の成るにあたっては講談社の小西宗十氏の一方ならぬお世話にあずかり、校正には講談社校正係りの方々のほかに、南山大学助教授藤田一美君（現・東京大学教授）、索引には哲学美学比較研究国際センター助手橋本典子氏（現・青山学院女子短期大学教授）の協力をえた。これらの方々に感謝する。こういう好意的な人々が研究を助ける反面、当時は大学紛争の頃で東京大学の構内において、学生らしからぬ行動をとる者がいたが、そういう人々の行動に妨げられながら書き上げていった本である。そのため、時間に不足して、苦労したことを告げておかなくてはならない。

この二十数年間にアリストテレス研究も進展しているので、本文庫版の刊行にあたっては可能な限りの補筆を加えた。

今道友信

一九七九年十二月（二〇〇四年三月補筆）

目次

アリストテレス

I　アリストテレスの思想

序　私とアリストテレス

幼い頃の宗教・芸術への憧れ

まだ学半ばの身の上（本書の原本執筆当時、私は東京大学文学部教授の職にあった）でこのようなテーマを語ることは、なにとはなしにおこがましく恥ずかしいような気もするし、その上、アリストテレスのような大きな学者に対して私の思っている本当の学問的な意見はまだ言ってはならない、と信じている。しかし、叢書（「人類の知的遺産」）の取り決めによって、このような章節を設けることになっているので、アリストテレスとの私的関係について二、三、思い出に属することや、研究途中のエピソード、それから今後の研究の展望の中におけるアリストテレスの位置などを述べなければならない。

私がそもそも哲学に関心を向けたのは、決して少年時代からのことではない。多くの哲学者たちは、すでにその年少のときに関心が哲学に向いた思い出を持っているようであるが、私の少年時代は、もし、なんらか価値にかかわるものがあるとすれば、宗教と芸術だけであった。カトリック教会の典礼は、日本のように少人数で辺境の地と思われるところでも周知のように、キリストの彫像や、多少質の劣った出来栄えにもせよヴィトロオ（ステンドグラス）の色合いや、それからなによりも少年の心を惹きつけてやまなかった蠟燭の炎が祭壇に立ち並ぶ輝きや、また、定められた祭日や季節ごとに色を変えて出てくる司祭の衣、そして、あるときは深く人間の実存の悩みを訴えるがごとく、またあるときは天上の天使の飛翔を告げるようなオルガンの響きなどで飾られた壮麗な空間で行われていた。遠い任地の父母の許を離れ、地方の中学にいた私は、孤独に恵まれ、聖書を愛読し、教会に通った。私はそこで、天国を夢みたり、聖母マリアのやさしさを思いみたりするときが自分に許されることを、なにか奇跡のようにうれしく思ったものである。なぜならば、今思いみれば、現在の私よりははるかに清純であって別人のごとく思い出される少年の日々ではあったが、人間である以上、さまざまの肉欲や、野心や、みたされない憧憬の苦しみ、また幼いにもせよ人の世の悲哀に打たれた絶望感などに織りなされ動揺しているのがふつうの少年の姿である。私もその例外ではなかった。しかし、その私にさえ天上的な思索を許す瞬間が仮にもこの世にあるということは、大きな慰めであり、かつ希望であったことは事実である。かくして、小学生の子供心を誘った海軍将校や外交官の夢と離れ、私は暁天に詩篇を朗読するため法衣をまとう修道院の生活に憧れたこともあった。

宗教と音楽

そのような気持ちを一層純粋に強めたのは、社会を取り巻く戦争の風土であった。本来、相会えばかたみに手を取り合って酒を酌み交わすような仲にもなるべき瞳の純明な青年たちが、ただその属する国家が異なるというだけで敵対し、殺し合わなければならないという情景は、その背後に、少年の頭脳では計り知れない複雑な、政治・経済あるいは文化の葛藤があったにせよ、また、それを多少は予感したにせよ、充分に理想主義的であった少年の私には、まったく赦しがたいことのように思われたが、まさしくそのような私の、世には容れられなかった思想をやさしく抱きかかえてくれる教会は、私にとって確かに生きるよりどころとなり得るものであった。ロゲンドルフ神父の指導を受けたのもその頃であった。

その教会を守る司祭たちから聞かされる話は、ヒットラー非難を始めとして社会一般の言説とは異なるものが多く、そのこと自体は私に当然のことに思われていた。しかし、理解のできないこともあった。例えば、ようやく思想史に耳を傾ける青年時代の初期に、日本の大学や文化界でだれしもが初めて聞くことは、近代を開いたものはデカルトであり、それを更に完成させていったものはカントである、という解説であった。そして当時は新カント学派や、生の哲学のベルクソンやニーチェ、そしてまた、現象学派や実存主義また更にはウィーン・シカゴ派の学者たちの名前が、殆んど神々しいものとして語られていたのである。

ところが司祭たちは、彼らが外国で十分に高度の教養を積んだ人であり、そのような顔つきをしていたにもかかわらず、異口同音に、トマス・アクィナスに比べればカントは風前の灯のようなものだとか、デカルトはアウグスティヌスの考えをスコラの用語で述べたにすぎない、というような言葉を繰り返していたのである。後に自分でそれぞれのテクストを原語を介して学び知って、それらの寸評にはそれなりの正しさがあることも認められなくてはならないと思うこともありはするが、説得力のある論証なしに語られることには、少年としても、直ちには受け容れられないものがあった。そして、司祭たちは、岩下壮一神父の『中世哲学思想史研究』にもあるように、スコラ哲学やトマス・アクィナスは源をアリストテレスに仰ぐのであり、アリストテレスはギリシア最大の哲学者であるのみならず、人類最大の知性であると語っていた。

少しずつ勉強を重ね、十分に批判的となりかけていた私は、もとよりそれをそのままに、信じはしなかったし、むしろ、学問一筋に打ち込むカント学者や現象学者の日本人の教師たちの方が好ましかった。それにひきかえ、すでに学問を背後に残して司牧の仕事に専念している人々の学者めいた言葉は、むしろ、純一であろうとした耳にとっては雑音にさえ聞こえたものである。その頃私は主として音楽や詩の境に遊ぶことに溺れ、思想問題でつかまるよりはという周囲の配慮からでもあろうが、勧める人々は多かったので、ゆくゆくは本式の音楽家になるつもりで、少年時代から続けていたピアノ曲の作曲に励んだ。

青春の転身――音楽から哲学へ

しかし、旧制高等学校の文科に入学したころから、むしろ周囲の学生たちの読書の姿勢に促され、また一つには戦火の激化に伴って、いい年をした男の子が楽器をもてあそんだり、詩集をひもとくことなどに対する冷たい視線に堪えかねたこともあって、私はひたすらいわゆる哲学書の勉強にとりかかったのである。まことにそのようにして私は哲学の書物に入っていった。しかし、そのころ、思春期ということもあろうか、急に神の存在や人生の意義、知の成立根拠など次々に疑問や論証が心の中に湧きおこり、私はいつしか仲間の誰よりも哲学的な生徒に思われ始めたのであった。そして最初に憧れたものはアウグスティヌスであり、次いで荘子とプラトンの書物であった。

今、ある程度研究を積んできた目から見ると、その訳し方にはかなり文句をつけたい気もしないではないが、当時私が刺戟されたものは、岡田正三訳の『プラトン全集』（全国書房）と、ジョウエットの英訳プラトン、そして服部英次郎訳のアウグスティヌス『告白』（岩波文庫）であった。私はこのようにしてプラトンの思索に憧れ、プラトンが求めてやまなかった価値としての美をいかようにしてでも論理的に、あるいは純粋思索的にとらえてみたいと思うようになった。

父母は、もともと普通の子に過ぎない私が哲学を学ぶという覚悟を述べたときに、当然のことながら反対をした。有島武郎に個人的に師事してホイットマンを訳読していた母は、その学生時代には、阿部次郎や松本亦《また》太郎《ろう》の講義を聞いたのを誇りにしていて、その書棚に美しい背表紙の英文学の書物を沢山持っていたが、これまた今から思い返せばごく普通の、多少教養を内に秘めていただけの女性にすぎなかった。しかし、この母は最後に私の要求を容れ、父に懇願してくれるようになった。実業家であった父は、クラシック音楽を好み、文化に理解を示しはしたが、私を後継者にしたいと思っていた。第二次大戦前は父権の強い時代であって、父の意に反して進学するのは一般に困難な頃である。父は私を大学の哲学者たちに会わすことによって、彼らが私のその方面の才能のないことを見抜いて志望をくじかせるものと信じていたようである。しかし、結果は逆であった。東北帝国大学の教授をしていた叔父を介して最初に面会することのできた高橋里美教授や小山鞆絵教授は、東北大学の哲学に来るようにと勧めてくださったし、河野与一教授は自分のところで勉強しないかと誘ってもくださった。先生方は私の哲学に対する熱意を評価してくださったのである。私は河野先生のやさしい御様子がうれしく、そこで勉強するのもよいかと思った。ただ、高校の哲学の桂寿一先生（後の東大教授）は「君は法学部」の一点張りであった。

そして最後に、親戚の心理学者が、引っ込み思案の私を急き立てるようにして、手筈を整えてくれ、東京帝国大学教授の出隆《いでたかし》先生を小日向台のお宅にお訪ねした。教授は私に、今何をしているかとお尋ねになったので、率直に、「ギリシア語の勉強をして、プラトンを読もうと思って準備をしております」と申し上げたところ、先生はその頃よくあった橙色をしたオックスフォード版のプラトンの書物をお出しになって、これを読んでみろとおっしゃった。私はたどたどしくそれを読み、二、三まちがいを訂正していただきながら、まがりなりにも一、二頁を読んだのである。後に共産党に推され都知事に立候補なさって大学を去られた先生とは、私は思想的な対立のゆえに行を共にしなかった結果になるのであるが、その先生は言下に、「生きてゆく理想のひとつに富を入れないですむつもりならば自分のところに来て勉強してみないか」と、真剣なまなざしで誘ってくださった。それは戦時下の昭和十九年の残暑の頃、つくつく法師が鳴いていたのを覚えている。私はこのお言葉を今もありがたいことに思い、その日の午後を回想するたびに感涙が浮かんでくるのをいかんともしがたいが、そのようにして私は自分の人生の第一歩を定めたのである。先生からいただいた名刺をもって銀座の近藤書店に出かけ、オックスフォード版の希英辞典の復刻版を入手できたのも、その日のことであった。

アリストテレス研究の強制

私は、戦争のさ中、遅ればせながら昭和二十年四月に東京大学文学部に入学し、出教授のもとでアリストテレスの研究に入った。なぜアリストテレスの研究となったか。それはたまたま先生が演習でアリストテレスの『自然学』をテキストとしてお使いになり、当時私を除けばみな卒業生であったご自宅でのギリシア語原典の夜の演習がアリストテレスの『形而上学』であったからである。このようにして私は自分の好きなプラトンやアウグスティヌスを読まされずに、アリストテレスに向かうことになった。余力があったならば、私はおそらくプラトンやアウグスティヌスの研究を演習とは別にして行ったにちがいない。しかし当時の私は、その二つの演習の下調べでほぼ一週間のすべては過ぎたように思う。尚そのほかに伊藤吉之助教授のヘーゲルの歴史哲学の演習、池上鎌三先生のカントの『純粋理性批判』の演習、神田盾夫先生のヴェルギリウスの講読、和辻(哲郎)先生の『沙石集』の演習、学外では呉《くれ》(茂一《しげいち》)先生とミュラー神父の個人指導などという、今から思えば信じられないほど恵まれた、しかしまた、どのようにして乗り切ったのかわからないほどの多くの演習をとって、しかもその中でよくできた方に属していたのである。天佑というほかはない。

私は二年の秋に、レポートの中間報告として、アリストテレスの『形而上学』の成立に関し、当時新説ともてはやされていたイェーガー教授に対立する意見を書いた。これは今の学生諸君には信じられないような紙に書いたのである。当時、戦争中に印刷された国債の広告文を印刷した紙が多量に余っており、父が銀行から「紙が足りなければこれがある」と持ってきてくれたその広告用紙なのである。その裏は白紙で十分にインクで書けるに堪える紙質であった。私はその紙を五十数枚使って、四百字詰にして百枚近くのレポートを提出したのであった。教授はこれを多とした。先生は貧しさの中から立ち上がってきたものであるとご自分のことを語っておられたので、国民全体が貧しかったそのときに、何気なく、てらうことなしにその用紙の裏を使った私のことを、今でも、「あの当時の君はよかった」と言って褒めてくださるのである。

アリストテレス

『詩学』訳註に成果を結晶

ろくに勉強もしないうちに、当時天下の権威であったイェーガーに対立した意見を吐いて、アリストテレスの『形而上学』は十分に本人によって組織立てられた書物であり、これを裏づけるためにトマスの註釈をラテン語で読んだ私の論文は、よかれあしかれ先生の注目を引き、先生は私に、それならばイェーガーの学説に対抗してアリストテレスの「実践理性（プロネーシス）」をどのような考えで新しく再解釈できるか試みてみたらどうかと、新しいテーマを出してくださった。それが私の卒業論文である。それは、「アリストテレスの哲学について」、副題として「プロネーシスについての哲学的研究」と題するものであり、大判の大学ノート三冊を綴じ合わせて書き上げたものである。分量からいうと四百字詰原稿用紙で五百五十枚位の長大なものであった。当時、卒業論文の平均は百五十枚位であったから、先生方からは、ひとを苦しめるつもりかというふうに冗談を言われたものである。この論文を以て私は大学院特別研究生に選ばれた。当時、私を力づけてくださった先輩の一人は後に名誉教授となられた斎藤忍随《にんずい》氏（一九八六年没）である。

その論文において私は、若かったせいもあったから、臆するところなく、恩師の出先生の説や、先生の師であるオックスフォードのテーラーやバーネットの学説、また、当時世界の権威であったイェーガーやロスの説に対して、文面だけでは一歩もひけをとらない文章をものしたのである。もとよりその内容はさまざまの欠点を持つものではあった。しかし、この論文は当時それ以後の後輩諸君が、卒業論文を書くに際し、それが古典に関する場合には必ず借り出して読んでくれていた。私はそれらの、今ではその方面の研究では私をはるかに追い越してしまったその頃の後輩たちからも数々の欠点を指摘され、いつかそれを修正したいと思いながら、時は別な方に流れてゆくばかりである。というのも、私はアリストテレスを自分の哲学の終生の研究対象として選んだのではなく、偶然テキストが与えられ、それをいわば自分の思索の訓練の場所として研究したに過ぎないからである。ただ、私が哲学に目を向けたときに心の底にあった神と美と芸術の問題は、アリストテレス研究においても私の主要関心であることに違いはなかった。

そこで、学窓を去ってすでに久しく、出先生とも心のみの交流しかなくなったある日、先生から、「自分が岩波書店から『アリストテレス全集』を訳して出す責任者となった、ついては君にも参加してもらいたい、できるならば二つ三つの仕事を引き受けてもらいたい」と言われたとき、私は、すでにアリストテレス研究家の資格はないものと思っていたので、言下に、「お受けできるものがあるとすればアリストテレスの『詩学』だけだと思いますが、やらせていただけますでしょうか」とお返事を申し上げた。先生はなお私に、できれば一緒に『形而上学』を、あるいは単独で『断片』の訳や、あるいはその他の『マグナ・モラリア』や『修辞学』などもどうかというふうにおっしゃってくださったが、私よりもすぐれた研究家たちは多いのであるし、私は自分の仕事のペースの遅いことを十分によく知っていたので『詩学』だけをお引き受けすることにした。この訳と註は、もし人間が自分の仕事に多少とも誇りを持って語ってよいということがあるとすれば、そうしたいと思う仕事の一つである。私は原典の校訂から始めた。そして、訳註においてもルネサンス以後の註釈書約二百冊を検討しながら、そのどれにもないような、しかし少なくとも私には最も的確であると論証できる訳や註を少しは試みたつもりである。これはその後一九七四年に国際哲学会から古典註解の良書としてリストアップされた。

思索の演習——アリストテレス

こう考えてみると、アリストテレスの勉強は臆病な私に自分の学説を主張する勇気を与えてくれたものであった。学説の主張はやみくもにできるものではない。長い間の註釈の伝統と対決しながら、そしてそれに学びながら、初めて確固とした自分の説が形成されてくるのを常とする。私はもともと体系家として、自ら何を思い何を証明するかということにのみ興味と主たる使命感を持つものであるから、必ずしも哲学史研究に情熱を傾けはしなかった。しかし、この自己の新しい学説を主張するということがいかに困難なものであり、また、いかに慎重にすべきものであるかを、私はアリストテレス研究を通じて知っていったのである。

すでに述べたことであるが、私はアリストテレスをそれほど好むものでもなければ、それほど高く評価するものでもない。やがて現われてくる私の『中世哲学研究』という書物にもあるように、今も私がむしろ哲学的に、また論理学的に興味を持つものは、西洋ではプラトン、ニュッサのグレゴリウスや、アウグスティヌスや、アベラールや、アンセルムスや、そしてまた新しい時代では、ヴィクトル・クーザン、シェリング、ベルクソン、ニーチェというような学者なのであり、東洋では荘子なのである。にもかかわらず、『同一性の自己塑性』や『美の位相と藝術』に始まる私の現在の体系的思索が、少なくとも私の見るところでは着実に展開されていっていると思うのであるが、その基礎はアリストテレスが仕込んでくれたと言っても過言ではないであろう。ともすれば、堰を切って横に溢れ流れようとし、もしそうすれば涸れ尽くしてしまったであろう私の思索の泉を、その泉が豊かになるまで論理の骨組みで守り育ててくれた学者、それがアリストテレスであるというほかはない。私とアリストテレスというのはそのぐらいの遠い縁であり、また、それほど貴重な関係であるとも言えよう。

この書物はなぜ私にゆだねられたのであろうか。この叢書の目録を見ると殆んどその哲学者に傾倒し、その哲学者に一生を捧げても悔いないようなすぐれた研究をしている人が選ばれているように思われる。その意味では、私がアリストテレスを書くことは不遜でもあるし不適当でもあると思う。けれども、思えばアリストテレスに対してある恩返しをしなければならない年頃に達しているのであろう。私はこの書物を読む人が、それゆえ、アリストテレスを好きでなくても、アリストテレスを私と同じように嫌っていても、学問は好き嫌いの問題ではなく、学ぶべきものは学ばなければならないという、そういう心構えを持ってもらうことができるならば意味があるのではないかと思って、書くことにした次第である。

授業とアリストテレス

一九五五年ミュンヘン大学のゼーンゲンに招待され、「アリストテレスの神学」と題して本書三六九頁以下に似た内容を三回にわたって講じ、一九五六年ヴュルツブルク大学では、ベルリンガーに推されて、アリストテレスの原典演習（『形而上学』E巻）を受けもった。私がそこの研究会で、『大倫理学』の成立に関する私の報告はディルマイヤーを驚かせた。私がそこで初めて試みた「倫理学諸書間の死の比較」は、その後一時流行となった。その時の研究報告が本書四〇四頁以下に載せられている。一九五七年にソルボンヌではマシニヨンの推挽で、アリストテレスの初期断片について連続三回の講義をした。一九五八年、故田辺重三教授の御推挙により、帰国して赴任した九州大学では、後の京都大学教授の藤澤令夫《のりお》と古典を競い読み、後に松永雄二も加わり、両人から多くを学んだ。一九六〇年九大の大学院で『大倫理学』の原典批判の演習をした。それは今でも話題に残るハード・ワークであったが、懐かしい思い出である。

一九六二年、竹内敏雄教授の御推挙で私は東京大学の美学講座に移った。折々は古典の演習も試みるが、アリストテレスは『詩学』を一度、『ニコマコス倫理学』の快について一度試みただけである。一九七九年現在、私は大学で教えて三十年になるが、その間、授業としてはこれだけしかアリストテレスを扱っていない。確かに浅い縁である。しかし、『詩学』については、今も校訂した原典の出版の夢を捨てずにいる。

最後にアリストテレスに関して、一九八〇年の悲しい一つの事件について少しだけ書きたい。

それは恩師中の恩師、出隆先生の死である。先生は、晩年は「午前中だけ頭が冴えとる」とおっしゃり、『中世初期の哲学』の執筆を続けていらした。スコトゥス・エリウジェナのミーニュ版を運んだりしてお助けしたこともあったが、先生の望まれた古代ギリシア哲学史の研究という道とは違う体系的思索者としての生き方をした私に、先生は最後までやさしかった。そのことを少しだけ記しておきたい。上記の原稿を完成なさらぬうちに先生は河北病院に入院なさり、約四ヵ月後の一九八〇年三月九日、その病院で亡くなられた。私はときどきお見舞いにうかがったが、最後にお訪ねしたのは二月末であった。私はそのとき先生の強いご推挙で書くことになった講談社「人類の知的遺産」8『アリストテレス』（本書の原本）の最終校正刷（青焼き）を持っていった。その前にお見舞いに上がったとき、「まだでけんのか、楽しみにしとります」と私を見つめてくださったので、製本までは待たず、校正刷でも少し読んで差し上げよう、と思ってうかがったのである。

先生は「面会謝絶」になっていた。病室にはそのときお嬢さまのひとり、かず子さまがいて「もう意識も混濁しておりますので、お会いくださっても……」と口ごもられた。「ずっと眠っておりますの」ということなので、空しく辞去するほかはないと思った。ただ、風呂《ふろ》敷《しき》包みの校正刷を半ば差し出すようにして、「これをひと目おめにかけたかったのです」「あぁ、ご本でしょうか、父はお待ちしておりました。試してみましょうか」と言ってくださり、半ば以上あきらめながら「おとうさん、今道さんがいらしたのよ」と呼びかけてくださった。

そこからの感動的場面を私の言葉でよく言い表わすことができない。先生は奇蹟的に意識を明瞭にされ、はっきりと「今道君、でけたのか」と大声でおっしゃり、かず子さまに電灯を枕の方に当てよと指示され、私の校正刷四四二頁分を胸におしあてるようになさり、はっきりと「重くてずしりとした本がでけて、おめでとうございます。もう読めんのが残念です」とおっしゃり、見えない眼を紙面に銜《は》わすかのようにしてくださり、校正刷を返してくださるなり、大きな手を私に差し出してくださった。そしてもう一度「おめでとう」と言ってくださった。私は涙を流した。ただ「先生のおかげでございます、ありがとう存じます」としか言えなかった。先生はまた眠り込んでいかれた。

カトリックに怠りの罪というのがある。それはしばしば私の告解の対象になるが、なぜもう少し早く書き上げなかったのだろう、なぜもう少し早く取りかからなかったのだろう、と歯ぐきが痛むほど歯を食いしばって階段を下りていた。涙は人に見せたくないのでトイレットに隠れて涙をふいた。「泣くべき所に入りて泣きぬ」というヨゼフのようであった。

本書はそういう意味でも、恩師への私のせめてもの捧げものなのである。

1　思想史上のアリストテレス

アテネの学校

ヴァティカノの聖ペトロ寺院に隣接するヴァティカノ博物館のセニャトゥラの広間(Stanza della Segnatura)に、有名なラファエロ(Raffaello)の傑作の一つ「アテネの学校」というフレスコ画がある。この作品は一五〇二年に完成されたものであるが、周知のとおり、画面の中心にプラトン(Platōn)とアリストテレス(Aristotelēs)が並び立っている。向かって左側に立ち天を指すプラトンの側には、ソクラテス(Sōkratēs)やヘラクレイトス(Hērakleitos)のようにいわゆる観念論的な思索をした哲学者の群像約二十人が描かれ、向かって右側に立ち地を指すアリストテレスの側には、デモクリトス(Dēmokritos)やアルキメデス(Archimēdēs)のように当時としては実験的と考えられるような、経験を重んじた学者の群像約二十人が描かれている。

この画面構成は何を意味するのであろうか。通常日本で一般に言われているところでは、プラトンとアリストテレスがギリシアの学問の二つの流れ、すなわち哲学と科学のそれぞれの頂点であり、左側に立つプラトンが純粋に思索的な観念論すなわち哲学の代表とされ、右側に立つアリストテレスは経験論的な科学の代表とされている。両者がそれぞれ指さす方向

ラファエロ「アテネの学校」

を見てみると、この解釈に全面的な間違いがあるというわけではない。しかし、我々の思うところでは、左右それぞれに壇の側方や壇の下に描かれている人々は、なるほどそれぞれが一面的に観念論者であるか経験論者であるかもしれないし、哲学にかかわりの少ない部門科学者であるかもしれないが、それは重要なことではなく、この絵の主要な意味は、次のことである。すなわち、壇上の中央に立ち「アテネの学校」を代表する二人は、群を抜いて偉大であって、いわば〝学〟そのものを具現する二人の学者であり、プラトンもアリストテレスも、その当時における万学を兼ねおさめていた巨匠であった、ということである。

事実、プラトンは数学に秀で、また

法律や文芸や歴史にも秀でた哲学者であったが、アリストテレスもまた、単に生物学に通ずるばかりではなく、法律や文学や歴史にも造詣が深く、哲学者として思索を続けた人である。従って、この絵の意味するところは、プラトンとアリストテレスという人類史上最高の哲学者に属する二人が、古典ギリシアの知性の中心であるということを物語っていると見るべきである。そしてその評価は単にこの絵の描かれたルネサンスの時代において成立したのではなく、すでに彼らの生きていた時代から言われており、中世を通じて変わらず受けつがれ、近世を経て現代に至っても、形而上学の代表と言えばこの両巨匠に限られるのである。

人類の歴史の中で、特に哲学史に限っても、偉大な名前は百を超えるといってよいであろうが、いかなる思想史においても、いかなる哲学史においても必ずその名とその業績の説明を落とすことのできない学者と言えば、おのずから数が限られてくる。アリストテレスは、その数少ない優秀な学者の一人であり、歴史を通じて洋の東西を問わずその存在を無視することは許されない。

彼が生まれたのは紀元前三八四年であり、その死は紀元前三二二年であるから、思えば二千三百年も前に活躍した遠い時代の人なのであるが、彼は当時の最高の知性としてプラトンに並立したばかりでなく、現代の水準からみても、その研究領域はほぼ人類の知識の全領域にわたり、今日に至るまで人間の考え方をいろいろな意味において刺戟し支配さえして来たのである。

時代の危機に呼ばれる人

偉大な知性は、常に人間の歴史が書き改められるときに繰り返しよみがえるものであるが、アリストテレスもその例に洩れない。

ヘレニズムの思想的危機が人々の心を不安にしていたとき、ローマ最高の知性の人キケロ(Cicero)の内的不安を鎮め、哲学への志向を喚起したのはアリストテレスの失われた著書『プロトレプティコス(哲学の勧め)』であった。このキケロなくしては、ローマの思想的発展はなかったと思われるので、紀元後に古典古代を、イタリアを始めとする西方に伝えるために呼ばれたのはアリストテレスであったのである。そして、キリスト教の思想界にも、アウグスティヌス(Augustinus)によって守られなければならない異教の脅威があったが、そのアウグスティヌスを内的人間に形成したのは、ほかならぬアリストテレスの『プロトレプティコス(哲学の勧め)』を模したキケロの『ホルテンシウス』というこれも今は失われた書物なのである。

暗黒時代といわれた西欧の五、六世紀から十世紀位までの間に、彼の名前も書物も西欧では埋もれ、ボエティウス(Boethius)のなしたアリストテレスの論理学研究を除いては、思想内容もほぼ忘れ去られていた。しかしこの西欧世界も知的衝撃を受けて危機を自覚せざるをえなかった。それは、キリスト教中世がサラセン文化すなわちイスラームの文化によって自己の貧しさに驚き、自らの世界の傾斜におののいた十世紀のことであった。それが知的によみがえり、輝かしい業績を続出せしめる時代、すなわち西欧の十二世紀、十三世紀という知の一つの黄金時代が成立するようになったのは、いかにしてであろうか。

ここでもその導きの師となった人はアリストテレスであった。それはどのようにして運ばれ、シリアあったか。アリストテレスの文献はアレクサンドリアの図書館から遠く東方に運ばれ、シリア語やアラビア語に訳されてイスラーム教徒やユダヤ教徒の研究材料となっていた。それゆえ、すでに十世紀頃から、彼はアラビアの世界で註釈もされ詳細に研究もなされていた。その結果高度に展開されていたアラビアの知識を内容的に摂取しようと望んだ西欧キリスト教学界は、まずアラビア語を通じてアリストテレスに接し、最初はそのギリシア語原典を読まず、アラビア訳からラテン語に重訳して研究し、アラビア語の註釈を読んでいた。しかし、次第に研究が進むにつれ、間接的関係では物足りなくなり、十三世紀になるとメルベケのギョーム（Guillaume de Moerbeke）のようにギリシア原典からの見事なラテン訳をする人も現われ、そこで周知のトマス・アクィナス（Thomas Aquinas）において最高結晶を見るに至るアリストテレスの研究が成立したのである。それゆえ、初めて十三世紀にアリストテレスの西欧における直接的な受容が行われ、またそのキリスト教化が試みられ、それと相俟って、神秘主義、修行主義、聖書主義のみがはびこっていた精神界の中に、純粋に知的に、神をまた自然を探求する精神がみなぎるに至るのである。

トマス・アクィナス

この隆盛の伏線をジルソン（Gilson）は十二世紀ルネ

サンスと呼んだが、この世紀の花形であるアベラール（Abélard）は、五世紀のアリストテレス研究家のボエティウスを介して、アリストテレス本来の論理学や存在論を唱導したし、その同窓の友ジルベルトゥス・ポレタヌスも、プラトンとともにアリストテレスを受け入れ、キリスト教神学のアリストテレス化を進めた。それゆえ、この十二世紀ルネサンスを十三世紀につなぐ原動力となった者も実にアリストテレスその人であった。

しかし、また、この十二世紀ルネサンスに先立ち、これを生む刺戟となったのは、イスラームが示した高度の研究であったが、その端緒となったのは、九世紀アッバス朝の教主《カリフ》マームーンがバグダードに建てた「智の家」（Bati al-Hikmah）という学園であり、これを指導したシリア人ヨハネス・イブン・バトリーク（アラビア名ヤフヤー・イブン・ビトリーク）は主としてアリストテレスの『天体論』を始めとする『自然学』の翻訳を試みていた。そして、十世紀のアヴィチェンナ（イブン・スィーナー）（Avicenna, Ibn Sīnā）のごときは、アリストテレスの『形而上学』を四十回も読んだと伝えられる程であった。従って、イスラームの世界でも、そのコーランのみという宗教絶対主義による知性の危機の傾きにおいて、知識をもってその信仰を守ろうとする精神が、知的文化的革命として立ち上がったときに、アリストテレスが呼び戻されたのである、と言わなければならない。否、むしろアリストテレスの書物が、またその書物にみなぎる彼の精神が、イスラームの激越な信心のかげに安んじていた眠れる知性を呼び覚ましたと言わなければなるまい。

近世ルネサンスとアリストテレス

アリストテレスは、その百科全書的な著作によって中世を支配した。この秩序の崩れ去る危機という形でその中世は、周知のように十五世紀のイタリア・ルネサンスによって否定されたが、そのとき、人々はアリストテレスを否定したのであろうか。新しいルネサンスが否定したのはアリストテレスのエピゴーネン、アリストテレスの亜流の学問と思考方法であった。

確かに、いかに偉大な学者といえどもその限界を有する。周知のように、教皇庁の理解ある保護のもとに研究を続けたガリレオ・ガリレイ（Galileo Galilei）が地方の司教によって非難された地動説をもって近世科学を開いたと言われるとき、ガリレオの眼前にあった伝統的権威は、肉眼による巨視的観察に終始せざるをえなかったところのアリストテレスが秩序立てていた天動説であった。従って、一見中世を支配したアリストテレスの敗北が、近世科学の開拓につながるように見え、そこからしてアリストテレスの権威全体が近世科学によってくつがえされたと見えるかもしれない。

アリストテレスの天文学は確かに敗北したのである。しかし、そのことはアリストテレスの学問的精神がすべて否定されたことでもなく、また、その成果のすべてが否定されたわけでもない。ガリレオにせよパラケルスス（Paracelsus）にせよ、その探求を刺戟したものは、精緻なアリストテレスの著作であった。確かに、天文学は最も不確かな理説で構成されていて、恒星は永遠運動を反復する知性体であると考えられていたが、それでも、その中にも例えば大地は球形であるというような、今日なお妥当する科学的知見が多々あることを忘れてはならない。

それのみならず、むしろアリストテレスの著作そのものが、新たにルネサンスのヒューマニズムすなわちギリシア古典研究としての人文主義を呼び起こしたと言わなければならない現象がある。人々は、この事実をしばしば見逃している上に、更に加えてルネサンス・ヒューマニズムは、プレトン（Plethon）やフィッチーノ（Ficino）を始めとするプラトン主義者のみによって終始したと主張するのである。歴史の事実で見落としてならないことは、十三世紀の高度のアリストテレス研究もその存在を知らず、十五世紀に初めて西欧で読まれかけたアリストテレスの『詩学』こそが近世のヒューマニズムの一大原動力となった史実である。

その結晶の一つとして、一五四八年にフィレンツェから出版されたロボルテルロ（Robortello）やカステルヴェトロ（Castelvetro）たちのラテン語によるアリストテレス『詩学』の註解は、今日でもこの古典を理解するために必須の研究書と言われているが、それは一つの例にすぎない。そしてこのロボルテルロを始めとするルネサンス人文主義者《ウマニスタ》の活躍が、後に人類の古典を言語を介して忠実に研究し、人類の知性を、また品位を保って鍛えようとするユマニスムすなわち人文主義の語源になったことを我々は銘記すべきであり、近世の人文科学を支配してゆくこの文献実証の思想を呼び起こしたものの一つが、アリストテレスに関する仕事であったことをも忘れてはならないであろう。

二人の開拓者とアリストテレス

近世哲学はデカルト（René Descartes）に始まるという。その主張に一理あるであろう。しかし、そのデカルトの思想には一つの挑戦を認めなければならない。挑戦のないところに改革はないからである。デカルトはだれに闘いをいどんだのか。『方法叙説』によれば、それは彼を育んだスコラ学に対してであった。そのスコラ学とは、ほかでもないアリストテレス＝トマス主義の神学及び哲学であった。従って、否定的な契機であるにせよ、近世を呼び起こす力としてのアリストテレスを無視するわけにはゆかない。しかも、ジルソンが人々を驚倒させた研究書『デカルト体系の形成における中世思想の役割（Études sur le rôle de la pensée médiévale dans la formation du système cartésien, Paris, 1930）』によれば、近世哲学を切り開いたと言われるデカルトの思想の中に、その用語や方法として中世においてボエティウスを継承して――もとよりすでにキリスト教以前、紀元前一世紀にキケロのなしたラテン語化もあるが――スコラ（学院）によってラテン語化されたところのアリストテレスがあることは否定できない。事実、もしアリストテレスがその論理学書「オルガノン」や存在を思索した書物『形而上学』等において詳述した論理学的術語や神の存在証明のための術

デカルト

語がなかったとしたならば、デカルトの思索を形成した論理的な用語も形而上学的な用語もあり得なかったし、従って彼の思想形成もあのように見事に構築されたか否かはわからない。

近世は、デカルトではなくヴィーコ（Gian Battista Vico）に始まるという説もある。エルネスト・グラッシ（Ernesto Grassi）は、かねてその説を主張してやまない学者である。ヴィーコの特色は何であろうか。それはイメージと歴史を重視することである。イメージは、アリストテレスの書物においてはその『詩学』のみならず修辞学の中心課題の一つであり、かつ無味乾燥な学問と考えられる自然科学の源流となっている彼の『自然学』においてすら、巧みな修辞的説明の例示に豊かな活力を示している。例えば、トポス（場）の説明において、アリストテレスは抽象的な分析を続けながらも、川に浮かぶ船を例示し、この船の場は水なのであろうか、川そのものなのであろうかというように、具体的なイメージを駆使して場をむしろ川そのものと見るほうが適当なのではなかろうかと述べ、場のもつ構造性を暗示するのである。

従って『形而上学』の冒頭において「見ることを喜ぶ」という点に人間の知恵の発端を求めようとしたアリストテレスが、見られる形としてのエイドス（形相《けいそう》）を、現象において見られるイメージと結びつけようと努力したことは偶然ではなかった。ヴィーコの特色である修辞学的イメージはアリストテレスの中にあった。事実、数学的証明に対して修辞学的論証を主張するヴィーコの思想の源流となる修辞学という学問の最初の書物の一つは、アリストテレスの手に成るものであった。

ヴィーコが近世を開くというグラッシの主張の中には、ヴィーコにおいて、中枢的な学科としては、デカルトの場合の数学ではなく、歴史が学問の基本形式としてあげられているという説明がある。そして、この数学に対立させた歴史こそが、自然科学から自己を区別する人文科学の枢軸であるという考えは、すでにヘーゲルが証し立て、今世紀でもリッケルトやヴィンデルバント、またリュシアン・フェーヴルを通じて人々に受け入れられている考えである。現実に歴史学そのものは古いものであるにせよ、人文科学の各学科が、学問的方法として歴史を取り入れたことは、近代以降のかなり著しい特色であろう。

例えば美術史が美術に関する論議とは別に成立したのは十九世紀のことであったし、文学史や哲学史が学問としてそれぞれの学問の主要研究対象及び主要な方法として成立してきたのも十八、九世紀のことであった。そして、それとともに、歴史的資料としての原典の文献学的研究が歴史的言語学の成立を促すのである。それゆえ、ヴィーコの歴史主義が近世の人文系の学問を切り開いたということには偽りがない。けれども、そもそも学問的な著作の冒頭に必ず歴史的な配慮に基づき、先行者の思想の史的展開を述べるようにした学者はアリストテレスをもって嚆矢《こうし》とするというも過言ではない。

バーネット（John Burnet）は、アリストテレスに比べてプラトンには歴史的センスがあり、このセンスの欠如がアリストテレスの欠陥であると指摘し、プラトン対話篇におけるソクラテスの描写の史的現実性を、プラトンの歴史的センスに基づかせ、更にはアリストテレスが牢固として抜きがたいギリシア主義を貫いて、都市国家としてのポリスの倫理と政治をその晩年の大きな課題としていたことについてさえ、アリストテレスが歴史的感覚を欠くために、ポリスが崩壊しヘレニズムの大国主義やコスモポリテス（世界市民、コスモポリタン）の思想が成立することを予知し得なかったと言っているが、これをとってアリストテレスを笑う人も少なくない。

しかし、最初の哲学史ともいうべきものは、アリストテレスの『形而上学』第一巻に書かれたタレス以下のアルケー（原理）研究の史的弁証法的叙述であると言わなければなるまい。また、自然学においてさえ、アリストテレスは、先人がどのように探求してきたかを克明に史的にたどることを怠らない。そして、先ほど来しばしば話題にのぼらせた『詩学』においても悲劇がそもそもどのようにして成立してきたかを、彼は伝承や資料をもとにして歴史的に克明にたどるのである。そして確かにアリストテレスの晩年から、世はポリスを内部に包含し、更には内部で崩壊させていった大国の歴史になることは事実であるが、それにもかかわらず、今日に至るまで都市は都市として、国家とはまた別な自治と自立とを要求されており、先年私がヴァルナの国際会議委員会で提唱した新しい学問ウルバニカ（urbanica 都市哲学）がもし成立してゆくとすれば、その根拠になるものの一つは、アリストテレスのポリティケー（politikē ポリスすなわち都市の学としての政治学）であろう。そして、もしそうであるとすれば、二千年を予言していた歴史的感覚の確かさを、われわれはアリストテレスにおいてむしろ賛歎せざるを得ないのではなかろうか。

二十世紀と芸術

我々の世紀は、我々が生きている世界であるがゆえに、簡単に性格づけられることを拒否するものである。しかし我々は、この世紀が芸術の世紀であるということを試みたい。かつて人類の思想を導いたものは宗教家であり哲学者であった。もとより宗教家や哲学者の偉大な指導力は、今日も本来的には残されていることを我々は忘れないし、また、文化的エリートの間では、そうあるべきだと考えている。

けれども、普通の青少年や一般大衆の思想は今日だれによって導かれたのであろうか。それは社会学者や経済思想家であると言う人もいるかもしれない。しかし、体制が政治的に大衆を動かすことはひとつの政治的操作にすぎず、そのために使われるスローガンやプロパガンダは、本当の思想ではない。また単なる経済的要求によって動くことは格別思想の名に値しはしない。個人が自己の責任において人生を歩みゆくための基本的な世界観を求めようとするとき、学生たちの間では、二十世紀前半にはトルストイが、ドストエフスキーが、アンドレ・ジードが、ロマン＝ロランが、ヘルマン・ヘッセが、モーリヤックが、漱石が、三島由紀夫が、あるいはヴァレリイが、サルトルが知的で若い心に旗の行方を示すことがあるということを忘れるわけに

ニーチェ

はゆかない。そしてベートーヴェンの音楽が、あるいはホイヴェルスの『細川ガラシア夫人』が人々を心底から揺るがし、己の行方を考えさせるということが、二十世紀にはあるのである。かつて人は、そしてそれはアリストテレスであるが、「悲劇は人生を模倣して再現する」と言ったが、今日はまさにグッゾ（August Guzzo）の言うとおり、「人生は劇や芸術を模倣して企図される」というも過言ではないほどである。

洋の東西を問わず、河原乞食やお抱え道化などと言われていた役者は、今日最高の文化人として迎えられている。貴族や大寺院の要求に従って作曲していたバッハのような生き方を、芸術家は自律的に生きることが自明的な前提となっている今日、どの大作曲家がなお、継承しているであろうか。ニーチェ（Nietzsche）が予言したように、芸術は宗教や哲学に代わって、これらのデカダンスに対する唯一の抵抗運動の形をとり、人間の力への意志として現代を活力づけているのである。そして、それとともにアリストテレスの『詩学』が、突如として二十世紀において最も多く註釈づけられた古典として再登場して来るのである。それは悲劇の成立と属性と創作を主題とした書物である。もしもニーチェの『ツァラトゥストラはかく語りき（Also sprach Zarathustra）』において、現代を予感し将来を予知する何ものかがあるという人がいるならば、ほかならぬこのアリストテレスが、その偉大な師であるプラトンを、ゾロアストレス（Zoroastres）、すなわち、イランの偉大な宗教改革者という記憶がギリシアにも伝えられていたところのツァラトゥストラと並べていたという事実をどのように見るであろうか（『断片』R^2八・R^3六・W六、プリニウス『博物誌』三〇・三）。

私は、二十世紀を支配するすべてが芸術であるとは思わないし、芸術について必要な事項のすべてがアリストテレスによって考えられているとは言わない。むしろ、彼のこの点についての思索はなお、貧しいと言うべきであろう。しかし、それでも、芸術について最も基礎的な哲学的省察を一巻の書に著わした最初の人がアリストテレスであったことは忘れてはならない事実である。そして芸術は個人の内面形成にとって現代には現代としての重要な意義をもつことを認めなければならない。そうであるとすれば、アリストテレスの『詩学』が、ルネサンス人文主義の註釈以来、ほかならぬ現代においてこそ、最も大量にそして高度に研究されているということは、今世紀がアリストテレスに何を仰ごうとしているかを告知するものではないか。久しく哲学の世界から忘れられていた美が、価値論の全域にわたって問われようとしているのである。論理と並んで修辞が、真と並んで美が、科学と並んで芸術が、再び求められようとしている現代に、我々は虚心坦懐にアリストテレスを読み直す必要がある。

現代哲学とアリストテレス

私はアリストテレス主義者ではない。私はむしろ、アリストテレスを否定し、アリストテレスとは別の考え方を書き続けている者である。しかし、その私が無視することのできない最大の先人の一人としてアリストテレスをあげるのである。世界にいまだに勢力のある多くのアリストテレス主義者がアリストテレスを揚言するのとは違って、以下の叙述においては、テクスト（原典）の意味を最も忠実にくみとりつつ、アリストテレスその人に語らせることを試みる。その際、冷酷なと言ってもよいほどの否定的な判断も同時に行われるに違いないが、学問というものはそういう性格をもつものであると私は思う。

さて、二十世紀はおしなべて芸術が前面に文化の代表として出てきた時代であると言ったが、二十世紀は、また、十九世紀後半の科学主義に対して、新しい哲学の運動がさまざまの形で興隆して来た時代でもある。そして、それらの諸種の試みの中に、哲学を代表する二十世紀の仕事の一つとして現象学があることを否定する人はいないであろう。そして、現象学がフッサール（Husserl）に基づくものであることは、周知のとおりである。このフッサールは、特に哲学の古典的知識は乏しく、むしろ、数学に精通していた人であるが、その哲学的先駆者としてはボルツァーノ（Bolzano）やブレンターノ（Brentano）をもっていて、この二人はいずれもアリストテレス主義者であった。そしてフッサールによって客観的に記述するための方法に使われた言葉のほとんどがスコラの用語であり、それがまた、デカルトの場合と同じようにアリストテレスにつながることを否定することはだれにも許されない。従って、今日のネオ・トミスト以外にも、アリストテレスの流れは、哲学の学派として多々あることを認めておかなければなるまい。

ここまで言えば、われわれは、哲学者としてのアリストテレスを、専門研究者として忘れてはならないことを意識するに違いない。そして、その象徴のように思われる事実は、独自の体系を完成した近代哲学者の一人で二十世紀に大きな影響をあたえているヘーゲル

(Hegel) が、その著『エンチュクロペディー』の最終章を、アリストテレスの『形而上学』Λ《ラムダ》巻の神の証明のところを原文（ギリシア語）でそのまま引用して、終えていることである。それに類した事実としては、現代哲学の流れを変えたベルクソン（Bergson）はその師であったラヴェッソン（Ravaisson）とともに、常に哲学はアリストテレスの『形而上学』を読むことから始めることを勧めている。ナチスとのかかわりは恕しがたいにしても、思索者としての力量に富むハイデッガー（Heidegger）は多くの人によって、最新の考えを展開する人の一人と言われているが、彼が若年にアリストテレスの『形而上学』に沈潜していたことはひろく知られている上に、彼が『杣《そま》の径《こみち》（Holzweg）』であげた四原因は言葉こそちがえ、全くアリストテレスの四原因にほかならないと考えられる。二〇〇三年にHeidegger's Roots を公刊したバムバッハ（Ch. Bambach）も、青春のハイデッガーの源にアリストテレスのあることを幾度も述べている。

フッサール

あえて私はアリストテレスの生物学について言及したい。なぜか。アリストテレスの生物学は、ギリシアの自然に即して生きていた動物の生態学であり、その形態学である。

今日の自然破壊の現状において、生物がはたしてどのような形でその場所であるところの自然と結びついているのであろうか。我々は、分子生物学が構築した遺伝子の人為的操作の問題、いわゆるＤＮＡ、その他の尖端的な生物学の研究に目を奪われるだけでなく、もう一度、自然の中において生きているものが、はたしてアリストテレスの時代と同じであるかどうかという最も基本的な生態の問題領域から考え直してゆかなければならない場面にあることを忘れてはならない。小アジアのアッソス近海の魚介類を調べたアリストテレスは、月のみちかけという宇宙のリズムが動物の生殖のリズムに正確に照応することをも観察記録しているが、こういう大きな関係の中において生物をとらえることが、今、また、きわめて大切な考えとして検討されて来ている。それこそはエコロジーの問題であり、それは更に倫理学にもつながる線を秘めている。

このように見てくると、アリストテレスは確かに学の全域にわたって今日でも意味をもつ人であるというのは決して過言ではない。確かにアリストテレスの数学は今日伝えられていない。しかし、ディオゲネス・ラエルティオス（Diogenēs Lāertios）の伝えた著作目録によると、はなはだ多くの数学書があったことになっている。いま、それを知るよすがもない。また、数学や自然科学は、ほぼ直線的に進歩する傾向があり、その領域でのアリストテレスの著作は、永遠の古典としての意味よりも、探究の歴史の流れにおける古代の証言としての意味しかもたないかもしれない。飛躍よりも連鎖的展開を示す科学の場合は、このような一こまのもつ意味は、必然的展開の中における必要な一過程として逸することはできない。仮に、アリストテレスは全面的に無用であるとしても、それを無用たらしめた現代の科学は、そのアリストテレスを通ることなしにはありえなかった。

しかし、哲学は時代が新しいからすぐれているというものではなく、いつの世に作られた思索であれ、すぐれているものがすぐれているという性格をもつ。なぜならば、哲学は初めから永遠を課題とするものだからである。それは時代の新しい現象に対症療法で応対するものではなく、むしろすべての現象の永遠の根拠を探索する。それゆえ、いずれかの哲学の現代的意義を考えることは、本来、無用のことではなかろうか。むしろ、現代をして永遠にとって意味あらしめるように努力すべきなのである。我々は、現代の読者にアリストテレスがどのように意味をもつものであるかということを述べ過ぎたように思う。本当の古典はそのような言葉を必要としない。アリストテレスはまさしくそのような古典に属していて、今まで述べて来たすべての言葉を本来的には無用とするような哲人である、と私は思う。それゆえ、私は、読者の一人一人が、ただ自らの知性によってこの巨匠に学ぶことを勧奨してやまない。アリストテレスはその大著『形而上学』の劈頭《へきとう》で言っている。「人間は生まれながらにして知ることを求める」と。我々は、知ることを求めるために、アリストテレスに学ぶところがあればそれを学びとろうではないか。

2 日本とアリストテレス

一 明治以前のアリストテレス

キリシタン文献とアリストテレス

アリストテレスはいつ日本に来たか。もとより、その書物が日本人に直接に読まれるということは、いわゆる文明開化以後のことである。しかし、アリストテレスの思想そのものは、意外に早くわれわれの国にもたらされていた。少なくともスペインでイエズス会の哲学訓練を受けた俊才のパートレ・ゴメスがキリシタンの学校において使った『綱要（こんぺんでぃうむ）』にはアリストテレス風の天球論が入っていたし、また、そこで彼が教えたカトリック教理神学の大体は、ラテン語化されたアリストテレスの用語が、トマス哲学の形においてではあれ、移入されていた説であったことは確かである。その文献的な証拠となるものは、ドミニコ会修道者ルイス・デ・グラナダの著作の和訳で、長崎で一五九九年に出版された『ぎやどぺかどる（Guia do Pecador）』すなわち「罪人の導き」であり、ここにはトマス哲学が多少とも紹介されているし、また、『どちりな・きりしたん（doctrina christiana

キリスト教教理）』であり、そこにはプラトンが使い、アリストテレスが批判した術語たる〃イデア〃がそのまま訳されずに使われており、プシュケー（霊魂）のラテン訳で生命の本体を意味するところの〃アニマ〃はそのままに訳されずに使われている。このようなギリシア哲学やラテン哲学の用語についてのキリシタン一般の理解の規準は、アリストテレス的であった。というのも、アリストテレスによるトマスの説が危険視されてパリ大学で出されていたトマス・アクィナスに対する一時的禁令は、解かれて久しく、一般の教理学においては特に、アリストテレスの思想がスコラ学に同化された形で標準の知識とされた時代になっていたからである。

『どちりな・きりしたん』の中に「りべるだて」とあるのは、「自由」のことであるが、ここで使われている限りでは、その意味はアリストテレスが倫理学で使う用語エレウテリアすなわち大らかな自由そのままであると言ってよい。その頃の文献として周知のものに、『イミタチオ・クリスティ（Imitatio Christi キリストに倣いて）』の日本語訳が、その第一巻第一章「Contemptus mundi（世の空しさ）」のラテン音「こんてむつす・むんぢ」と題して慶長十五（一六一〇）年に出されている。そのローマ字版はやや早く慶長元（一五九六）年に出版されている。その第一巻第二章には、前に引用したアリストテレスの『形而上学』開巻劈頭の言葉と全く同

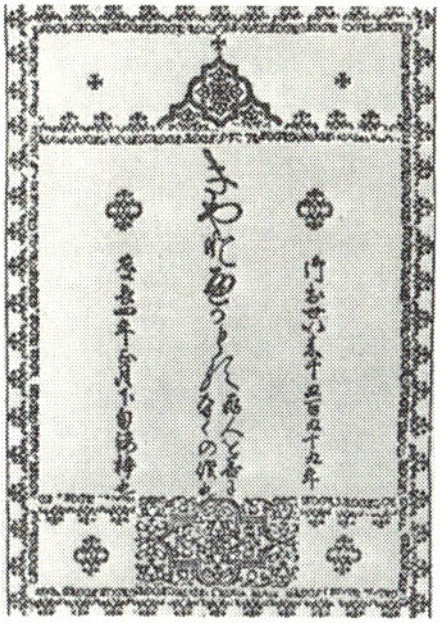

『ぎやどぺかどる』表紙

じく「人はみな生まれつき物を知ることを望む」（呉茂一、永野藤夫訳『キリストに倣いて』二八頁）というラテン語があり、それは『形而上学』の流布したラテン訳とほぼ同じである。この信心書のオランダ語原典の著者たるゲルハルト・フローテ（Gerhard Groote）やそのラテン語への訳者トマス・ア・ケムピス（Thomas a Kempis）の心にしみついていたアリストテレス＝トマスの考え方の象徴としてこの語を見ることができるとすれば、アリストテレスはすでにこの頃その一端がキリシタンの読書圏に忍びこんでいたとも言えよう。事実、この信心書には、アリストテレスの『ニコマコス倫理学』を想起させる句が聖書の引用とともに多数見出される。

今、私はそれらについて詳述するゆとりはないが、キリシタン文献が研究されるにつれて、純粋のアリストテレス的な考え方がどの程度日本に紹介されていたかは、今後、人々によって明らかにされる可能性をもつ問題である。

その後キリシタン禁制の後にも、アリストテレスを背後にもつ者は断続的に現われた。享保九（一七二四）年に定稿が成立したと言われる新井白石の『西洋紀聞』にも、ユアン・バッティスタ・シドチ（Giovanni Battista Sidotti）を通じて西洋の自然科学の卓越している点に驚いているところがあるが、そこに白石はシドチがおよそ十六の学科を学んだ旨しるしている。栗田文庫所蔵本の『ヨハンバッティスタ物語』によると、それらの学科名として片仮名で、レトリカ、ヒロウソピア、ロウジカ、ヒイシカ等の名があるが、それはそれぞれrhetorica, philosophia, logica, physica（自然学）などであり、スコラに伝承されたアリストテレスの学問体系に、なおカノヲニヤ、ドクマティカ、イストゥリヤ・エケレシヤスティカすなわち教会法学、教理学、教会史等カトリック神学関係の学科が加わったものであった(宮崎道生校註新井白石著『西洋紀聞』二二七頁)。従ってアリストテレスの体系の分科をなす諸学名は、多少伝わっていた。これらについての説明も、少しは語られたにちがいない。

二　西周とアリストテレス

先駆者西周の紹介

日本では西洋の文物は、すべてとは言わないが、殆んどが幕末の頃から明治にかけて移入されはじめたのであり、特にオランダとの交易を通じて、かなり以前から医学その他に西洋の知識が入っていたことは知られているが、事、哲学に関する限り、西洋からの摂取はきわめて遅いと言うべきである。すでに述べたようにキリシタン時代に多少の移入はあったけれども、これは主として宗教の教えのために使われた神学が入ってきたのであって、哲学そのものの摂取は文久年間以降である。洋学所、後に蕃書調所の設立によって可能となった哲学書研究をもとにして、オランダに出かけた西周《にしあまね》がその先駆的な役割を果たすのである。それゆえ、西洋哲学を日本の思想界に本格的に移植するのは西周に始まる。従って、アリストテレスが西周においてどのように考えられていたかを調べることが日本におけるアリストテレス移入の歴史にもなるであろう。

西周は、そのオランダ留学の直前、文久二年五、六月に江戸にいた。そしてこのころ、郷里の友人松岡鏻次郎に宛てて巻き紙に墨書した書簡を出している。それは五月十五日付であるが、その中において、留学した上は勉強したいが、「尤彼之耶蘇教抔は今西洋一般之所奉ニ有之候得共」（もっともあのキリスト教のごときは今日西洋一般が信じてはいますものの）「毛之生たる仏法ニ而」（仏教に毛の生えた程度のことですから）全くとるべきではないが、「只ヒロソヒ之学ニ而性命之理を説くは」（ただ哲学という学問で人間実存や天命のごときものを考えるのは）儒教の理に適し、「公順自然之道に本き」（自然の大道に基づいているので）この学によって政治をも行いたいと言い、哲学を研究しようと考えている（大久保利謙編『西周全集』第一巻八頁）。政治に終極する体系は、奇しくもアリストテレスの考えに似ている。この留学途上の船の中で書いたと思われるものに『西洋哲学史の講案断片』がある。留学の道に上る前から哲学に志していた西周は、さすがによく学んだものと見えて、幕府の蕃書調所あるいは洋学所における西洋哲学研究の所産とも言うべきものがここに表われていて、それは無内容ではあるが、正統な学者の名前をあげており、まさしく西洋の思想史の王道の輪郭をたどっていると言ってもよいであろう。その中にアリストテレスはどのようにして出てくるか。多少読みにくいが原文を使用する。

「ピタゴラスといふ賢人、始めて此ヒロソヒといふ語を用ひしより、その徒弟社友をヒロソフルと号せしより創まりし名にて、語の意は賢きことをすき好むといふことなりと聞へたり、此人と同時にソコラテスといへる賢人ありて、またこの語を継き用ひけるが、此頃此学をなせる人々たちは、自らソヒストと名のりけり、語の意は賢哲といふことにて、いと誇りたる称なりしかば、彼ノソコラテスは、謙遜してヒロソフルと名のりけるとそ、語の意は賢徳を愛する人といふことにて、所謂希賢の意と均しかるべしとおもはるる、此ヒロソフルこそ希哲学の開基とも謂へき大人にて、彼邦にては、吾孔夫子と並へ称する程なり、さるに其頃の習として、彼邪説を信じ、誕妄なる神仏を尊む世なりしに、此大人は敢て是を信ぜざりしかば、遂に神を無《なみ》する咎めとて、死刑に処せられたり、是正しく吾人皇五代孝照天皇七十六年にて、無惨や此大人刑に臨ミ悔恨怨悲の色もなく、彼名高き希臘《(ギリシア)》の亜天にて刑せられけり、されどその道は愈盛になり、中にも其高足弟子にプラトといへる人あり、またプラトの徒弟なるアリストツトルといふは、彼有名なる馬設墩《(マケドニア)》の主 歴山《(アレクサンドロス)》大王を教育せし人なり、かゝる程に、かの希臘の世には、此学に力を尽せる人も多くして、此等の外にも有名の賢人いと多しと聞くに、彼羅馬《(ローマ)》は是に続きて人文備はりし国なりけれど、此世には夫耶蘇の道盛なりし程に、希哲学も耶蘇教も混雑して、希哲学の本意は何時となく埋れる岩となり、はた、塞かれる路とぞなりける、抑同しく人間の道を教ゆる法なるに、かく様のかはれるは如何なる訳なる哉といふに、爰《ここ》に一ツの理あり、夫ノ耶蘇の教といふも様々説法《トキカタ》こそかはれ、詮ずるところはローフ、またチエリッチといひて、仁愛慈恵を宗とし、神を尊び人を

西　周

憐む道にしあれば、希哲学とても異なることなきはさることなれど、その差といふは……」（前掲書一六—一七頁）〔文中、ローフはlove、チェリッチはcharityである〕

そこで文章は切れてしまっている。これはきわめて短い文章で内容は乏しいものではあるが、ギリシア思想に関する全体を巧みに瞥見したものとして、彼がかなりの予備知識をすでに貯えていたことを意味するものである。アリストテレスはこのようにして哲学の源流であるギリシアにおいて重要な人物であるということは意識されていた。

経験論者の面を強調

次に、西周は『開題門』（前掲書一九—二四頁）という書物を著わしたが、その原稿は、外国製の薄いノートに書いた初稿などもあるところから、明らかに明治三年以降すなわち留学後の仕事であるというふうに見てよい。この全部漢文で書かれた小論文の中に出てくる固有名詞をあげてみると、原文はすべての固有名詞も漢字であるが、ここで大部分を仮名に直して示すと、ターレス、ピタゴラス、ソコラテス、プラトー（勿羅伺）、アリストテレス（亜黎図弟隷氏）、ストイック（ストア派のこと）、スカラスチック（スコラ学のこと）、ベーコン、デカート（轍軻杜）、クラック、ホッブス、カント（韓図）、ヘーゲル、オーギュスト・コント、スチワート・ミル、さらにまた、ラショナリズム、ボスティビズム（ポジティヴィズム）、アナキーなどという思想傾向を表わす語もある。こういうふうにしてみると、思想史に残る十人位の大哲学者の中にアリストテレスはどうしても入れなければならないという自覚は西周にあったということは確かである。

さて、次に明治六年に書かれた原稿で、遂に公刊されなかったものとして『生性発蘊』という書物がある。これは内容からも分量からも西周の哲学の領域における主著で、これが印刷されたのは昭和十年代に麻生義輝の手による著作集（二二一―八三頁）においてである。この書の冒頭の哲学史瞥見とも言うべきところにおいて、彼は初めてアリストテレスがいかなる学者であるかをわずかに示そうとしている。ソクラテスのあと、プラトンのあたりから引用すれば、

「其徒弟伯拉多《プラト》ハ、観念《アイデエ》即チ理ヲ以テ模型トシ、物質《メットル》ヲ以テ鎔鉄トナシテ、論シタル、又其レカ徒弟ノ亜利斯多拉《アリストットル》カ、実験ヲ以テ、観念ヲ生スルノ源トナシタルナドヨリ、降リテ士多以可《ストイク》、或ハ埃比古列晏《エピクレアン》ナト云ヘル諸学派ニ岐分シ、其レヨリ羅馬ニ伝ハリ、而《サテ》羅馬衰ヘテ、彼レノ中世トイフニ至テハ、士哥羅斯垤可《スコラスチック》テフ学派ニ、伝ハリタリ、此士哥羅斯垤可《スコラスチック》ノ諸家ノ内ニ名目学《ノミナリスト》ト実体学《リアリスト》トノ両学派ノ論起レリ、然ト是ハ致知学上ノ論ナレハ、爰ニハ挙ケス」（前掲書『西周全集』第一巻三〇―三一頁）

これは、ごく簡単ではあるが、アリストテレスがプラトンと対比されて、むしろ経験論者であり、アリストテレスの形相がプラトンの形相のように彼岸的なものではないということを表わそうとしている。この書物の後半はルーウィス（George Henry Lewes 一八一七―七八）という英国人の書物によってオーギュスト・コントの哲学を祖述するものであるが、前半のこの哲学史の叙述もこのルーウィスの書物（The Biographical History of Philosophy, 1857）を読んで利用したものである。

さて、西周の代表的な著作の一つに、明治六年に出版された『百一新論』（前掲書二三二—二八九頁）があるが、これにも孔子から孟子、子思に至る中国の思想の歴史は、「矢張西洋ノ古ヘデ比較シタラバ、希臘ノ古哲ハ、ショコラテス、プラト、アリストテレスナドニコソ比スベク存ズレ」（前掲書二四五頁）というように述べて、アリストテレスはきわめて大事な人物に考えられている。

論理学の父・アリストテレス

西周の学問が進むにつれて、アリストテレスは論理学者として登場してくる。そもそも論理学は、西が次第にその必要を痛感するに至った学問である。この点で最も重要な書物は『致知啓蒙』という明治七年の刊行になる書物であるが、この書物が完成するまでに、西はさまざまな稿本を書き、推敲のあとを示している。まず学原稿本では、アリストテレスは次のようにして出てくる。

「さて、ロジックてふは、此ノ日本《ヤマト》にも漢《カラ》にも昔よりさる学ビのなきものから、人いとあさましく思ふへけれど、そは西洋にては古クより伝はりつる学ビになんありける、かのギリシアのその昔シアリストットルてふ名立《ナタヽ》る儒《モノシリ》になん創まりつるといへり。されどその著せりし書《フミ》ともの内にはロジックてふ名の見へてあらぬよしなれど、其規則は大略《おほかた》に見へたれは、名は其後チに命ケつるなりといへり。アリストットルは、彼レの紀元の前三百八十四年の人なりしが、此学び世々に伝はりて、その徒弟よりストイセーンてふ学派の輩に伝はりそれよりローマに伝はりてまたスコラスチカてふ学派の輩に伝はりさて輓近《チカゴロ》の名師哲儒の輩に伝はりたり。その際々に種《クサ》々の発明を添へ沿革を受けて漸《ヤウヤ》くに備はりたれば、大いなる変革は此頃まで無かりしと見ゆ」（前掲書三〇九—三三九頁のうち三一〇頁）

こういうふうに書かれていて、あたかもカントが『純粋理性批判』において、「論理学はアリストテレスに始まって以来一歩も進歩することがなかった」と書いているのを受けているかのような叙述が見られる。

その書物の論理学のレベルは、当時としてはかなりのもので、外延、内包、命題等の語も見えるが、主語は主《あるじ》、述語（predicate）は「きめ」（定）などとやまとことばを多用している。さて、その後に著わした『五原新範』（前掲書三四四—三八三頁）では、前の学原稿本とほぼ同じことが述べられているが、アリストテレスに関しては、「かのギリシアの昔、アリストテレスてふ、なだかきものしりにはじまりて、これをロジックのちちとなんいひぬる」（前掲書三四五頁）というように書き、アリストテレスを論理学の父としている。

さて、明治七年に刊行された『致知啓蒙』（前掲書三九〇—四五〇頁）は西の主著の一つであり、日本で最初に公刊された形式論理学の書物である。ここでは、論理学の規則が前二者よりも更に詳しく述べられ、論理学の位置づけを明らかにしている。

「サテ、致知学テフハ、此日本《ヤマト》ノ国ニモ、支那ニモ、昔ヨリ、サル学ヒノナキモノカラ、人、イト嘲《アザ》ミ思フヘケレト、学《マナ》ヒノ道ニ、心ヲ寄セナム者ハ何ノ学ヒニモアレ、得モ欠マシキ、手解《ホド》キノ学ニテ、中ニモ形而上ノ論《アゲツ》ラヒニツキテ、此学ヒノナカリセハ、数《カス》ノ学ヒナクシテ格物《ヒシカ》ノ学ヲ、事トスルカ如クナルヘシ、此学ヒ、欧羅巴ニテハ、イト旧クヨリ、伝ハリツルコトニテ、カノ希臘ノ昔シ、亜立斯度徳《アリストツトル》テフ、名高キ博識《モノシリ》ニ創マリテ、之ヲロジカノ父トナム云ヒヌル、サレド、ソノ著ハセル書《フミ》トモノ中ニハ、ヂアレクチック〔διαλεκτική〕トテ、其規則モ、オホカタニ、見エタリト云フ、亜立斯度徳ハ、カレノ紀元ノマヘ、三百八十四年ノ人ナリシガ、此学ヒ、世々ニ伝ハリ、其徒弟ヨリストイック〔Stoic〕テフ学派ノ輩ラニ伝ハリ、ソレヨリ、羅馬ニ伝ハリテ、又スコラスチック〔scholastic〕テフ学派ノ輩ラニ伝ハリタリ、云々」（前掲書三九一頁）

倫理学・形而上学の面を看過

明治十七年に「東京学士会院雑誌」第六編第四冊に掲げられた「論理新説」（前掲書五七四―五八五頁）という論文は、西周の野心作である。彼は、その書で次のように述べている。

「西洋ノ論理学ハ旧ク希臘ノ亜利斯度徳《アリストツトル》ニ創マリ、羅馬ニ伝ハリ、中世ヲ経、新哲学ノ諸家モ之ヲ奉シ、別ニ異論ナカリシニ、近世、英ノ哈美爾頓《（ハミルトン）》氏ニ至リ、更ニ一層深クコレヲ精究シ、後約翰《（ジヨン）》 士低瓦的《スチユワート》 弥爾《ミル》氏ニ至リ、再ビ其精緻ヲ尽セリ」（前掲書五七四頁）、と述べて、論理学が少しずつ進歩し得るものであることを歴史にかんがみて述べ、しかる後「此論理学ト云フモノ、今之ヲ以テ理ヲ明カス為カ〔セオリカル〕、作用ヲ弁スル為カ

〔プラクチカル〕、ト問ハゝ、専ラ道理ヲ講明スル用ニ供スレトモ、絶エテ作用ヲ論定スルノ用ニハ供セサルナリ、今姑ク理ヲ明ス方ヲ観門ト名ツケ、作用ヲ論定スル方ヲ行門ト名ツケテ之ヲ論スレハ、寧ロ観門ニ属ストモ行門ニ属セサルモノタリト信ス、是此新説ヲ述ル所以ニシテ、卑見ニテハ此観門ニ属スル論理学ト、相対シテ行門ニ属スル論理学ヲ立ント欲スルコトナリ」（前掲書五七五―五七六頁）、と記している。

西周は、このようにして、行門すなわち実践に属する論理学は、従来の西洋にはないと考え、「既ニ西書ヲ講スル中ニ是ソ行門ノ論理ナルト明言シタルコトコソ無ケレ、間々採テ以テ法ト為スヘキコトヲ見受ケタリ」（前掲書五七六頁）と書いてあるように、西洋には実践のための論理学はないようであるけれども、しかし、それを実現するのに役立つような説もときどきあるから、これを使ってあえて実践論理としての自分の新説を出してみたいと言っている。ここには、アリストテレスが、彼の言葉でいう観門の論理学者として考えられているので、行門の論理を立てようという西周は、ついにアリストテレスに立ち向かおうとするに至るのである。西周は書いている。

「然レドモ、古来伝ハル所ノ論理法スラ、韓図《カント》、俾歇児《ヘーゲル》等多少ノ論説モ有リ、哈美爾頓《ハミルトン》ナリ、弥爾《ミル》ナリ、殆ト畢生ノ力ヲ尽シテ論究シタルモノナレハ、今此行門ノ論理法ヲ講究セント欲スルモ、容易ニ講究シ得ヘキ事業ニ非ラス、中々余カ如キ既ニ老耄ニ際シテハ思ヒモ寄ラサルコトナレトモ、万一ニモ後世晩進ノ中、同志ノ人有テ心ヲ諸《コレ》ニ用ヒナハ、或ハ学術上ノ裨益尠カラサルコトト信ス」（前掲書五七六頁）

実践の論理は実はアリストテレスにあるのであり、また、アリストテレスは形而上学者なのであるが、これらの著述に表われている限りでは、その点については西周は何も知っていないと言わなければならない。特に実践的推論を主著『ニコマコス倫理学』の中で見事に述べているアリストテレスは、ここでは完全に無視されているのである。これが最初に西洋哲学を移入した人におけるアリストテレス観である。それはアリストテレス像としてはあまりにも不完全である。しかし、少なくとも、論理学とアリストテレスとを結びつけていることは、当時のヨーロッパの学界に学んだ者として当然とはいえ、アリストテレスにおける一面の真実をとらえている点は確かであり、日本で初めて西洋哲学を学んだ人としては、偉としなければならない。

三　明治以降のアリストテレス

明治前期のアリストテレス

このように少しずつ紹介されてきたアリストテレスは、日本人にとってどのような意味をもっていたのであろうか、また、もつものであろうか。

すでに述べたように、日本の思想界とアリストテレスその人とは、直接の関係が密接にあったとは言えない。ただし、すでに天正年間のキリシタン渡来の際に伝わってきたスコラ哲学、スコラ神学の内容がアリストテレス的であったことは自明のことであるから、当時、一部の学者の間に、それと知られることなしに、アリストテレスの哲学が西洋思想を代表するものとして移入されていたことは疑いを得ない。

また、西周のところで述べたように、西洋哲学をその基礎に置いて支えている論理学の代表者としてのアリストテレスは、明治初期にすでに知られていた。中江兆民の『三酔人経綸問答』は明治二十（一八八七）年に出版された書物であるが、そこで「洋学紳士遽かに云けるは」と言って徹底した平和主義を述べたあとに、「プラトンや孟軻やスペンセルやマルブランシやアリストゥトやヴィクトル・ユゴー」たちは何と評するであろうかと言って、兆民らしくフランス式にアリストゥトという名で我々の哲学者の名をあげている。

一般に日本に本格的に西洋哲学の講義を始めた人はケーベル（von Koeber）博士であるが、この学者によって、アリストテレスはかなりな程度、当時の門下生には浸透していった。「ケーベル博士講義録」というのが残されているが、それによってもギリシア哲学の重要性は、その頁数の半ばを占めていることからもわかるのであるが、アリストテレスは概論としてはほぼ全域にわたって紹介されている。

その当時、人々が、どの程度注目したか否かは別として、今日ほとんど忘れ去られているのであるが、長谷川二葉亭四迷が、そのロシア語の知識によってアリストテレスの悲劇論（詩学）を紹介して一章を成しているということを、ここに付言しておきたい。

また、長く第一高等学校で哲学を講義した岩元禎《てい》は、きわめて高度な講義をしたことで有名であるが、そのノートを先輩からもらって私は手もとに置いているが、ギリシア語の文章が充満し、プラトンについてきわめて詳細な説明が行われている。恐らくドイッセン(Deussen)に依ったプラトン的哲学であったのであろうか。

しかし、そのノートに見るかぎり、またその『哲学概論』(藤田健治編、岩元教授のノートによる遺稿)を見ても、彼の講義においては、アリストテレスはプラトンに比べてきわめて少ししか論じられてはいない。当初我が国の学界では、アリストテレスはただ論理学とだけ結びつけられていた。それゆえ、彼の立てた形式論理学は今福忍、須藤新吉らの教科書によって日本に浸透した。

倫理哲学者としての面

明治の中期に至って、西周によって無視されていたアリストテレスの倫理学者ないし国家学者としての業績が次第に知られるようになってきた。武士道とアリストテレスというと奇妙な組み合わせになるが、明治三十二(一八九九)年に出版された新渡戸稲造の名著『武士道』には、アリストテレスの名が、武士道と同じく、国家は個人に先んじて存在し、個人は国家の部分としてその中に生まれたのであるから、個人は国家のために死すべきものであると考えたとして引かれている。これはアリストテレスの『ニコマコス倫理学』にもある思想である。

明治二十六年、「哲学雑誌」に中島力造が「アリストウの倫理学書」を著わし、同じく桑木厳翼《げんよく》が『倫理学書解説』という明治三十五年の叢書の名で、アリストテレスの倫理学を述べている。そしてこの傾向に従って、明治四十一年に元田作之進・高橋正邦の共著で『アリストテレスの倫理学』という書物が出たことを田中美知太郎が伝えている。

アリストテレスの倫理学あるいは実践学については、筧克彦《かけい》が明治四十五年に「法学協会雑誌」に出した論文「アリストテレスの哲理論と国家論」、あるいは内山醒酔の『アリストテレス及びその倫理学』（大正四年）、木村鷹太郎『アリストテレス政治哲学』（大正八年）、藤井健治郎の『アリストテレスの倫理と経済』（大正八年）などがある。

しかし、真にアリストテレスその人が偉大な形而上学者であること、また、あらゆる意味での科学の祖であるというようなことは、掛け声として語られるだけであって、実際にどのような業績をあげたものであるか、ということについては、殆んど知られないままであったというほかないであろう。恐らく、最も多く基本的には正しいことを専門領域で説いたのは、わずかに三頁半とは言え、高山林次郎（樗牛）がその著『近世美学』（明治三十三年）において「アリストテレース氏の美に関する思想」と題した節であろう。「芸術は一部分は自然を模倣し、一部分は自然が完成し能はざりし所を補充助成す」という自然学の語を取り来たって『詩学』との連関を求めている。多分シャスラーの書物の換骨奪胎かと思われるが、この指摘はアリストテレス研究として大切なものである。

西田幾多郎とアリストテレス

さて、本格的にアリストテレスを体系的な哲学に利用したと言うか、あるいは取り入れた

西田幾多郎

と言うべき仕事は、日本では西田幾多郎《きたろう》を嚆矢とすると思われる。

すでに、アリストテレスが実体を規定して、「命題の主語となって述語とはならないもの」と述べていたが、これを逆転させて、西田幾多郎は、彼の無の論理を展開するにきわめて役立った場所の論を、一九二六年にほぼ完成させているが、その際彼は場所を規定して、「述語となって絶対に主語とならないもの」と述べている。この考え方は西田がアリストテレスの考え方に刺戟され、それを逆転させて成立したものである。これは確かなことであって、敗戦直前昭和二十年の初夏に、私が私淑していた西洋古典文学の泰斗故呉茂一教授に伴われて鎌倉の寓居に西田教授をお訪ねした際に、「あまり他人に言ったことはないのだが」という註釈づきで私の直接伺ったことである。それは西田先生の死の直前であった。彼は次のようにも言った。

「西洋の哲学者の中で最も偉大な者は、プラトンとアウグスティヌスであると思うが、しかしアリストテレスを忘れることはできない。そして、論理的な思索をする場合に、アリストテレスの書いたものを研究することによってはなはだ多くの刺戟を得ることができる。日本においてアリストテレスはまだ十分に研究されていないが、やがてそのときがくるであろう。広島大学にいる高田君（後の京都大学教授高田三郎）などは、その可能性をもった男である。いずれ、人が読むと思って自分は『スコリア』（ギリシア語で書かれたアリストテレスの古い註釈）を京都大学には購入しておいたが、いまのところ、それほど使われてはいない。しかし、『スコリア』を通じてアリストテレスのさまざまな解釈の歴史を知らねばならない」と、まだ大学生であった私に熱をもって語ってくださったことを、いまだに生々しく記憶している。

戦前のアリストテレス研究

戦前の研究は、決して少なくはなかった。すでに出隆教授を責任監修者として、河出書房がアリストテレス全集を企て、今日でも名訳とうたわれる高田三郎の『ニコマコス倫理学』が出されており、また詩学に関しては、すでに松浦嘉一が早い時期にバイウォーター（Bywater）をもとにして、訳を出し、それは後にその附録にヴィラモーヴィッツ・メレンドルフのギリシア悲劇論を詳しく紹介した文章をつけて岩波文庫に入れられた。

アリストテレスの芸術論につき深田康算《やすかず》が大正年間に二つの論文を公にしている。また波多野精一の『西洋哲学史要』は、きわめて概説的な書物ではあるが、アリストテレスの基本思想を述べることを忘れてはいない。早稲田大学の岩崎勉は、ロス（Ross）に基づいて、アリストテレスの『形而上学』をすでに訳出していた。昭和初期の青木巌や三木清の研究書は当時としては貴重なものである。特に後者は存在論の基礎を一般化した。藤井義夫と安藤孝行も異色ある研究を示し、前者はイェーガーの方法をアリストテレスの心理学で実証し、後者は英文の著書で形而上学や倫理学の基本を論じている。出隆は、東京大学において早い時期からアリストテレスの演習を試み、在学生一般には英訳のテキストを使わせていたが、上級演習においては、かなり早い時期からギリシア語原典でアリストテレスを読み続けていた。ここから育った人々を網羅して、一九七四年に出隆、山本光雄が中心となって、岩波書店から原典の忠実な訳に必要な註をつけた『アリストテレス全集』全十七巻が完成したことは、多くの人々の記憶に新しいことと思う。

これらの人々を育てた一書がある。まだ戦災の傷跡の生々しい東京で、昭和二十七年に河出書房の市民文庫一巻として悪質の紙に印刷され、定価百円で売られた出隆の『アリストテレス入門』は、ロスやマッキーオンの抄本と並んで、程度の高い研究書の中に数えられてよいほど原典に即した解説と、原典抄訳を備えた好著であった。これが後に岩波書店から出た『アリストテレス哲学入門』の前姿である。

アリストテレスは、そのほかにも体系家として昭和の二十年代から名をなしてきた慶応義塾大学の松本正夫の思想の中に生きている。松本は、人も知るように、日本の代表的なトミストであって、トマス哲学に依拠する存在論を展開した学者であるが、彼は、アリストテレスの十の範疇表をもとにして、その体系を展開した『存在の論理学』(岩波書店)の著者として知られている。

歴史的な研究としては、まず出隆を筆頭とする東京大学の哲学研究室が、昭和五十年代まででアリストテレス研究の独占的な拠点であったといってよいであろう。多かれ少なかれ、出隆の研究を通じて、人々は、ロスをはじめとする正統的な英国オックスフォード大学のアリストテレス研究の衣鉢《いはつ》をつぐことになった。

そして歴史家の中では、村川堅太郎が、新しく発見された『アテナイ人の国制』を早くに翻訳・紹介し、人々に、この方面におけるアリストテレスの文献実証的な研究態度を示した。

経済学者の福田徳三は夙《つと》に政治経済の面でアリストテレスの重要性を認めていた。同じく経済学者の高橋誠一郎は、古典的な研究を行った学者として知られているが、彼はイェーガーのアリストテレス研究をいち早く紹介するなど、アリストテレス全般にわたって、かなり精力的に紹介した人ということができるであろう。

戦後のアリストテレス研究

このようにして知られてきたアリストテレスは、しかし、プラトンに対立する経験論者、また、科学主義者というふうな形でとらえられていた。この一面的な図式がおもむろにくずれ、次第次第にアリストテレスの全貌が明らかになってきたのは、戦後の急速に進歩した古典哲学研究の結果である。その結晶は、前にも述べたが出隆、山本光雄を責任者とする『アリストテレス全集』（岩波書店）の刊行である。

これと前後して、京都大学の田中美知太郎、藤沢令夫、松永雄二、加来《かく》彰俊、川田殖《しげる》等が、筑摩書房の『世界古典文学全集』、中央公論社の『世界の名著』等において、アリストテレスの『政治学』『詩学』『形而上学』『エウデモス倫理学』等の翻訳並びに解説に力を尽くし、その普及をはかったということも忘れてはならない。これらの研究とともに、個々の論文や著書として、かなり高水準のものがアリストテレスについて書かれるようになった。それらの中には、一九六〇年の学士院賞をえた竹内敏雄の『アリストテレスの芸術理論』を始め、前記山本光雄の岩波新書『アリストテレス』、藤沢令夫、加藤信朗《しんろう》、井上忠、松永雄二、岩田靖夫、当津《とうつ》武彦、堀田彰、雨宮健、藤田一美、水地宗明、牛田徳子ほかの業績をあげることができる。

こういう研究は、西洋の思想を支配していたギリシアの哲学のありのままの姿を学問的に明瞭にすることができるという意味とともに、また、日本における体系的な哲学の構築にあたって裨益《ひえき》するところ少なくなかったと思われる。事実、西田以後の日本の体系的な哲学は、論理的な配慮というものを常に怠らないようになっているが、これには論理学者としてのアリストテレスを消化するという営みが大きな力になっている。

右のような研究は、しかし、アリストテレスの日本人における直接影響を求めた考えから出てくるところのきわめて限られた影響である。このような直接的な関係とは別に、われわれの思想界においてアリストテレスはどのような影響を及ぼしているのか、それを見なければならない。

四　現代日本とアリストテレス

権威的アリストテレス像

日本語で哲学を語る場合に、実体、基体、形相、質料、現実性、可能性、範疇、大前提、小前提、媒概念、普遍者、等々を用いざるを得ない。これは、西洋の哲学を移入して術語を明確にしていった明治以後の日本の思想界としては、なさざるを得ないことなのである。しかし、これらの術語すべてが、プラトンやアリストテレスの著書にあるギリシア語に由来するものであり、しかも、その大部分が、キケロやスコラ哲学を通じてアリストテレスのものとして近世の西洋哲学に継承されて行ったのである。従って、アリストテレスは間接的に日本のすべての哲学書にその声を及ぼしていると言わなければならないであろう。

もとより、哲学は権威に対して疑惑を投げかけ、絶えず真理の権威を求めて思索する運動である。それゆえ、アリストテレスは、しばしば打ち倒さるべき否定的な像として考えられることが多かった。それは、先に述べた「改革とともに呼び戻される哲学者アリストテレス」という像には矛盾するかのごとく見えるであろう。しかし、偉大なる思想家は、常に改革のときにその指標として呼び出されるばかりでなく、改革のゆえに倒さるべき敵、挑戦さるべき壁としてまた呼び出されて来るのである。

人々の記憶に新しいことは、例えば、デカルトにおいて近代が始まると言われたときに、その近代を阻もうとするものとして中世のキリスト教のスコラ哲学が悪役にされ、そのスコラ哲学の背後に、権威的な封建主義の支柱としてアリストテレスの名が述べられたり、あるいは、ダーウィンの進化論が打ち破ろうとしたのは、種《しゅ》の永遠性を主張してやまないアリストテレスの思想に対してであったということも周《あまね》く言われている。更には、生命の分子論的研究が行われ、DNAなどが話題となっている今日、生物の個体性とその生態を記述するアリストテレスの生物学が、最も古い生物学の典型としてあげられている。

このような状態を見ると、アリストテレスは、日本の一般的な思想界においては、むしろ権威的、古代的、固定的な考えの学者であり、経験論をもってプラトンに対立すると言われながらも、尚、机上の空論を主張する観念論者として把握されている。特にマルクシズムの歴史観をもつ学者の側から見ると、神を頂点にするアリストテレスのピラミッド型の考え方は、最も封建的な考え方として否定さるべき体系なのである。

底知れぬ深みをもつ万学の祖

しかし、真の意味において、弁証法すなわちディアレクティケーを、プラトンの場合のような、二人の人間の対話から、一人の人間の思索の過程に純化させたのは誰であったか。それは、先行する思想をまず取り出してそれの批判を始め、それと異なる先行思想があれば、これを登場させ、対決の場を設定し、そしてそこから第三の考えを出してくるという思考法による『形而上学』の著者アリストテレスであったと言わなければならない。また、いずれ後に、具体的に引用するが、生物の生態を、きわめて綿密に記述し、例えばウニが妊娠するのは満月のときであるというような詳細な記述を、観察に基づいて行っているということは、どのように考えるべきであろうか。現代の生物学に於いては体内時計とか体内コンパスなどが論ぜられているが、右に述べられたようなアリストテレスの研究はそのような新しい説に全く無縁のものと見ることはできない。動物の生態変化の宇宙的連関性をすでに道破しているアリストテレスを、われわれは歴史的に美化する必要もなければ、歴史的に貶《おとし》める必要もなく、そのありのままの姿を明らかにしながら、今日のわれわれの思索や研究に意味のあるところを汲み取っていかなければならない。

学問も研究も、情報として見られる限り、伝達技術の発達している今日、日本での研究と欧米の思想界とにそれほどの差異はない。従って、アリストテレス研究も欧米のそれと遜色ないと考える人々が多いかと思う。しかし、一例としてオーバンク（P. Aubenque）の新著 Le problême de l'être chez Aristote, 1983（アリストテレスの存在問題）を見れば、欧米諸国の研究はますます精緻を加えてきている。

欧米におけるアリストテレスの学問的位置の重さは、その長い思想的伝統に培われている。例えばカトリック国におけるトミズムの伝統的な位置を考えるだけでも、その背後にあるアリストテレスが、今日でもむしろプラトンをしのいで第一の哲学者と考えられるようなこともあるのであり、また、日本のように、十九世紀の末に、近代的な科学の成果を取り入れたという場合と異なって、幾世紀もかけていろいろな科学を分科的に展開させてきた西洋諸国にあっては、アリストテレスにおける学問の統合的多様性、すなわち、そのもとに政治学、倫理学、心理学、詩学などという文科系の学問や、動物学、植物学、生物学、気象学、天文学、自然学等の自然科学系の学問、更に、これら両系の学問を一つに統一する方法論としての論理学、そのすべての祖として、つまり万学の祖としてのアリストテレスという巨大なる像は、打ち倒しがたい権威としていまだに評価されているということを忘れてはならない。従って、アリストテレス研究が、常に哲学の研究の基礎として必須のものに考えられているのが、日本以外の多くの国々の伝統と現状であると言えよう。そしてそのような勉強は正しい方法であると思う。

更に、カントが述べたように、論理学はアリストテレス以後一歩も進歩をしなかったと考えられるほど、アリストテレスの論理学は、古典的な形式論理学を代表するものとされているが、それすらも、ルカシェーヴィッチ（ポーランドの論理学者）等によって、近代的な、あるいは現代的な数学論理学と関係づけられようとしたし、ヒンティカ（フィンランドの論理学者、ボストン大学教授）等によって様相論理学の面で深められたのである。今、世界は価値論の新しい基礎づけを求め、また、死との哲学的な対決を必要としているが、このときにあたり、美しい死とは何かを論じているアリストテレスは、その結論ではなく、その問題追究の確かさのゆえに、またこの新しい要求にかなうものともなるであろう。古典は、すべておのずからなる深みをもつものであるが、アリストテレスもまた、従来の研究のみでは尽くしがたい、はかり知れぬ深さをもつものと思わなければならない。

3　アリストテレス著作の諸問題

はじめに

アリストテレス自身の言葉が、アリストテレスが何を考え何を意味したかということに対する最善のイントロダクションである。「アリストテレスの書いたものを反復して読むこと、それのみが、彼に限らず哲学者や詩人や科学者の著作に対する唯一のイントロダクションである」と述べたのは、『アリストテレス入門』(Introduction to Aristotle, 序論と必要な原典の英訳抄録) という名著を著わしたシカゴ大学の教授、リチャード・マッキーオン (Richard Mckeon) のその書物の開巻劈頭の言葉である。事実、アリストテレスが何を考えていたかという問題は、彼の著書に残されているのみである。それゆえ、まず彼の著書について知らねばならない。

しかし、アリストテレスを読むこと自体がかなりに至難のわざである。マッキーオンが言うとおりに、繰り返し読むことが必要であるにしても、そもそも翻訳で読むことに十分の意味があるのか否か。また、そうかと言って原典のギリシア語をどれほどの人がどれほど深く理解し得るであろうか。今残されている全集に関する限り、アリストテレスのギリシア語は省略が多くて時として読みにくい文章が続く。最終的にはアリストテレス自身がアリストテレスの最善の導き手であるということを容認しながら、我々としては、我々の理解した限りのアリストテレスをまず祖述するところから始めなければなるまい。それでは、そのために必要となるアリストテレスの書物とはいかなるものであるか、これについて多少述べておかなければならない。

一　資料の問題

ソクラテスに発する「不立文字」の伝統

古典時代においても、アナクサゴラスやプロタゴラスの哲学的著作が、アゴラ（市場）において市販されていたことを、我々はプラトンの書物によって知ることができる。また、その価格は、当時としてかなり高価であったにもせよ、入手はさして困難ではなかったらしいということも、アリストパネスの『蛙』における市民の会話やプラトンの『アポロギア』におけるソクラテスの言い方から想像することができる。

それにもかかわらず、この時代のギリシアの哲学者に関する限りは、だれ彼の別なく、その人々の思想を著書で知ろうと試みることは危険なことである。その理由は、断片として残されている連絡のない言表や、それを伝える書物の信用度の問題、更にまた、後の世が名を騙る偽書の存在というような、時間的距離がもたらす文献的な困難さのみではない。そこには不立文字《ふりゅうもんじ》の慎みを守る風土が形成されたのである。どのようにしてであろうか。

もともと、ギリシア人にあっては、レゲイン（legein）すなわち内なるロゴス（logos）を働かせることは、外なるロゴスを語ることであり、「考える」とは「語る」ことであった。すなわち、思惟と言語とは密接に結びついていたが、それは論理と文字との結びつきを意味しはしない。もとより、このことは書くことを否定したことにはならない。ホメロスやヘシオドスの名で伝わる作品は、それらの詩人が作詩した時代に較べて、恐らくかなり後代に至ってようやく書かれたものであり、それ以前は口誦による伝承と思われるが、悲劇詩人たちの作品はすでに初めから書かれていたことが、アリストパネスの作品『蛙』によって証明されている。そこでは、難しいアイスキュロスの悲劇を市民たちは台本を手にして鑑賞することもあると告げられている。のみならず、イオニアの自然学者たち、またエレアの論理学者たちは、自らの研究と教えとを書物に公にしていたし、更に、よどみない弁舌によって人間学的関心を喚起したソフィストたちが、アテナイ散文の先駆をなしたことは周知の通りである。

しかし、このようやく定着した「書く」という伝統が、五世紀の終わり近くに及んで、アテナイにおけるソクラテスの出現とともに破られてしまう。それはアテナイの学界にとって一つの異変であった。そのイデアの説がどこに由来するにもせよ、ソクラテスがイタリアの魂の救いの教えに深く動かされたことは事実であった。秘教の傾きの著しかったピュタゴラ

ソクラテス

ス学団は、その高貴な学風とともに、文字に己を託さないという不思議なアスケーゼ（苦行）をあわせもたらしたもののようである。一面には、確かにアテナイの少数の学究に、失われやすいパピルス（当時はもとより印刷の手段はなかった）による書きもので読書を促すよりも、明日を背負う多くの青年のために、質疑応答によって、思索する必要や方法や方向を直接に教えるほうが緊急の仕事であると考えたからでもあろうか、ソクラテスは一冊の書物をも著わさない不立文字の教師となって、もっぱら弁を以て人々に向かった。

この影響は、彼の周囲には決定的であった。彼の思い出を最初に記録したのはクセノポンであったと思われるが、その人のことはさておき、ソクラテスの第一の弟子と言われるプラトン、あの多くの書物を著わしたプラトンさえも、劇形式によって師の追憶を著わしたほか、幾つかの書簡を残してはいるが、彼がその第七書簡に述べたところによると、「わが晩年の自説については、自ら筆をとって書いたものはないし、また、人によって書かれたものもない」と述べている。

個別的な対象領域をもつ科学は別として、最も本質的な学問であるところの哲学は、「魂から魂に伝わる火であって、学園の共同生活の中に突如として点火される」というプラトンの第七書簡に述べられた不動の確信は、長くアカデメイア（プラトンが創設した学園）を支配した。従って、ソクラテスとその周辺に生きた人々の間で、ソクラテスの思い出を残そうという書物のほかは、本格的な思索のみについての書物を見ることができない。このことは、プラトン研究にとっても大きな問題であって、有名なバーネット・テイラーの仮説のごときは、プラトンの書物に表われる一切の思想はソクラテスのものであり、プラトンの思想そのものは、むしろその書物の中から非ソクラテス的なものを析出して再構成しなければならないとさえ言うのである。もとよりそれは行きすぎで、今日では、プラトンの初期対話篇はソクラテスの影響下にあってソクラテスを模した筆あとであるが、後期対話篇はそれを脱し、プラトン自らの考えであると言われる。

本質的思索を著作に残したアリストテレス

アリストテレスも恐らくこの秘教的風潮に多少は染まりはしたであろう。しかし、彼に生きていた、文字に信をつなぎこれに親しむという東方イオニア学者の伝統は、その草稿の幸運な保存と相俟って、文献の量において、また、その文献と著者の本質的思索との親近性においてははるかにプラトンを、また、その他ソクラテスの周囲にいた哲学者たちを凌駕している。

かつて、プラトンによって〝読書の人〟と言われたアリストテレスは、現在の学者たちからは、無数の著作を著わした執筆の人と言われなければならない。スイスの学者ツュルヘル(Zürcher：Aristoteles)は、アリストテレスの名で伝えられている書物は、すべてアリストテレスの手によるものではないという奇説を出したが、これは、今日殆んどの人によって認められてはいない。すなわち我々の手に残されているいわゆるアリストテレス全集のうち、偽書とされているものを除いては、すべてがアリストテレスの手に成るか、あるいは彼の講義に出席した者のノート、もしくは彼自らが口述筆記させ手直しをしないままのもの、あるいは偽書の中にもきわめて彼に近い者の口述筆記したものがあって、大体は彼の著作と考えて差し支えない。

もしそうであるならば、アリストテレスに関する限り、与えられたおびただしい文献を以て彼自らの学説を、少なくとも他の古典時代の学者よりは詳細に知り得るであろうという予測をもつことはできる。しかし、それは無条件的にそうなのではない。いかなる意味においてであろうか。

三つの目録

アリストテレスの著書に関しては、今日まで三つの目録が伝えられている。この目録だけで十分研究対象になるのであり、かつてバーゼル大学の若き古典文献学の教授となったニーチェの博士論文は、まさにその問題であった。目録の中で最も有名なものは、ディオゲネス・ラエルティオス（Diogenēs Lāertios 紀元後三世紀）の表である。その著『哲学者の生涯と思想』全十巻、その第五巻第一章がアリストテレスに割かれており、そこに、彼の著書として百四十六の書名があげられている。

この目録の中で、現存のアリストテレス全集と最も大きな差異が認められるのは、ここには幾種類かの数学に関する書物の名前があげられているのに、現存全集には数学関係の書物はないことである。プラトンを擁護しアリストテレスを非難する学者の中に、アリストテレスが数学を全く理解せず、その意味においてプラトンを理解し得なかったと書いている人が、例えば英国のバーネット（John Burnet）のように実在するが、ディオゲネス・ラエルティオスの著作目録に関して何らかの態度を決定した後でなければ、そのようなことは本来言えないことである。現実に、アリストテレスは『形而上学』の第一巻第二章において、正方形の対角線が辺では測りえないということ、すなわち、当時としては先端的な無理数の問題を例に出していることを、テキストを知悉する人々は、容易に思い出す。

第二の目録は、ミレトスのヘシュキオス（紀元後六世紀）のもので、書名としては百九十六点あげられているが、このうち百三十二点は、前記ディオゲネス・ラエルティオスに載せられている書名である。この点から見ても、ディオゲネス・ラエルティオスの信憑性はかなり高いと見てよい。

第三の目録は、十三世紀のアラビアの学者たちによって、かなり杜撰《ずさん》な形式で報告されているもので、伝承ではプトレマイオスから得られたと言われているが、その目録は、奇《く》しくも紀元前一世紀のロドス（Rhodos）島のアンドロニコス（Andronikos）の編集した全集、これについては後述するが、また現存の著書とほぼ一致しているようである。

ところで、ディオゲネス・ラエルティオスの目録の中には、現存著作の中にあるものとないものとがある。従って、アリストテレスの著作のうち、膨大な量が失われていると見て差し支えないであろうが、それにもかかわらず、彼の思想の本質的なものは、現存著作で十分推測されると思われる。その理由は何か。

現存著作集と彼の全著書とは同一ではない

洋の東西を問わず、時の古今を問わず、およそ学者の著作には、公刊せられたもの、公刊を予定されていたもの、講義の手控えやノート・覚え書き等のマニュスクリプト（手稿）の別がある。アリストテレスにもその区別がある。生前公刊された書物は、プラトンに倣《なら》った初期の対話篇であるが、これは今日散逸して、その断片が残されているにすぎない。古典時代の書物の断片というのは、その草稿のある部分が物質的に断片として残っているというわけではない。その書物の何行かが、現存の他の書物に引用されて残っているのを断片というのである。

彼のアカデメイア時代に著わした著作は、古典ギリシアと古代ローマの読者のみが知っているのであり、少なくともキケロの年代までは読まれていたが、今は失われている。しかし、これらの著作の大部分は、アリストテレス自らがいわゆるエクソテリコイ・ロゴイすなわち一般向けの書物と呼んだものである。従って、読みやすかったにせよ、彼の固有の思想を知るために必要不可欠の文献ではない。むしろこの期の書物は、そこにアリストテレスのプラトン観が散見したりするので、晩年のプラトンを研究するためにこそ必要な文献である。例えば、プラトンの講義についてアリストテレスは次のようなことを述べている。アリストクセノス（Aristoxenos）が伝えている断片によると、こうである。

「アリストテレスが常に語っていた通り、プラトンから『善について』の講義を聞いた多くの人々が受けた印象は以下のようである。すなわち、通常人間の善と認められていること、例えば富・健康・強さというごとき一般に何らかの驚くばかりの幸福が得られるものと考えて、人々は銘々講義に赴いた。だが、講義は数学（イデア数、数理哲学や幾何や天文学）に関したものであることが明らかになり、結局は一つなる善が存するということなので、人々には、まことに意外なことに思われた。それで彼らは、あるいはそのことを軽蔑し、あるいは非難した」（Harm. 二・二〇・一六）

このような叙述は、晩年のプラトンの講義が如何なるものであったか、その一端を告げるものである。また、プラトンの著書の解釈にとっても、この頃のアリストテレスの著作ははなはだ意味があると思われる。例えば次のような断片がある。

テミスティオス（Themistios）の伝えるところによると、こうである。

「プラトンは質料が形相を受容することを『ティマイオス』におけるのと『書かれざる学説』におけるのとでは、それぞれ異なる仕方で語っている。前者においては与《あず》かることによるとし、『書かれざる学説』の中では似ることによるとしている」（In Phys. 二〇九b一一―一五）

このような叙述は、アリストテレスの証言によっても、プラトンには確かに「不文の学説

(ta dogmata agrapha)」すなわち書かれざる教説があったということになり、それは、プラトンが第七書簡で「自分の学説を私は書いたことはない」「哲学はもともと決して語りえぬものである」と述べていることと全く一致するし、また例えばプラトンの『ティマイオス』という自然哲学の著書を解釈するにあたって、プラトンがそれを書いた時代と、晩年における思想との異同を問う手がかりにもなるので、プラトン研究にとっては重要な文献になると考える次第である。これに類する断片は、かなりの数あるから、いずれ、翻訳を介してでも自ら経験されることを望む。

このように、我々はアリストテレス初期の書物は、アリストテレスの研究にとっては、それほど本質的ではなく、せいぜい、形成途上にあったアリストテレスの初期思想がそこにみてとられるという位の意味しかないと考えてよい。ただ、その限りでの意義は小さくない。

アリストテレス自身の手稿と講義草稿

それらとは別に、アリストテレスは、純粋に学問的労作の手稿を持っていたと思われる。ストラボンとプルタルコスとは、それらの原稿の数奇な運命を伝えているが、ディオゲネス・ラエルティオス、ヘシュキオス及びプトレマイオスの三人があげているアリストテレスの著書目録の内容が、その書名も巻数も多少異なっているところから考えて、アリストテレスの手稿についてはいろいろな問題があるに違いない。

我々の知る限りでは、ヘレニズム時代になって、ロドス島のアンドロニコスが、アリストテテレスの草稿を編纂し、秩序立てたということは確かであり、それは幸い我々の時代まで伝わってはいるが、その際捨てられたもの、あるいはそこで何らかの変容が加えられたか否か、ということについては、今となっては知るよしもない。

ただ、古代の編纂による変化を、あまり過大視する必要はないであろう。なぜならば、現在残されている書物の中に、もし編纂者が手を加えてよいとすれば、当然編者が何らかの手を加えなければならないような矛盾あるいは困難が残され、また、意味不明の文章もそのままにされているからである。我々は、ここに、むしろ古代的編纂の伝承に対する素朴な忠実性を見ることができるのではないか。

失われて、今は断片として収録されているものを除いて、伝えられているアリストテレスの著書は、殆んどアンドロニコスの編んだものであるが、これらのものがすべてはたして刊行を予期されていたものであるか否かはきわめて疑わしい。文章形態から見ても、大体は単純な構造をもち、会話的な非完結文が散在している。

このような現在のアリストテレスの書物を見る限り、あのローマ最大の文章家の一人であるキケロが、かつてアリストテレスの文章は黄金の流れのごとくである、と絶讃した言葉に首肯させるに足るものは見出しがたい。従って、現存の著書は弟子たちが講義を筆録したものではなかろうかという推測もある。このことは、内容上からも妥当な面があるが、写本の題名に徴しても、例えば「Physikēs akroaseōs（自然学の講義）」というようなものがあるから、講義草案かその聴講録かであろうという推測を促すかのごとくである。

しかしその反面、綿密な実証的記録や、複雑な具体的事例の的確・簡明な記述があることに注意すれば、これらのものは、弟子たちに筆録させたと考えたり、弟子たちの聴講録であるというよりも、むしろアリストテレス自らの研究録または覚え書き、あるいは彼自らがとのえた講義草案と見ることもできる。その中には、さらに後日自ら整理した上で公表したいと期していた趣を示すものもある。

従って、今後の課題として、もし可能であるとすれば、使用単語や慣用句の言語統計学的処理や語られている内容の哲学史的な秩序化などの方法を介して、いずれが彼の自著であり、断片のいずれが聴講録であり、また、いずれが草案であり覚え書きであるかというようなことを方法論的に断定していかなければならない。現在のところ、我々としては、実際に筆をとったのがたとえアリストテレスを含めた複数の著者であるとしても、その中核にはアリストテレスその人が、彼らの恣意を抑制するに足る権威をもって語り記していると見て、彼自らの言葉をここに見出すと考えてよいのではなかろうか。ただし、前にも触れたがスイスの学者ツュルヘルのように、伝えられているアリストテレス全集は、すべてアリストテレスの手に成るものではない、と主張する学者もいないわけではない。尚、偽書の問題もあるが、これについてはいずれ後ほど一つの文献操作をもって明らかにしてみたいと思う。

今日伝わる著作は、このようにして、その殆んどが恐らく彼がプラトンの死後、アテナイを去って訪れたアッソスの地で、そこに滞在中に書き始め、その大部分は彼がアテナイに復帰して、リュケイオンにおいて講義をしていた時代の講義案であり、また、一部分は、学生の筆記ノートや秘書による口述筆記で手直しをしないままの覚え書きではなかったかと思われる。これらの文献の大部分は、いまだ公刊されるためのものではなく、学生に講義として聞かすべき内容のメモや、聴講者の聞き取った内容のメモのようである。従って書物の題がしばしば講義（アクロアシス）と附けられ、それに更にアクロアマティコイ（専門的の）という語が添加されているのも当然である。

従って、我々は、これらの著作によって我々自らを、アカデメイアにではなくリュケイオンに籍を置いた学生に化身させることができると言うことができよう。これらの書物の中には、伝承によると、明らかに学生のノートであると言われているものもあり、真偽のほどはともかくとして、例えば『形而上学』第二巻は、パシクレス（Pasikles）の筆録ノートであるとまで言われている。

エクソテリコイ・ロゴイとは何か

著作について、上に述べたような模糊《もこ》とした輪郭しか得られないとすれば、その理由は何かを改めて考えてみなければならない。なぜアリストテレスの著作は、公刊を予定したものと、単なる原稿との区別さえもつけがたい状態なのであろうか。また、明瞭な区別がつかないにせよ、明らかに多くの原稿があって、公刊されないままに置かれた理由は何なのであろうか。その点を少し考えてみたい。

この問いに対する解答にそなえていると、おのずと想起されることがある。それはアリストテレスの講義に、「アクロアマティコイ・ロゴイ（専門的書物あるいは講義）」と「エクソテリコイ・ロゴイ（入門的書物あるいは講義）」の二種類があったという伝説で、これを解答の手がかりとしたい。アリストテレスの著書の中にも、「入門的ロゴス（エクソテリコイ・ロゴイ）」という言葉が時折出てくるが、所伝によると、これは幾らか理解しやすい講義であって、夕方に行われたものであるとされ、内容は、倫理、文芸のごときものと言われている。

しかし、そのように考えると『ニコマコス倫理学』の中（一一四〇a一―二）に、「制作の対象も行為の対象も、（必然的に一つしかないというのではなく）他の仕方においてもありうるものである。しかし、制作と行為とは（その点以外では）異なる。（このことは「エクソテリコイ・ロゴイ」でも論じたところであり、我々はこれに依拠する）」（高田三郎訳、加藤信朗訳参照）とある文章の意味がわからなくなる。なぜならば、制作と行為の異同を弟子だけを相手にする入門講義でも論じた、ということをほぼ公刊を予定したこの主要な著書に書くのはきわめて不自然で、ここでは、ロゴイはどうしても、何らかの著書でなくてはならない。

もし、このロゴイはやはり講義であるとするならば、その入門講義と内容が同じであるとして今ここで述べられている所説は、そのままアクロアマティコイ・ロゴイすなわち専門的講義である、ということになり、それでは、倫理は専門外の講義であったとする所伝そのものに矛盾することになる。そこで、エクソテリコイ・ロゴイとは、アリストテレスの学園外の人々の諸説ではなかろうかという考えも成立する。この説をとる人にはヘルマン・ディールス（Hermann Diels）とロス（W. D. Ross）がいる。

しかし、この説に従うとすれば『ニコマコス倫理学』一一〇二a二六や『形而上学』一〇七六a二八前後の文章の意味が矛盾して来る。すなわち『ニコマコス倫理学』一一〇二a二六―二七は、「精神（霊魂）については、しかしながら、エクソテリコイ・ロゴイにおいても、ある点で満足な仕方で論ぜられているから、我々はこれを用いるべきである」（高田三郎訳、加藤信朗訳参照）であり、『形而上学』の一〇七六a二八の前後は「というのは、イデアに関しては、すでに多くのことがエクソテリコイ・ロゴイにおいても繰り返し説かれているからであるが、あの（イデア論存在の原理または実体であるか否かという）研究には、それより一層立ち入った説明が必要である」となっている。すなわち、エクソテリコイ・ロゴイが他学派の学説である、とするディールス、ロス説によってこれを読むと、アリストテレスが、重要な自らの議論を展開するのに際し、他学派の説を使用したり、イデア説の批判原理を他の学派に求めたことになるからである。そこでエクソテリコイ・ロゴイとは、夕方の通俗講義でもなく、学園外の人々の通説でもないとすれば、古くキケロが populaliter scriptum（公にされた入門的書物）であるとした考えに従って、アリストテレス自らの入門的書物、今は失われた対話篇とすべきではなかろうか。この説は、早くからベルナイスによって主張されていた。

この主張についてはディールスがこれに文法上から反対し、ロスはディールスの説を支持している。それによると、エクソテリコイ・ロゴイは前置詞に hypo 及び dia をとっているが、ギリシア語慣用からみて通常これらの前置詞は作用者が人の場合に限られるという。ただ dikaios logos のごとく言論の意味のロゴスは人なみの扱いをうけるから、これらを考えてエクソテリコイ・ロゴイは書物でなく討論や所説であろうと推測している（A.'s Metaphysics, vol. II, p.409)。

しかし、私はそうは思わない。ギリシア語の修辞法の慣例によって、その擬人法の発達から前置詞 hypo は、擬人化されうる言葉の二格と結合してその言葉の三格の用法に代えうることは普通であり、しかもその擬人化されうる言葉とは、まずその語自体が直ちに人間を予想させる語のことである。今の場合 hypo と logos が結合されるのはこの修辞法による。そして、このロゴスまたはロゴイが書かれたものとしての書物と考えても文法上何ら差し支えないことは、例えば Sōkratēs phēsin adikein tous te neous diaphtheironta（ソクラテスは青年を堕落させて不正を働いた）という周知の文章（『ソクラテスの弁明』二四B八―九）で、人間的動詞 phēsin（言う）の主語が前文の antōmosia（告発状）という書かれたものであることを考えても明らかである。dia もこれに準ずる。

正確な呼応と音韻の流麗は、確かにクロワゼの言う通りイソクラテスの功績である。一方でアカデメイアのロマンチシズムが生んだ前置詞のかかる用法の慣例化を見落としてはならないと思う（A. Croiset: Hist. de la littéra. grecque. IV又 G. Mathieu が Les Bel. Le.版イソクラテス Tom. I に附した序説を参照)。

従って、キケロの言うとおり、エクソテリコイ・ロゴイとは、必然的にアリストテレスが初期に著わした対話篇ないし論著である。この見解は、別の見地からイェーガーも採るところである。イェーガーは、アリストテレスの倫理学の問題史的研究において『エウデモス倫理学』の中に en tōi logōi gegraphtai（あのロゴスにおいて書かれている）という言葉があるのを、エクソテリコイ・ロゴイと同じものと考えたのである。ゴーティエもそのように考える。

膨大な未完成

従って、エクソテリコイ・ロゴイとは、夕方の通俗講義ではなく、他の学派の書物でもなく、初期の書物であった。それならば、これに対立して言われるアクロアマティコイ・ロゴイとは何であるか。これこそはロドスのアンドロニコスのもとに至って現在の形をなした現存著書と大差はない草稿群と思われる。そしてこの草稿群は、現存の著書で見る限り、しばしばその内的連関が指示されているが（例えば「前述のように」とか、「どこそこで後述するように」というごとき指摘である）、この事実を踏まえると、これら草稿群をアリストテレスは常に手もとに置き、相互に比較対照できるような状態にし、補正を試みていたと考えられる。そうであるとすれば、これらの草稿群がアリストテレスの生前に公刊されなかった理由は、アリストテレス自らが、なお自らのもとに止めておこうとする意向があったからと見るほかはない。それならば、なぜそのように意志したのであろうか。

アリストテレスにおいても、プラトンがそうであったように、ピュタゴラス、ソクラテスの伝統である魂と魂の直接の語らいとしての哲学という考え方は、かなり強く作用していたであろう。それゆえに、書物として外部に出すことは、彼の若いときの入門的な対話篇を除いては、いわゆる高度の哲学としては外道《げどう》であると考えたであろうというのも一つの答えになる。

しかし、もしそうであるとすれば、プラトンのような語らいとしてのディアレクティケー（対話術）をアリストテレスが否定して、これを一人の哲学者の内部的な思考形式としてのディアレクティケー（弁証法）としている理由をいかにして説明することができようか。更にまた、若い時から彼はアテナイにいたが、きわめて読書量の豊富な青年であり、先人の思想を書物を介して学び知ったであろうということは、あの、「アテナイでは誰も知る人はなかった」と自他ともに許し、確かに、プラトンすらあずかり知らなかったような、アブデラのデモクリトスの哲学に、アリストテレスは早くから通じていたということによっても、彼が多くの学問を書物によって深めていたことを物語る。その当の人が、書物の公刊の価値を過小評価することはあり得ないではないか。それゆえ、我々は、先の第一の解答を拒否しなくてはならない。

それでは、なぜ、彼は草稿のままに止め、書物として公刊しなかったのであろうか。多少外面的なことに思われるかもしれないが、彼の死亡年齢について考えてみることにしよう。アリストテレスは、自らがマケドニアのアレクサンドロス大王の皇太子時代の家庭教師であったことなどに鑑《かんが》み、大王の死後アテナイに起こった反マケドニア運動を避けて、母の故郷カルキスに移り住んだが、その翌年、六十二を一期《いちご》に胃の病いのゆえを以て世を去ったと言われている。この史実の暗示するところは意味深い。

そもそも古典ギリシアの大哲学者を顧みるに、その真価を現わして一世に卓越するのは、いずれにしても老大家でなければならなかった。齢がようやく耳順《じじゅん》を越え、おもむろに自己の体系の完成に向かうべき頃に、リュケイオンの学園、すなわち彼が営々として築き、自らの育ったアカデメイアの学園を凌《しの》ぐ程の設備と実力を擁していた自らの学園、それを捨てて、失意と漂泊の境涯に落ち、研究の不便もはなはだしかった時期を経て、比較的早期に病死したという事実、また、自己の学説の完成を見ずして、その膨大な草稿を友人に託して旅に出るというその悲劇的な生涯、これらのことを思い合わせれば、アリストテレスはその学説の内容発展を将来に託しながら、未完成のまま終わった、と断ぜざるをえず、このことのゆえに、著書の自らによる公刊を敢えて抑制していた、と説明するほかはない。

もとより、その死後、すぐれた友人や高弟たちが託された草稿を秘めたままにし、なぜその流布《るふ》を計らなかったのか、ということも問題になる。澎湃《ほうはい》たる反マケドニア運動のさなかにあっては、草稿を預かった友人としては、ただひたすら、これを失わずに後世に伝えるということしか当初は考えられなかったに違いない。

二　草稿の運命

第一種草稿

アリストテレスの草稿は、ほぼ、上に述べたことで明らかなように、三つの種類に分けられる。一つは、主としてプラトンの対話篇にならった対話形式のもので、書かれたのは主としてアリストテレスがアカデメイアの教授としてプラトンの指導下に活動していた時期であり、また、仮にそれ以後としても、アリストテレスがアカデメイアを去って直後、いわゆる遍歴時代に執筆し公刊されたものと思われる。それは、列挙すると次の通りである。すなわち『正義について』四巻、『詩人について』三巻、『哲学について』三巻、『政治について』二巻、『弁論術について』『ネリントス』『ソピステス』『メネクセノス』『愛するもの』『饗宴』『富について』『プロトレプティコス』『エウデモス――霊魂について』『祈りについて』『高貴な生まれについて』『快楽について』『アレクサンドロス――植民に関して』『君主政治について』『教育について』以上はいずれも一巻であり、計十九篇二十七巻であるが、この十九の名前は、紀元前二世紀頃のアレクサンドリアの図書館の目録に依拠したヘルミッポスの記録をもとにして、ディオゲネス・ラエルティオスがあげた百四十六のアリストテレス著書目録にあげられている。これらのうち、我々が今日でもその内容をある程度知り得るものは、『エウデモス――霊魂について』『哲学について』及び『プロトレプティコス』の三篇にすぎない。前記二篇は明らかに対話篇であるが、『プロトレプティコス』はどのような体裁をもつ書物であったかは審《つまび》らかではない。しかし、この書物こそは、後にアウグスティヌスを真理に誘うことになったキケロの失われた書物『ホルテンシウス（Hortensius）』の原型であったと言われている。これらの初期の公刊された書物は失われてしまったが、十九世紀後半のドイツの古典文献学者ヴァレンティン・ローゼ（Valentin Rose）が断片を収集し、ベッカーが編んでプロシア王立アカデミーから出版した『アリストテレス全集』の第五巻に収録され、その約八十年後に、英国のロスによって抄訳（一九五二）、次いで校訂本（一九五五）が出版され、出隆が監修し山本光雄が編んだ日本の『アリストテレス全集』においては、宮内璋及び松本厚によってそのロスの校訂本が翻訳された（一九七二）。

第二種草稿

第二種に属するものは、アリストテレスの研究の覚え書きまたは資料的記録であり、その量は膨大なものであったと考えられる。その代表的なものは『アテナイ人の国制』であるが、これに類したものが他の諸々の都市国家についてもあったと推測される。また、今日では、『問題集』の著者は、アリストテレス自身ではなく、その周辺の人とされているが、いずれにせよその人がこれを著わすのに利用した自然学に関する観察記録なども大量にあったと思われる。そのほかにも、また、特に異民族の風俗・習慣や、悲劇、喜劇を問わず、劇に関する上演目録や、出演した役者の名簿等々があったと言われている。その中には、『問題

『集』を例にとれば、「何ゆえに人間以外の生物には癩病（ハンセン病）が生じないのであろうか」というような問いもある。ハンセン病は、最近までその動物実験がきわめて困難であり、詩人木下杢太郎として知られる太田正雄が、癩菌をウサギに移植することに成功したのが、その種の実験としては世界で最初ではないかと言われているほど、確かに動物のかかりにくい病気なのであるが、そのような観察も含まれている。

ついでに、それについての答えを読んでみよう。

「それは(1)他の生きものにも病気はあるが、皮膚や毛髪が真白になるのは人間においてのみだからであろうか。しかしながら、尚、人は次のように問い得る。では、なぜに生きものの毛の色の違いは後天的なものではなくて生まれつきのものなのであろうか。あるいはその理由は(2)他の生きものの皮膚はかたいが、人間は生まれつき最も薄い皮膚をしているからであろうか。ところで癩病は、息の体外排出によるものであるが、この息は、他の生物の場合、皮膚が厚いために出てゆくのを阻止されるのである」（八九四a三八―b五）と書いている。今日では幸いにこの病気も治療可能となっているが、早い時代から長い間不治の難病として注目されてきたものとしてここにこのことを述べた。

このように、今から見れば幼稚な答えもあるが、問題を必ず観察によって出し、その後に何とかして解決しようと試みているということは、観察の記録がアリストテレスの学園には多くあったということ、およびその事実の解明に向けて討論や簡単な実験なども行われていたということを物語っている。

第三種草稿

第三種に属する草稿は、いわゆるアリストテレスの著書として今日まで伝わっているところのもので、彼自らが友人で高弟のテオプラストス（Theophrastos）に託したものに基づく文書群である。第一種と第二種の著作の殆んど全部が失われたことは遺憾であるが、少なくとも第三種に属する著作がほぼ完全に我々に伝えられているということは、歴史の恩恵と言わねばなるまい。

この書物群も、久しく世の注目を引かない運命にあった。紀元後第一世紀の地理学者ストラボンや『英雄列伝』の著者として有名なプルタルコスが伝えるところによると、アリストテレスは、第Ⅱ部「生涯」で述べるように反マケドニア運動が起きたとき、いち早く身の危険を悟って、自らの手もとにあったその多くの草稿群を、友人であり後継者でもある学者テオプラストス——植物学者として令名があり、大著『植物学』のほか、短く要領よくまとめられた『形而上学』、爆笑を誘う『性格論』などの著者——の手にゆだね、自らは漂泊の旅に去った。

アリストテレスの死後、テオプラストスも死に際しては、己《おのれ》に託された草稿を自らの草稿とともに、その弟子でもあり、友でもあったネレウスに渡した。ネレウスは、テオプラストスの死後、自らの死も近いことを考え、身辺の整理をしたが、二人の年長の友人の草稿は大切にし、それらをはるか東方のトロイア地方の一都市スケプシスに持ち帰った。そこが故郷であったからである。ネレウスの死後その相続者たちは、この貴重な草稿を、その土地のある穴倉に隠しておいた。そして約百五十年の後、紀元前一〇〇年ごろ、すでにところどころ虫に食われ、多年の湿気におかされていた草稿が、ふとしたことから、アテナイ市民となっていたテオス生まれの人アペリコンという、実業家であったが愛書家で古い写本を買い集めていた人によって買い取られ、書かれた草稿のふるさとアテナイに持ち運ばれることになった。

テオプラストス

アペリコンは学者ではなかったが、この貴重な草稿群の保全をもかねて、一応は人に頼んで粗雑な編集に似た作業も行ったのではなかろうか。しかし、その後間もなくアテナイはローマとの戦争に敗れ、当時の例に従って非常時に将軍となっていたアペリコンも倒れた。このときアテナイを奪ったのは、ローマ人スーラの軍隊であった。スーラは人も知る文化人であったから、多量の図書や美術品をローマに送ったが、アペリコンの書庫にあった蔵書類も、一切戦利品として紀元前八四年にローマに運ばせた。その少し後に、アリストテレスの伝統を継承するペリパトス学派のティラニオンという文法家が、好学の士ルクルスに招かれて、ローマに来ていた。彼はローマにギリシア図書を収集する使命を与えられ、伝えによると約三万巻の書を備えたと言われている。キケロも彼を訪ねたことがあった。ティラニオンがアリストテレスの草稿を整理し、その編集・公刊を企てたという人もいるが定かではない。結局それを実行したのは、リュケイオンの最後の学頭であったアンドロニコスである。

現著作集の成立

この伝えのすべてが、はたして真実であるか否かは疑わしい。なぜならば、もし伝えの通りであるならば、アリストテレスの弟子達が、己の師の草稿という貴重な文献を二百年近くも放置し、顧みなかったことになるからである。アリストテレス、次いでテオプラストスを継承したストラトンは、リュケイオン第三代目の学頭であるが、彼がアリストテレスの文献に通じていたという事実は、この伝説のいかがわしさを示すものである。少なくとも、これらの草稿は、早い時期に何らかの形でコピーされ、それが学園内で研究されていたのではなかろうか。

　ストラトンの後継者の系列に立つアリストンが作成した著書目録を、ディオゲネス・ラエルティオスが写して我々に伝えているのであるから、アリストテレスの建てた学園であるリュケイオンの学者たちが公刊された初期の書物に通じていたのは確かであるが、そのほかにアリストテレスその人が大切にしていた草稿を全く知らないということもないはずであろう。それでその草稿の写本《コピー》があったものと推測する次第である。もとより、そのコピーがこの穴倉に隠されたもとの草稿と完全に同一であったとは言えない。もし同一であったとするならば、学園内ですでに大規模な編纂が行われていたはずだからである。

　とにかく、アリストテレスの著書は数奇な運命をたどって、結局己の学園に帰って来た。

それらが学問的な編纂を受けることになるのは、ロドス生まれのアンドロニコスの決心によるのであった。標題のついていない草稿も多く、主題によって彼が色分けしなければならないものもあった。

この整理が可能であった一つの理由は、編纂者自らがアリストテレスの学問に通じていたということ――このこと自体、写本群の存在を許容せざるを得ないが――そのほかにも、学内に多くの伝承的な写本群があって、これらの写本群と比較校合するということによって、古い草稿が編集可能になったのであると思わざるを得ない。キケロはアンドロニコスについて言及していないので、その仕事はキケロの死後、すなわち紀元前四〇年以後のことであろう。そしてアリストテレスを、初めてこの著作群によって引用したのは、ハルカリナソスのディオニュソスであるが、この人がローマに来たのが紀元前三〇年であるから、およそ四〇年から三〇年の間に編纂は完成したのであろう。そしてそれらは、夥《おびただ》しいスコリア（ギリシア語の註釈者）が続出したことを見ても、大いに評判となり、写本が多く作成され、研究もされたのである。しかし、ギリシア、ローマの衰退とともにキリスト教の展開につれて、ボエティウス以後西欧では久しく忘れ去られていく。それが写本の形でアテナイからアラビアを経てヨーロッパに入り、ヨーロッパから印刷本の形でアメリカや日本へと世界を一巡するに至るのである。そしてそれら写本や印刷本は、それらがもたらされた土地とアテナイとの隔たりが大きければ大きい程、アリストテレス自らの書いた言葉とは全くかけ離れた言葉に翻訳されて、次第次第に全世界の人々の心に滲透する旅を続けている。

ディオゲネス・ラエルティオスの伝えたアリストテレスの書目は、もともとは紀元前二世紀初頭のヘルミッポスの書き伝えたものであり、それと現在のアリストテレス全集との違いは、問題にすれば幾らでも問題になることではあるが、我々は、アリストテレスの精神が、このアンドロニコスの編纂したものに残っていると言わざるを得ない。言語的慣例から、中世の学者たちは、このアリストテレス全集をラテン語で「コルプス・アリストテリクム（Corpus Aristotelicum）」すなわちアリストテレスの体と呼んでいる。全集は体であり、そこにアリストテレスの精神が宿されているという意味にもとれよう。

テキストの頁付の拠り処となっているのは、一八三一年にベッカー（Bekker）が校訂し、プロシア王立アカデミーが刊行した『アリストテレス全集』であるが、すでにルネサンスの時代以後、幾種類ものギリシア語全集が編まれていて、それらはいずれもこのコルプス（体）の印刷形である。我々はこの「体」を通じてアリストテレスの「精神」としての思想を明らかにしなければならない。尚、テキスト引用の際の頁付はこの全集による。各頁は大きく二列に書き分けられ、各列三十数行、aは左側、bは右側の列をいう。

現存著書の大体

アリストテレスの著書と伝えられているものは、前記のアンドロニコスによって主として次のように整理されている。まず最初にオルガノン（道具）と呼ばれている論理学関係のものがある。それは『カテゴリー論』（範疇論）『命題論』（解釈論）『分析論前書』『分析論後書』『トピカ』『詭弁論駁論』の六篇で、これらは六世紀頃に、あらゆる学問の道具になるから、道具という意味のギリシア語「オルガノン」という名で総称されることになった。カントの言う通り、これら一群の書物で、近代までの形式論理学はほぼ完成していた。それは、続いて展開されてゆく理論学(theōrētikē)、実践学(praktikē)、制作術(poiētikē)という三つの大きな部門からなる全大系の基礎的な予備学科として立てられていた。

次に理論学であるが、その最初は、自然学(physikē)方面の著作である。これは『自然学』『天体論』『生成消滅論』『気象論』(恐らくは偽書。そして第三代目の学頭ストラトンの手になるものと言われもするが確かではない)、『宇宙論』(恐らくは偽書)、心理学的著作『霊魂論』(これは心理学と訳されているが、内容的には生命の原理としての霊魂を論じたもので、生命哲学と訳されるべきであろう)。

そしてそのほかに、自然学小論集と総称されている生理学的心理学的著作があるが、それは短いが種類はきわめて多く『感覚と感覚されるものについて』『記憶と想起について』『睡眠と覚醒について』『夢について』『夢占いについて』『長命と短命について』『青年と老年について——生と死について』『呼吸について』等があり、この一連の小論集の次には『息について』(これは内容から言って、アリストテレスよりやや後の紀元前三世紀中ごろの医学者の著書ではないかと言われている)がある。

次に生物学関係の著書。『動物誌』『動物部分論』『動物運動論』(多分真作と思われるが、偽書とする人もいる)、『動物進行論』『動物発生論』。以上がプロシア王立アカデミー発行のベッカー版第一巻に納められているものである。

次に小品集と総称されている偽書の集成がある。『色について』(偽書。テオプラストスまたはストラトンの著)、『可聴的なるものについて』(偽書。著者はストラトンかという人が多い)、『人相学』(偽書。紀元前三世紀頃のもの)、『植物について』(偽書。紀元前一世紀末のダマスコスのニコラウスの作らしいと言われている)、『異聞集』(偽書。紀元後六世紀頃までの収集)、『機械学』(偽書。ストラトン)、『問題集』(偽書)、『不可分の線について』(偽書。テオプラストスまたはストラトン)、『風の方位』(偽書。テオプラストスの抄録)、『クセノパネス、ゼノン、ゴルギアスについて』(偽書。紀元前一世紀頃の後代の人の著作)。これらの書物は、いずれもアリストテレス以後の風俗、技術、歴史、科学等に関する研究資料である。ことに、『問題集』は紀元前から紀元後五〜六世紀までに収集されたもので、方法としては実証的観察に基づいたものである。

以上で理論学ないし理論哲学の中で自然学に関する著書は終わり、次に、理論哲学の中で第一哲学(prōtē philosophia)と言われる大著が続く。本来、理論哲学には数学が加わるのであり、数学に関する書物は、ディオゲネス・ラエルティオスの残したアリストテレス著書目録によるとかなりあるのであるが、現在のアリストテレス全集には伝わっていない。さて第一哲学とは『形而上学』十四巻である。この書物はアリストテレスの代表的主著であるばかりでなく、人類の全哲学史において屈指の重要文献である。これについては、いずれ後に詳説するつもりである。もともとの由来は、自然学(physica)のうしろに(meta)順序づけられる書物もしくは自然学（physica）の後に（meta）読まるべき書物という意味のta meta ta physicaに発し、それが縮まって後にmetaphysicaとなり、「形而上学」と訳される。これは存在一般と最高存在としての神について考察する学問である。それゆえ、この学はまたアリストテレスその人によって、神学（theologikē）とも呼ばれている。今日では存在論（ontologia）という十六世紀に造られた術語で呼ぶ人も多い。アンドロニコスが、この神学または第一哲学を自然学書の後に置いたのは、まず自然的存在に関する学を研究し、しかる後、存在を存在として問う形而上学へ進むべきだ、という体系研究の方法的順序をも示すためであろう。

さて、その次はアリストテレスのいう実践学ないし実践哲学、人間に関する哲学である。それはまず倫理学関係『ニコマコス倫理学』『大倫理学』（偽書）『エウデモス倫理学』『徳と悪徳について』（偽書）。最初にあげられた『ニコマコス倫理学』は『形而上学』『自然学』と並んでアリストテレスの代表的著作の一つであり、単に『倫理学』と言えば、この書物を指す。西洋倫理学史においてこの書物の占める位置は殆んど絶対的と言ってもよく、きわめて重要な書物である。二番目の『大倫理学』は、私は偽書であると思うが、それについては、いずれ後に詳しく述べたいと思う。『実践学』の第二部門は政治学関係の著作であり、これには『ニコマコス倫理学』の続編たる名著『政治学（Politikē）』、『経済学』または『家政学』（恐らくテオプラストスの著書か、更に後のこの学派の人の手が入っている）が属する。

最後に体系の第三部門として制作術関係の書物がある。『弁論術』『アレクサンドロスに贈る弁論術』（偽書。紀元前三世紀の著書であろう）、『詩学』。この『詩学』は第二巻が失われたか未完に終わったかの論文であるが、ギリシア悲劇研究に関しても、また特に美学、芸術学の古典としてもきわめて重要な文献であり、二十世紀に特に重視されて来たものである。そういう意味では、『弁論術』は論理学関係の『トピカ』とともに、今世紀半ば以後のレトリックへの注目が強まるにつれ、重要視されている。これで、アリストテレスの著書として今残っているもの全部をあげたことになる。尚、『アテナイの国制』は十九世紀末に出土したものである。研究者の夢の一つには、またどこからか、古い図書館か墓穴から、アリストテレスの文献が出ればよいというものもあるにちがいない。昔私はしきりにそう望んだものであった。

4 アリストテレスの学問について

学問体系の問題点

前に述べたアリストテレスの著作集を見ると、およそ大別して次のように六つの部類に分けられる。㈠論理学、修辞学。㈡自然学、これは総論としての『自然学』と『天体論』『生成消滅論』、生命哲学としての『霊魂論』（『心理学』と呼ぶ人もいる）などを含む。㈢動物学の研究。㈣自然学の後に学ばるべきものとして形而上学、すなわち第一哲学。㈤倫理学と政治学。㈥芸術論または美学。

これを見て、アリストテレスの学問体系は必ずこのような順序で学ぶべきである、と思ったり、アリストテレス自身が学問をこれらの六部門に分類していたというふうに考えてはならない。なぜならば、すでに「著作」のところで述べたように、現在伝わっている全集は、そのすべてが必ずしもこのような形で公刊されると著者自身によって予定されていたとは限らないし、また、このように全集の順序を定めたのは、紀元前一世紀のロドスのアンドロニコスであるから、それがアリストテレスの考え通りであるとする保証はない。

しかし、この分類や順序にアリストテレスの考えが全く入っていないということにはならない。なぜならば、一つにはアンドロニコスがアリストテレスの死後二百年を経ているとはいえ、彼の建てた学園に属していた学者であるからでもあり、一つには、また、アリストテレスその人が次のように考えているからである。主著『形而上学』第四巻第三章一〇〇五a三二—b七において、分析論すなわち論理学の素養が特定の研究に先立つことや、自然学の上位に存在を普遍的に扱う第一哲学のあることを述べており、更にまた、大著『ニコマコス倫理学』（第一巻第三章）において、「倫理学は人間に関する学問であって、これの探究は若年にしては不可能であり、円熟した見識を必要とする」という意味のことを述べ、その一〇九五a二—三では「（倫理学の目的となる）ポリスの学に関することについては、経験不足の若者は聴講の資格がない」とまで言っているから、倫理学や政治学がさまざまの理論学の後に位置すべきことは理解できる。この二つのテキストから、我々は㈠論理学、㈡自然学、㈢自然学各論、㈣第一哲学すなわち形而上学、㈤倫理学・政治学という体系的順序を認めることができる。また、アリストテレスが最も重んじた価値は、真とともに美であり、イールズは「美こそがアリストテレスの理論の根源」（Else: Aristotle on the Beauty of Tragedy: Harvard Stud. in Class. Philo. 1947）と言っている程であり、前記『倫理学』の中でも力を入れて説いている問題に、「美しき死」が何であるかという問題がある（この点については、私の手に成る『詩学』の訳註書——岩波書店『アリストテレス全集』第十七巻——の註一四九頁を参照）。

周知のように、ギリシア悲劇は、神々や英雄の美しき死につながる問題を秘めているので、それを論ずる『詩学』を始めとする美についての考察、また、悲劇や音楽など芸術についての考察が、価値論の自己完成として体系の最後に置かれているということも、思えばアリストテレスの考えを生かしたものと見ることができる。しかし、それでもこの著書の分類を通じて、我々はアリストテレスの学問体系ないし学問分類がこの通りであると断定してはならない。この著作集による限り、我々は数学がどこに位置するかは必ずしも明確ではなく、『形而上学』第六巻第一章一〇二六a二五—二六では天文学は数学に属すると書かれているが、他方、『形而上学』の第十三巻、第十四巻は数学的な問題を含んでいるので、数学の体系的位置は判然としない。また、アリストテレスにおいては、確かに言語の法律的効果や詩的美と密接な関係があるとはいえ、独立の学科として尊重された修辞学は、文章の構造にもかかわるものとして論理学にも並ぶものという面もあり、これだけでは形式的にそれが本来はどこに位置すべきかは、この全集の順序だけでは明確であるとは言えない。

アリストテレスの学問三分法

ギリシアの学問分類に関しては、しばしば理論（theōria）と実践（praxis）との対立が語られる。最後のローマ人、最初のスコラ学者と言われるボエティウス（Boethius）が、獄中で死を待ちつつも、そのギリシア的な教養を以て不朽の名著『哲学の慰め（Consolatio Philosophiae）』を書いたときも、ギリシア哲学は ϑ と π という二つのギリシア文字として彼の眼前に彷彿として現われたが、それは、それぞれ、theōria（理論）と praxis（実践）のギリシア語頭文字であり、両者が区別された形で、認められたことを意味している。この二つをいかに統一するかというところに、知行一致を説いたソクラテスや哲人王の理想を説いたプラトンの苦労があった。

アリストテレスはその点に関してどのように考えていたのか。彼は、学問体系を伝統的な二分法によらず三分法によって構成した。彼によると、学問とは、人間の能力として考えられる三つの基本的な営みに相応じて大別されるのである。その基本的な営みとは何か。思い見ること（theōria）、行うこと（praxis）、作ること（poiēsis）であり、これに応じて、学問を「思い見ることの学問、すなわち理論学」（epistēmē theōrētikē）、「行うことの学すなわち実践学」（epistēmē praktikē）、「作ることの学すなわち制作学」（technē poiētikē）とした。そして理論学は、いずれも存在者ないし存在を対象として、その原理・原因を探求する。

理論学もその内部で三分されている。それは、

(1)離存（独立）であるが、変化（動揺）する存在としての自然的事物を対象とする自然学

(2)離存（独立）しないが、不動（無変化）の存在を研究する数学

(3)離存（独立）し、かつ不動（無変化）の存在を考えるところの第一哲学

以上の三つである。

ボエティウス

これらのことを、アリストテレスはその独特の用語法「離れて」（chōriston コーリストン）という副詞や、「離

存性」（chōrismos コーリスモス）という抽象名詞を使って説明している。この〃離れて〃というのは、他のものから離れて独立にそれ自身で存立する実体を意味する。アリストテレスは『形而上学』第六巻第一章において次のように言っている。

「自然学の対象は、他のものから離れて独立の個体として存在しはするが、しかし不動ではないところのものであり、数学の対象は不動ではあるが、質料から離れて存しはしないで、むしろ質料のうちに存在するものである。しかるに、第一の学の対象は離れて（独立に）存在するとともに、不動でもあるところのものである」（一〇二六a一三―一六）

この離れて（独立に）存するとともに不動であるところのものとは神的存在のことである。

ところで、右のアリストテレスの文章は何を意味するのか。彼が言おうとしていることは、もし何か永遠であり、不動であり、かつ離れて存在するところのものが真に存在し得るとすれば、これを論証し認識することが、ある一つの特別な理論学になすべき課題として与えられる、ということである。そして、ここに求められている学とは、自然学ではなく（自然学は運動するものを対象とする）、また数学（不動ではあるが実体として離存しえないものを対象とする）でもなく、これら両者よりも資格においてより上位の学なる第一哲学（prōtē philosophia）すなわち神学（theologikē）である。

論理学とその位置づけ

ところで、この分類については不思議な事実がある。アリストテレスの論理学の書物の一環をなす『トピカ』の第六巻第六章一四五ａ一五―一六において、アリストテレスはこの分類を指示して「なぜなら、学問は理論的、実践的及び制作的と言われる」と述べ、同様に第八巻第一章（一五七ａ一〇―一一）においても、「知識のうち、あるものは理論的、他のものは実践的、また別のものは制作的である」と言ってはいるものの、そのことを述べている当の『トピカ』が位置づけられている論理学そのものは、はたしてどこに位置づけられるのか必ずしも明瞭ではない。

それに関してエドワルト・ツェラー（Eduard Zeller）は、その大著『ギリシア人の哲学(Die Philosophie der Griechen)』第二巻のアリストテレスの章で、「この三分法はアリストテレスの学問の最終分類ではない」（一八二頁）と述べている。確かに、考えようによれば、論理学は、およそ学問たるものが踏まなければならない方法を理論的に考察するものとして理論学に入れることもできようし、また、実際に考えを行うための規則と考えれば、実践学に入れることもできるであろうし、言語を使って論理的に思索体系を構成するためと考えれば、論理学こそ制作学の中に入るものと見なすことさえもできよう。従って、論理学をどこに位置づけるかということは、容易には答え難い問題と認めなければならない。

最も穏健な考えとしては、論理学を、これら体系的に分化する専門学の準備として人間が学んでおかなければならない基礎的方法であるとし、いわば学以前の準備機関すなわち道具となすべきであろう。現実にアリストテレス全集において、論理学の著作は、すべて一括して道具すなわち「オルガノン（organon）」と呼ばれている。ただ、その内容そのものは、論理や方法の理論的考察であり、その厳密さや困難性に関しては、自然学や形而上学に劣るものではない。

カテゴリー論

「オルガノン」の第一部は、カテゴリー論（範疇論）であるが、その第一章で同名異義（ホモーニュモン homōnymon）や同名同義（シュノーニュモン synōnymon）、及び派生名（パローニュモン parōnymon）の三つを説明する。

その第一は、「そのうち、同名異義《ホモーニュモン》とは、名称だけが共通で、それに応ずる本質の定義が異なるものである。例えば、人間もその画像もともに〈動物〉であるという場合のように、両者に動物という名称だけは共通するが、しかし、その名称に応ずるその二つのものの本質の定義は違っていて、これら二つのものそれぞれにとって〈動物であること〉というのは何であるかを、誰かが示そうとすれば、それぞれに固有な別々の定義を示すことであろう」（第一巻第一章a一—七）

それから第二は、「同名同義《シュノーニュモン》とは、名称も共通であり、名称に応ずる本質の定義も同じであるもののことである。例えば人間と牛とがともに〈動物〉である場合のように。すなわちこれら両者はそれぞれ共通の名前を以て動物と呼ばれる。そして、その本質の定義もまた同じである。というのは、両者のそれぞれにとって〈動物であること〉というのは何である

か、誰でもその定義を示そうとすれば、同じ定義を示すはずだからである」（同a八―九）

第三は「派生名《パローニュモン》とは、語尾変化において異なっているが、あるものからそれに応じた呼び名をもつものである。例えば文法学（grammatikē）から文法家（grammatikos）は、また、勇気（andreia）から勇気ある人（andreios）はその名を得ている」（同a八―一六）という書き出しであって、これは概念論として学問の第一歩であり、これに続いて命題形成の重要契機が扱われているから、アリストテレスの学問体系を考えた場合には、このようにしてまず論理学が基礎学としてあり、その上に前述の三つの学が立てられているとしなければならない。

現実に、このカテゴリー論は、デューリング（Ingemar Düring: Aristoteles）の指摘するところによると（五四頁）、アリストテレスの最も早い時期の著作に属するものとされている。そして、恐らくプラトンの対話篇『パルメニデス』『ソピステス』等における実体（ウーシア ousia）、性質（ポイオン poion）、関係（プロスティ prosti）等の研究が背景をなしていると思われるので、最も初期の方法として、すべての学の普遍的基礎であると同時に、それがすでにプラトンの晩年の思索、私の術語では論理存在論（logo-ontique これについては、私の著 Betrachtungen über das Eine の第七章を参照）の水準にあったということを推測させるものである。

さて、この理論的、実践的、制作的と分けられた三つの学問は並列するものなのであろうか、それとも何らかの上下秩序を相互に形成するものなのであろうか。アリストテレスは

『ニコマコス倫理学』の中で、「主要な生活形態におよそ三通りがあって、享楽的生活《アポラウステイコス・ビオス》と政治的生活《ポリテイコス・ビオス》と第三に観想的生活《テオレテイコス・ビオス》である」（第一巻第五章一〇九五b一七―一九）と言って、快楽を目的とする享楽的生活、名誉を目的とする実践的な政治的生活などに較べて、真を目的とする観想的生活が、神の生活に近く、人間の理想である、と言う。この考え方からすれば、観想的生活に対応する理論的（theōrētikē）学問が、最も高い位置につくことになるであろう。このようにして、アリストテレスは理論学を最高の学とし、次いで実践学、そして制作学を置いたというふうに見ることもできる。アリストテレスの学問の全体的概観に入る前に、その体系を通じてアリストテレスの特色として著しい幾つかの術語について説明を加えておきたいと思う。

十の範疇

アリストテレスと言えば、人が直ちに思い浮かべる用語は、カテゴリー、三段論法、四原因、可能態、現実態、実体等の諸概念である。これらがどのようにして成立して来たかというようなことは、いずれ詳しく述べることにして、今はこれらのアリストテレスときわめて密接に結びついている概念について説明をしておきたい。

　まずカテゴリー（katēgoria）について述べなければなるまい。中世のトマス・アクィナスの範疇超越としてのトランスチェンデンタリア（transcendentalia）、また、カントの範疇論等、およそ哲学を論ずるときに、カテゴリーすなわち範疇を語らないで済ますことは不可能であろう。カテゴリア（katēgoria）というギリシア語は、カテゴレオ（katēgoreō）すなわち「述語する」という動詞に基づく。例えば、「人間は理性的動物である」という命題が成立しているとき、主語〝人間〟は述語〝理性的動物〟によって述語づけられている。この〝述語づける〟という動詞に由来する名詞が述語、すなわちkatēgoriaカテゴリアである。ラテン語では、これをpraedicamentaプレディカメンタと言っている。述語の品詞は一定しない。右の「人間は理性的動物である」という命題の場合には、述語は「理性的動物」という名詞であるが、例えば、「ソクラテスは賢い」という命題においては、それは「賢い」という形容詞である。

更に、「その事件はリュケイオンにおいて生起した」と言えば、述語は、場所を表わす副詞と動詞である。従って、カテゴリアは細かに分けて考えれば、それが名詞の場合は、名詞の数だけのカテゴリーがあることになるし、形容詞にも動詞にもそれぞれに属する言辞の数だけのカテゴリーがあることになる。そこで、これを一般化して、究極的なカテゴリーの類型を探してみると、どのようになるであろうか。これが有名なアリストテレスの十の範疇として呈示されたものである。

この範疇すなわちカテゴリーの作り方は、命題を言語的に形成する作用と深く関係するため、文法と密接に関係している。今、主に『カテゴリー論』第四章に従ってその表を左に示そう。

㈠実体（何であるかに応ずるもの to ti esti または ousia ラテン訳 substantia）

(二)量（いかほどに応ずるもの poson または posotēs ラテン訳 quantum, quantitas)
(三)質（どのようにに応ずるもの poion または poiotēs ラテン訳 quale, qualitas)
(四)関係（に対してどうあるかに応ずるもの prosti ラテン訳 quod ad aliquid, relatio)
(五)場所（どこに応ずるもの pou ラテン訳 ubi)
(六)時間（いつに応ずるもの pote ラテン訳 quando)
(七)状態〈位置〉（どう置かれているかに応ずるもの keisthai ラテン訳 positio)
(八)持前〈所持〉（何をそなえているかに応ずるもの echein, hexis ラテン訳 habitus)
(九)能動（すること poiein ラテン訳 agere, actio)
(十)受動（されること paschein, pathos ラテン訳 pati, passio)

ところで、カテゴリーとは命題における述語のことであるから、カテゴリーの形態とは述語の形態のことである。そして、述語とは、命題の繋辞（である）と結びつくので、「ある（存在）」の形態と考えられる。これはギリシア語を始めとして、印欧語族には共通の現象で、英語でも「This is a box」「This is three meters」「This is white」「This is standing」というように、すべて存在を表わす動詞 to be が述語を形成する一半を負う。そこで、述語すなわちカテゴリーの諸形態は存在の諸形態と言われる。そのため、アリストテレスは存在論を展開する『形而上学』第五巻第七章で、「自体的に存在（einai）はカテゴリーの諸形態によって語られる場合もある」（一〇一七a二二―二三）として、そこでも、範疇（カテゴリー）を列挙するが、その際は状態（keisthai）と持前（hexis）とを省いて八つしかあげていない。その理由はよくわからないが、カテゴリーの中にも重要度の大小があると見ることは許されよう。特に実体、量、質、場所の四つは、出隆によると、単に言表形式ではなく、アリストテレスの思惟形式でもあった（『アリストテレス哲学入門』一二三頁）。しかし、ゾルムゼン（Solmsen）やデューリングは、カテゴリーをプラトンの最高類のようにとる解釈には反対して、思惟形式ではなく、個々の事物をどのように言い表わすかという記述の方法と考えている（デューリング　前掲書六〇―六一頁）。私もその方が穏当のように思う。

このようにして、カテゴリーとは、さまざまな形をとって現われる述語の最も普遍的な形として考えられたものであるが、アリストテレスの場合には、右に見たように、命題の論理的整理というよりも、文法的整理と見る方がよい。すでにこれに類したものとしては、プラトンの『ソピステス』において純粋に論理的な最高類の概念は考えられていたし、それを承けて、紀元後三世紀の新プラトン派のポルピュリオスは、最高類を類、種、種差、特有性、付加性の五つに分類している。個物の記述言表形式を文法に即して考えていったアリストテレスは、今し方も触れたように、この系列の外にあると考えるべきであろう。

アリストテレスはその著書『トピカ』第一巻第四章の一〇一b一七―二五までの間に、次のように述べてカテゴリーに関し別の整理の可能性を示している。

「すべての命題は、その命題すなわち定義を含めて類か特有なものか付帯的なものを明らかにする。なぜなら、種差について言わないのは、種差もまた類に属するものとして類と同列に置かれなければならないからである。しかし、特有なもののうち、あるものは本質を示し、他のものは本質を示しはしないから、特有なものは、本質を示すものとそうでないものとの二つに分かれる。そして本質を示すものを定義と呼び、残りの他方のもの、本質を示さないものを、それらについて無差別に与えられた共通の名に従って特有性と呼ぶことにしよう。そこで、上のことから明らかなことは、なぜ、今の分類に従ってすべてのものはちょうど四つ、すなわち定義か特有性か類か付帯性かになるかという理由である」というので、彼は必ずしも十をもって最高の範疇と考えていたとも思われないが、とにかく前に示した表、これが史上有名な範疇表である。これは人間の思索が言語を枠づけして、対象を命題の主語として、述語を介して現実意識の世界に紹介するためのものである。

「実体」——存在の解明

右に掲げたカテゴリーの表を見ると、カントが『純粋理性批判』で示した範疇論がいかにアリストテレスの十の範疇論の影響を受けているかはよく理解されるであろう。また、この表からして、次の問題が提出される。それは、表の㈠にあげられた実体とは何であるかということである。範疇とは述語なのであるから、実体としてここにあげられているものは当然述語でなければならない。「人間は理性的動物である」と言われたときの動物が、述語としての実体なのである。

しかし、『形而上学』第五巻第八章において、「実体は主語となって述語とならない」という有名な規定が下されている。その原文通りの訳は、「これら実体は他のいかなる主語《ヒユポケイメノン》の述語でもなく、かえって他の物事がこれらの述語である」（『形而上学』第五巻第八章一〇一七b一三—一四）である。この問題は、絶対的主語として命題の考察対象となっているところのものは、普遍者ではなくて生命のあるなしにかかわらないが、個体（tode ti）として現実に存在するものでなければならないという考えである。それゆえ、範疇表に、つまり述語の表に、実体があるということは、「主語となって述語とならない」という実体の規定に自己矛盾をもたらすのではないかと問わなければならない。アリストテレスはそこに一つの解決を見出している。それはどのような考えなのであるか。

『カテゴリー論』第五章二a一一—二九のあたりで言っていることをまとめると、実体には二種類あって、第一実体とは、特定のこの人とか、特定のこの馬とかという個物であり、第二実体とは、個物が属している種または類であり、人一般とか馬一般とかという意味での人、馬等である。その限りにおいて、実体には個別的存在的実体と、普遍的観念的実体とがあるということになるであろう。この考えが、後にスコラ哲学の第一志向（intentio prima）は個的現実的存在（ens）としての実体（substantia）に、第二志向（intentio secunda）は本質（essentia）としての実体に向かうという考えに結晶した。

　さて、このように見てみると、我々はアリストテレスの論理学が、存在の分析ときわめて密接な連関にあることを悟るであろう。アリストテレスは、確かに主観の命題構成と客観的な現実存在の本質構造が並行するものと信じている。思考の真偽に関して、アリストテレスは、人間の思考が事物を客観的に把捉し、それを意識に書き写しているか否かによるという説を立てていた。『形而上学』第九巻第十章三―九で次のように述べられている。

「ある物事において、分離されているものをその通りに分離されていると判断し、結合されているものをその通りに結合されていると判断するものは真を言うものであり、当の物事がそうある通りではなしに、その反対に考えるものは偽りを言うものである。そうであるとすれば、真と言われるもの、また偽と言われるものがいつ存在しており、いつ存在していないか、これらを我々は何と解するか検討しなくてはならない。思うに、君が色白くあるのは、我々が、君は色白くある、と真に思うがゆえにではなくて、逆に、君の色白くあることのゆえに、このことを主張する我々が真を語っているのである」

この文章は、認識の真偽は、事物の存在を意識が事物のあるがままにとらえているか否か、ということである。ここに、アリストテレスの存在解明とは、存在に合わせて言語を明確化することであると言うことができる。従って、アリストテレスの形而上学は、言葉の真の意味で存在（on）の論理（logia）としてontologia（存在論）なのである。もっともこの名称は近世スコラの造語である。

さて、次に、このようにして存在に迫ろうとする論理は、構造的にはいかなるものなのであろうか。アリストテレスが明瞭にしたことは、矛盾と反対との違いを明らかにした点にもある。矛盾対当とは、例えば「すべての人間は白い」と「ある人間は白くない」という二命題間の関係であり、また、「すべての人間は白くない」と「ある人間は白い」という二命題間の関係である（『命題論』第七章一七b一六―二〇）。これは専門的に言えば、矛盾対当は全称肯定命題と特称否定命題との対立関係、また全称否定命題と特称肯定命題との対立関係である。矛盾とは、両命題のうちのいずれか一方が真であれば、他は必然的に偽となる関係である。これに対して反対対当は、「すべての人間は白い」と「すべての人間は白くない」の対立を言う。従って、専門用語的に言うならば、全称肯定命題と全称否定命題との対立である（同一七b二〇―二六）。

三段論法

次にシュロギズム（syllogismos）すなわち三段論法について基本的な事項を述べておこう。

『分析論前書』の第一巻第一章二四b一八―二二においてアリストテレスが言うところによると、「三段論法あるいは推論とは、二つのことが前提として措定される場合に、これら措定されている事柄とは異なったある別のことが、二つの前提がしかじかである、というまさにそのことに伴う結果として必然的に生じてくる論理方式である。『これらがしかじかであるというまさにそのことに伴う』というのは、しかじかであるまさにそのことのゆえに、結果たる結論が生じて来るということであり、また、この『しかじかである、まさにそのことのゆえに結果たる結論が生じてくる』とは、推論の必然性が内的に成立してくるために、外から何一つの項もつけ足す必要がないという意味なのである」。

これは何のことか。それは、推論すなわち三段論法とは、三つの命題、つまり大前提、小前提並びに結論から成り、前提となる二つの命題において語られていること以外の要素が全く入らずに、その二つの命題に導出される形で全く理の当然として、結論が成立するということである。もとより、このような論理が成立するためには、二つの前提にまたがる媒概念の機能が重要である。そして媒概念は命題の主語であるか客語であるかによって、その機能は異なってくる。それゆえ命題における媒概念の位置によって三段論法の四つの格式が成立する。そしてこれらの各々の格式において、命題が全称か特称か、肯定か否定かによって色色の組み合わせができる。このようにして、形式論理学においても、全体としてみると、格式覚え歌などに具体化されるようなさまざまの伝統的論理学的な事項は、すべてアリストテレスにおいてすでに完成されていたと言うも過言ではない。繰り返し述べることになるが、カントはその『純粋理性批判』において、「論理学はアリストテレス以来一歩も進歩をしていない」と断言している程であり、それはカントの目から見ると中世時代や近世初期、十七世紀などの論理学が貧しかったということになると同時に、論理学者としてのアリストテレスがいかに偉大であったかということを、逆に示すことにもなるであろう。

イデア論の修正

次に大切な問題は四原因の説である。周知のように、プラトンは、二世界論をとった。それは、形相（idea ラテン語 forma）と質料（hylē ラテン語 materia）の二つの概念ですべての現象を説明しようとした結果である。そのため、形相すなわちイデアは自己目的性と理念的性格が強く、天上界にも比すべきイデア界に超越者として恒存する。こうしてプラトンにおけるイデアは、その語源すなわち「見られた形」（ギリシア語の見る ideinや eidein という動詞から「見られた形」idea や eidos が作られた）として存在する事物の範型であると同時に、精神の力で見られた形として理念であった。イデアはそれを帯びようとするもの、またはそれに似ようとするものを、憧れで呼び起こすところの目的であると同時に、己の影を己に向かう者に与えようとする形でもあった。

また質料は、自らを形相に類似させようとして、形相に向かうエロス（erōs 愛）を内包するものであると同時に、自らを形相によって形づくられるようにするところの材料でもあった。質料と訳された hylē（ヒュレー）というギリシア語の原意は材木で、日本語の材料と同義であり、遠い昔、ギリシアも石材より木材を多用していたからである。このことが現実に可能であるためには、質料が形相に「あずかる」（metechein）とか、形相が質料に「臨在する」（pareinai）とかという不明確な象徴的説明を加えなければならず、また、物質現象の学問的説明に際してすら、エロス（愛）というような擬人的能力を用いて神話的に語らなくてはならなかった。しかも、右のようにして、仮に事物の生成は説明できたとしても、イデアという不滅の実体にあずかるところの個物が、なぜに消滅するのか、という問題については、納得のゆく説明が不可能になることもあった。

アリストテレスは言っている。

「形相を語る人々（プラトン及びその弟子たち）は、それらが離れて（独立に）存在するものと説いているが、いやしくもそれらが（彼らの主張するように）実体であるならば、離れて存在するということについては、彼らは正しい。しかし、形相は多の上に立つ一（多数の現象的存在者を超越する統一的支配者）であると説いている点では、彼らは正しくない。その正しきを得なかった理由は、実際にどのような事物があのような実体（すなわち個々の感覚的実体とは別に存在する不滅な実体）であるかをあげ示すことが彼らにはできなかったからである。それがために、彼らは、我々のよく知っている消滅的な事物とその形において同じであるところのものを（不滅な実体として）作り出した。例えば人間自体とか馬自体とか（という形相）を作り出したが、そのからくりはそれぞれの感覚的な事物たる人間や馬の名称に、ただ自体（auto）という語をつけ加えるだけである」（『形而上学』第七巻第十六章一〇四〇b二七―三四）

このようにプラトンは非難されているが、アリストテレスの目から見ると、イデア論は少なくとも修正されなければならなかった。その考えが結果として彼の有名な四原因論を生むのである。

四原因論

アリストテレスは、プラトンの考え方の中に萌芽として含まれていたものを巧みに育て上げて、次のように言う。

「我々は原因について、それがいかなるものであり、また、その数は幾つあるかを検討しなければならない。我々の研究は、ただ知らんがために知るにあり、しかもこの知の対象について、『その何ゆえに（to dia ti）』（理由）を把握するまでは、対象を知っているとは思わないし、しかも、物事の理由を把握することは、まさに物事の第一の原因を把握することであるから、それゆえ、我々は『第一の原理原因を把握すること』を生成・消滅その他あらゆる種類の変化について試み、こうしてこれらについての諸原理を知り、更にこの原理にまで探求の対象を還元するよう努力しなくてはならない。

ところで(1)ある意味では（事物の材料が事物の原因である。すなわち）、事物がそれから生成し、生成した事物が含まれているところのそれ（材料、事物の内在的構成要素すなわち質料）を原因と呼ぶ。例えば、銅像の場合は青銅、銀杯の場合は銀がそれにあたり、またこれらを包摂する類（金属）も、これら銅像や銀杯の原因である（質料因）。

しかし(2)他の意味では、事物の形相または原型が、その事物の原因と言われる。そして、これは、『その事物のそもそも何であるか（to ti ēn einai）』（事物の本質）を言い表わすロゴス並びにこれを包摂する類（例えば一オクターブの本質としての形相とは、その説明方式《ロゴス》であり、一に対する二の比並びに一般的には一や二を包む類としての数、及びこの説明方式に含まれる部分《種差 diaphora》）のことである（形相因）。

更にまた(3)物事の転化または静止の第一の始まりの起点（出発点）、更に始動因あるいは起動因をも意味する。例えばある行為への勧誘者は、その行為に対して責任ある者（原因者）であり、父親はその子の原因者（起動因）であり、また一般に作るもの（to poioun）は作られたものの、転化させるものは転化させられたものの原因であると言われる（作用因）。

更に(4)として、物事の終局すなわち物事がそれのために、またはそれを目指してであるそれ（to hou heneka 目的）をも原因と言う。例えば散歩の原因は健康である、と言うのは、『あの人は何ゆえに、すなわち何のために散歩するのか』との問いに対して、我々は、健康のためにと答えるであろうが、この場合、我々はこう答えることによってその人の散歩する原因をあげているものと考えている（目的因）。

尚また、これと同様のことは、ある終わりへの運動において、その終わりに達するまでの中間の物事についても、例えばやせる手術や洗浄や薬剤や医療器具など、健康に達するまでの中間の物事についても言える。というのは、これらはすべてその終わり、健康のためにあるもの（健康のための手段）であるから。ただし、これら手段の中でも、そのあるもの（やせる手術や洗浄）は行為であるが、他のあるもの、薬や器具はそのための道具であるという差別はある」（『自然学』第二巻第三章一九四b一六－一九五a三）

このように、原因を分析して四つあげているが、同じことをアリストテレスはいま少し簡単にまとめて、別の書物では、次のように語る。

「ところで、同じ物事にでも、原因となる仕方はいろいろあり得る。例えば、同じ家一つについても、その家のでき上がる運動ないし作用の始まり（起動）は、技術であり建築家であるが、それが何のためにかというその目的は、でき上がった家の、家としての機能であり、そしてその質料は、土とか石とかであり、その形相は家の何であるか（本質を表わすロゴス、この場合は設計図）である」（『形而上学』第三巻第二章九九六b五―八）

このようにして、アリストテレスは原因（aitia）を四つあげ、そのうち起動（作用）因、形相因、目的因は、プラトンの形相の中に萌芽として含まれていたものを明確に育て上げた結果であり、これに対する質料因は、純粋に質料として、いわば素材性が徹底せしめられ、エロスを内包するというような、プラトン的親和性を払拭させられた純粋な材料として立てられている。尚、およそすべての現実的な存在者（on）としての個物（tode ti）は、アリストテレスによると、これらの結合によって生じたものであり、形相と質料の合成者（synolon）である、ということになる。

これらの四原因は相互間に親疎の関係が成り立つ。例えば大工がそれに従って手を動かすところの起動因とは、大工が目の前にしている設計図としての形相因であり、また、その形相因とは、大工の作り上げる目的因としての家につながるものである。それゆえ、アリストテレスは、これら三原因を形相因にまとめて、具体的事物を形相と質料との「両者から成るもの（to ex amphoin）」とか、両者の合して一体をなす「結合体（to synolon）」と呼んでいる。そうなると、またプラトンの二原因説に逆もどりするのではないか、と言う人も出て来よう。しかし、アリストテレスは四原因の親疎関係を述べて二分しはするが、細かにみると原因は四つになると主張しているのである。これらの四原因は、中世哲学の世界にも十

二、三世紀以後、完全に移しかえられて、causa finalis（目的因）、causa efficiens（起動因）、causa formalis（形相因）及び causa materialis（質料因）と呼ばれ、長く思想界を支配している考えである。伝統的哲学とは別の形で思惟しようとしたハイデッガーでさえ、『杣の径（Holzweg）』で事物の原因を求めた際、彼が提示したものは、この四原因の換骨奪胎に過ぎなかったことは周く知られていることである。

現実態と可能態

次に現実態（energeia）と可能態（dynamis）について述べなければならない。あるものを、その形成過程や生成過程を捨象して、静態的に、すなわちスタティックに観察すると、この世は材料すなわち質料と形すなわち形相だけでできているように見えることは事実である。更に、それを幾らか歴史的にたどるように見直す場合、それのでき上がってくるための根拠として起動因すなわち作用因をあげることはできるが、それは、スタティックに見たもののについて、その形成原因を追跡しているのであって、生成変化としての物の動きそのものを現実にたどっているのとは違う。

アリストテレスは、前にも度々述べたごとく、生物学特に動物学の領域において広く研究を重ねた学者である。ところで、動物とは生の動態を抜いて考えることのできない存在者である。それゆえ、動物学で鍛えた彼の眼力には、物の動的な見方、ダイナミックな把握がある。従って、アリストテレスは、事物一般に対して、その誕生や成長や衰退や死滅、要するに生成消滅の変化という動的な状態を見落とすことがない。赤子は子供となり、そこで赤子のときに潜在的に持っていた言語能力や歩行能力がその可能的な状態から現実化されてくる。そのような子供が成人となり、そこで子供のときに潜在的に持っていた生殖能力や思索能力が、その可能的な状態から現実化されてくる。このようなことを考えてみると、宇宙はさまざまの変化に満ちているが、その変化は、いずれも変化する可能性のないものから現在の姿に変化しているのではなく、変化する可能性（dynamis）のあるものが現在の姿に現実（energeia）化しているのであると見なければならない。それゆえに、アリストテレスは、個体の状況につき、デュナミス（力すなわち可能態）からエネルゲイア（働きすなわち現実態）へという動的な図式を考えたのである。（後者は現実態であり、現実態ではない。）

その問題をアリストテレスは次のように述べている。

「現実態（energeia）というのは、その当の事態が可能態（dynamis）において、我々の言うような仕方においてでなしに、何かの内に存属していることである。ところで、我々が何ものかを可能態においてあると言うのは、例えば木材の内にヘルメスの像があると言われ、あるいは線の全体の内にその半分があると言われるがごときである（というのは、全体からその半分が引き離され得るという意味においてである）。のみならずまた、現に研究活動中でない者でも、研究する能のある者であれば、その者をも我々は学者であると言う。それに対して、現実態においてであるというのは、まさにそれら木材に刻まれたヘルメス像、線の半分や、現に研究活動中の学者である。

さて、今我々が現実態と可能態について言おうと欲するところは、明らかにその個々の場合からの帰納によって示される、そしてまた、一般に人は必ずしもあらゆる物事について、その定義を要求すべきではなく、場合によっては、ただそこに類比関係を見出すだけで足りるとすべきである。例えば、今の場合、現に建築活動している者が建築し得るものに対し、また目覚めている者が眠っている者に対し、現に見ている者が視力を持ってはいるが目を閉じている者に対し、ある材料から形作られたものがその材料に対し、完成したものが未完成なものに対するが如き類比関係を。

そこで、この対立の一方の項によって現実態が規定され、他方によって可能態が規定されるとしよう。だからまた、物が現実態においてあると言われるのも、あらゆる物が等しく同一の意味においてそう言われるのではなくて、甲が乙の内に、または乙に対してあるように、そのように丙は丁の内に、または丁に対してある、というような類比関係によって言われるのである。蓋《けだ》し、そのあるものは運動の能力（可能性）に対する現実の運動（現実性）のごときであり、他のあるものは質料（素材）に対するそれの実体（形相）のごときである」（『形而上学』第九巻第六章一〇四八a三〇―b九）

アリストテレスは、エネルゲイアについて、「現在進行形と現在完了形とが同時的な過程を私はエネルゲイアと言う」と述べている（『形而上学』第九巻第六章一〇四八b三三―三五）。

尚、アリストテレスは、完全な現実態としてエンテレケイア（entelecheia）という概念を構成した。それはギリシア語で〝テロス（telos）において（en）ある（echein）〟ことであり、テロスとは目的ないし終局であるから、エンテレケイアとは完全な目的論的終局に到達している状態ということである。これは、動物に即して言うならば、子供を生む能力、すなわち雌雄それぞれの仕方で生殖の能力が備わった段階を成長の一応の完結とみなし、その個体の生物としての成長目的を達した状態と考えている。そして、これに類比的に生物現象以外にも、生成の完結、生成の頂点をエンテレケイアという言葉で表わしている。前に述べた現実態、可能態の対立が、類比的、便宜的、相対的であるのに対して、エンテレケイア（完全現実態、円現）はいわば絶対的であって、そこからはそれ以上の展開があり得ないようなそういう状態のことである。この概念は、例えばハンス・ドリーシュ（Hans Driesch）等の二十世紀の動物学者によって生物学の概念として用いられ、通常ドイツ語でエンテレヒー（Entelechie）と言われて現代に生かされているギリシア語である。

さて、このような概念の説明に加えて、もし私が以下に、アリストテレスの存在論は、㈠在りとし在る者が動かされずして動かす者、すなわち不被動の動者（kinoun akinēton）としての神（theos）に統括されているということ、そして㈡その神は天体の彼方にある永遠に生きる絶対的存在者であること、また、㈢人間における最高善は幸福であるということ、㈣その幸福とは神のように真理を観想する生活にあるということ、㈤そのような生活を実現するために磨かれるべきところの徳とは両極端の中庸にあるということ、㈥人間における最も美しい死は、ポリスを守るために戦場においての戦死のごとく犠牲的なものである、ということ、(七)詩人と歴史家との違いは、韻文で語るか散文で語るかという点にあるのではなく、歴史家は起こった事実を語り、詩人は起こり得る典型的な事柄を語る点にあり、それゆえにまた、(八)詩作は歴史よりもはるかに哲学的であり尊重されるべきである、なぜなら、詩作はむしろより多く普遍的なことを語り、歴史は個別的なことを語るからであるということ、(九)芸術は一般に模倣的再現（mimēsis）であり、悲劇は人生の再現であるというようなことを、このように列挙して付加すれば、これ以上の説明をつけなくても、アリストテレス思想の概説的な入門は終わったというも過言ではない。

しかし、それらはいずれにせよ入門にすぎない。アリストテレスの学問的な思索の詳細はいかなるものであろうか。それを今度は彼の伝記を第II部において調べた上で、体系の一つ一つの部門について代表的な問題を選び第III部で詳述してみたいと思う。

II　アリストテレスの生涯

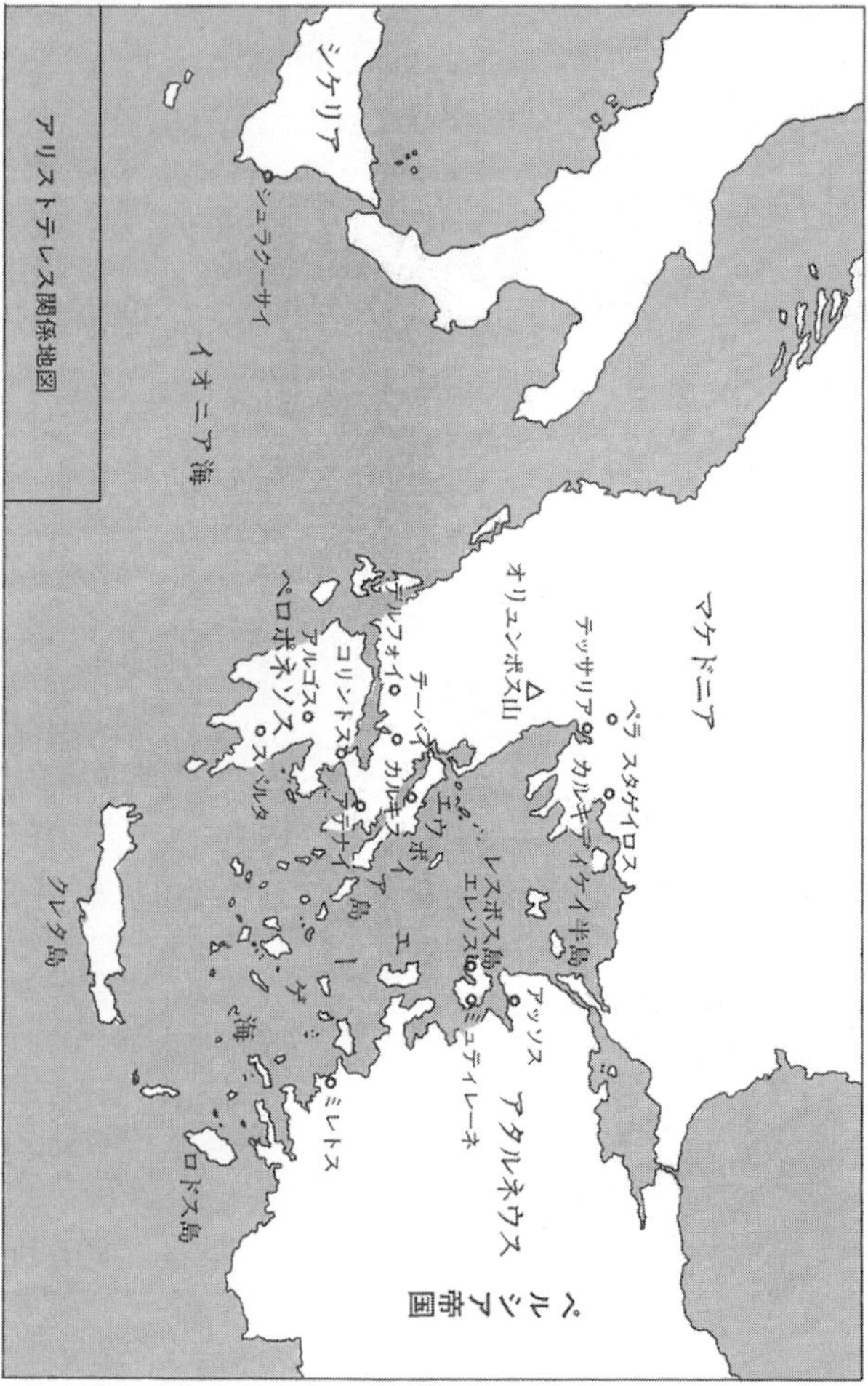

アリストテレス関係地図

はじめに――生涯の概略

生涯の分節とからまる思想的展開

本来、本叢書においては、学者の思想を説明した後に、生涯について詳しく述べることになっているはずである。しかし、時代がさかのぼればさかのぼるほど信用すべき伝記的資料は乏しいのが普通である。従って、その生涯について詳細にわたって論ずることは、一般に古代人に関しては不可能の場合が多い。

有名な学者であったアリストテレスには、幸い紀元後の伝記作者で、ディオゲネス・ラエルティオスという学者がかなりまとまった伝記を書いており、また、プルタルコスもある程度のことを伝えているので、我々は、アリストテレスの生涯の概略をたどることはできる。しかも彼の場合、その生涯の分節ごとに思想的な展開や研究の変化があると見られるので、生涯と思想とをかなり密接に関係づけて展望する方がよい。従って、簡単にしか表わすことのできない彼の生涯を先に述べて、その歴史的分節が、後述する思想的展開とどのように関係するかを予め示しておきたいと思う。

四期に分けられるその一生

アリストテレスの生涯は、この小節の後に、できるだけ多く知られていることを述べるつもりであるが、その前に、一応重要な概略を述べておくのが便利である。

彼の生涯は、大別して四つの時期に分けられる。第一期は、紀元前三八四年（または同三八五年）の誕生から十七歳の時期に至るまでの、故郷に留まっていた幼少時代である。この間彼は、父がマケドニア王アミュンタス（Amyntas）の侍医であったという事実から、マケドニアの宮廷と関係があり、また、その宮廷が提供する文化と、生地のもつイオニア的伝統が、精神形成に影響を与えたと思われる。

第二期は、十七歳でアテナイに遊学し、プラトンのアカデメイアに入門し、プラトンの死の年、すなわち紀元前三四七年まで二十年間を閲する研究と教授の時代である。この間に彼は、若年にしてすでに何冊かの書物を公刊しており、また、少なくとも後半十年間は、最も重要な教授として講義を担当していた。プラトンの死に際し、その甥スペウシッポス（Speusippos）が学頭を継承するのを見て、アリストテレスは、学友クセノクラテス（Xenokratēs）とともにアテナイを去ることでこの時期の結末をみることになる。

第三期は遍歴の時期（紀元前三四七〜前三三五年）で、彼の齢からすると、三十七歳〜四十九歳に至る十二年間である。アテナイを離れると、まず、プラトンのアカデメイア時代の同門の友ヘルメイアス（Hermeias）が僭主であった小アジアのアッソス（Assos）に赴き、ここで三年間滞在する。この間にヘルメイアスの養女ピュティアス（Pythias）と結婚した。

しかしヘルメイアスも急死したので、対岸のレスボス島のミュティレーネに移り、ここに二年いた。紀元前三四二年、マケドニア王ピリポス二世の招きに応じて首都ペラに赴き、当時十四歳の王子アレクサンドロス（Alexandros）、すなわち後のアレクサンドロス大王の師傅《しふ》となった。紀元前三三六年ピリポス王が暗殺され、弱冠二十歳のアレクサンドロスが王位を継承し、もはや研学のいとまなきを見るに及んで、アリストテレスはアテナイへ戻ることにした。この間に、多分アッソス滞在中のことであろうが、彼は小アジアの海に棲息する魚介類の実験的観察を行い、生物学的な研究の方面で長足の進歩を遂げている。またマケドニア宮廷の文化的責任者として、政治・法律等の方面にかなりの関心を払っていた。

第四期は、アテナイ復帰とともに学園リュケイオンを開設し、研究と教育において、アカデメイアを凌ぐ営みを実現させていた時期（前三三五～前三二三年）、十二年間であり、彼の齢からすると四十九歳から六十一歳に至る間である。彼の学問的関心と経営能力、更にはアレクサンドロス大王の援助によって、この学園は図書館、博物館、動植物園等の設備を擁し、当時としては世界一を誇る整備された学園であった。この間に、彼は多くの講義草案及び研究覚え書き等を作成している。大王の急死によって、かねて底流として伏在していた反マケドニア運動がアテナイにおいて顕著となったため、また、アリストテレス自身が義父ヘルメイアスを神と讃えた詩句が、不敬罪として問われるに至ったので、彼はその学園と学友を去って、エウボイアのカルキスに逃がれた翌年の前三二二年春、失望と不安に悩んだ漂泊の地で胃病を病み、六十二歳で病没した。これがアリストテレスの生涯の大体である。そして、この生涯の分節とアリストテレスの著作の大体が対応するので、そのことをあらかじめ述べておこう。もとより著作は第二期から始まる。

生涯と著作

第二期においては、プラトンの影響が強く、プラトンに倣って『エウデモス』『哲学について』『プロトレプティコス』などの対話篇ないし書簡風の書物が書かれた。そしてこの時期の終わりに至るまで、彼は、直接に公刊を目的としない講義録や研究資料を作成している。それは、主として自然学や形而上学の一部をなすものであり、論理学の書物も、その頃一部は書かれていたと思われる。

第三期は、落ちつく暇の少なかった時代であるが、その間に動植物学の観察資料はかなり整えられ、また自然学、形而上学の著作に使われるものも続けて書かれていたと思われる。

著作にとって最も大事な時期は第四期であろう。この間に、現在アリストテレスの著作集として伝えられているものの大体が、著作集としての順序は別として、一つ一つの著作がほぼ現在の形にまとめられていたと思われる。ただし、前にも述べたように、これはそのままの形でアリストテレスが公刊を予想していたか否かということについては、学者間にさまざまの意見の錯綜するところである。再三述べることになるが、彼の著書は現在の形にまとめられたのは、リュケイオン最後の学頭であったロドスのアンドロニコスが、紀元前一世紀に編集した結果であるから、著者その人の死後、すでに二百年以上を閲していた。

1　第一期——生いたち

マケドニア王の侍医の子として生まれる

右に述べられたアリストテレスの生涯は、大体は一般的な哲学史とすれば、それでほぼ十分であろう。しかし、特にアリストテレスの研究としては、残されている限りの資料を駆使して、今少し詳しく見ることによって、アリストテレスその人の理解を立体的に深めねばならない。

アリストテレスの生いたちについて述べると、詳しく言えば、紀元前三八五年または三八四年に、エーゲ海の北西岸カルキディケイ半島の北東の一隅にあるイオニア系の植民都市スタゲイロス（Stageiros 現在のスタフロス）に、イオニア系ギリシア人の子として生まれた。そこで生地の名をとり、アリストテレスのことをスタゲイロスの人という意味で、よくスタギリットなどと呼ぶのである。

この都市は、ギリシアに属してはいたが、マケドニア本国に隣接し、彼の誕生の時期には、事実上マケドニアの支配下にあった。しかし文化そのものは、東方に栄えたイオニア文化がなお残存していた。

その家系は、医術の神アスクレピオスに出ずるものと伝えられていて、これは後代の美化であろうが、事実、その父ニコマコスは、父祖伝来の医業を継ぎ、マケドニア王アミュンタスの侍医であった。従ってアリストテレスは、その幼少の時期に、マケドニアの首都ペラにおける宮廷生活を経験したものと思われるし、更に、二歳年長の王子ピリポスとは交遊関係をもったかと思われる。

三つの文化的伝統

しかし、彼は若くして父を失い、次いで、カルキスの生まれである母パイスティス(Paistis)をも失った。そのため、少年時代に、後見人プロクセノス(Proxenos)という義兄の住む小アジアのアタルネウスに連れられていった。この後見人は親切で、少年アリストテレスの才能を、この田舎町で埋もれさせることを惜しみ、最高の知的教育を受けるためにと、彼が十七歳に達するや、アテナイに遊学させた。アリストテレスはこの恩顧を忘れず、後年、プロクセノスの息子ニカノールを自らの養子として迎えている。

この間に三つの文化的伝統、すなわちタレス(Thalēs)に始まるイオニアの自然学的哲学的伝統と、特別に医家に育ったために恐らくは親しまざるを得なかったであろう生理学的生物学的伝統、更にまた、当時はいまだ十分文化的ではなかったマケドニアにおけるものとはいえ、支配者の宮廷に於ける宮廷文化の伝統、この三つがアリストテレスの少年期に、後の多面的な展開の萌芽を培ったと見ることができる。

2　第二期――アカデメイア時代

プラトンに直接師事して

十七歳の少年は、アテナイに出て、プラトンの学園アカデメイアの学生となった。当時、アテナイにはイソクラテス（Isokratēs）の経営する学園もあった。そこでは、雄弁で筆の立つ政治評論家イソクラテスにふさわしく、後にアテナイの政治を左右する多くの人材が蝟集していたが、哲人王の理想を説き、その師ソクラテスの衣鉢を継いで、真に論理的な哲学を説いていた哲学者プラトンの学園は、まさしく当時の全ギリシアの最高学府であるばかりでなく、恐らく世界最高の学園であったと見ることができる。そこには、学生の宿舎、教室や講堂、博物館及び図書館があり、伝えによれば、幾何学の知識が入学の前提であるというようなことを含めて、学則も整備されていた。すでに、ペロポネソス戦争以来半世紀にわたって動乱はうち続き、ギリシア全土において、かつてのギリシアを繁栄に導いた都市国家制（ポリスの制度）は崩壊のきざしを見せていたが、アテナイは、尚その世界に冠たる文化の力を以て、依然として栄え、四隣にその名を響かせていた。

アリストテレスが入学した頃、プラトンは第二回目のシケリア島への旅行を試みている最中であった。この目的は、シケリアのシュラクーサイの支配者となった僭主ディオニュシオ

プラトン

ス（Dionysios）二世に、プラトンは理想的な政治哲学を与え、哲人国家の理想をそこに実現しようとしたためである。しかし、かつてのプラトンの弟子ディオン（Diōn）の縁者であるディオニュシオスは、プラトンの理想主義を受け入れることを拒否し、プラトンは急遽帰国したが、そのため、アリストテレスは直接にプラトンの講義を聴くことができたようである。

彼は『パイドン』その他のプラトン対話篇を愛読していたようであり、その結果、前にも述べたように、プラトン風の対話篇を多く著わしている。それらの著書の断片が残されているので、我々は、プラトンの晩年の講義がどのようなものであるかを知る手がかりも、それらによって与えられていると見ることができる。しかし、晩年のプラトンの超越論的なイデア説や、その裏づけとなる数理哲学などは、アリストテレスの好むところではなかったと見え、『善について』という書物の中で、彼は「善がプラトンにより謎めいて（ainig-matōdōs）語られた」と記している。（『断片集』R^2二三・R^3二八・S一一八）

晩年のプラトンは、周知のように、おのれの理想を、学園のみならず、現実の政治においても実現したいと切望していた。その理想主義的政治に対する学問的情熱は、晩年の大著『法律』の中にもよくうかがわれるが、周囲の危惧をも顧みず、紀元前三六一年、彼は第三回目のシュラクーサイ旅行を試み、僭主ディオニュシオスのもとで悲劇的な破局を体験しなければならなかった。プラトンは、捕らえられたと言われている。

「学園の知性」と言われて

この前後、学園は、プラトンの不在を補ってエウドクソス（Eudoxos）、ポントスのヘラクレイデス（Hērakleidēs）らが学園の指導を助け、クセノクラテスやスペウシッポス等がアリストテレスの学友であった。アリストテレスは、これらの学友とともに、後には教師としてこの学園の教壇に立ったが、彼の果たした役割を、我々は精密に知ることはできない。ある伝承によると、アリストテレスは最初に修辞学の教師となったと言われ、また、ある推測では、プラトンに勧められて、むしろ動物学のごとき自然科学に傾斜して行ったとも言われている。

弟子としてのアリストテレスは、勉学に倦《う》むことを知らなかった。それゆえプラトンも「クセノクラテスには鞭が必要であるが、アリストテレスには手綱《たづな》が必要だ」と語ったと伝えられている程であり、アリストテレスを称して「読書家」また、「学園の知性」（nous）と呼んでいたとも伝えられている。

プラトンとアリストテレスの関係については、その両者に緊張がなかったとは思われないが、信ずるに足る伝承ではないにせよ、語られている限りでは、アリストテレスの評判は必ずしもよいものではない。しかし、我々は、それらの中傷を一掃するに足るアリストテレスの文章を知っている。

アリストテレスは、プラトン風の省察の『善について』『イデアについて』を公刊しているし、更に、アリストテレス自らの晩年の大著『ニコマコス倫理学』のよく知られた文章を我々は忘れていない。彼が、その師のイデア論を反駁するにあたり、「このような反論的な研究は、形相《エイドス》（イデア）を導き入れた人々が私に親しい友なので困難である。しかし真理を保つには私的感情を離れる方が望ましいし、また当然でもあると思われる。とりわけ哲学者の場合にはその度が強いはずである。すなわち、真理も友情もともに愛すべきであるが、しかし、真理を友情よりも尊重することが神聖な義務なのである」（一〇九六a一一―一七）と述べているところから見ると、アリストテレスがプラトンに対して、あるいはプラトンの後継者たちに対してどのような心情を抱いていたかは、およそ見当がつくであろう。

ところで、この間にアリストテレスが現在伝わっている書物のどの位を著わしたのであろうか。例えば論理学関係の諸著書や、形而上学を形成する幾つかの巻は、この間にすでに現在の形にでき上がっていたと見る人々が多いが、また、まだ書かれていなかったと言う人もいる。それらはなぜそのように断定されるかというと、当時アリストテレスと関係のあった人々の人名に対する発言の仕方や、また学説に対する批判の深浅等によって推測できるのであり、また、使われる動詞のテンス（時制）などによって比較対照してきめられるのである。この詳細については、それが古代哲学研究のひとつの方法でもあるから、後に私の研究を介して例示してみたいが、今ここで述べる必要はないと思われる。

3　第三期――遍歴時代

アッソスへ、そして結婚

さて、紀元前三四七年、プラトンはアテナイで歿する。誰がこの学園を継承するのか、それは学園全体にとっても、アテナイ全市にとっても大きな問題であったに違いない。師プラトンの甥で数理哲学者のスペウシッポスが学園を主宰することとなった。そしてそれと同時に、アリストテレス、クセノクラテス、テオプラストス（Theophrastos）という、スペウシッポスとともに最も卓越している学者であった三巨星が、学園ばかりではなく、アテナイをも去るのである。これは、プラトンなき学園がプラトンにあこがれて来た三人にはいかにも魅力がなかったからなのであろうか、それとも学園の学頭人選に三人が失望したのであろうか。それとも、法律上の財産管理の問題や、アテナイの市民感情などの問題から、アテナイ出身者以外は学園の後継者にはしないというような取りきめとなり、それをきらって、あるいはそれに立腹して三人はアテナイをさえ捨てたのであろうか。それとも、友人スペウシッポスがやりやすいようにとの配慮から去ったのであろうか。分校を創設する使命を帯びたのであろうか。

三人が相携えて行ったところが、プラトンの学園時代の同僚であり研究者であったヘルメイアスが僭主となっていたアッソスであったということは、むしろ、この分校創設の使命を帯びたと見るほうが妥当なのではないのかと思われる。

ヘルメイアスは解放奴隷の出身であり、プラトンの政治理想を何らかの形で実現しようとし、また、アカデメイアの文化を、自分が責任をもって処さなければならないペルシア勢に対して示すという使命感をもっていた人である。この間に、アリストテレスは、ヘルメイアスの姪でその養女となっていたピュティアスと結婚した。当時、彼は四十歳近い年齢であるが、この女性に対しては深い愛情を持ち続けていた。不幸にして、ピュティアスは結婚後数年を経ずしてこの世を去ったのであるが、アリストテレスはそれから十数年を経た時期に著わした遺言状でも次のように書いている。「さらに私をいずこの土地に埋めようとも、そこにはピュティアスの遺言どおり、彼女の遺骨をも運んで共に埋めるべきこと」と。

アリストテレスは、ピュティアスの死後何年かして、他の女性ヘルピュリスと同棲して一人の男子を設け、自分の父の名に因んで、ニコマコスと命名している。後にこの息子がアリストテレスの大著『倫理学』を編纂して、その書物が『ニコマコス倫理学』と呼ばれるようになったことは、周知の事実である。このヘルピュリスについても、アリストテレスは遺言状の中に言及し、「私のことを忘れないならば、私に忠実に尽くしてくれたヘルピュリスのことをも心にとどめ、さまざまのことにはもとよりであるが、特に彼女が新たに夫を迎えようと欲するならば、我々両人に恥ずかしからぬ男にめあわされるようお世話せられたきこと」と記している。

これらのことを見てみると、アリストテレスにまつわるその人物評の悪さは、必ずしも当を得たものとは思われず、恐らく、アテナイに出てきた田舎の青年が、しかもアテナイの敵であるマケドニアの宮廷と親しい学者となり、いつしか生粋《きっすい》のアテナイ人であるプラトンの最高の弟子といわれ、見方によっては、アカデメイアを凌《しの》ぐリュケイオンを経営して、アテナイ一の知者と呼ばれるようになったことに対して、都会人たるアテナイ人が、非難を目的とする虚構によって悪評を浴びせていたのではなかろうか。卓越した人物は小人の類によりそねまれることから免れえないのが古今東西に普通のことである。根拠なき世評に義憤を覚えるのは私のみではない。

それはさておき、この僭主ヘルメイアスがアリストテレスを、また、彼とともに来た他の学友を十分に遇していたことは、アリストテレスのここでの研究が雄弁に物語っている。彼の研究の第一人者ロスによると、アリストテレスの海生動物、魚類、貝類の研究対象を調べると、小アジアのアッソス近海に見られる種類と合致する由であるから、ヘルメイアスがアリストテレスの研究に対して十分の援助を与えていたというのは事実であろう。

アレクサンドロス王子の師となる

紀元前三四五年、不幸にもこのヘルメイアスは、ペルシア王アルタクセルクセス三世からの刺客によって暗殺された。恐らくここに建てられることになっていたかもしれない学園は、そのことによって立ち消えになった。アリストテレスは、ピュティアスを伴って急ぎ逃亡する。アッソスを出た彼は、その対岸のレスボス島のミュティレーネという町へ行って、ここに二年間滞在する。レスボスは、その友テオプラストスの生まれ故郷であった。

しかし、この地にいる間に、思いもかけず、紀元前三四二年、マケドニア王ピリポス二世から、当時十四歳の皇太子、後のアレクサンドロス大王の師傅として招聘を受けた。死んだヘルメイアスとピリポスとは、ペルシアに対する外交問題において意見を同じくしていたと言われ、また、マケドニア時代にアリストテレスは、このピリポスの皇太子時代に学友として交際したかもしれない可能性のあったことは、すでに述べたとおりである。

流浪の哲学者を迎えて、ピリポスは幸せであった。やがて世界に君臨するマケドニアの大王に理想的な教育を施してみようという考えにおいて、この二人の幼な友だちは一致した模様である。

アリストテレスは、実に七年の間ピリポス二世の宮廷が陽を浴びていたペラに滞在した。プルタルコスは、アリストテレス宛てのアレクサンドロス大王の二通の手紙を伝えているが、それは偽書である。従って、アリストテレスがアレクサンドロスにどのような教育を施していたかはわからない。幼い皇太子のために、ホメロスの大作『イリアス』を読みやすく抜粋して渡したということも伝えられているし、この王室における経験から、法律や政治についての関心が湧いて来たと伝えている人もいるが、その真偽のほどはわからない。

ただ、アレクサンドロスがそのマケドニア生まれにもかかわらず、ギリシア文化に心酔し、行く先々にギリシア文化を伝えていったこと、また、後にアリストテレスが学園を経営した際に、遠征先のインドからの象などを含めさまざまの動植物の資料をはるばると送っていたというようなことは、この相互に全く違う世界に生きて、それぞれの世界で名を成した二人の師弟の間に、何らか心の交流があったことを物語ることにはなるであろう。

アレクサンドロス大王との複雑な関係

紀元前三三六年、ピリポス王は暗殺され、王子アレクサンドロスが二十歳で王位を継ぐに及んで、アリストテレスは、マケドニアの宮廷における仕事は終わったと見て、アテナイへ戻ることに心を定めた。恐らく、アテナイにおいて学園を経営したいという考えを述べ、経済的基礎の大部分は、アレクサンドロス大王によって調達されたものと思われる。

しかし、人々がすでに述べていることであるが、この両者の関係を理想的な師弟関係と思うことは、事の真相を見誤るであろう。アリストテレスの甥、カリステネス（Kallisthenēs）は紀元前三三〇年ごろから三二七年までは、アレクサンドロスに伴われてペルシアに赴き、歴史家として何ほどかの研究をするつもりでいたらしいが、この死の年とは、反逆罪のゆえに、ほかならぬアレクサンドロス大王の勅命によって死刑に処せられた年なのである。友人にも縁者にも心厚かったアリストテレスとしては、自分の愛する甥が、自分の愛する教え子によって処刑されたことは、耐えがたい事件であったに違いない。このことが、アリストテレスとアレクサンドロス大王との間の関係を多少とも冷淡なものにしたことは疑い得ない。

アレクサンドロス大王

　それかあらぬか、アリストテレスは、その生物学の著書において、珍しい標本や観察に関する典拠として、例えば、ペルシアの侍医であったギリシア人の医者クテシアス（Ktēsias）の名前をあげることがあっても、大王の名はおろか、マケドニアの宮廷に関係する人々の名をあげることはなかった。アレクサンドロス大王のインド遠征後、多少の標本がその地から送られて来たとしても、それらを十分に活用するだけの時間的余裕は、比較的早く死んだアリストテレスにはなかったと考える人もいる。

　更にアリストテレスは、自身、マケドニアの宮廷と深い関係をもち、その援助も受けていたに違いなかったが、気構えとしては、常にギリシア人が他の民族、すなわち蛮族（バルバロイ）に優越するものであるという伝統的ギリシア人の誇りをもち続けていたので、政治的には、両者の間に越えがたい溝があった。ギリシアを守《も》り立てたポリスの価値を、いささかでも貶めるような政治的展開は彼の受け入れるところではなく、更にまた、ギリシア人とそれ以外の民族とを平等に扱って世界帝国を実現しようとしたアレクサンドロス大王の政策は、アリストテレスの思う方向とは別のものであったに違いないと見る人々も多い。ただし、これらのことはすべて半ば以上は推測なのであり、解放奴隷の養女を妻として愛したというアリストテレスの心には、たとえその養父が僭主という社会的地位にあったとしても、解放奴隷といえば異民族であろうから、ヘラス主義（ギリシア主義）の人生観ではなかったことのあらわれともとれるし、そしてまた、たとえ王であるとはいえ、マケドニア人に仕えたというようなことは、本来彼が新しい世界の動きに目覚めていた人であったと見ることもできる。

我々は、次にできるだけ記録に従ってアリストテレスのアテナイへの帰還、すなわち第四期について述べなければならない。

4　第四期——アテナイへの復帰

リュケイオン学園の開設

紀元前三三六年あるいは三三五年に、アリストテレスはアテナイに帰る。そのときのアテナイは、ギリシアにおけるマケドニアの総督アンティパトロス将軍が支配している、いわば占領下のアテナイであった。しかしアテナイ市民は、なお形式的には自由都市の体裁を保持していたし、アテナイが依然としてギリシア文化の中心であることに変わりはなかった。

彼はアカデメイアには帰らなかった。その当時、すでに第二代学頭のスペウシッポス、すなわちプラトンの甥で彼が激しく批判した学者であるが、そのスペウシッポスはすでに歿し、かつて手を携えてアッソスに移ったときの同僚クセノクラテスが第三代の学頭を継いでいた。恐らく、彼が戻る意思さえあれば、かつての学友クセノクラテスは、厚く彼をもてなしたに違いない。しかし、アカデメイアの全体としての学問的傾向は、プラトンの時代より一層数学的、思弁的に傾いていたため、生物学的、実証主義的な学風をもっていたアリストテレスとは相容れないというところもあったに違いない。

齢五十歳程に達していたアリストテレスは、リュカベトス山とイリソス川の間にある木立ちの多いアポロン・リュケイオスの神殿に近いリュケイオンに学園を開設することにした。

この学園が、すでにあった体育場やその他の施設を手始めにして、はなはだ設備のととのった学園に進展していったこと、ことにその図書館の資料の充実ぶりは驚嘆すべきものがあったことは、多くの学者が推測するところである。ただ、この学園が広い土地を所有して、聖域すなわちティアソス（thiasos）という学校法人または宗教法人としての社会的地位を与えられるのは、恐らくアリストテレスの死後になってそれを継いだテオプラストスの時代ではなかろうかとロイドは推測している。

ただ、ここでの彼の研究生活並びに教授生活はみごとなものであった。あたかも、アテナイの西にあるアカデメイアと対立するように、幾らか東側の郊外に建てられたリュケイオンは、意識して対立した学園となった。アリストテレスは、この学校内外の散歩道《ペリパトス》を散歩《ペリパティン》しながら、年長で才のすぐれた弟子たちと、哲学上の問題を議論する慣わしをもっていたため、人々は、この学派の人々を呼んでペリパトス学派（逍遥学派）と呼ぶに至った。伝えによる通り、この哲学的散策は、恐らく学園の誇りとなるような教師や、すぐれた学生、少数の者の間の議論や講義であったらしい。私は認めないことではあるが、午後には比較的初歩の、または一般の聴衆を相手にして、一般向きの公開講演をしたという伝えもある。その伝えによると、午前に属するものは、論理学や形而上学、自然学、詩学などであり、午後に属するものは、弁論術、倫理学、政治学などに関する大まかの説明であったらしい。伝えは伝えとして伝えておかなければならない。

講義草稿と大著の準備

この時期に、アリストテレスは、ギリシア全土から集まった多くの学生に、さまざまの研究領域で教えを垂れたが、伝えによるとアリストテレスは声が弱く、舌もつれがして講義の上手な人ではなかったようである。そのためか否かはわからないが、自らの講義の手控えとして、覚え書きのようになった念入りの講義草稿が、自らの手によって用意されたものと思われる。

今日、アリストテレス全集「コルプス・アリストテリクム」として中世から今日に伝わり存する文書はいずれも、その大部分は、このリュケイオンの学頭の時代に改めて自ら書き直したり、あるいは新たに起稿されたりして、今日の伝存の形に形成される途上にあった講義草稿ないし覚書及び主な学生が筆記した聴講録である。その具体的内容がいかなるものであるかということは、本書で次第に明らかになるが、その多岐にわたって綿密に考えられている書物の前に接すると、我々は、これが本当に二千年を越える過去の学者であったのかといぶかしく思わざるを得ない程である。

彼が、恐らくはマケドニアのアンティパトロスの保護、従って間接的にはアレクサンドロス大王の経済的支援によって建てた図書館や博物館は、大規模でしかもよく文献や標本を集めていた。間もなく紀元前三世紀に、後に古代文献の中心地といわれるエジプトのアレクサンドリアに建設された大博物館（ムーセイオン）は、このアリストテレスのもとにリュケイオンで学んだ学徒たちによってリュケイオンの設備に倣ってつくられたものであった。

さて、その時代に、彼は弟子たちを督励して、ギリシア各地の風習や慣習を収集させ、政治学や法律学の研究に資そうと考えたり、多くの伝承を集めてギリシア詩劇（悲劇・喜劇）の研究を完成させようとしたり、かなり精力的に研究資料の整備をはかっていた。そしてそれとともに、なお公刊するには至らなかった大著を、少しずつ用意して公刊に向けていたものと思われる。人によっては『ニコマコス倫理学』は、その名に祖父の名を与えられたニコマコスという彼の子供がアリストテレスのこのアテナイ復帰時代にはまだ生きていて、その父の存命中に倫理学の草稿を編纂し、自らの責任を明らかにするために己の名をとどめ、父に献呈した後、幾ばくもなくして死んだという説を述べる者もあるが、はたしてそうであるかどうかは不明である。

一般的に言えば、この時期にアリストテレスは殆んど出版はせずに、ただ、過去何十年と書きためてきた資料を少しずつ自らの手で編纂し直し、書き改め、来たるべき大成の日を待っていたかのように思われる。

このようにして、当時の世界の文化の中心都市であったアテナイにおいて、アカデメイアに対抗しつつ、きわめて世評の高い最高学府を指導しながら、財政的にもマケドニア政府や多くの門弟に支えられ、比較的波乱のない生活を続けるかに思われた。

アテナイを去ってエウボイアへ

ところが、思いもかけず早い大王の死が告げられる秋《とき》がきた。紀元前三二三年の秋、東方バビロニアからこの訃報は伝えられてきた。彼の意外な死をむしろ吉報として受け取り、今こそアテナイの真の解放をはかるべきであるという反マケドニア革命の火は燃え上がった。アリストテレスはマケドニア総督アンティパトロスとの交遊や、マケドニア政府との過去の関係をアテナイの市民によって疑惑の目でながめられるのをいち早く感じとった。しかも、この反マケドニア運動は、アリストテレスを瀆神罪のぬれぎぬをもって責めることになる。アリストテレスを訴えたのは、アテナイの司祭エウリュメドンで、その理由はかつてアリストテレスの書いた「徳の賛歌」というヘルメイアスを讃える歌であった。それは石に刻まれたヘルメイアスの像とともにデルポイに建てられた碑であった。その詩を今ここに掲げてみよう。

おお徳よ　死すべき人の子には　手にしがたき徳よ
御身は　命の求め競う　こよなき麗しの獲物かな
御身の美しいみ姿のゆえ、ああ、徳なる乙女子よ
玉きわる命を落とすのも　ここだくの苦しみに耐えるのも
ヘラスでは　まことはえある　定めと言われもする
御身は　人々の心に　不滅の勇気を与える
黄金にも親にも　安らかな眠りにも勝《まさ》れる勇気を
御身のために　ゼウスの子ヘラクレスも　レーダの子も　数多の困難を耐え忍んだ
御身の力を得んとして

御身のみあとを慕いつつ
アキレウスも　アイアスも　冥土《よみ》（ハデス）の家居に赴いた
さて　また　アタルネウスの　愛《いと》し子も
徳よ　御身の　やさしいみ姿のゆえ　日の光を奪われた
されば《か》こそ　その行いは　ムネモシュネの娘たち（ムーサ）の歌にも歌わせ給うよう
彼《か》の人を　不滅の者となし給うように　客人《まろうど》の神　ゼウスの御稜威《みいつ》と
揺るぎなき　友情の恵みを　ほめたたえつつ　申さく（R^2六二五、R^3六七五）

この徳のほめ歌のどこに取り立てて瀆神の罪、不敬の思いがあるであろうか。アタルネウスの愛し子と呼ばれたのが、アタルネウスの僭主でもあったヘルメイアスのことである。そしてそのヘルメイアスを、不滅の者となし給えと歌っているところが、告訴した者の目から見ると、一僭主を神に比そうとして罪になるということであるらしい。しかし、素直にこの詩を読めば、流浪の自分を温かく迎え、ペルシアに対してギリシアを守りながら、プラトンの学園の分校を建てかけた僭主、流浪の学者に養女を妻として与えた友、その冥福を祈る言葉にすぎないことは火を見るよりも明らかである。

このような罪名が着せられるということは、アテナイの市民がアリストテレスを嫌っていることである。彼は裁判を待たずして、自ら逃亡することにきめた。その理由は「アテナイ人が再び哲学を汚す罪を犯さざらんがために」ということであった。アリストテレスの頭の中にも、かつて若年の日にプラトンのもとに学んだ際にしばしば聞かされたであろうソクラテスの獄死があったに違いない。それこそは、まさしくアテナイ市民が哲学を冒瀆した事実である。このような言葉は、結局アテナイの市民となることがなかった異邦の哲学者アリストテレスが、アテナイ人に向けた最後の皮肉とも取ることができる。

彼はエウボイアのカルキスすなわち自らの母の国に旅立つにあたり、その学園の一切の財産と、また、自らが手もとに置いておいた一切の草稿を、アカデメイアの頃も、アッソス流浪のときも、常に彼と行動をともにしてくれた親友のテオプラストスの手にゆだねていった。

紀元前三二三年、すでに秋を思わせる風の吹く晩夏の海峡を渡って、エウボイア島の西海岸カルキスにたどり着いたとき、彼はすでに胃病に苦しんでいた。この地には、遠い昔に世を去った母の実家が残っていた。そこに身を寄せて、なお残された学問の完成をはかったが、天は彼に十分のゆとりを与えることなく、その翌年世を去るのである。享年六十二であった。

巨星の墜ちた年、それはまた、ギリシアの雄弁家として有名であり、アリストテレスとは逆に反マケドニア運動の指導者の一人であったデモステネスの自殺した年でもあった。

III　アリストテレスの著作と学問

1　初期対話篇

一　初期対話篇の存在とその性格

アリストテレス自身の「対話篇」への言及

アリストテレスの著作の中に公刊された対話篇があるということはすでに述べた。それらは、しかし、今は散逸して、完全な姿では伝わっていない。だが、どのような理由で我々はそのような対話篇があると言うのか。もとより一つの理由は、伝承されているアリストテレスの著作目録の作成者ディオゲネス・ラエルティオス等によって、そのような書物の存在が語られているということにもよる。しかし、より確実な証拠としては、現存しているアリストテレスの書物の中にそれが言及されているということである。

例えばアリストテレスは『自然学』第二巻第二章（一九四a三五—三六）において、「我々自身もまた、ある意味では終極目的である。と言うのは、目的すなわちそれのためにであるところのそれ、ということにも二つの意味があるからである。しかし、そのことは『哲学について』の中で述べておいた」と言っていたり、また、『霊魂論』の第一巻第二章

（四〇四b一八―二二）においても、『哲学について』という著作が言及され、「プラトンが生物そのものは一のイデアそのものと、原初的な（イデア的な）長さ・幅・深さとから成っており、そして他の存在者もまた同じように構成されている、と考えていた」と述べている。

このようにアリストテレスは明確に名前をあげて、『哲学について』という著書があり、しかも、それが『自然学』や『霊魂論』にも先立つ書物であったことを明らかにしているが、これが現存のアリストテレス著作集には見当たらない。それゆえ、これやそれに類したものを初期の失われた著作とするのである。アリストテレスは『詩学』第十五章において、「これらの諸原則を悲劇作家は慎重に守ってゆかなければならない。尚これらに加えて、感覚に訴える上演効果に属することでも、詩作の技法に必然的に従属するものであれば、やはり尊重しなければならない。確かに、これらの点に関しても、詩人は往々にして当をえないことがある。しかし、これらのことについては、すでに公刊された書物の中で十分に論じられている」（一四五四b一五―一八）と述べて、ここでも詩を論じた別の書物があったことを明言しているが、それが失われた対話篇『詩人について』であることはほぼ確かなことである。

このようにアリストテレス自らがしばしば、今残っていない著作の名をあげたり、その存在に言及したり、また、そこでどのようなことが論じられたかを明示しているということは、初期に公刊された著作があったことを疑いないものとする。

アリストテレスのそれらの著作の文章がきわめてすぐれた名文であったことは、後にギリシア文化を徹底的に学び、ギリシア語の術語をラテン語に移し、古代ローマ哲学ないしローマ文学の基礎を築いていったキケロ（Cicero）が述べている。キケロはその『アカデミカ』（Lucullus 三八・一一九）において「あのストアの賢者が自然学上のいろいろの教説を君に一語一語たどたどしく語りかけるのに対し、アリストテレスは黄金の輝きを持った雄弁の流れを奔《ほとば》しらせながら（flumen orationis aureum fundens）立ち現われ、ストアの語るところはたわ言に過ぎない、と言明するであろう」（断片R^2一八・R^3二二・W二〇・S八九）と述べているところを見ると、アリストテレスの文章はまことに見事なものであったと言わなければならない（因みに、断片の出典の記号について述べておくが、R^2、R^3はそれぞれヴァレンティン・ローゼ（Valentin Rose）の一八七〇年版と一八八六年版を表わし、Wはリヒャルト・ヴァルツァー（Richard Walzer）の一九三四年版、Sはロスが前三者を参照し整理した一九五五年版の校訂本で、Sを翻訳した岩波書店版『アリストテレス全集』の邦訳の上欄にはその頁数が記されている）。

ところが、周知のように、アリストテレスの現存の書物は、それこそここで引立役に呼び出されているストア派の学者のように不完全文章があったり、事実を列挙するだけであったりしてアリストテレスの著書全般にわたって言辞の美しさを見出すことは稀なのである。ミュンヘン大学で長く古典文献学の教授をしていたクリングナー（Friedrich Klingner）は、有名なヴィラモーヴィッツ＝メレンドルフ（Wilamowitz-Möllendorff）の最後の直弟子にあたるが、ラテン文学の泰斗で同時にギリシア語の達人であった。彼はアリストテレスの文章がアナコルーティシュ（anakolutisch）すなわち不完全で意味が通じ難い、ということを折に触れ述べていたが、これらのことを考え合わせると、名文家のキケロによって「黄金の輝きを持った雄弁の流れ」と謳われた文辞にみちた書物は、明らかに今は失われた対話篇であるというほかはない。ラヴェッソン（Félix Ravaisson-Mollien）始め、このように断定する学者が多い（Essai sur la Mētaphysique d'Aristote, 1846, 二一〇頁）。

キケロのその讃嘆はただ一度に止まるものではない。ロスが注目したクィンティリアヌス（Quintilianus）の中の断片でもアリストテレスで一際《ひときわ》光彩を放っているのは何であろうかと問いかけ、その理由の選択肢のひとつに「力強くかつ甘美なる雄弁」ということをあげている（S四、Quintilianus Institutio Orationis 一〇・一・八三）。キケロは、アリストテレスの対話篇をよく読み、これに倣って著作を続けたと思われる。『アッティクス宛の書簡』

キケロ

（四・一六・二）においてキケロは言う、「かくて私は、アリストテレスが〝公刊された一般向きの著作〟と呼んでいる書物で試みているように、それぞれの巻に序文を付することによって、理由もなく私がアリストテレスに訴えているのではないということをいくらかでも効果あるように示す一つの工夫をしてみた。このことが君の気に入ることと信じている。今、私の願うところは、この私の努力の目指す効果がうまく果たされることだけである」と言って、アリストテレスの対話篇がきわめて手際よく、そのために理解しやすく書かれていたことをも暗示している。

それでは、これらの対話篇ないし初期の著作というのは、いかなる内容の書物であったのか。

対話篇の一般的性格

プルタルコスが『倫理学』という大著を書いているが、その書物が大切な割には、日本の読者の関心を引かず、知られぬままであるのは遺憾である。その書物は、倫理学の基本的な問題にとってのみならず、古典哲学の歴史的な資料としても見逃すべからざるものなのである。その書の一一一五b－cにかけて、「アリストテレスはプラトンを曲解し論争を挑んだ」というふうに述べてある。原文を引くと、「アリストテレスがイデアについてプラトンを非難しているが、そのイデアに関して、アリストテレスは倫理に関する論文、形而上学に関する論文、自然学に関する論文のみならず、また、公刊された一般向きの諸対話篇等においても、到る処でその真意を曲解改変し、それに対して可能な限りのあらゆる反論を提出しているがため、人によってはアリストテレスのこのイデアの教説に対する態度は、（知恵を愛してそれを追求するという）哲学的な態度というよりも、むしろ論争を事とする者の態度であり、あたかもその意図はプラトンの哲学を貶《おとし》めることにあるかのごとくに思われた。それほどアリストテレスはプラトンの哲学を遵守するところから遠く隔たっていたのである」（S

四・R^2一〇・R^3八・W一〇）と言っている。

従って、アリストテレスの対話篇は対話篇という形こそプラトンやクセノポン（Xenophōn）に学んで、その題材も『善について』とか『イデアについて』というようなプラトン風のものであったにしても、その内容に至ってはむしろ師プラトンを超えようとするか、あるいは退けようとするか、その意図は今直ちに解らないにしても、きわめて挑戦的な内容であったということは確かなようである。

どの点に関して挑戦的であったのかと言えば、これは後に『形而上学』その他でまた繰り返し説明されることとなるが、プラトンの立てたイデアとしての形相の超越性あるいは彼岸性に対して、アリストテレスは形相の種的性格を強調し、普遍超越に対して普遍内在を主張するところにあったもののようである。

このような内容は、それではいかなる形で展開されるのであろうか。繰り返し文体のことに触れることになるが、アンモニオス（Ammōnios）が『カテゴリアイ註解』において述べているところは、右の問いに対する適当な答えになる。すなわち、「アリストテレスが彼の見解を述べるにあたって用いた表現の仕方には、それぞれの場合によって明らかな相違が見られる。というのは、学内の講義のために書かれた諸著作（akroamatika）においては、その思想に関しては簡潔直截で緻密に圧縮されており、そしてすべての見解をアポリアに導いて、その問いによって道なき道を拓いてゆくという、険しい相を示しているが、その用いる言葉に関して言うと、平明普通である。これは彼が真理をそのあるがままに見出し、それを明白にすることを求めているためである。そしてこのために必要とあれば、アリストテレスは、ある場合には、新しい言葉を創ることとさえも辞さない。これに対して、彼が多くの一般人のために書いた対話篇においては、文体の高い格調に意を用い、言葉遣いや比喩の彫琢に十二分の労を費し、登場する話者に応じて言葉遣いの形も変え、その他、要するに彼の文体を美しくし得る限りのすべての事情について十分な配慮がなされている」（Ammōnios: In Aristotelis Categorias Commentarius 6. 25-7. 4, S 六）。

一般的な紹介はこれでよいと思われるので、次にそれぞれの対話篇に入ってゆこう。

二 『哲学について』

光と知恵

『哲学について』という書物は、いかなる内容のものであろうか。一体にわずかな断片からある書物全体を構築することは不可能であるけれども、本書の場合、断片が少なくとも大小合わせて二十八残っているので、全く絶望というわけでもない。アリストテレスにおいて哲学は、ソクラテスの記憶と無関係ではなかった。『断片』（R^{2}四・R^{3}一・W一・S七三）において、次のように言われている。「デルポイの神域にある碑文の中で〈汝自らを知れ〉という言葉は最も神的な言葉と考えられていた。それはソクラテスにもまた、あの問題と探求との発端を与えたものである」と、アリストテレスはこのプラトンに倣った著作の中で述べている。これは前述したプルタルコスの『倫理学』の中に含まれているものである（プルタルコス『倫理学』一一一八ｃ）。

ソクラテスがアポロンの信仰と何らかのかかわりがあり、それが哲学の発端に繋がるものであることをアリストテレスが忘れていなかったこと、それはディオゲネス・ラエルティオスもその書物二・五・二三において、「ソクラテスがピュトーへ赴いたことをアリストテレスは伝えている」（二、R^2三・R^3二・W二・S七三）というふうにして記録に残している。この「汝自らを知れ」という言葉が哲学にとって古今を通じての大問題であることをアリストテレスも予感し、これをキロンやタレスに帰する説に対して、アレクサンドリアのクレメンスに従えば、アリストテレスはピュティアの巫子《みこ》の言葉であるとしている（Clem. Alex. Stromata. 一・一四・六〇・三、R^2五・R^3三・W三・S七四）。

　しかし、アリストテレスは諺めいた古い箴言をすべてピュティアのものとするのではない。同じく『ストローマタ』一・一四・六一・一において「誓いは禍に隣する」という箴言をタレスのものであると言う人が周囲に多いのに対し、アリストテレスはそれをキロンのものと考えているとあるが（R^2六・R^3四・W四・S七四）、これは先程の「汝自らを知れ」という言葉を多くの人がキロンのものと考えているのに、アリストテレスはそれを否定し、真に重要な言葉のみをアポロンの神託である、としているのである。アリストテレスはプラトンがエジプトを尊敬していたのに対し、ペルシアの思想に深い尊敬を抱いていたようである。ディオゲネス・ラエルティオスがその第一巻序文八において伝えているところでは、アリストテレスはすでにマニ教の二元論を知っていたと考えられ、更にヘロドトスやその他の人々によって注目されていたマゴスすなわちペルシア社会での知識層に属していたと思われる人々について、アリストテレスはそれがエジプト人よりも古い、と言い、更にプリニウスの伝えるところによると、「マゴスたちの知恵は、疑いもなく、ペルシア（すなわちイラン）の地でゾロアストレスから起こった。そのことは古来の著作者たちの間で一致している。しかし、この者は一人であったのか、それとも後に別なもう一人の者がいたのか、十分確証されてはいない。エウドクソスもそれを知恵の学派の中で最も顕著な、最も有益なものと解しようとしているが、このゾロアストレスはプラトンの死に先立つこと六千年であった、と伝えている。アリストテレスもそのように述べている」（Plinius : Naturalis Historia『博物誌』三〇・三、R²八・R³六・W六・S七五）ということであり、ゾロアストレスすなわちツァラトゥストラの史実に対する指摘が、その人に対する理論的な興味の暗示とともに、アリストテレスによって行われているということを思うと、アポロンの神託、ツァラトゥストラの光の予言に繫がる哲学をアリストテレスは何らかの形で考えていた時期もあったようである。

アポロンも最初は死の神であったが、後に太陽を背負う光の神とされ、ゾロアストレスもまた光に立つ予言者であったから、アリストテレスが光を尊ぶものであることは一般のギリシア人と同じであったとみることもできようが、更にそれを一層哲学的に深めたもののようである。ピロポノス（Philoponos）が『ニコマコス倫理学の入門書』（In Nicom. Isagoge.

1. 1.）において語っているところでは、すべてを明らかにするものが知恵（sophia）と呼ばれる。

すなわち、「可知的な神的なもの（noēta kai theia）は、それ自身の本性に即しては最も明るいものであるが、我々には垂れこめる肉体という霧のゆえに、暗く混迷に思われる。これを、光の下にもたらす知識を当然にも知恵と人々は呼んだのである」（R² 二・R³ 一三・W 八・S 七五）と、アリストテレスは考えたとされている。

イデア説の否定

このような説は、アリストテレスが後に方法論を樹立する際に、「我々にとってより多く可知的であり、より多く明らかなるものごとから出発して、自然《ピュシス》においてより多く明らかでありより多く可知的であるものごとへ」（『自然学』第一巻第一章一八四 a 一六—一八）進むのが学問であるという、『自然学』や『形而上学』で繰り返し述べている考え方を思い出させるものがある。そして、かかる知恵と光との照応は、すでにギリシアでは古く叙事詩の時代からあるが、哲学者でそれが著しいのはパルメニデス（Parmenidēs）であり、プラトンはその考えにイデア論を結びつけたものと思われるが、アリストテレスは、光やその明るさをこのように知恵の象徴として多用しながらも、イデアの説については全く批判的であった。プロクロス（Proklos）はその書物の中で「プラトンの諸々の説のうち、イデア説ほどアリストテレスが退けたものはないと思われる」（De Aet. Mundi, P. 三一・一七、R² 一

○・R^3八・W一〇・S七七）と言っている。

このイデア論としてアリストテレスが批判するのは、しかし少なくともきわめて晩年のプラトンの考えであり、それがスペウシッポス（Speusippos）に受け継がれた数理哲学的な面であったことはほぼ確かである。従って『断片』（R^2一一・R^3九・W一一・S七八）においては、アリストテレスはプラトン学派の人々の説に反対して何か別の説を立てたというよりも、イデア的な数が数学的な数と別なものである以上、この考えには同意できないということを述べていて、『哲学について』の第二巻には次のようなことがあったとシュリアノス（Syrianos in Metaph. 一五九・三三―一六〇・五）は述べている。

「もし、諸々のイデアが別な数であって、数学的数でないならば、我々はそれに関して全く理解することはできないであろう。我々大多数の者の誰が別な数を理解するであろうか」（R^2一一・R^3九・W一一・S七八）

神の探求

この『対話篇』において、アリストテレスはプラトンのイデア説を否定したが、プラトンとは別の形で神の証明を試みていたと思われる。二世紀後半に懐疑派の哲学者で医師をかねたセクストゥス・エムペイリコス（Sextus Empeirikos）がその『Adversus Mathematicos III（学者を駁するの書第三）』において伝えているところによると、

「アリストテレスは、人間に神々の観念が生まれるのは二つの源から、すなわち霊魂に関す

る事象と、天空の事象からであると論じていた。霊魂に関する事象からというのは、睡眠中に起こる霊魂の霊感と卜占とによる。彼の言うには、睡眠の中に霊魂が自分自身だけとなった場合、その時、霊魂は本来固有な本性を獲得して、未来のことを占い、予言する。霊魂は死にあたって肉体から離れるに際しても、このようなものになる。すなわち、パトロクロスは滅びるにあたって、ヘクトルの死を予言し、ヘクトルはアキレウスの最期を予言する詩がある。そこで、彼は言っているが、これらのことから、本来的に霊魂に類似し、すべてのもののうち知識で最も秀でた神的なものが存在すると人々が考えるに至った。一方天空の事象からもまた、そのようで、すなわち、昼は太陽の運行するのを、夜はその他の星の秩序ある運動を眺めて、かかる運動と整った秩序との原因である神が存在すると人々が信ずるに至ったのである」（R^2一二・R^3一〇・W一二a・S七九―八〇）とある。

「初めて天空を見上げた人々は、太陽は上ってから沈むまでの軌道を走り、諸々の星は見事にそろった舞踏をなすのを眺めれば、このはなはだ美しい秩序の創造者を探ね始め、それは偶然から起こることではなく、あるすぐれた不滅な本性を持った存在によるのであり、その存在が神であると推察するに至った」ということがやはりセクストゥス・エムペイリコスの前掲書からとられた断片R^2一三・R^3一一・W一二b・S八〇で述べられている。この考えを、ただロマンチックな想念による想像に過ぎないと思うことは、アリストテレスを見誤るであろう。

アリストテレスは、キケロの『神々の本性について（De Natura Deorum）』の第二巻三七・九五―九六に書かれているところによると、あたかもプラトンの洞窟の比喩を想起させるようなイメージを使って次のように言う。

「地下に常住している人が仮にいるとして、その住居は快適で明りもあり、さまざまの芸術品を以て飾り、満足すべき生活の必需品が備わっているとして、しかし、一度も地上に出ることはなく、ただ何か神意や神々の威力があるということを風説や噂から聴き知っているとして、それが、ある時、大地が裂けてその隠れた住居から我々が住むこの場所へ出て来て、突然、大地や大海や天空を見、雲の壮大、風の威力を知り、太陽の偉大と美しさと、更に、天空一帯に光が充ち溢れ昼を作りなす営みを知り、また、夜が覆えば、空は星で彩られるのを見、永劫にわたり定められたそれらの不変の運行を認め、これらのことをその穴居の人が見渡すとしたら、確かに神々は存在し、これ程の業はみな神々のなすところと判断したであろう。以上はアリストテレスの言ったことである」（R^{2}一四・R^{3}一二・W一三・S八一）

アリストテレスの右の考え方は、人間が秩序や光や崇高など、総じて美に衝《う》たれたとき、この世の経験という下界の事象から、それらの美の創始者または支配者という上界の存在に進む道を、下から上への登高の道を、見出す機会をうる、という、美の直観を出発点とする経験論による神の存在証明の体系への企図とみることができる。

フィロンは『報酬と懲罰について』七・四一において、「もし、人あって、この宇宙全体の制作者、指導者を、知識によって想像する力を得たとすれば、それはいわば、下から上へ進んだのである」(同、S八二)と語り、アリストテレスの神学がまさしく下から上への道と呼ばれるべきことを示している。この一節にはアリストテレスの名は示されていないが、すぐ前に引用した断片との内的連関のゆえに、ロスはこれをアリストテレスの断片に加えた。

かくて、プルタルコスが言うように(『倫理学』四七七C)、「宇宙は神に最もふさわしい聖なる神域であり」(同、S八三)、人間がこの宇宙に生まれることは、神を求めるに適した神域に座を占め、神の手に成る日月星辰、山河、そして動植物を眺めるためである。「生命はそれらのものへの神秘な入信であり、完全な浄めの秘儀であって、楽しさと悦びとに充ちている筈である」(同前)。従って本性の必然によって、人は神に至る道を与えられている。このようにして、アリストテレスの考えでは、宇宙の秩序や法則を介して、神を見出すことが人間の哲学の課題であり、それを果たすことにより、人間は本来予定されている幸福を得る筈である。

第五の元素《ストイケイオン》

特にキケロが注目していることであるが、アリストテレスは、地水火風(気)という旧来の四つの元素で自然の一切を説明しようとしたが、これらの四者には全く似ていないところの第五の類として、ある別な元素が星や精神に関して必要であると考えた。この「第五の本性として、名称なしに導入されたものは認識、学習、発見、記憶、愛憎、喜怒哀楽など論理的、心理的能力を司るもので、神々や精神の本性である」（W二七・S九五―九六(2)(3)(4)の要約。いずれもキケロの『トゥスクルム論叢』一・一〇―二七の間）。そして、これら五つの元素相互の関係も見逃してはならない。アリストテレスは「気（風）と火とは動かし、能動の力を持っており、他の元素、水と土とは受け入れ、受動の力を持つ」（W二七・S九四）と言い、すでに四つの物質要素を能動的な起動因と受動的な質料因とに二分した。ところで起動因は前に述べたように（第一部一二九頁）形相因に吸収されるので、結局、四つの物質元素を、形相因と質料因とに二分しようとしたと同時に、「星や精神を構成している第五の類（の元素）は右の四者とは類似しない別のものであるとアリストテレスは考えていた」（前の続き）とあるように、一般の形相因、質料因とは別に、宇宙を支配する神につながる原理を立てようとしていたということが想像される。

このことはキケロのみではなく、四世紀のギリシア教父の一人、シリアのエメザの司教、『人間の本性について』の著者ネメシオス（Nemesios）も、その中で「アリストテレスは、更に、第五の物体、すなわち、エーテル状で円運動するものを導入している。彼は天空が四元素で作られているとするのを欲しなかった」（R^2一九―二〇・R^3二三―二四・W二一・S九一）と証言しているところからも明らかなように、地上的な一切と質的に異なる神を彼はすでにこの頃から考えていた。それが後に純粋形相たる「動かされない動くもの（kinoun akinēton）」として、遂にはトマス・アクィナスの神の証明につながるあの『形而上学』第十二巻すなわちΛ《ラムダ》巻における神の存在証明に至るのである。そしてその神を頂点とする壮大な体系はこのような初期の断片によって予見されている。

初期の著作については、このほかにも、いろいろな断片が残されているが、代表としてこの『哲学について』を先人の断片集成や翻訳をもとにしてここまで再構成し解釈を加えれば、一つの新しい試みと見ることもできるので、他の文献については省略してもよい程であるが、尚重要な初期の著作『哲学の勧め』に言及しよう。

三　『哲学の勧め』

探求こそ哲学の源

初期対話篇の中でとくに多くの断片が残されているものは、このほかに霊魂について述べている『エウデモス』という書物があるが、これについては、霊魂の不滅の説が述べられていて、後のアリストテレスの『霊魂論』との関係等において、かなり人々に知られていることであるから、そういう書物があったということを指摘するに止めたい。そのほかにも『イデアについて』『詩人論』『饗宴』『善について』なども大部の断片量であるが、今回は省略し、『プロトレプティコス（Protreptikos）』という書物を説明する。これは『哲学の勧め』と訳されてよい。この書物はキケロの喪われた『ホルテンシウス（Hortensius）』の原形と言われている。そして『ホルテンシウス』という書物が、アウグスティヌス（Augustinus）の『告白』で周知のように、アウグスティヌスその人の回心を刺激した書物なのである。それゆえ、思想史上きわめて重要な意味を持つこの書物の断片について、少し説明しておきたい。

本書が存在したということについては、文献的な証拠が多々ある。ホメロス以降古代の多くの著作家の『抜萃書』を残した五世紀の学者ストバイオス（Stobaios）はその第四巻三二・二一（断片R^{2}四七・R^{3}五〇・W一・S二六―二七）において次のように述べている。「ゼノン（Zēnōn）が語っているところによると、クラテス（Kratēs）は靴屋の店先に坐って、アリストテレスの『プロトレプティコス』を読み上げていた。この書物はアリストテレスがキュプロスの王テミソン（Temison）に宛てて書いたもので、そこには、テミソンはそのために費やすことのできる巨万の富を有しており、それにまた名声も得ているのであるから、彼ほど哲学することに対して好条件を具備している者はほかにだれもいないと書いてあった」云々という記述があるし、またHistoria Augustaと呼ばれる歴代ローマ皇帝伝記の二巻九七・二〇―二二で、「マルクス・トゥリウス・キケロが彼の著作『ホルテンシウス』――彼はこの著作を『哲学の勧め（プロトレプティコス）』を模範として書いたのであるが――において述べている事柄をあなたが知っていらっしゃらないはずはないと私には思われる」という記録がある。ホール（Hohl）がそれに注目し、ロスは自分の断片集にそれを取り入れている（S二六）。

それはどのような書物なのであろうか。この書物はまず冒頭に、人はどうしても哲学せざるをえない、という論証を置いている。六世紀の新プラトン派の学者エリアスが『ポルピュリオスの註解』三巻一七―二三において伝えているところによると、「アリストテレスは次のように述べている。もし人が哲学すべきであるとするならば、当然哲学すべきである。そして、もし人が哲学すべきでないとするならば、その場合にも、人は（その所以《ゆえん》を知るために）哲学すべきである。従って、いずれにしても人は哲学しなければならない。なぜかといえば、もし哲学というものがあるとすれば、哲学はあるがゆえに我々は当然哲学しなければならない。そして、もし哲学というものがないとすれば、その場合にもまた、なぜに哲学がないのであるかを尋ね求めなければならない。そしてそれを探求することによって、我々は哲学していることになるであろう。というのは、尋ね求めることこそまさに哲学を生む源なのであるから」（R^2五〇・R^3五一・W二一・S二七―二八）とある。

これはまことに形式的な詭弁のように聞こえるが、若い人々を哲学に向かうように勧めているアリストテレスの苦心の気持ちが滲み出ている文章である。しかもここにアリストテレスの常に意を用いていた周到な論理が巧妙な修辞とともに読み取れるのである。

至福としての理性と知恵

このような冒頭に続いて、この書物では、ストバイオスの三・三・二五にある次の文章が続いていたと思われる。

「幸福は多くの財物を所有することに存するのではなく、霊魂のある特定の状態に存すると考えなければならない。なぜならば、身体について言うならば、人が幸福であるというのは、光り輝く衣裳で装われた体ではなくて、たとえこれらすべてが具わっていなくとも、健康で良好な状態にある体のことであろうからである。それと全く同様、霊魂についてもまた、それがよく教育されていれば、そのような霊魂や、そのような人こそ幸福であると言われるべきであり、たとえ外的な事物によって立派に装われていても、その人自身何の価値もないような人は、幸福と言われるべきではない。というのは、馬の場合にも、たとえそれが黄金の轡《くつわ》飾りや、高価な馬具を身につけていたとしても、馬自身が貧弱であれば、我々はこのような馬を何か価値があるとは考えないのであって、馬そのものの状態がすぐれていれば、そちらの方を我々は誉め称えるのである」（R^2八九・R^3五七・W三・S二九）というふうに述べて、人にとって何が幸福であるかをイメージ豊かに説き起こすのである。「このように己の生涯を有益に過ごそうと思うならば、我々は哲学をしなければならない。しかし、それぞれの種類にはそれぞれ異なった知識《エピステーメー》がある。ある種類の知識は我々に奉仕するための知識であり、他の種類の知識は我々に対して規範的で我々を支配する知識である。そしてこの知識は指導的権威を持つ知識であるから、本来の善はこの知識にこそ存するのである。そこで、もし判断の正しさを有し、理性を持ち、全体的な善を観照するところの知識――これこそ哲学にほかならないのである――のみがすべてのものを用い、そしてそれらを各々の本性に即して統括することができるのであるとするならば、我々はあらゆる道を尽くして哲学すべきである。けだし哲学だけが正しき判断《クリシス》と、誤りなく統括する思慮《プロネーシス》とを己の内に保有しているからである」（W四・S三〇）。これは四世紀の新プラトン学派のヤムブリコス

(Iamblichos) が『プロトレプティコス』六・三七・二―二二で伝えている文章である。

しかしまた、ヤムブリコスの伝えるところによると、アリストテレスがここで哲学と呼んでいるものは、人間が一般に人生観について思うことを述べていたに過ぎず、学問的な哲学を意味していたとは限らないようにも思われる。ヤムブリコスが『プロトレプティコス』という題の神秘数理哲学の中で伝えているところでは「哲学することによって知恵を獲得することが、他の諸々のよきことの場合よりもはるかに容易であるということについては、次に述べることによって人々に確信を与えることができるであろう」と言い、哲学する人々に対しては、「彼らが熱心に努力するようには人々から報酬が与えられることはないにもかかわらず、そしてまた、他の学術《テクネー》のためにすでに多くの金や時間や労苦を費やしてきたような人たちの場合においても、尚、その人たちが一度哲学に携わるや、短時日の間に彼らの哲学における進歩は著しく、厳密さにおいて他の学術を凌駕するに至るということ、このことは哲学が容易であることを示す証しであると私には思われる」(R^3五二・W五・S三三―三四)と録されている。

このような書き方からみると、ここで述べられている哲学とは、要するに人生論的な知恵を追求する試み、または人生観の確立を意味しているに過ぎないかに思われる。そして恐らくこれが世に言うところの一般向けの書物 (logoi exōterikoi) の内容というものかもしれない。

後にアリストテレスは、晩年の『ニコマコス倫理学』においては、数学や自然学のようなものは若年のときに容易に到達し得るものであるが、倫理学のごとき人間に関する学問は、その厳密な展開はきわめて難しく、若年にしては及び難い学であるということを述べていることに思い至るならば、この『哲学の勧め』における哲学は、常識のごく基本的な反省を意味しているのか、それとも万学の基礎としての一般教養的なものを意味しているのか、それともアリストテレスがある時期から哲学観を変えたのか、更には今し方触れたように、一般向け哲学と学問的哲学との別をこの頃から考えていたのか、というふうに色々と問い直してみなければならないところであろう。

ところで、キケロの伝える次の断片（『トゥスクルム論叢』一・三九・九四）を読もう。

「ヒュパニス河のほとりには僅か一日の間だけしか生存しない小さな動物がいる、とアリストテレスは語っている。そこで、この動物の中で八時間目に死んだものは高齢に達して死んだのである。……我々人間の中で最も長い生涯を永遠と比較して見るがよい、そうすれば、我々人間も、今述べた小さな動物と殆んど変わらぬ短い寿命しか持っていないことがわかるであろう」（R^2四九・R^3五九・W一〇a・S四〇）

セネカ（Seneca）が『人生の短さについて（De Brevitate Vitae）』一・二でアリストテレスの考えであると明言して伝えているのは右の文章と関係する。

「自然は不当にも諸々の動物に対しては極めて寛容で、我々人間の五世代ないし十世代にもあたる長い寿命を与えているのに対して、かくも多く、また、かくも偉大な業績を成就するために生まれて来た人間に対しては、かくも遥かに短い寿命の限界が定められてい

る」（同前）
このように動物の命との対照の妙を通じて、人間の命がどのようなものであるかを述べ、青年に人生について真剣に考えることを要求する次の大文章への準備を終える。
ヤムブリコスが伝えるところによると、アリストテレスは次のように言う。
「我々人間の内には理性と知恵とのなにがしかが我々の中にあるというただ一つのことを除けば、神的なもの、あるいは至福なるものとして尊重に値いするものは何一つ存在していない。思うに、これだけが我々の所有しているものの中で不死であり、これだけが神的であると思われる。この能力に与《あずか》り得ることによって、人間の生は、それが本来悲惨で苦悩に満ちたものであるにせよ、尚、他のすべての生物に比べれば人間は神であると思われるほど賢明適切に整えられているのである。なぜなら、〝理性は我々の内に住む神〟――この言葉はヘルモティモスかアナクサゴラスのもの――であり、〝死すべき生も神的なるものの部分を分け持っている〟のであるから。かくて、我々は知恵を求めるべき、すなわち哲学すべきであるか、もしくはこの生に別れを告げてこの世から立ち去るべきであるか、いずれかである。というのは、他の一切は何か全く無意味なものであり、愚かしい業と思われるからである」（R^2四八・R^3六一・W一〇c・S四二）
このようにして彼は人間の命がどのように重要であり、また、どのように過ごすことによって真の幸福を獲得するかということを述べている。
「すべての生物にとっては、〝生きる《ゼーン》〟ということこそ、まさしく〝存在する《エイナイ》〟ということそのことであるとするならば、思索する人《ホ・プロニモス》こそ、〝存在する〟ことの度合において、最も高度に、そして最も本来的な意味で〝存在している〟こと」（W一四・S五〇）（ヤムブリコス『プロトレプティコス』一一・五六・一三―五九・一八）になる。人間にとって、何にもまさる楽しみとは、それゆえ、「思索し観想することから生ずる喜び」（同前・S五一）にほかならず、それは「哲学する人々にのみ属している」（同前）から、「心ある人は哲学しなければならない」（同前）。かくて、この対話篇は、「哲学することこそ善く生きること《エウ・ゼーン》、すなわち幸福《エウダイモニア》であり、……何時の日か、我々がそこからこの世に来たそのもとの住処《すみか》――（天）――に逃れ帰ることが可能であれば、その時こそ喜びに尚一層みたされる」（W一五・S五二）（ヤムブリコス　前掲書一二・五九・一九―六〇・一五）のである。この全くプラトン的な考えは、この頃のアリストテレスの対話篇には共通の基調である。そして、それは、多分、アリストテレスの体系を貫くものでもあろう。なぜならば、哲学の正統的な考え方とは、人生に関する限りは、そういうものにほかならないからである。

2　論理学

一　アリストテレス論理学の特質

論理学の書物

論理学の分野におけるアリストテレスの仕事は、『形而上学』第一巻に見られるように、単に彼以前の多くの論理学的思想を整理し、包括的に概観したというだけでも立派な業績であるが、彼は初めて論理学体系を立てたことにおいても独創的である。その上、彼の著作は今日の論理学の水準から見ても、教科書として、形式論理学に関する限り、最高の書物であろうし、また、今日の記号論理学や分析論理学の方法とは違った仕方で、最も高度な専門的問題が論じられている一流の研究書である。彼の論理学的な諸著作は、一括して「オルガノン（Organon）」（道具、機関）と呼ばれていること、及びこの名称の由来については、すでに前章で述べた通りである。

まず、「オルガノン」はどのような書物群から成っているかを述べる。

第一に、『カテゴリアイ（範疇論）』、これは全体で十五章であるが、三部に分かれ、第一部は第一章の「同名異義」その他の説明、第二部は第二章から第九章までのカテゴリー論、第三部は終わりの六章で「対立」「反対」等の用語例である。このうち第三部すなわち第十章から第十五章に至る終わりの六章は、すでに古代の註釈家たちによっても、アリストテレスの真作ではあるまいと思われ、それはほぼ定説となっている。しかも、前に述べたように、現在のアリストテレス全集の中には、必ずしも直筆《じきひつ》ではないものがあっても、それらは少なくともアリストテレスの講義を筆録した学生の手に成り、それがアリストテレスの手に委ねられたものと思われるので、仮に真作でないとしても、アリストテレスの思想から完全に離れているものではないが、『カテゴリアイ』の第十章から最終章第十五章までの六章に関しては、後人の挿入という考えをとる人が多い。ただし、一般的に言うと、当初から、アリストテレスはかくかくの考えの人である、と定めて、その目で著書を読むよりも、むしろこれらの書物を着実に読解することによって、アリストテレス像を築く方が正しい、ということは同書についても私の主張してやまないところである。

今世紀でも、根拠は違え賛否が分かれる問題の一つに、この『範疇論』の真偽論が未解決のものとして残されている。すでに一九二三年に、イェーガーは実体論が唯名論的に扱われていて、非アリストテレス的だと言っている（W. Jaeger 前掲書四五頁）し、ルーヴァンのシュザンヌ・マンシオン（S. Mansion）が、一九四〇年代に『範疇論』と『形而上学』とでは実体論があまりにも違うことを示した仕方は、二十世紀後半に再び大きく取り上げられ、さまざまの偽書論が出されている。オーバンクの研究グループのデゥムーランが、全面的に真作とは言わないにしても、テキストの部分的正当性を認容して以来（B. Dumoulin：Sur l'authenticité des catégories d'Aristote, P. Aubenque ed. Concepts et Catégories dans la Pensée Antique. 1980 J. Vrin)、少なくとも大問題にしなくともよかろうということである。大切なことは、『形而上学』のような主著の思想を『範疇論』によって規正することは慎むべきである（前掲書三二頁）[1]。この書は少なくとも論理学の初歩として、アリストテレス的風土に導き入れる古典であることには変わりないのである。

第二に『命題論』は全十四章から成る。原名はPeri hermēneiasであるから、字の通りに訳せばラテン語でDe interpretationeとあるように、『解釈論』と言わなければならない。しかし、原語のヘルメネイアは「伝達」という原義をもつ。同書では、必ずしもそのことが主題として論じられているわけでもない。ただし、同書は、伝達にかかわりのある問題として、事象と思想と言語（音声）と文章の相互連関をまず明らかにしようとし、更に、伝達の真偽を担う命題論を含み、この問題の立て方もまたその内容も、純粋にアリストテレスの著作と思わせるのに十分である。

第三として『分析論（Ta analytika)』、これは前書全二巻と後書全二巻とに分かれ、前書は別名をTa peri syllogismouと言うごとく、推論の代表的な形としての三段論法一般の規則を取り扱い、後書はこの三段論法を必要とする論証（apodeixis）の問題が演繹と帰納とに関し、検討されている。この全四巻通算百二十六章という長大な書物は、学問的認識（epistēmē）を成立せしめる論理形式にあてられた形式論理学の記念碑的著述である。

第四に『トピカ』全八巻。同書は公理、定理及び学問的命題を前提とする論証（apodeixis）とは異なって、一般に是認されている見解を前提として問答的に構成される弁証法（dialektikē）的な推理に関する理論であり、むしろ日常生活においてはきわめて頻度の高い言説の論理的考察である。従ってこれは場合によってはその題名が暗示するように修辞学に属するものと考えることもできよう。アリストテレスがアカデメイアにいた時代に、プラトンの弁証法の長所を取り入れようとした批判的試みの成果と見ることもできる。

最後に『詭弁論駁論（Peri sophistikōn elenchōn）』、これは全三十四章である。このギリシア語は必ずしも明瞭ではないが、別様に訳せば誤謬推論とでもいうべきかと思う。最後の第三十四章が『トピカ』全体と同書と双方の結語（一八三b九—一八）を成すと見られるから、同書は恐らく前に説明した『トピカ』の第九巻にあたる文書ではなかろうか。重要なことは、例えば弁証論の非論理性は「論者自身も、相手に劣らず、しばしば見落とすところである」（第五章一六七b三五—三六）から、学問的討論においても誤謬推論の検討が必要であると考えさせることなどである。

ソクラテスへの回帰

これら「オルガノン」を形成する書物において、アリストテレスがいかなることを述べたかという問題を簡単に記しておきたい。全体的な傾向としては、ギリシア哲学はソクラテスの定義（horismos）主義に始まり、プラトンのイデア関係論、そしてアリストテレスの述語論理というように、次第次第に展開されて来たものと考えられている。大筋においてそのことは誤りがないにしても、アリストテレスの意識では、ソクラテスが立てた論理的な態度に、むしろプラトンに反抗して復帰しようという姿勢がみられる。『形而上学』の第十三巻第四章一〇七八b二三、あるいは第十章の一〇八六b五前後を見ると、アリストテレスはソクラテスの業績は事物の本質（それが何であるか）を探究しようとしたことであるとしている。従って、ある行為がどのような構造をもてば徳と言われるのか、換言すれば行為が徳である所以の徳性そのものが何であるかを知ることが問題であるとされ、そのために個々の有徳な行為を枚挙し、そこから、エパゴーゲー（epagōgē 帰納法）によって普遍的なもの（ト・カトルー to katholou）の規定を形成する必要があった。それなのにプラトンは「そのような本質としての形相（エイドス）を普遍者として認識論的にとらえるに止まらず、存在論的根拠として原型（paradeigma）と考え、質料的な事物がこれに与ることによって具体的な存在者が成立すると言っているが、これはケノロゴス（空論）であり、詩的比喩を語ることにほかならない」（『形而上学』第一巻第九章九九一a二一）と述べているように、プラトンはソクラテスをむしろ存在論につなぎとめようとし、その意味でイデア界と物質世界との存在論的関係を確立しようとしたが、アリストテレスはソクラテスの本来の目的が論理的単位としての普遍者の構成にあると考え、自分はその線に則《のっと》るものであると自負していたもののごとくである。従って、プラトンは、普遍者が事物の中にあるのではなくて事物の外に、この世の彼岸に超越的に存在しなければならないとするのに対し、アリストテレスは、普遍者が個物の中にある、すなわち個物を内から規定する種の原理と考えたようである。それゆえ、プラトンはエイドスを分離した、という批評がアリストテレス以後は常に問題となるところである。

アリストテレスの考えによれば、その師プラトンの普遍論は次のような欠点を持つとされる。すなわち、プラトンのように普遍的な形相を感覚的実在から分離したものとして実体化すると、叡知的な実在としてのイデアと、感覚的な実在としての個物とを、関係において説明しなければならない。そこからして、例えばイデアとしての人と、感覚的な実在としての人とに加えて、この両者がそれぞれ人と呼ばれる所以の第三の人を想定しなければならなくなる（『形而上学』第一巻第九章九九〇b一五、第七巻第十三章一〇三九a二）。このようにして、イデアとしての人自体と、感覚的な人と、第三の人に普遍なものとして、更に第四の人を求めるということになり、媒介を求めて無限に進むことになる。

それゆえ、アリストテレスの『論理学』は、むしろプラトンのイデア論の超越性を言語と類種関係とによって事物に傾け、ソクラテスの定義的本質に立ち返らせようとするものであった。それが、ソクラテスとも異なる所以は、単に徳目や価値という理念と定義とを関係づけるに止まらず、定義を種概念一般に関係させ、一つの論理的連関における宇宙把握を試みようとした点にある。

二　『カテゴリー論』

十の範疇

『カテゴリー論』では、何よりもカテゴリーすなわち範疇、命題の述語についての論述が重要である。アリストテレスは、第四章の一b二五から二a四にかけて命題の構成要素となる単語を、あらゆる品詞に留意しつつ分類することを考え、十の範疇をあげていることは、すでに、第一部一一七―一一八頁で述べた通りである。ここでは、範疇は列挙するに止め、むしろそれが考え出された基礎をテキストに沿って考えることにしたい。

アリストテレスの範疇は、ここでは㈠実体、㈡量、㈢質、㈣関係、㈤場所、㈥時間、㈦状態（位置）、㈧持前（所持）、㈨能動、㈩受動となっている。

これらの十の範疇は、前にも述べたようにアリストテレスに独特のものであるが、この数と内容は必ずしも一定していない。例えば『形而上学』第五巻第二十一章では、㈩の受動は㈢の質の中に組み入れられているし、同書第八章でもそれに類した考えが述べられ、範疇の数は八つや六つになることもある。また、『トピカ』第一巻第九章においては、用語も同じで十ほどの数をあげているが、一〇三b二二で、同章の㈠の実体の代わりに「何であるか（ti esti）」を表わすものと言っている。これは同じことのように見えても、大きな違いである。同章におけるように、単に実体と言えば、カテゴリー（述語）のみではなく、命題の主語にあたるものをも含むことになる。それゆえ、述語論理としてのカテゴリー（述語）論を展開するためには、たとえ、馬とか人とかという名詞として言語上は同じでも、色々の述語の対象となる基体（hypokeimenon）としての馬とか人という実体ではなく、「それは何であるか」という問いに答えて、「それ」の述語となって「何であるか」に応じる本質としての実体、それ自身述語である名辞としての実体を確保しなくてはならない。くどいようであるが、反復して明らかにしておきたいことは、カテゴリーとしての実体とは、命題の主語が指し示す基体、すなわち主語において自らの命題的自己呈示を果たす基体ではなく、「そのような基体が何であるか」という問いにおいて求められ、答えの命題において述語となって出て来る名詞、松本正夫のいわゆる「デアル」存在[2]のことにほかならない。

ところで、範疇は、アリストテレスの場合、主として問いかけに対する答えとして出ていることに注目すべきである。すなわち、問いの構造分節がカテゴリーの分類や種別になっているのである。それゆえ、何をいかに問うかという考え方の側に範疇の構成を決定する要因がある。このことを告げるためにアリストテレスは常に問いかけの形で範疇を導出していた。それゆえに、あまりに単純に、カテゴリーを文法や存在の側に傾けて解することは、アリストテレスの真意をそこなうことになる。

実体論

『カテゴリー論』の第五章以下第九章までの中でアリストテレスは右にあげた十の範疇の

一々について重要な説明を施しているが、就中《なかんずく》注目すべきは実体論である。第五章の冒頭で、「実体——それも最も本来的な意味で、そして第一に実体と言われ、また最も多く実体であると言われるものは、何かある基体について語られることもなければ、何かある基体の内に存することもないもののことである。例えばある特定の人間、あるいはある特定の馬」（二a一一—一四）と録されている。それゆえ、アリストテレスの第一実体とは個々の事物のことである。「そして第二実体と言われるのは、第一に実体と言われるものが内属するところの種《エイドス》と、その種の類《ゲノス》である。例えばある特定の人間は種としての人間のうちに属し、そしてその種の類は動物である、それゆえ人間や動物は実体としては第二と言われるのである」（二a一四—一九）。このようにして、個物が第一実体（prōtē ousia）、それに内属する種や類のごとき普遍者が第二実体（deutera ousia）となる。

　このことでわかるように、アリストテレスは普遍者としての述語における実体と、それから実在の水準における個物としての実体とを明瞭に区別する努力をしている。そして普遍者としての実体は種と類のごときものであるが、これらのうちいずれが実体性においてまさるのであろうか。もし普遍性ということをとれば、類の方が種よりも普遍的であり、プラトンの最高類の考えをここに持ちだせば、類の方が種よりもはるかに高級な実体ということになるであろう。しかし、アリストテレスは第五章で言う。

　「しかし第二実体のうちでは種の方が類より一層多く実体である、なぜなら種の方が第一実体により近いからである。というのは、人がそもそも第一実体が何であるかを示そうとする場合（すなわちある特定の個的存在者が何であるかを言おうとする場合）、類よりも種の方を示すなら（動物よりは人間ということを示すならば）、一層よくその存在者が知られてくるので、あるいはその実体に固有なものを示すことになるであろう。また、何かある特定の木を示すのに植物として規定するよりも木として示すならば、比較的よく知られるものとして示すことになるであろう」（二b八―一四）

右の文章から明らかなように、アリストテレスにおいては、普遍者が述語として普遍的に指し示し得る広さが、すなわち、外延の豊かさが内包を貧しくしてゆくにつれて、その普遍者は実体性を失うものと考え、実体性の窮極はむしろ規定が細かで豊かな個的存在にあると考えており、種が類よりも実体性が多いと判断しているのは、種の規定が類をはるかに上回るからである。

三　『命題論』

命題と文章

『命題論』全十四章は、前述したように、伝達論であり、伝達の正確な形としての命題論である。アリストテレスは、伝達が正しい形で行われるために、文法にかなう命題を形成する必要があると考える。それゆえ、最初に名詞、動詞、否定、肯定、文等につき、文法の哲学を展開する。そして、いかなる語も「〝ある〟や〝あらぬ〟が付加されていなければ、真あるいは偽をいまだ意味しはしない」（第一章一六a一六―一八）と言って、伝達が責任をもつのは、それが命題として存在、非存在にかかわることを暗示する。

　ところで、アリストテレスは言語の自然発生説（ピュセイ説）をとらず、人為説（テセイ説）をとっている。そのことを彼は第二章で次のように言う。「名辞は約束によって意味をもつ音声で」（一六a一九）、「約束によってというのは、名辞のうちどれひとつ自然によってそのようなものであるのではなく、象徴《シュムボロン》となるときに、そのようなものになるのであるから。というのは、音節をもたない音響、例えば野獣の音響も何かを明らかにはするが、しかしそれらのどれひとつとして名辞ではないからである」（一六a二六―二九）。

　尚、同書で最も興味ある章は第四章である。そこでは、文章と命題との差別がなされている。これはセンテンス（sentence）とプロポジション（proposition）の別を明らかにするということで、現代の論理学者たちも必ずしも明瞭にしているとは限らない課題である。彼は言う。「命題はすべての文章ではなくて、そこにおいて真か偽を語ることが存する文章だけである。そしてこのことはすべての文章に存するのではない。例えば祈禱は文章であるが、しかし真でもなければ偽でもない」（第四章一七a二―四）

　このように述べることにより、単語の有意味的な組み合わせとしての文章がすなわち命題なのではなく、命題とは主語となる事物について、その主語とは異なる何かある他のことを肯定または否定する言表である、ということと、命題は必ず真か偽でなければならないが、文章にはそのいずれにも属さないものがある、ということを主張している。

ところで、アリストテレスの『論理学』は、前にも述べたように存在論的論理学として存在につながる面を持っている。しかし、その存在とはプラトンが真の存在と認めたイデアに遡《さかのぼ》るのではなく、経験的な世界における存在者の構造に結びつくか否かということである。彼は第五章で「命題は肯定と否定の二つしかない」と言明し、「単純命題は、あるもの（甲）についてあるもの（乙）を肯定するか、あるいはあるもの（甲）からあるもの（乙）を否定するかである」と言い、その後で複合命題は単純命題の組み合わせに過ぎず、「単純命題は時の区別に従って、あるもの（甲）についてあるもの（乙）が帰属するか、あるいは帰属しないかということを意味する音声である」（第五章一七a二〇—二四）と言っている。

すなわち、甲について乙がそれに帰属するか、しないかということは、換言すれば甲が属性として乙を含むか否かということで、甲が述語として乙を内包するか否かということにほかならず、それは取りも直さず、甲が乙であるか否かということである。つまり、甲を主語とし、乙を述語とする命題が肯定的に立てられ、それが真であるのは、甲という存在者の存在構造において乙が構成要素として認められるからである。要約すれば、肯定命題が成立するのは、存在構造において命題の主語と述語の帰属関係がすでに成立しているからにほかならない。第六章はそのことを述べている。

矛盾と反対

尚、前に簡単に触れたことであるが、アリストテレスにおいて厳密に区別されているものに、矛盾と反対の別がある。ヘーゲル（Hegel）の弁証法が安易に語られている世界では、反対と矛盾とは必ずしも明瞭に識別されていない。人々は矛盾対当と反対対当との差異を忘れて語っていることもある。はなはだしきに至っては、クローチェ（Croce）が指摘したことであるが、世の中では相異なるものと矛盾するものと相反するものを容易に弁証法の契機として混同してしまう。それでは反対と矛盾について、アリストテレスはどう言っているか。第七章で、

「矛盾対立的に対立すると私が言うのは、普遍的な主語を〝普遍的に使っている〟ということを意味している肯定と、その同じ主語を〝普遍的には使用していない〟ということを意味する否定との対立のことである。例えば、〝すべての人間は色白である〟——〝すべての人間が色白であるのではない〟。あるいは、〝誰ひとり人間は色白ではない〟——〝ある人間は色白である〟この両者がそれぞれ矛盾し合う対立なのである。しかし、私が反対的に対立するというのは、普遍的な主語を普遍的に肯定する命題と、その普遍的な主語を普遍的に否定する命題である。例えば〝すべての人間は正しい〟——〝誰ひとり人間は正しくない〟。それゆえ、これら二つの命題は同時に真であることはできない。しかし、これらの命題に対立する命題は、同一のものについて同時に真であり得る。例えば、〝すべての人間が色白くあるのではない〟と、〝ある人間は色白である〟との場合のように」（一七b一六—二六）。

このような対立論は、第十章において更に精細に論じられる。そして「すべての人間は正

しい」という命題に対して、反対する命題は、「すべての人間は正しくはない」であり、矛盾する命題は「すべての人間が正しくあるのではない」、すなわち「すべての人間は正しいとは限らない」という命題である。矛盾対当と反対対当の差は、このようにして明らかとなる。前者は全称・特称の関係が否定を媒介するものであるが、後者は全称同士の否定媒介である。

四　『分析論』

形式論理学の推論

『分析論』には前書・後書の別があることは既に述べておいた。前書は、インゲマール・デューリングによると、はなはだ見事に書かれた書物であり、その意味においては、アリストテレスのテキストの中で最も整った、しかも保存もよく、原形を止めたものと考えられている。ちょうど『自然学』第八巻や、『運動について』のように、ここではアリストテレスは一つのテーマに専念して、他の夾雑物が介入しないように努力している、とまで言われているのに対し、後書は、アンスコム（Anscombe）によると、例えば、その第一章のごときは、アリストテレスの名を冠《か》ぶせられた書物の中で最も出来の悪いテキストである。そしてその最も大きな誤りは、真の認識とは原因を知ることであり、事物の本性を知ることである、としたことである。確かに後書はそのテーマもさまざまであって、前書のような緊密な統一は、これを見ることができない。

それでは前書はいかなる書物なのであるか。開巻劈頭に「まず最初に言明すべきは、本書の対象であるが、それは論証について論証による知識を考察することである」(第一巻第一章二四a一〇—一一)と言い、『分析論前書』は論理学の最大問題たる論証を論証する。従って、その主要課題は、論証の中核を成す三段論法(syllogismos)についての学問的反省である。三段論法とは、シュロギスモスが大前提、小前提、結論という三つの命題から成り、しかもこれらが段階を成すところから、作り出された訳語であるが、また別の訳語としては推論あるいは推論式というのがある。言うまでもなく、概念、判断、推理という三者が、人間の思考に必要不可欠な要素である。『カテゴリー論』が主として述語概念としての範疇論で、つまりはそこで概念が取り扱われ、『命題論』は伝達形態としての命題、すなわち二つ以上の概念の結合としての判断を対象とする。そうすれば、次には二つ以上の判断から成る推理すなわち推論を扱うのが体系的順序である。

同書の具体的内容は、普通の形式論理学の教科書にあるものと全く同じであると考えて差し支えない。もとより、ここで普通と言うのはいわゆる伝統的論理学のことであり、最近の形式論理学の一種たる数学的論理学や記号論理学は、これに相去ること少なからぬものがあるが、三段論法の基本構造に関しては、同書で大体言い尽くされていると言っても過言ではない。

アリストテレスは、推論を形成する前提が結論の一切を決定することを重視して、前提として措定される命題について、量、質、様相の面から貴重な考察を果たした。すなわち、前提の陳述は普遍的（katholou）か部分的（kata meros）か無限定的（aoristos）かのいずれかであるが、これはそれぞれ全称判断、特称判断及び不定判断にあたる。このような場合の説明には、通常、後世の学者が好んであげる例は、「すべての人間は動物である」「ある人間は色白である」という形であるが、アリストテレスは帰属ないしは包含という存在論的構造とかかわりのある言語表現を以て例をあげる。例えば、「動物であることはすべての人間に属する（hyparchei）」または「動物はすべての人間について述語づけられる（katēgor-eitai）」、「色白はある人に属する（hyparchei）」または「色白はある人々について述語される（katēgoreitai）」という言葉を使っている。従って、一見したところ主語と述語が普通の命題表現とは逆になっている。「甲が乙である」ということは、「乙は甲に属する」、「乙は甲に述語づけられる」、「乙は甲について語られる」ということである。尚これは包摂的な述語論理で、その根拠は、アリストテレスの場合、存在者の存在構造にある。それから、無限定的な不定判断は普通は単称判断と呼ばれる。アリストテレスはむしろ「快は善である」とか「美は快ではない」というようなものを例にして、全体や部分の関係を抜きにして帰属関係を語れるものを考えている。

質としては、「何かを何かについて肯定するか否定するか」（二四a二九）が決定要素である。それによって、前提を成す命題は、肯定的（kataphantikē）と否定的（apophantikē）の二種類に区別される。これについては、むしろ『命題論』の第四章、第五章の一七a一二までを参照し返す方がわかりよいであろう。ここではそれは省略する。

この質と量とを組み合わせると、伝統的論理学で有名な四つの組み合わせが生じる。すなわち㈠全称肯定、乙はすべての甲に属する（すべての甲を含む）（A）、㈡全称否定、乙はいかなる甲にも属さない（いかなる甲をも含まない）（E）、㈢特称肯定、乙はあるなんらかの甲に属する（あるなんらかの甲を含む）（I）、㈣特称否定、乙はあるなんらかの甲に属さない（あるなんらかの甲を含まない）（O）。これらは、換言して通常我々の言い慣れた陳述に直すと以下のようである。㈠すべての甲は乙である（A）、㈡すべての甲は乙でない（E）、㈢ある甲は乙である（I）、㈣ある甲は乙でない（O）。それぞれの命題の下にそれぞれに分けてＡＥＩＯが附記されているが、これは肯定を意味するラテン語 afirmo の母韻ＡとＩとを使って全称肯定、特称肯定を表わし、否定を意味するラテン語 nego の母韻ＥとＯとを使って全称否定Ｅ、特称否定Ｏとしたもので、中世に考えられ、判断の質と量とを表わす記号として今日も用いられている。

そして次に様相論になるが、第二章に始まり、第二十四章まで、様相論であると見てもよい。まず、第二章で、アリストテレスは言う。「すべての前提は、端的にあるのか、必然にあるのか、ありうるのかである」（二五 a 一―二）。これは判断の様相を実然様相、必然様相、可能様相（蓋然様相）、すなわち、haplōs, ex anankēs, endechesthai の三つに分類する、ということである。この後に antistrephein すなわち陳述の置換としての換位という論理的操作についての複雑な考察がなされている。井上忠は『分析論前書』の訳註で、アリストテレス論理学において最も注目すべきものの一つとして、可能様相前提において、肯定・否定が、等値として「相補換位される――あるいは相補換質される――」(三二a三〇、b一三など)ことをあげている(岩波書店版『アリストテレス全集』第一巻四三九頁)。

アリストテレスは有名な三段論法の格式論を展開するが、それらはすべて形式論理学の初歩入門のテキストに詳しいから、ここで述べる必要はないと思う。

アリストテレス推論の欠陥

ただ、アリストテレスが三段論法すなわち推論の理論をこれほど明瞭に、徹底的に説明しているということによって、彼がこの方面のすべてにおいて完全に成功していると考えるのは行き過ぎである。ロイドはその著『アリストテレス』において、幾つかの致命的な欠陥を指摘している。例えば、アリストテレスがすべての思考の形式が三段論法の形式に帰着すると主張しているところは誤りであるという(ロイド『アリストテレス』一〇四頁)。更に一層深刻な批判としては、アリストテレスが述語として「より大きい」とか「等しい」というような暫時的移行の関係を表わす命題について触れることがなかったし、体系的に扱ってもいなかったということは手落ちである、と言っている。例えば、甲が乙よりも大きく、乙が丙よりも大きければ、甲は丙よりも大きいというような推論はアリストテレスの中にはないというのである。

また、アリストテレスは、確かに、いかなる名辞をも意味し得る記号の使用を導入するという重要な階梯に入ったのであり、これはいわゆる代入の概念であるが、彼は命題を意味する記号を採用することがなかった。例えばPとQとが命題を意味するという今日の論理学の常識による考察、すなわち、㈠PであるかQである、㈡然るにPではない、㈢ゆえにそれはQである、という形式や、㈠同時にPでもありQでもあるということはあり得ない、㈡然るにこれはQである、ゆえにこれはPではあり得ない、というような、複合命題と単純命題との結合から成立する複雑な推理などが述べられていないのである。これらのことは後代の論理学者の手にゆだねなければならなかったのであり、そのことを我々はアリストテレスにおいて非難する必要はない。しかも、これらのことは、形式として提示されていなくても、アリストテレスは実際には使っているのであるから、思索としての欠点がその面であったわけではない。しかしこれらの形式への言及が彼に欠けているという事実は、明らかに指摘しておかなければならないであろう。

帰納と演繹

『分析論後書』は、先にも述べたごとく、前書に比べると問題の多い書物であるが、しかし、ここは認識と証明がその名に値するために必要な条件について深く考えた場所である。そしてこの書物の第一巻第一章がきわめて興味深いのは、ここにおいて学問的認識の三条件、すなわち必然性、永遠性、普遍性が重要なものとして論じられるのであるが、その例証となるものがすべて数学的な問題なのである。このことは、アリストテレスが数学を軽視したというバーネット（John Burnet）の考えを否定する根拠にもなるし、また、アリストテレスの現実に残された書物の中に数学に関する書物がないけれども、ディオゲネス・ラエルティオスが伝えたアリストテレスの著作目録の中には数学書が多々含まれているという疑問を、ある程度解決してくれるものではないかと思われる。確かに通俗的に言うならば、アリストテレスは生物学を学の模範として個物に向かい、プラトンは数学を学の模範として普遍に向かったという説明は説得力あるかにみえるが、アリストテレスは数学的な確実性を生物学の領域の中で別の見地から、別な仕方で、立ててゆこうと努力したとみることができる。

それはさておき、この間において、学問的な認識のために最も必要な論証（apodeixis すなわち demonstratio）がいかにして成立するか、ということを明らかにしようとしている努力が大切な問題である。従って、ここでは、演繹と帰納が当然問題となるはずであるが、論証の領域において、彼が述べた大部分は演繹的な方面である。ただ、岩波書店版『アリストテレス全集』一、『分析論後書』の訳者加藤信朗が、「本章は論証の原理の認識を論ずる。本書の冒頭に置かれた一句と並んで、アリストテレスの知識論の要諦を道破するものであって、本書の掉尾を飾るにまことにふさわしい一章である」と説明している『分析論後書』第二巻の第十九章において、彼は帰納法の重要性と感覚の重要性を、推論と論証の出発点がどこに、また何によって成立するのか、という問題と連関して、明言している。従って同書の特質は、第一章と第十九章とにあると考えてよいであろう。それゆえ、その二つの章から代表的な文章を紹介することにしよう。

第一巻第一章冒頭に於いて、アリストテレスは次のように述べている。

「思考の営みによるすべての教授活動、すべての学習活動は、いずれもみな学習者の内に予め存在する認識から生まれてくる。これはそのすべての事例を一つ一つ眺めるとき明瞭である。実際、数学的な諸科学はこの方式で得られてくるし、その他の技術のそれぞれもまた同じである。弁証論の論法も、それが推論によるものであるにせよ、帰納によるものであるにせよ、同様である。というのは、これらの論法は、いずれも予め、人に知られているところを用いて知を授けるものであって、前者すなわち推論によるものは、前提とするものを相手がすでにわきまえているものとみなして、これを摂取、容認し、後者すなわち帰納によるものは、個々のものが明白であるという理由によって、個々のものにわたる全体的なものを証明するからである。弁論術の論法が人を折伏《しゃくぶく》するやり方も同じである。すなわち、それはparadeigma（例証論法）によるか、entymēma（推量論法）によるか、であるが、前者は帰納であり、後者はまさに推論でさえある。

さて、ここで予め知られなければならない、と言うとき、そこには二通りの意味がある。すなわち、㈠あるものについては、そういうことがある、ということを予め基礎に容認することが必要であるが、㈡あるものについては、そこで言われていることが何か、その表示する意味をわきまえていなければならない。そして、㈢あるものについては、その二つともが必要である。例えばすべての事は、これを肯定するか、否定するかのいずれかが真である（排中律化）ということについては、そういうことがあるということを人は予め基礎に容認しておくことが必要であるが、『三角形』については、それがこのことを表示するということを、わきまえていなければならず、『一つ』については、この両方、つまりそれが何を表示するかを、わきまえ、それがあることを基礎に容認しておかなければならない。実際、これらの事柄のそれぞれが我々にとって明らかなのは、同じ意味においてではないからである」

普遍をめざす認識

右の文章は、一見晦渋《かいじゅう》に思われ、何が語られているか、必ずしも明晰でないかもしれない。しかし、ここで言われていることは、「三角形」の問題と、それから数の「一」の問題なのである。従って学問的論証は既存の知識から出発すると主張しているが、その出発点ないしは基本的前提を彼は三つに区別している。一つは axiōma（公理）、二番目は horismos（定義）、三番目は hypothesis（仮説）の三つである。このうち公理とは、それがなくてはいかなる思考も不可能であるような原理のことであり、例えば排中律などがこれにあたる。また、定義とは名辞の意味についての約束ないし取り決めであり、これにはずれて考えたり論じたりすることは論証を不可能にするのである。また三番目に、仮説とは名辞に対応するある事物が存在するという約束ないしは取り決めであって、例えばアリストテレスがあげている例で言えば、幾何学者が点と線との意味と存在とを対応させて取り決めているというような場合がこれにあたるのである。

このようにして、成立してくる学問的知識の対象となるものは、もはやそれ以外の在り方をすることが不可能な、一つの必然性を伴った事物でなければならない。『分析論後書』第一巻第四章七三b二六以下で明らかにしているように、事物の普遍的（katholou）なつながりを論ずることがなければならず、その意味においては知識とは普遍的な属性を明らかにすることでなければならない。

『分析論後書』の最後の章は、第二巻の第十九章であるが、論証の原理について、それらがどのようにして我々に知られ得るものとなり、それらを認識する能力が何であるかが、まずこれらをめぐる難問をあらかじめ究明しておくことにより、明らかとなるであろう、と述べて、第一原理を認識しない限り、論証による知識を持ち得ないことは先に述べたと言い、個々の事物についての感覚内容の残存が生じなくては、いかなる認識も存在しないということを述べ、感覚からは記憶が生じ、同じものについて繰り返して得られた記憶から経験が生ずる、と述べて、これらがいかにして知識にとって必要であるかということを彼は力説してやまない。そして、このことから、従来述べられてきた論証における演繹の優位に対して、帰納もまた絶対に必要であることを述べるのであるが、アンスコム（Anscombe）も述べているように、この巻は本当に完成をみたと信じることはできないような状態で、この一章に限って帰納が論じられただけで、あるいは触れられたに止まって、本書は閉じられている。未完の書と見ることもできよう。

ただ、ここにおいても次のような帰納推理が一つの三段論法の形で表わされている。もし、人、馬、騾馬《らば》などが長生きであって、人、馬、騾馬などが胆汁を持たない動物であるならば、胆汁を持たない動物は長生きであるという例を出して、これが帰納的推理の三段論法であると彼は言うのである。『分析論前書』の第二巻第二十三章において述べられたところから予測されるよりは、はるかに重要な役割を帰納法について指摘している、ということは、何等かの意味で重要である。

彼は、認識は常に普遍への精神の還元であると考えていた。個物は認識されずに、ただ実践の対象となるものにすぎない。しかし、その個物に関する経験が普遍認識への入口であるということを、彼は、ここで、明らかにしているのである。それならば、論証の根底にあるところの基本前提が、どのようにして帰納的に確保されて来るのか、ということについて、本来、彼はもう少し論理的に考察しなければならない義務を持っていたと思われる。また、アリストテレスは経験論者である、と言われているが、後の世の哲学者たち、例えばフランシス・ベーコン（Francis Bacon）らが、帰納法こそが学問の王道である、と考えたような意味での科学的実証性を、彼は持っていなかった。あるいは、少なくともそれを論理的に展開はしなかった。彼においては、演繹こそが学の王道である、という思想があった。それは普遍を愛し、普遍から普遍に進もうとしたアカデメイアの精神についてのアリストテレスなりの解釈が然らしめたものなのであろう。

五　『トピカ』

修辞学の復権

「オルガノン」は次に独特の書物『トピカ』を含んでいる。この書物は、論証（apodeixis）の代わりに弁証論（dialektikē）を使うところの蓋然的推論、歴史的現実において対話や討論の経験を介して行われる推論の研究をするものである。それゆえ、同書は論理学書に属している。しかし、弁証論すなわちディアレクティケーには、批判的吟味（peirastikē）と修辞学（rhētorikē）の両面がなくてはならない。討論や対話で哲学を実践したソクラテスは、吟味法としてのペイラスティケーを有してはいたが、レトリケーを特に十分に発展させたとは言えない。アリストテレスはこの両面を展開しようとした。その意味で『トピカ』は哲学的修辞学の書でもある。それゆえ、まず本書を修辞学の面から見てみよう。

現在まで修辞学は哲学にとってそれほど重要であるとは考えられていない。現実にソクラテスという哲学の元祖の対峙した相手が修辞学を武器とするソフィストたちであったという史実があり、また、このソクラテスが厳密な論証によって彼らの修辞学を論破していったという事実もあり、哲学者の中で修辞学に対する評価が低かったのは、むしろ当然のことである。それは、例えばプラトンの『ゴルギアス』を読めばよく了解されよう。現在はしかし事情が違っている。

ベルギーのブリュッセル大学のペルレマン（Chaim Perelleman）は、世界の政治的緊張や社会的な危機の原因のひとつは寛容の精神の不足と説得の技術の不在にあると考えているが、寛容を現実に在らしめるためには、唯一の答えを要求する論証の哲学によって事を進めるよりも、説得の論理としてのレトリックを使うことによって、多元的な価値観相互における現実的な調整を実現するほかはないと言い、二十世紀の最も必要な哲学的学科として修辞学の復権を主張している。同じくベルギーのリエージュ大学のマンゲ（Philippe Mingnet）は、美学の一般的な問題を解決するための学問的方法として一般修辞学を構成し、グループ・ミュー（groupe μ）を形成して、研究を続けている。尚、また、ミュンヘン大学のグラッシ（Ernesto Grassi）は、イタリアのヒューマニストたちが持っていたイメージ豊かな修辞学が西洋哲学の中に復帰しない限り、哲学は歴史に地盤を持った具体性を失い、記号的概念の抽象性の中に死滅してゆくであろう、と述べ、デカルト的合理主義に対してヴィーコ（Gian Battista Vico）の想像力による思考の重要性を強調し、認識能力としての修辞学の再建を主張している。ペンシルバニア大学のヴェレーン（Verene）は、同じようにヴィーコの哲学をもとにして社会に力のある哲学を建立するためには修辞学がなければならない、と言うのである。彼は、そのため、修辞学のみの学術雑誌を発行し、主宰している程である。

かつて一九五五年に私も、論証の論理としての論理学と、伝達の論理としての修辞学の二本立てでなければ、劇的な限界状況に取り囲まれている現代の中で、高度な思索が社会的に浸透する可能性はないであろうと述べて、修辞学の復興を述べたことがあったが、当時は顧みられることもなかったと言ってよい。私は一九七四年以来、前記グラッシ、ヴェレーン、ベア（Bea）らとともに二十人の想像力と修辞学の研究グループを十年にわたって形成していた。しかし、一九七〇年以後の状況は、むしろ修辞学が過剰な程である。これには言語学や文法学から来る修辞学への接近も原因となっているにはちがいない。

一九六六年にアリストテレスの研究書を著わしたインゲマール・デューリングは、時代の歴史的な文献という点から見れば『トピカ』はアリストテレスの最も興味ある著書の一つであろうと述べている。このような評価が出て来たことは、単にアリストテレスの時代においてばかりでなく、現代との相関性においても、この書物の重要性が初めて認識されて来たことになるのではないかと思われる。ただし、このことは修辞学が初めて現代において再認識されたということではない。かつて、キケロはアリストテレスの世に隠れていたこれらの書物を知るよしもなかったが、修辞学そのものをきわめて重視していたし、クィンティリアヌス（Quintilianus）は修辞学者として知られていたし、アウグスティヌスもそれを重視していたことは、例えば『キリスト教理（Doctrina Christiana）』等の著書にも明らかである。『トピカ』という書物は、その名が示すように、トポス（topos）に関する書物である。トポスとは何か。それはアリストテレスのテキストに従って読む限り、一語をもって尽くすことはきわめて難しい。それは場所とか場を意味するが、同じく場所を指すコーラ（chōra）と異なり、ひろがりよりも限定された場面であり、何事かがその上に生起している所である。それゆえ、修辞学の術語としては、弁証論（dialektikē）の成立する手がかりとなる命題と規則であり、弁証的立証（enthymēma）を組み立てる形成要素（stoicheia）である。これらのことについては、『修辞学』の第二巻第二十六章一四〇三a一七—一八や第一巻第二章一三五八a一〇—三二などを参照するのが望ましい。それゆえ、トポスは比喩的に、論者のよって立つところの視点を意味する言葉でもある。トポスをこのような意味の語として、テキストを読み続けるならば、『トピカ』全体のある程度の理解が可能になるであろう。特にトポス概念の論理学的意義については、『トピカ』の第四巻第一章全体一二〇b一二—一二一b二三において述べられている内容を知る必要がある。そうすれば、また、『トピカ』という著書が、何ゆえ修辞学にではなく、論理学に属するものとして、『オルガノン』に入れられているか、ということを内的に理解することもできるであろう。今、その例を左に掲げて、要約に代えたい。

「例えば、善は快楽の類であると、〔相手が〕定めているならば、ある快楽が善でない場合がありはしないかを検《しら》べなければならない。なぜなら、そうでない場合があれば、明らかに、善は快楽の類ではない。なぜなら、類は、同じ種のもとに入るすべてのものについて、述語付けされるからである」（第四巻第一章一二〇b一七—二〇）。このことを一般的規則にすると「存在者の一つについて一つの類（genos）を述語として立てるならば、まず第一に、その当の存在者と同類（syngenē）の存在者のすべてに注意して、……それらのうちの何か一つにこの類が述語付けられない場合がありはしないかを検討しなくてはならない」

(同書一二〇b一四―一六)。

　このようにして、ある命題から、それがひとつの契機となって他の命題が立てられて来るが、この転回点となる場がトポスなのである。同様にして、「人間は動物である」という命題においては、主語と述語とが、同じ類であるが、このように類と種が同じ分類、同じカテゴリーに属さない場合もある。例えば、「スワンは白い(白くある、白である)」という命題では、「スワンは実体であり、他方、白は実体でなく性質である。このように、〈白い〉ことは雪やスワンの類ではない」(同書一二〇b三八―三九)。それゆえ、主語、述語の包摂関係も単純に類種関係と考えてはならず、「類が実体であり、種が性質であるか否かを見なければならない」(同書一二〇b三七)。このように、命題についての論理学の周辺にある規則もまたトポスに属する。『トピカ』であげられたトポスは、レジス(L.M.Régis : L'opinion selon Aristote 一四七頁)によると三百三十七の多きに上り、付帯性に関して百三、類に関して八十一、属性に関して六十九、定義に関して八十四であるという(岩波書店版『アリストテレス全集』第二巻、村治能就の解説引用、三四一―三四二頁)。

推論と定義

　それはさておき、『トピカ』の問題は何なのであろうか。彼は第一巻第一章で、「この論考の予定は、我々の前に提出されたあらゆる問題について、我々が社会通念の立場から推論することができ、また、我々自身が説明を加えるにあたって反対の発言をしないですむような方法を発見することである。それゆえまず、推論とは何か、また、その種類は何々であるかを述べ、弁証論的な推論の本性を理解してもらえるようにしなければならない。なぜならば、まさにこのことを我々の課題であるこの仕事の中で探求しているからである」（第一巻第一章一〇〇a一八―二四）と述べて、まず、真実の前提から出発して行われる推論を論証（apodeixis）と言い、通念から出発して行われる推論を弁証論（dialektikē）と言って、それぞれを区別している。

ところで、出発点となる前提についてであるが、アリストテレスは考える。「他の前提によらずにそれ自身によって確信を得る主張〔公理のごときもの〕が真実であり、原理的なものであり、それが論証（apodeixis）の前提である。また、すべての人か、少なくとも、大多数の人たちによって、あるいは知者たちによってか、最も評判の高い人によって是認されていることが通念である」（同書一〇〇a三〇―b二三）推論の種類は、尚、ほかにもあり、「また、見せかけだけそうで事実は確かでない通念から出発した推論は争論的推論（syllogismos eristikos）である。また、通念ないし見せかけだけの通念から出発した、見せかけだけの推論も争論的推論である」（同書一〇〇b二三―二五）。

このようにして、まず、アリストテレスはある程度の知的合意に基づく妥当性を持つ命題に基づく弁証論的な推論を、学問的に確証された大前提、小前提に基づく推論たる論証から区別するのである。ところで、このような区別は何の意味を持つのであろうか。第二章でアリストテレスは、このような推論についての仕事は、いかなるものに対して有効であるかを述べる。

「この仕事は三つの事に対して有効である。すなわち、㈠知的訓練、㈡他人との討論、㈢哲学的知識、これら三つに対して有効である」（同書一〇一a二六―二八）

ところで、知的訓練に対して有効であるということは、これが学問すなわち方法体系であるというそれ自身の規定から明白であろう。なぜなら、方法に則れば、我々は提出された問題について容易に議論を進めることはできるからである。また、討論に対して有効である理由は、多くの意見を列挙した上で討論する場合は、我々は相手には異質の意見から出発することもあり、相手が間違っていると見える場合、その意見を変えさせることも可能なはずだからである。また、哲学的な知識に対して有効である理由は、『トピカ』が教える検討は当面の問題の肯否両面にわたって疑問を提出することができ、個々の場合における真と偽とを容易に見つけることができるからである。尚、そのほかにも、弁証的推論は、論証することのできない個々の原理をいかに認識し解釈するかという問題に有効である。以上は、第一巻第二章の要約であるが、ここのギリシア語の文章は私にははなはだ意味がとり難いので、この章に限って筆者はブランシュヴィク（J. Brunschwig）の思い切った簡明化に従うことにしている（Aristote, Topiques Tome I. Paris. 1967）。

これらの考えを進める過程で、すでに、アリストテレスは定義について、哲学者は十分慎重に配慮しなければならないことを経験する。類が『トピカ』においてどのように規定されているかを見ると、「類とは種的に異なる多くのものについて、それが何であるか、〔その本質〕という点で述語となるものである。……例えば人間の場合に何であるかと問われて、動物であると言うのがふさわしいように」（第一巻第五章一〇二a三一―三五）とある。

ここで明らかなように、人間の何であるか〔本質〕を言う場合、類を述べることがまず必要である。しかし、なぜ、理性的なるものを類と考えることができないのであろうか。そして、その種差として、動物的というものを設けさえすれば、神や天上的理性体とは違った存在としての人間は定義されるのではないか。ここに、それを敢えてしないアリストテレス、否、むしろそういうことを考えようともしないアリストテレスの定義の存在論的特色がある。定義に不可欠の類は、分類のために人間が操作的に原理となすような便宜的のものではなく、存在論の自然的分類に帰属するものなのである。それゆえ、学者は定義を作るに際して、主観的な類化を企ててはならず、それゆえ、定義は約束事ではなく、客観的事象のロゴスにおける自己呈示、ロゴスによる存在秩序の解明であらねばならない。しかし、「動物は人間の類であるとともに牛の類である」（一〇二a三八―三九）から、両者を同類とするか異類とするかについては我々の自由裁量が残されている。すなわち、類はそれが存在秩序の中での内包度や外延度の上下動である限りは、人間による主観的類化が許される。しかし、それは定義にはならない。

第一巻第十章において彼は、「弁証的な命題とは、すべての人々によって、または大多数の人々によって、学者たちによって、……とりわけ、有名な学者たちに受け入れられている通念が問いの形で出されたものである」(一〇四a八―一一)と言う。弁証論(dialektikē)とは、かくして、本質的には、認められている通説に対する問いかけ、すなわち吟味(peirastikē)なのである。そして、このような問いかけは、ある命題における「選択と拒否に寄与する」(第一巻第十一章一〇四b二)もので、例えば、「快楽は選ばれるべきか否か」(一〇四b七)という問題に対する我々自身の態度決定に対して、それに関する諸々の通説を吟味することとは、我々自身の考察能力を強めつつ、事象の解明に役立つのである。そして、「この種の推論を成功させる道具は四つである。その第一は、命題の収集(labein)、第二は個々の言語の意味の分析(dielein)、第三は種差の発見(heurein)、第四は、類似のものの探求(skepsis)である」(第一巻第十三章一〇五a二一―二三)。この第一の命題の収集のためには、歴史的に先人の考察を知ることが必要である。『形而上学』において、アリストテレスが哲学史的な知識の豊かさを示し、哲学史の流れの中で、先哲の命題を相互に闘わせながら、自説を次第に展開してゆく論じ方は、この四つの道具を駆使した典型である。そしてこの構造は、中世の大全(summa)の論じ方の遠い源流でもある。

『トピカ』に論じられる規則は、訓練と吟味のために議論する場合の方法を考えた結果である。このような技術は、ソフィスト達の間でも、また特にソクラテスにおいて、相当重大視されていたにもかかわらず、アリストテレスの考えによると、「他の人たちによって我々に伝えられたり譲り渡されたことがないから、我々は自分自身で何かそれについて言うように努めなければならない」(一五九a三六―三七)ということであって、このような学問をアリストテレス自らが開拓したことを明らかにしている。大切なことは、アリストテレスは、これを論争の勝負のためではなく、吟味《ペイラ》と探求《スケプシス》のため（一五九a三三）と考えていることである。討論とは共同して真理に近づく営みである。それゆえ、同じ弁証論的方法が、一人の人間の思索の中で行われうることになる。一言で言うならば「トポス」とは弁証法的論議を展開してゆく手がかり（第七巻第五章一五五a三七―三八）ということができ、『トピカ』とはそのための方法や規則の集大成なのである。

『トピカ』については、まだ言いたいことは多々あるが、右に述べられた程度のことも、まだ殆んど言われていないと思われるので、本書では十分としなくてはならない。尚、『トピカ』の後に『詭弁論駁論（Peri sophistikōn elenchōn）』が「オルガノン」の最後として残されているが、これは誤謬推理とそれに対する反論の仕方で、多岐にわたり、時に詩的表現への言及もあり、興味深い点もあるが、省略する。

註

（1）日本の学会でも、この書がアリストテレスの手に成るものか否かについては議論になったが、私は、それより前の一九六六年に筑摩書房「世界古典文学全集」16でこの書を訳した松永雄一の控え目な態度を好ましく感じる。しかし興味のある読者は前史を岩波書店「アリストテレス全集」1の訳者である山本光雄の解説、一九九一年の牛田徳子『アリストテレス哲学の研究』（第六章II『範疇論』「真作性の問題」）で、フレーゲの一九八一年までの真作説や、それに反対する考察を見ることができる。このように「オルガノン」初頭に置かれる本書にこだわるのは、筆者が誰であれ、私は「アリストテレス全集」の第一巻をとにかく大切に読んでおくことを勧めたいからである。

（2）　松本正夫『「存在の論理学」研究』（一九五三年、岩波書店）によれば、ギリシア語の「存在する」という動詞 einai は、ラテン語の esse と同じく「実体ガアル」のアルと「実体デアル」のアルの両義にわたる。これは英語の to be にもみられ、印欧語族に共通の性格で、いわゆる存在の類比の基調になっている。松本正夫はトマスの解釈を基本線として、これから様相論理を展開した。私は『同一性の自己塑性』（一九七一年、東京大学出版会）により、印欧語とは異なる語族の中で事象を意味する「コト」の分有による新しい存在論を展開し、アリストテレスとは異なった体系の樹立を企てている。

3　自然学

一　アリストテレス自然学の特色

自然学の範囲

アリストテレスの自然に関する研究は、すでに第I部第3章で述べたように、その種類も数もきわめて多い。それらを、もし成立の時間的秩序に従って述べるとすれば、おそらく彼の小アジア遍歴時代、すなわちアッソスにいた時代に始められた動物学の研究から述べていかなければならない。しかし、動物学は、アリストテレスによって、いかにその哲学性が強調されたにせよ、所詮は自然学に属する一つの部門科学である。それゆえ、自然の全体が論じられている『自然学』という書物をまず取り上げるべきではないかと考える。

ところで、その『自然学』はどのような構成になっているか。本書は全部で八巻であるが、第一巻から第四巻までは自然学基礎論とでも題すべき内容で、第五巻から第八巻までは運動論である。但し、これは内容的にこのように二分できるということで、アリストテレスがそのように二部に分けて名づけているなどということはない。本書は最初から現在のような構成を予定して、この順序に書かれ、編まれたというふうには思われない。目立つことからいうと、第七巻は現存する他のどの著作にも引用されていない。ということは、その巻が、『気象論』第四巻や『動物部分論』第一巻と同じように、アリストテレスの著作集を編集したアンドロニコス以前には知られていなかった文書ではないか、という疑いがあり、従ってアンドロニコスその人によってこの場所に挿入されて現在の形の書物になったとみられるふしがある。もともと、第五巻、第六巻、第八巻の三巻は全体を通してまとまっているので、第七巻が挿入であることは、内容的にも主張できることであるし、また、その第一章から第三章までには、二つの相異なる版が伝わっていたりして、色々疑点の多い文書なのである。イェーガーはこの第七巻はおそらくアリストテレスがまだイデア論から完全に縁を断ち切っていなかった初期の時代の文章ではないかと言っているが、その理由は例えば第七巻第四章にプラトン風の考え方が強く残っているからである。

このように細かく見れば、『自然学』は色々な文献学上の疑問を持つ書物ではあるが、全体として、『自然学』は、自然的存在者の運動変化についての原理的研究である、と言うことはできる。従ってそれは運動変化を扱う学であると同時に、その運動変化の法則に従って生成消滅する自然的存在者を扱う学でもあり、その範囲は永遠不変の運動を反復する天体、更にその天体のかなたにあってこのような運動を支配する存在者、また下っては地上の生物や無生物、合成物、元素等をも研究するものとなる。従って『自然学（physikē）』のもとをなす単語ピュシス（physis）に、何等かの意味で与るすべてのものが、このピュシスの学ピュシケー、すなわち自然学の範囲に入る。それは、従って、天体理論から海中の魚介類そして木石、あるいはその元素にまで及ぶのであり、今日の言葉で表わすならば、天文学、気象学、力学、物理学、化学、生物学等の学科の総括としての自然科学にあたるものと自然哲学との綜合が自然学という名称に対応するとみなければならない。

自然学はこれ程も広い領域にわたるけれども、それらの学問の総論ともいうべきものが『自然学』と題された書物である。その開巻劈頭に彼は、およそ学問の方法がいかなるものであるかということを述べた千古の名文を残している。それを引用しながら、彼の『自然学』の大体を説明することにしたい。

『自然学』の大体

第一巻第一章において、彼はまず次のように言う。

「およそいかなる研究の部門においても、その対象にそれの原理・原因ないしそれの構成要素がある限り、我々がその研究対象を知っているとか、学的に認識しているとかいうのは、これら原理・原因・構成要素をよく知ってからのことである。というのは普通に我々は各々の対象事物の第一の原因、第一の原理をその構成要素に至るまで知り尽くしたとき、初めてその各々を知ったものと思うからである。それゆえ、明らかに自然についての学的認識の場合にも、まず第一に我々の努むべきことは、それの諸原理に関する事項を確定するにある」（一八四a一〇―一六）と述べている。

これはひとり自然の存在者を対象とする知識のみならず、およそ学問的知識が何であるかということを明瞭に示している言葉である。プラトンはしばしば、「現象を救う（sōzein ta phainomena）必要がある」と称して、どのように説明を与えるかによって現象をロゴスの中に掬《すく》い得るか否かが定まるという態度を持していた。従って誰かが、プラトンに対して、「君が説くところは、本当にピュシスにおいて、すなわち自然においてそうあることなのか、それともロゴスにおいてそう考えられることなのか」という問いを出すとするならば、プラトンとしては、「ロゴスにおいてそのように考えることによって、ピュシスをロゴスに汲みとり、ロゴスという永遠の中へと、この移ろいやすいピュシスを救うのであり、ピュシスにおいてどうあるかは問うところではない」と言わなければならないであろう。これはロゴス（理性）のピュシス（自然）に対する優位を示すものとして、また、およそ人間の認識はロゴス的世界の構築にあると見ることができる限りにおいては、哲学として最も正統的な考え方の一つであるにはちがいない。しかし、アリストテレスは今し方引用した文章に、「対象事物の原理・原因・構成要素を我々が知り尽くすときに、ものを知ったということになる」と述べて、我々のロゴスがピュシスの存在原理や運動原因、構成要素に達することを求めるのである。これはピュシスをロゴスの側に引き入れることによって自然をロゴス化するという観念化であるよりも、むしろ、ピュシスの底にまでロゴスを押し入れることによって、ロゴスをピュシス化する、という自然化の方向である。そこに、もしも対照的に性格づけるならば、学問の本質については、プラトンの「現象をロゴスで救う」と言うのに対して、アリストテレスは「現象の底にロゴスで達する」と言うことになる。もしその通りであるならば、アリストテレスは素朴実在論的な明快さを持つと同時に、また、認識論的な面から見ると、そのような世界観に共通なかなり楽天的な描写主義があると言わなければなるまい。はたしてそうであろうか。我々は、今し方あげた冒頭の部分にすぐ続いている次の文章に入ろう。

「普遍」から「特殊」へ

「そのための道は我々にとってより多く可知的であり、より多く明らかであるものから出発して、自然においてより多く明らかで、より多く可知的であるものへと進むのが自然的である。思うに、同じものが我々にとっても、また端的 (haplōs) にも、等しく可知的であるというわけにはいかないからである。それゆえ、我々はこの仕方に従って、自然においてはより多く明らかではないが、我々にとってはより多く明らかなものから出発して、自然においてより多く明らかであり、より多く可知的なものへと進まなければならない。ところで、我々にとって最初に明白であり明らかであるのは、実は、むしろ混然たるかたまりである。そして、この混然たるかたまりから、それの構成要素やそれの原理が知られるようになるのは、このかたまり全体が分析されてから後の事である。それゆえに、我々は、この普遍的なものから特殊的なものへと進むべきである。というのは、全体の方が我々の感覚に対してはより多く可知的であり、しかも普遍的なものとは全体的なものだからである。思うに、普遍的なものは多くのものを、いわば、自らの部分として包摂しているゆえに全体的なものなのである」（一八四a一六―二六）

この文章は、厳密な方法論の大綱であり、前節でアリストテレスは素朴実在論であろうかと書いたその疑いを否定するものである。アリストテレスは、「まず、我々にとってより多く知られ、より明らかであるものから自然においてより明らかでより多く知られてあるものへ知識は進まなければならない」と言う。我々にとってより多く知られ、より明らかであるものとは何か。それは我々が経験する知覚のことなのである。知覚は、それとして見られる限り、我々が厳に知覚している通りによく知られ、自明的でさえある。そして、これを出発点としなければ、いかなる認識も成立しない。知覚内容は、しかし、そのまま常に肯定されるとは限らない。太陽は明らかに月とほぼ同じ大きさに知覚され、その知覚そのことにあやまりはない。しかし、太陽は月よりはるかに大きい。それは、それ自体においてそうなのである。では、どの位の倍数で大きいのであろうか。それが解明されれば、それ自体においてより多く知られ、より明らかに知られることになる。すなわち、知覚は人間と現象との最初の遭遇場所であり、初めはそれを足場にしながら、それを脱してゆく。ということは、単に自然の側にロゴスが浸透するのではなくて、それとともに、自然においてより明らかなことが我々に示されて来るのであって、ピュシスの側へ進むことが同時にロゴスの側の明晰化なのである。従って我々の精神が主観的に明らかであるという知覚から、対象に達するのではなくて、精神はそのような知覚から、客観においてより明らかなもの、すなわちピュシスをてとらえたピュシスの姿なのである。

次に、「我々にとって、すなわち知覚にとって最初に明白であるのは、むしろ漠然としたかたまりであって、これを知的に分析するときに初めて原理や構成要素が明らかになる」という文章は、何を意味するか。これもまた、アリストテレスの特色をよく表わしている。例えば、我々が初めて行きつけない外国に行けば、行き交う人々はみなその国独特の顔つきをしていて、アフリカ人はみなアフリカ人としてしか映らず、余程個性的な人でない限りは、個別的に認識することは不可能な場合が多い。私は若年の頃、サハラ砂漠の中を分け入ったことがあるが、たどり着いたオアシスで出迎えてくれた人々がいずれもみな同じ顔かたちに見えて、その少し前まで教室で読んでいたアリストテレスの次の言葉を思い出したのである。アリストテレスは、「幼な児は初めのうちには男ならだれをも父と呼び、女ならだれをも母と呼んでいるが、後になるとこれらの各々を父や母より以外の男や女と区別して、しまいには名指しで呼ぶようになる」(第一巻第一章一八四b一二—一四)と言っているが、確かに人間に最初に与えられて来るものは全体的な印象である。これを分析するというところに、普遍から特殊への道がある。そして普遍から特殊の道をこのように考えることにおいて、アリストテレスでは演繹と帰納という二つの相反する手続きが基本的には一つになるという思考法が成り立つ所以が隠されている。彼がここでいう普遍から特殊へというのは、構成要素の分析への道であり、それは、帰納の出発点となる個が確保されるという限りにおいて、むしろ帰納への道であって、決して原理から特殊を説明しようとする演繹の道なのではないが、しかし、普遍から特殊化へという限りにおいては演繹と方向を同じくする。

ものの原理とは何か

さて、このように主張して、彼はまず何から手をつけたのであろうか。それは第二章以後に展開されるところの、「ものの原理とは何か」という問いである。彼はまず、ものの原理を問うた人を歴史的にたどるが、その歴史的探索は、決して年代記的なものではない。historia（探索）は chronikon（年代録）とは違う。彼は、「ものの原理は一つであるか、一つより多くあるかのいずれかであらねばならない」（一八四b一五）と言う。そして続けて常と同じく、体系的に当然なことを言う。「もし、原理が一つであるとすれば、それは不動なものであるか（パルメニデスやメリッソスの説）、あるいは動くものであるか（自然学者たちの主張）のいずれかである。また、もし原理が一つより多くであるとすれば、その数は有限であるか、無限であるかである。そして、もし一つより多くではあるが有限であるとすれば、その数は二つか、三つか、四つか、あるいはともかく一定の数でなくてはならない。また、もしその数が無限であるとすれば、類においては一つであるが形態においては異なる（デモクリトスの主張）か、あるいは種において異なるものであり、反対のものでさえあるか、のいずれかである」（一八四b一五―二二）と、このように論理的に原理の数と性質について分析を始める。

アリストテレスの考えでは、右のような攷究にあたっていた人々の態度は、原理そのものについての研究のためであるとするならば、一応是認されるにせよ、それは決して自然学の研究方法ではない（一八四b二五―一八五a一）というのである。このような探求はむしろ普遍学として、第一哲学の仕事（一八五a三）なのではなかろうかと述べる。むしろ、それより「自然学研究者としては、自然によって存在するもの（自然物）のすべてを、あるいは、少なくとも、その一部を動くもの（生成変化するもの）であると前提しておきたい」（一八五a一二―一三）と称する。

アリストテレスは、このように、自然学の研究とは生成消滅したり、運動したりする自然物の研究である、と規定する。そして彼は、従来の自然研究が、自然現象の原理を求めて数学的な形式主義に堕するか、一切を水とか火とかに還元する物質主義に堕するかのいずれかであるのを例をあげて説明し、新たな探求が必要であると考え、自然を絶えざる運動においてとらえること、そして、その運動の原理を求めることを当面の課題とした。では、その運動の原因は何であるか。アリストテレスは、第一巻第七章において、それは「相反する二つのもの（tanantia）である」（一九〇b三五）と言うのである。というのは、従来のすべての学者も、充実と空虚、稀薄と濃密、暑いものと寒いもの、上と下、というように、相反するものを原理的なものの性質として認めていることでも明らかなように、運動すなわち生成変化とは、このようにあるものからこのようにはあらぬものへと移行することにほかならないからである。

運動をこのように、相反する二つのものの間の移行と考えるとき、その移行が何において行われるのか、換言すれば、何がそうあるところからそうあらぬところへ移るのか、が問われて来る。それが生成変化のもとに置かれているものとしての基体（hypokeimenon）（一九〇b一三）である。このようにして、自然学の原理は、運動変化の説明が可能であるための基本的存在として、まず㈠基体（hypokeimenon）、第二に㈡その形相（morphē）、第三に㈢その形相に反対の形相すなわち、その形相の欠如態（sterēsis）の三つを数えることになる（一九〇b三五―一九一a一）。ここではアリストテレスは三つの原理をあげているが、morphē と sterēsis はいずれも形相（eidos）にまとめられてしまう。なぜなら、ある形態をとることとその形態では、あらぬ形態をとることはいずれも形態をとることにおいては同じであり、いずれ一つの形をとること、一つの形相をとってしまうことであるから、どちらも形相でよいことになる。そして、基体はそれ自身合成体として形相をすでにもっているにもせよ、また別の形相をとるものとすれば、質料と等置されてしかるべきことになる。こうして、基体、形態、欠如の三つは、質料と形相という相反する二つの原理に集約され、アリストテレスも二元論に入る。

三原理説から二原理説へ

今述べたことをよく考えてみることにしたい。なぜ相反するものが原理として考えられるのか。原理とは、根拠であり始まりのことであるが、例えばこれが変化とともに考えられたというふうにみる場合、次のように考えてみることができる。非音楽的な人間が音楽的な人間になる、という変化を考えてみると、これは人間において非音楽的から音楽的になるというふうに考えることができる。[1] すなわち、ある基体の上において、すなわち人間の上において、非音楽的という欠如的なものが音楽的という形相的なものに変わるのである。従って相反する二つのものと、それらのいずれかが現われる舞台となる基体一つを考えて、運動変化においてはそれが成り立つために原理が三つあると、こういうことになる。

アリストテレスは次のように言う。「相反する性格のものには、その基体となるものが何かなければならない。そして相反するものが二つあるとしなければならないことは明らかである」（一九一 a 四—五）。しかし、別の見方をすれば、相反する性格のものを二つとしなくてもよいことになる。なぜならば、「そのどちらか一方のものだけでも、それの不在と現在ということによって十分に生成変化を説明できるであろうから」（一九一 a 六—七）。

このようにして、アリストテレスの『自然学』においては、かなり明瞭に形相、欠如、基体という三原理説が唱えられていたのであるが、次第次第に欠如は哲学史の上から影を消して行って、形相と質料の二原理説に変わってゆくのである。

「自然とは何か」

さて、自然とはいかなるものを指すのであろうか。それが第二巻の最初のテーマである。

アリストテレスは、「およそ存在するところのものは自然によって存在するものと、それ以外の原因によって存在するもの」（第二巻第一章一九二b八―九）とに大別されると言う。このうち自然によって存在するというものはいかなるものを言うのか。アリストテレスは言う、「自然的存在とは動物やその部分、植物、そして土、火、空気、水のような単純物体のことである。なぜなら、我々はこのようなものや、これに類するものを自然によって存在するというからである」（一九二b九―一二）。それではその自然によるものと、そうでないものとは、いかなる相違を持つのであろうか。両者は次の点で明らかに異なっていると言う。「これらの自然物と呼ばれるもののどれをとってみても、それぞれ運動変化（kinēsis）と静止（stasis）の始まり（archē 原理）を自分自身の内に持っている」（一九二b一三―一四）という点である。すなわち、「あるものは場所的運動に関して、あるものは増大と減少の面で、あるものは性質的変化という面で、それぞれの動と静止の原理（archē）を内に持っているのである。他方、寝台や、着物や、その他それに類したものは、それぞれその呼び名で語られているものである限りでは、すなわち、それが技術の人工品である限りにおいては、運動変化を始めようとするなんらかの傾向をもそれ自身の内には本来的には植えつけられていない。しかし、それらがたまたま石や土や両者の混合からできていると考えられる限りでは、すなわち、その質料的構成要素の面から見られる限りにおいてだけ、それらのものは生成消滅という運動変化の傾向をそれ自身の内に持っているのである」（一九二b一六―二〇）。

このようにアリストテレスは言うが、それはそもそも何を意味するのか。

「自然とは運動と静止の原因が付帯的にではなく直接的、本来的に内属しているようなものにおいて、そのものが運動したり静止したりする原因となっている何物かのことにほかならない」（一九二b二一―二三）

これこそがアリストテレスの自然についての定義である。換言すれば、自然とは、自然的存在者における運動と静止との原因である。かくて、運動を起こす力としての自然とは、自然物をまさに自然物たらしめているもの、ということになる。

自然（physis）が何であるか、ということが明瞭になった上は、kata physin（自然に従って）ということが何を意味するかを調べなくてはならない。アリストテレスは次のように言う。

「〝自然に従って（kata physin）〟と言われるものは、これらだけでなく、およそ自体的にこれらに属するもの〔実体の本質的属性〕もそうである。例えば、火には、上に向かって燃え上がるという性格が本質的に属しているが、このような上昇性の如きについても、kata physin と言われる。というのは、火の上昇傾向は自然そのものではなく、また自然を有するものでもないが、しかし自然によってであり、自然に従ってであるからにほかならない」（一九二b三五―一九三a一）

自然学と数学

自然的物体は面や線や立体などをもっているが、それらを研究するのは、自然学者ではなく数学者である。そこで、自然学者は数学者とどのように違うのか。これが第二巻第二章の問題である。それには、自然学と数学の違いを明らかにすればよい。自然学は形相と質料の両方をともに研究対象としなければならない。なぜならば自然的存在者は形相と質料の合成者だからである。これに反して数学は個体から離れて形相のみを研究するところにその課題がある。

「数学者が自然的物体をも対象とすることは事実である。しかしながら数学者はそれらの一つ一つ、すなわち自然的物体の持つ点、線、平面、立体などについて、それらを自然的物体を限界づけるものとして、それに属する自然的物体に属する性格として考察するのではない」（一九三b三一—三三）

それゆえにこそ、数学者はそれらの研究対象を自然的物体から引き離して扱うのである。思考において自然物の動きから引き離して、それだけ独立に扱い得る不動のものとして数学的対象が出てくる。

また、自然学者と形而上学者との違いはどこにあるのか。数学者の対象は自然物から引き離されて考究されるが、それ自体として質料から離れて存在するものではなかった。これに対して質料から離れて独立に存在するものが何であり、それがどのようなあり方のものであるかを規定してゆくのが第一哲学の行う仕事である。その意味において、第一哲学すなわち形而上学を営む学者は質料から離れて存立する形相を考える学者であるということにより、自然学者とは領域的に区別されるのである。

運　動

運動と変化とは自然の根本現象である。運動を理解することのできない者は、また自然を理解することができない。このような考え方はアリストテレスの『自然学』第一巻第七章（一九〇a二一―三二）や、第七巻第三章（二四五b九―一三）等において見ることができるが、また同時にプラトンの著作『パイドン』の七五においても読まれる。恐らくそれはギリシア人に共通の考え方であったと言わなければなるまい。さて、その「運動」という言葉はギリシア語では kinēsis と言われ、これは自然の経過すなわち場所の移動、物の生成および消滅、成長と衰退と、また質の変化と、一切の動きを表わす言葉であった。従って自然は一つの言葉 kinēsis に収斂する現象であるとみることができよう。それゆえアリストテレスの自然論は当然アリストテレスの運動論の形で理解されなければならない。それゆえにこそ究極の原理は己の中にないにしても、少なくとも現象的には、自己自身の内にこの運動の archē（原理）を持つというところに自然の自然たる所以があると言わなければならない。

さて、それならば我々としては、そのキネーシスすなわち広い意味における「運動とは何であるかを考えなければならない。というのも、これが認識されなくては必然的に自然も認識されないからである」（『自然学』第三巻第一章二〇〇b一四―一五）。「ところで、運動とは連続的なものに属していて、そして無限が現われるのは何よりもまずこの連続的なものにおいてであると思われる。従って、連続的なものを定義しようとするときも、人はしばしば無限の概念を用いる。例えば、〝連続的なものとは無限に分割され得るもののことである〟と言えよう。これら連続や無限のほかにも、場所や空虚、そして時間を離れては運動はあり得ないと考えられる」（同二〇〇b一六―二一）

従って空間や時間が考えられるのは、それだけ取り出して問題にされるというのではなく、自然即運動と見られた、この運動と相関的に考えられる。

さて、運動とは、それならばどのように考えたらよいのか。キネーシスすなわち運動の正式の定義は、アリストテレスによると次のようになる。「可能態においてあるあるものがその完全現実態においてあり、現実的に活動しているとき、しかもそのあるものそのものとしてではなしに動かされうるものとして、そのように現実的に活動しているとき、この可能態にあるものの完全現実態が運動である」（二〇一a二七―二九）。すなわち、これは次のようにも訳されうる。可能的に何物かであるものが、あくまでその当の可能態としての資格において完全に現実化されているあり方が運動である。これはどういうことか。

アリストテレスの説明では、青銅は可能的には像である。しかし、青銅（あるもの）としての限りにおける青銅の完全現実態は運動（彫像活動）ではない。青銅であることと何かある別のことの可能態であることとは同じことではない。しかし、別の例で説明する方がわかりやすいかと思う。カムバスや絵の具などという美術材料は、絵となり得るという可能性を持っているが、そのままではまだ現実化されて絵画作品の状態にはない。しかし、それらは、それらとしては現実態にあるのである。一旦作画の営みが始まると、そこにはまさに絵画となり得るというカムバスや絵の具の可能性自体が現実化されつつある状態にあり、その可能性が現実態に入りつつあることになる。もし絵画が完成すると、作画の営みという可能性自体の現実態というあり方は終わる。運動とは、そこに至るまでの過程において、可能性そのものが現実化されている状態に達していることである。それゆえ第二章では言う、すなわち、「運動はある現実態である」（二〇一a一〇）。「それは動かされうるものとしての限りにおける動かされうるものの完全現実態である」（二〇一a七―八）。

自然と運動変化

さて、「自然は自己自身の内に運動・変化の始源（原理）を持つものそれぞれにとって、その基体をなしている第一の質料である」（一九三a二九―三〇）という場合、運動とか変化とは何を意味するのか。アリストテレスに従うと、運動と変化とは自然の基本的な現象である。従って、もしも運動を了解することができない人がいるとすれば、その人は自然を了解することができないことになる。そしてこの運動変化は、一つの言葉、kinēsisで表わされ得る。これはギリシア語で、訳せば運動という意味であるが、最も広義においてであり、それは場所の運動、生成消滅、量的増減、質的変化、状況の推移などすべてを含む非常に含蓄の深い言葉なのである。

では、このような運動（kinēsis）の中で、自然にとって最も特徴的な動きは何か。アリストテレスは言う。「人間から人間は生まれる、しかし寝台から寝台は生まれない」（一九三

b八—九)。彼はここに自然の最も大きな運動として、自己と等しき個体を増殖する運動、すなわち生殖の運動をあげるのである。彼は好んで「人間が人間を生む(Anthrōpos anthrōpon gennai)」と言うが、これこそは、自然的存在者の種としての生命の維持を実行するという力への讃美であるとともに、自然的事物の発生が種的に定まっていて、ある一定の種からは、決してそれ以外の存在者が生まれて来ないことを含意し、彼が進化論とは異なる固定的な生物観を持っていたことをも意味する。

場所

ものが何らかの意味で運動をするとすれば、次に考えなければならないことは、それがどのような場において運動したかという空間論になる。ところが空間についてはプラトンがすでに chōra(コーラ)という概念を出している。コーラは『ティマイオス(Timaios)』という対話篇の中で論じられるのであるが、無規定的な広がりとしての空間であると同時に、それはまた質料をも含むものであった。この力動的な場所に何らかの形が参与するとき個物が成立すると考えられていた。その意味においてコーラは質料でもあった。プラトンの空間即質料論はそれとして興味のあるものでもあるが、アリストテレスは空間を純粋に変化がそこで生起する場として考えてみようと試み、その場はしばしば基体(hypokeimenon)として考えられている。けれども、変化が起こる基体が立っている場所は何であるかということを考えたり、ある場所から他の場所への基体の運動を考えてみたりすると、基体即場という考え方は成り立たないことがわかる。

そこでアリストテレスは、基体のほかに場所があるかどうかを考えることにした。彼は『自然学』第四巻第一章において次のように言う。

「しかし、また、場所についても、自然学者は、無限についてと同様に、はたして場所が存在するか否かを、また、もし存在するとすれば、それはどのような仕方で存在するかを、また、それが何であるかを、認識しなければならない。というのは、およそ誰も存在する事物をどこかに存在しているものと思う、すなわち、物はなんらかの場所に存在しているもの、と想定しているからであり、また、運動のうち最も共通で最もしばしば語られる運動は場所における運動、すなわち、いわゆる移動だからである」（二〇八a二七―三二）

こう述べて、彼は、まず場所がどのような仕方で存在するかについて、ひきつづき第二章で次の六つの仕方を考案した。㈠離れた独立な存在（実体）か。㈡その場所を占める物体の一要素か。㈢事物の質料か。㈣事物の形相か。㈤そこにある物体を包み囲む何ものかであるか。㈥運動がそこにあり、上と下の別のあるものか。アリストテレスは結論的に言えばこれらのうち、㈠㈡㈢㈣を否定して、㈤と㈥との結合の形で場所を考えることにした。それはchōraとtoposとの結びつきとも言えよう。そして第四巻第四章で場所の属性を四つあげている。それは以下の通りである。「㈠包むもの。㈡包まれるものの部分ではない。㈢事物の占める場所はその事物より小さくも大きくもない。㈣事物から取り残され離れうる」（二一〇b三四―二一一a三）。ところが、この場所とはものを包み囲むものと規定しても、尚、場所と運動との関係を明確にしなければならない。第四章の章末で次のように考える。「容器は運びうる場所であり、場所は動かしえない容器である」（二一二a一四―一六）。「例えば、川の中の舟が運動し移転するときには、舟を包むものとしての川水は、その内部で運動している舟に対しては、場所としてよりはむしろ容器としての役を果たしている。容器としての川水が、舟を入れて川に沿って運ばれてゆく。しかるに、場所はその中にあるものを動かしても自ら動こうとしない不動なものでなければならない。それゆえ、ここで場所といわれるべきものはむしろ舟をのせている川水ではなく、その川全体であろう。というのは、川は全体として不動であるから。したがって、包むものの第一の不動の限界、これが場所である」（二一二a一六―二一）。

場所についての考えは、アリストテレスにおける空間論である。今それをまとめてみると、第五章に言うごとく、次のようである。

「場所を次のように説明すれば、すべての難問がある程度解決されるであろうと思われる。すなわち、㈠場所がそれのうちにある物体とともに成長増大することは必然的ではない。㈡点に場所があるということは必然的ではない。㈢二つの物体が同一の場所のうちにあるということも必然的ではない。㈣場所が、ある物体的な間隔であるということも必然的ではない。というのは、場所の限界と限界との中間にあるものは、それが何であろうと、ある物体であって、物体の隙間ではないからである。更に㈤場所もまたどこかにあるが、しかしそれは場所の内にあるという意味においてではなくて、ものの限界面がこれによって限界づけられているそのものの内にある、と言われるような意味においてである。なぜならば、存在するもののすべてが場所の内にあるというわけではなくて、場所の内にあるものは動かされ得る物体だけだからである」（二一二b二二—二九）

アリストテレスの空間論は、このようにトポスすなわち場として考えられ、天（ouranos）にかけて宇宙的な広がりもまたそれなりに場として処理されたもののようである。舞台のように生きている場と区別された広がりそのものとしての空間をアリストテレスは、プラトンと違って、追求はしなかった。しかしプラトンの空間論（コーラ論）とアリストテレスの場所論（トポス論）の二つは、もし、我々が今日空間論を構成しようとするならば、不可欠の構成要素として考慮に入れなければならないことは確かである。

時間について

アリストテレスの自然論の中で更に興味深いものは時間論である。古代においてもすでに時を客観的に計測することは可能であった。日時計や水時計、砂時計等があり、天体観測に使われたり、悲劇の上演に際しても利用されたし、日常生活に使われたりもしていたのである。とりわけ、学者たちにとっては時はきわめて深い考察の材料であった。アリストテレスが時間を考えたとき、まず第一に問うたことは、時間が存在するものに属するのか、存在しないものに属するのか、という問題であった。それは時間の存在論として多くの学者の注目を浴びている。
「時間は全く存在しないのではないか、存在するとしても在るか無きかのおぼろなものであろう、という疑いを次の点からもつであろう。第一に、時間のある部分は、かつてあったが、今はもうあらぬ、しかし他の部分は将《まさ》にあろうとしているが、尚いまだあらぬ。しかも時間は、無限な時間にしても、任意に切りとられたその時々の時間にしても、これら〔かつてあったが今はもうあらぬ過去と将にあろうとしているが尚いまだあらぬ未来〕から合成されている。しかし、誰でも、このようにあらぬものから合成されたものが存在を分有するのは不可能であると考える」（第四巻第十章二一七b三三—二一八a三）

このようにして、アリストテレスはそのほかにも時間が存在するものとしての資格を有しないと見られる理由を、「今」という概念に即して二点程あげる。その説明はここでは省くが、基本的な考え方は右の引用文で明らかである。このようにして時間はとらえどころがない。それは物が在るようには在らぬものだからである。しかし、それでは時間とは非在なのか。

「一般に、時間は運動であり、変化である、と考えられている」（二一八b九—一〇）。時間とはそのようなものとして存在するのか。そうではない。なぜならば、運動や変化は、より速かったり、より遅かったりするが、時間はそうではない。「運動変化の速度は時間によって測定される——すなわち速いとは時間が少しで運動が多く、遅いとは時間が多くて運動が少しである——が、しかし、時間は時間によっては、その量も質も、定められない。それゆえ、明らかに時間は運動ではない」（二一八b一六―一九）ということになる。

けれども、「時間は、事物の変化なしには、ありえない」（第十一章二一八b二一）。なぜならば、時の経過の意識は、何らかの変化の知覚、変化の識別によるからである。このようにして、「時間は運動ではないが、運動なしには存在するものではない」（二一九a一）、ということが明らかになった。それゆえ、我々としては、時間と運動との関係を探求して、「時間が運動の何であるかを発見するよう努力しなければならない」（二一九a三）。ところで、我々が時間を認めるのは、運動について、それの生起する以前とそれの終わった以後を識別しながら、限定する時である。そこから「時間とは前と後とに関しての運動の数である」（二一九b一―二）という有名な定義が作られて来る。そして、このように時間は運動の数であるのに対し、時間意識のひとつである「今」は、その数の単位のようなものである。時間を線で表わすとすれば、「今は点に対応する」（二二〇a一〇）。しかし、「今」は時間の部分ではなく、時間の限定として数であり、時間そのものではなく、これに付帯するものである。アリストテレスは、「今」をこのように、運動と意識の接点と見ることにより、時間を数として意識の側に組み入れるとともに、また、時間を事象の運動変化に即するものとして自然的事物の側にも関係づけるのに成功した。

時間と霊魂

尚、時間について一、二のことを補足しておきたい。

現在の哲学でも、時間は内的な現象であると言われ、しばしばアウグスティヌスの『告白』第十一巻における時間論が引き合いに出され、フッサールもその『内的時間意識の現象学』においてそこを引用している。そして、その際にアリストテレスの時間論は「人間意識と無関係な外在的時間」というふうに性格づけられる傾きがある。しかし、アリストテレスは『自然学』第四巻第十四章で次のように言っている。

「しかし、尚、検討に値するのは、㈠そもそも時間は霊魂に対してどのような関係を持つのかという問題。および㈡時間がすべてのものごとの内に、すなわち地の内にも、海の内にも、天界の内にも、存在すると考えられるのはなにゆえかという問題である。まず手近なこの㈡の問題については、おそらくその理由は、時間が、運動のある様態または状態であり（というのは、少なくも運動の数なのであるから）、かつ、それらのものごとはすべて運動するものであり（なぜなら、それらすべては場所の内にあるから）、しかも、時間と運動とは可能態においても現実態においても共在するものだからではなかろうか。だが、問題の㈠については、もし霊魂が存在しないとしたら、はたして時間は存在するのであろうか、しないのであろうか、これが疑問とされよう。なぜなら、数える主体の存在することがあり得ない場合には、数えられ得るなにものかの存在することも不可能であるからして、従って明らかに、数もまた存在することは不可能であろうから。というのは、数は、すでに数えられたものか、あるいは数えられ得るものか、である。

ところで、『時間は運動の数であった』。もし、霊魂または霊魂の一部である理性を除いては、他のなにものも本性上数える能力がないとすれば、霊魂が存在しない限り、時間の存在は不可能であろう。そしてただ、時間の基体たる運動のみが時間なしに存在可能であろう。すなわち、もし、運動が霊魂なしにでも存在することができるとすれば、そうなると想われる通りに。だが、前と後は運動の内にある。そして、これら前と後が数えられ得るものとしての限り時間なのである」(二二三a一六―二九)

このように述べて、アリストテレスは時間が数である、というところから、霊魂の予在を時間存在の前提としていると考えられる。時間は内的存在であり、意識なしには在りえないものである。

また、アリストテレスが主として観察や実験に基づいて自然を研究したということに少しの誇張もなく、アリストテレスの自然研究の性格はそのようなものであるが、それにもかかわらず、『天体論』の第一巻第一章の中に、三という数がきめて重要である、ということを述べて、すべてを三分割しようという考え方をもって事にあたろうとしていることが書かれている。彼は言う、「大きさのうち、一方向に分割できるものが線であり、二方向にできるものが面であり、三方向にできるものが物体である。そして、これらのほかに他の大きさは存在しない。それは三つのものが存在するすべての方向であり、三つの方向がすべての方向であるからである。なぜなら、ピュタゴラスの徒も言うように、全宇宙もそのうちにある万物も三によって限られている。けだし、終わりと中と初めとによって全体の数は与えられるが、それらがまた三なる数にほかならないからである。それゆえ、自然からあたかもその法則のようにこの三という数を受け取って、我々はそれを、神々を祭るに際し用いているのである。また事実、ものを呼ぶにもこういう仕方を用いている。なぜなら、我々は二つを両方といい、二人を両人と呼ぶが、それをすべてだとは言わない。むしろ三つのものについて初めて、このすべてという呼び方をするからである。そして、こういう呼び方をするのも、いまもいうように、自然自体がそのように導くから、我々もそれについてゆくまでのことなのである」（『天体論』二六八a七―二〇）。

このように三という数字を貴重に思うところが、形相、質料、欠如という三分説になったり、あるいは霊魂を三つに分けて、植物的霊魂すなわち栄養を司る霊魂、動物的霊魂すなわち運動を支配する霊魂、理性的霊魂すなわち思索する霊魂、という人間三分説につながってもいるとみることができる。

自然の目的性

アリストテレスの『自然学』の著しい特色と認められるべきことは、自然が合目的的に動いているということである。もとよりアリストテレスは自然の合目的性をア・プリオリに（証明なしに先験的に）認めるのではない。「雨は降る必然性があるからこそ降るのであり、上昇した蒸気が冷却されざるをえず、冷却されたものは水となって降下せざるをえず、それによって畑の穀物が稔るのも、穀打場で穀物が腐るのも附帯的なことであって、雨が降った目的なのではない」（第二巻第八章一九八b一八―二三）。

従って、自然には目的がないかに思われる。しかし、はたしてそうであろうか。

「もし燕《つばめ》が巣を作り、蜘蛛《くも》が網を張り、また植物が、その果実のために葉を生やし、栄養をとるために根を上にではなく下におろしなどするのが、自然によってであるとともに何かのためにでもあるとすれば、すなわち何かの目的でもあるとすれば、自然によって生成し存在するもののうちに目的因が内在する」（一九九a二六―三〇）

アリストテレスは、「たとい動かす者（始動因）に意図のあることが認められないにしても、そこから直ちに事物が何かのために生成するということはない、と考えるのは不条理である」（一九九b二六―二八）と述べ、自然には大きな目的の体系を予想している。この思想は、『動物部分論』第一巻第五章の注目すべき文章においては次のように述べられている。

「我々は、また、躊《ため》らうことなくいかなる動物の研究にも向かわなければならない。そうすれば、いかなる動物にも何か自然で美しいものが認められるであろう。というのは、自然物には偶然的ではなく一定の目的性が、しかも最もよく認められるからであって、その存立や生成の目的は美の領域に属することである」（六四五a二一―二六）

このように、美が自然の目的であるとさえ言われている。そうであるとすれば、アリストテレスの考える自然学の対象としての自然は、それが前述したように、動と静の原因であったことを想起するとき、美を目的として運動するようにもろもろの可変的存在者を支配する力ということになるであろう。それは壮大な宇宙美への入口なのである。擬人的合目的性の投入は神話（theologia）を生む。しかし、自然的な合目的性から真の目的性への研究は神学（theologikē）を生む。なぜならば、擬人的合目的性は道徳や野心や欲望のごとく善を求めての史的展開を自然現象に強いることになるが、アリストテレスのように、自然的な目的性の追求は、ただそれの極に立つ美の探求に限られるからである。『自然学（Physica）』は、それゆえ、神話（theologia）からの脱却であり、神学（theologikē）としての『形而上学（Metaphysica）』への序説なのである。

さて、自然には質料と形相の二側面があって、後者は目的としての意味をもち、例えばすべてのものは自らの種（eidos）たる形相（eidos）をその成長の目的としているのであるから、自然的存在者はみな目的をもつとも言えるし、形相は目的因としての原因であるということになろう。

二　天体について

永遠不滅の存在

人間よりもその本性において、遥かに尊い存在者はあるのであろうか。もしそれが神であると言うのであれば、それは自然学の対象にはならない。しかし、もし、それが神でないとすれば、自然学の対象となる。『ニコマコス倫理学』の第六巻第七章において、アリストテレスは、「人間よりもその本性が遥かに神的なるものがほかに存在している。その最も明らかな例は、天界（kosmos）を構成している存在者である」（一一四一a三四―b二）と言う。この天界を構成している人間よりも神的な存在者とは天体のことであり、それはつまり星である。そしてこの星々について、『形而上学』第十二巻第八章においては、「これらのものは神々である」（一〇七四b二―三）とアリストテレスは述べるのである。神々は神であるのか。それとも神的な自然存在なのであろうか。それによって、天体論が神学に属するか、自然学に属するかが決定される。この問いに答える文章は、『動物部分論』の有名な章、第五巻第一章である。それは本来、アリストテレスが生物学者としての使命の自覚を述べる文書としてしばしば引かれるところであるが、今は我々の右の問いに対する答えとして登場する。

「自然によって存立する実体には、永遠に不生不滅のものと生成消滅に与かるものとがある。あの崇高にして神聖な存在者（天体）については、我々は却って完全に考察することはできない定めになっている。けだし、これらを調べる手がかりになるものや、我々が知りたいと望んでいるもので、感覚によって明らかなものはきわめて少ないからである。これに対して、動物や植物のように生成消滅するものに関しては、それらが我々とともにはぐくまれるものである関係上、それらのものを認識する手がかりは実に多い。すなわち、それにふさわしい努力を惜しまなければ、何の類についても、多くの事実を知り得るはずである。とはいえ、この不生不滅のものを学ぶにせよ、生成消滅するものを学ぶにせよ、学ぶ喜びは、いずれをとるにせよ、どちらも同じことである」（六四四b二二―三二）

ここに明らかなように、天体は不生不滅で崇高ではあるが自然によって存立する存在者、すなわち自然的存在者であるとされている。それゆえ、それら星の類は、神的であっても、神学にではなく、自然学に属さなくてはならない。それでは、天体は、そもそも、いかなる自然物なのであろうか。

『天体論』第一巻第二章を読むと、次のように録されている。

「運動のうち円運動は自己完結した動きであるから、直線運動よりすぐれており、直線運動ですら単純物体に属するから——例えば火が直線的に上に上り、土は下へと中心に向かって移動するように——円運動も必然的に単純物体に属さなくてはならない。……そこから明らかになることは、この地上における四種の形成物（火・空気・水・土）のほかに何か別のある物体的な実体が自然に存在しており、そしてそれはこれら地上のあらゆるものより神的でかつより先なるものである、ということである」（二六九ａ一九—三二）

そして、この第五の単純物体とは、「これこそまさしく古人が土・火・空気・水のほかに、何か別種の第一物体が存在すると考え、その最高の場をアイテールと命名した」（第一巻第三章二七〇ｂ二〇—二二）とあるように、非地上的な単純物体である。しかし、それは自然的存在者にほかならない。こうして、自然学は天体論を含まねばならない。この崇高かつ神聖な天体は月の上の世界であり、生成消滅する動植物・鉱物の世界は月下の世界である。

月の上の世界はどのような形をもつか。「天が球の形をもつことは必然である」（『天体論』第一巻第四章二八六ｂ一〇）。その理由は、球は天にとって最も本有的で、かつ自然においても最初のものだからである。というのは、完全なものが不完全なものより優位に立つが、円は図形の中でより先なるものであるからである（直線にはいくらでも延長のような付加を考えうるが、円には何ものも付加しえないから、円の方が完全なのである）。同様に球は立体の中において最も完全なものになる。ところで、天はより先、位階がすべてのものより上である。従って、天は球形なのである。

さて、「天の運動は、これだけが連続的で均一であり、かつ不断であるから、もろもろの運動の尺度である。いつも尺度とは最小のものであり、最も速い運動が最小であるとすれば、明らかに天の運動は最も速い運動である。天が円の運動をしていて、かつ最も速く動くならば、必然的に球形でなければならない」（二八七a二三—三〇）。

ところで、なぜ天界の存在者は永遠なのであろうか。『天体論』を更に読み返すと、アリストテレスはその第一巻第三章で次のように述べている。

「この円運動をする物体について、これが不生・不滅・不増・不変であると考えるのは理の当然である。なぜなら、自然学研究の最初のところ（『自然学』第一巻第七—九章）で説いたように、およそ生成するものは、すべて、ある基体において相互に反対のものから生成するのであって、同様にまた消滅するものも、ある基体において反対のものにより反対のものへと消滅するのであるから。ところで、反対のものの（場所的）運動も相互に反対のものである（例えば火の運動は下から上へ、水の運動は上から下へというごとく）。およそ円運動に対しては、これに反対する何らの運動もないであろうから、それゆえ、この円運動をする物体（アイテール）にもこれに反対する何らの運動も存し得ない。従って自然が、不生不滅たらんとするこの物体をその反対のものどもから放免したことは、まことに当然と思われる。というのは、生成消滅は反対なものどもにおいて起こることだからである。尚また、およそ増大するものが増大するのは、それと同類のものと接触して、これをその質料のうちに吸収することによる。しかるに、この円運動をする物体には、これがそこから生成すると言われるようないかなる反対者も存在しない〔それゆえに増大しもしない〕。だが、もし、あるものがこのように不増不滅でもあるならば、同じ理由でまた、この物体は不変でもある、と考えられる。と言うのは、変化は性質上の運動であり、性質上の状態ないし状況は、例えば病気や健康のように、受動態における転化なしには起こらないからである。しかるに、その受動態に転化の起こる自然的諸物体は、現に我々の見る通り、すべて増大したり減少したりする。例えば動物や植物の体やその部分がそうであり、なおまた、同様に、構成要素もそうである。こうしてあの円運動をする物体が、何らの増大をも減少をも持ち得ないとすれば、それが不変であることは理の当然である」(二七〇a一二―三五)

このようにアリストテレスは言って、天体が永遠不滅の存在であり、完全であって、自らに対する反対のない運動たる円運動を反復し、永遠にその状態を保つと考えたのである。しかも不思議なことに、この円運動を行う永遠の存在はアリストテレスによって知性的存在と断定されている。地上のあらゆる存在よりも高級な存在であるならば、当然人間よりも高級な存在でなければならず、このようにして神々しい光を放つ星は知性の光を放つ知的存在者・理性体として考えられたのである。従ってまた、それらの天体を構成する物質は地水火風という地上の自然物を構成する元素とは全く質を異にして、第五の元素と呼ばれるものであった。そしてこれをアリストテレスは前掲引用文に述べられたように、アイテール（aithēr）と呼ぶのである。すなわち、今日我々がエーテルと呼ぶものの語源である。

純粋質料としての天体

アイテールは、もとよりアリストテレスの造語ではなく、ギリシア神話においてすでに名づけられた純粋根本物質であって、天にあって神々の気圏を成す澄んだ空気のようなものと思われていた。ただ、アリストテレスは、これをときどき火と同義に使うかに思われることもないわけではない。例えば『自然学』第四巻第五章二一二b二一の記述では、アイテールは火の代わりに使われていると思われる。ただし、アイテールそのものについては、アリストテレスはあくまでも天界を満たす純明な気と考えていた模様である。それがいかなる物質であるかということを説明するために、彼は、「アイテール（aithēr）とは、aei＋thein すなわち aei（常に）thein（走る）、恒常的に走るものである」（第一巻第三章二七〇b二三）という語源的な説明を試み、それが永遠に澄みわたって高速度で転回するものという印象を与えようと試みている。アリストテレスは何も触れていないが、これはプラトンが対話篇『クラテュロス』三九七Dにおいて、神（theos）を説明する際に thein（走る）という言葉と相関的に説明し、神が常に活動するものであるということを印象づけようとしたのに酷似している点は見落とすべきではあるまい。しかも、この『クラテュロス』では、原初のギリシア人の間で日、月、星、天が神とされたとき、その神が天《あま》かけて走っていると思ったのが原因であると言い、天体が語られているのである。私はアリストテレスがこれに倣ったものと思う。

さて、これらの星はアイテールによって出来上がっているということは何を意味するのか。それは全く純粋質料として物質性のないものと考えられている。今日の天体論を十分に知っている我々から見れば、まことに奇怪なことと言わなければならないが、アリストテレスは『形而上学』で次のように書いている。

「それぞれの星の本性は、ある種の実体であるがゆえに永遠的であり、これを動かすものも同様に永遠的であるが、動かされるものよりも先（上位）であり、そして、ある実体よりも先であるものは、必然的にある実体であらねばならないからである。それゆえ、明らかに、これらの星の運行の数が多ければ多い程、それだけ多くの実体があり、そしてこれらの実体の本性は永遠的であり、それ自体において不動であり、そして第七章の終わりで示されているように大きさのないものである。……ところで、これらの運行の数の多さは、数学的諸学のうちで哲学に最も親近な学、すなわち天文学の研究によって決定されなければならない」（第十二巻第八章一〇七三a三六―b五）

このように書かれていることでわかるように、諸々の星を動かすこの大きさのない実体が、尚、星として最高の存在なのか、それとも絶対的な第一の動者としての神的存在なのか、ということは、この叙述からは必ずしも明らかではない。ただ、このように今日から見ると奇怪に見える天体論も、観察と無関係ではなくて、恒星と遊星との差違、遊星の運動の実態など今日でも妥当する記述がある。アリストテレスは当時の天文学者カリッポス（Kallippos）やエウドクソス（Eudoxos）の説を参照しながら、整合的な説明を探索している。これらについては、しかし、ここで詳説する必要はないと思う。尚、ここで天文学は数学に属している点に注目しておきたい。

ギリシア時代の天文学

ついでながら、当時の天文学の水準がどの程度のものであったかということは知っておく必要があろう。人は天動説のゆえに当時の天文学をすべて実りのないものと思うかもしれないが、必ずしもそうではない。すでに暦は設定されていたのであり、アリストテレスに先立つ三百年も前にタレスは日蝕を予言することさえできたのである。先に名をあげたカリッポスは、エウドクソスの若い友人で、数学的な天文学を探求した人であるが、アリストテレスの生前にすでに春分に始まる四季の日数の違いを測定し、夏至《げし》までが九十四日、秋分までが九十二日、冬至《とうじ》までが八十九日、更に春分まで九十日と算出したと伝えられている。このような計算の結果出てくる日数の違いは、エウドクソスの考え方、すなわち太陽と月に三つずつ、合わせて六つの天球（天体がそれに沿って動く球形の軌道体）を想定し、その回転によって複雑な宇宙運行の秩序を説明しているが、これと関係あるものと言われている。

天動説は古代ギリシアに一般の考え方であるが、その中ではピュタゴラスの中心火の説や、後述する晩年のプラトンのように、地球をも動くように仮定した天動説もあった。アリストテレスの天動説は、多くのギリシア人のように、地球不動説、地球中心説を含む。『天体論』の第二巻第十四章において、「大地が運動をもつか、それとも静止しているかを述べよう」（二九六a二四）という書き出しで土が本性的に中心に向かう運動をすると考え、宇宙の中心と地球の中心とがたまたま一つであるということが地球の不動をもたらすと主張している。これが地球不動のひとつの理由で、その他若干の理由を述べているが省略する。この地球中心説、地球不動説を含む天動説は後に「アリストテレス＝プトレマイオスの天動説」と言われる程、強固な伝統を築いていったものである。ただし、アリストテレスがこの問題について、どこまで真剣であったかは疑問である。彼の天体論を支えたのは当時の数学的天文学者たちである、ということは明らかである。彼は遊星の運行を説明するために天球の数を色々と考え、かつそのために天文学者の説を紹介した後で、自説をも立て、しかるのちに、「ともかく、天球の数の多さはこれだけあるとしておこう、そうすると、不動の諸実体また原理も当然それだけ多くあると想定されてよかろう。ただここでは当然と言うに止め、必然的にそうだと断言することは、より有力なその道の学者にゆずっておこう」（『形而上学』第十二巻第八章一〇七四a一四―一七）と言い、哲学者たる彼はこの問題については天文学者に従うと言っている。

テオプラストスが伝えているところによると、すでにプラトンは晩年「さまよい歩く」

(planaō) という動詞に由来する遊星または惑星 (planētēs astēres) の見せかけの不規則性をロゴスに則る自然の事実として説明するために、すなわち非恒常の現象を救うために、むしろ地球を不動の中心とはせず、他の星と同様に動くものとして考えてみることはできないかと提案したと言われる。すでにピュタゴラスにおいて中心火の思想があったことを思えば、コペルニクスを動かしたこのプラトン的発想が久しく埋もれざるをえなかったことに関して、アリストテレスならびにその周辺の学者たちの果たした負の役割は、遺憾ながらかなり大きなものと言わなければならないであろう。しかし、大切なことは、アリストテレスは天体論すなわち天文学を自己の思索力の純粋な場とは見ていないことである。それは、今し方引いた文章、自説に拘泥せず、専門家にゆだねるという言葉でも明らかである。ただし、このことは、アリストテレスが天体について十分考えないでよいと言っていることではない。天体論は「哲学の渇望」(第二巻第十二章二九一b二七) に関係する。というのは、多分、自然がその合目的性と美とを最も高貴に実現しているところは天体や天球の組織だからなのであろう。アリストテレスは手にとり難いこれらの世界の情報を待望していたもののようである。従って、天体論は本来解釈の場となるものであった。

尚、この地上の存在よりもはるかに神的な純粋な質料による星が、純粋に知的な存在であるという考え方、すなわち、神に近い神々しい存在であるものが、天上の世界に生きて永遠の運動をしているという思想そのものが後にトマス・アクィナス (Thomas Aquinas) に伝えられたとき、トマスはこれを星とは見ずに、天使の説に適用したのである。確かに、アリストテレス程の学者が星を理性体と見ていたのではないかということについては、信じ難い程の古代性もしくは神話の翳りが感じられて不思議に思われる。中世はしばしば野蛮の代名詞に使われているが、その時代に人々はむしろアリストテレスの野蛮な遺産を、神と人とをつなぐある霊的存在として認められる天使に適用し、アリストテレスの説をむしろ象徴的に利用して、中世の文化的な高さを示した。

『天体論』は一冊の書物としては、必ずしもまとまった著作とは言えない。本書は全四巻から成り、第一、第二巻が右に説明されたような天体論なのであるが、第三、第四の両巻は月下の世界の基本物体すなわち土、水、空気、火の四元素の論である。分量的には確かに前二巻がおよそ七割近くを占めるので、天体論として妥当するが、本来、質的に見ると、後二巻は『生成消滅論』全二巻の序説を成すものと見る方が至当なのである。慣例に従って、私は『天体論』と呼んでおくが、peri ouranou という題にある天（ouranos）について、紀元後四世紀コンスタンティノポリスでアリストテレスの解義書（paraphrasis）を多数著わしたテミスティオス（Themistios）は、その残されたラテン訳の天体論解義で、次の三つの意味があるとしている。すなわち㈠ orbis（天体の軌道）、㈡ corpus quintum（第五物体、アイテール）すなわち星、天体、㈢ mundus ipsum（宇宙）。これはアリストテレスが『天体論』第一巻第九章（二七八b一〇―二二）で三分したのとは多少異なるが、いずれにせよ、第三、第四巻のことを考えれば天体論よりも宇宙論の方が内容的にはふさわしい。『生成消滅論』も大切な著書ではあるが、本書の限りでは自然学の大筋はこれで止めてよいと思う。

三　動物について

克明な観察から生まれた正確な記録

アリストテレスの『自然学』の中で注目すべきものは、『動物学』の書物である。すでに多くの人が述べているように、彼の『動物学』は、自然現象のこの部分に関する組織的な研究としては世界最初のものであり、その成果は、分類学、生理学、生態学、更に胎生学等においても、現在でも古典的典型としての資格を失わないものである。

『天体論』を説明した際、その第一巻第一章に録されているように、アリストテレスには三という数に対する信仰があり、それが事象の記述及びその解明を誤らせている場合もある。有名な例は「大形動物の心臓には腔所が三つあり、小形動物では二つであるが、どの動物にも少なくとも一つはある」（『動物部分論』第三巻第四章六六六b二一―二二）という記述である。岩波書店版全集の島崎三郎氏の註によると、哺乳類や鳥類は二心房二心室、爬虫類、両生類は二心房一心室、魚類は一心房一心室であるから、腔所の数が動物の類によって異なるというアリストテレスの観察は正しい。しかし、大形動物の心臓は二心房二心室ならば、腔所は四つのはずであるのに、なぜ三つとしたのであろうか。これは十九世紀以降、註釈者たちを困らせた問題である。アウベルト（H.R.Aubert）とヴィムマー（F.H.Wimmer）は二心房で一室と考えたとし、フランツィウス（A.V.Frantzius）やキュルプ（Ph.H.Külb）

は左心房が隠れていて見落としであるとし、オーグル（W.Ogle）は二心室と左心房で三室、右心房は静脈洞で心臓の一室でないと見たからである、と言うように諸説がある。ロイド（G.E.R.Lloyd）は三という数への信仰に基づくこともありはしないかと言っている（『アリストテレス』、川田殖訳六五頁 Aristotle, The Growth and Structure of his Thought, 1968.）。私も、四つに分かれているとは決して考えなかったこの観察の態度には、ここにも、「全宇宙もその内にある万物も三によって限定せられる」（二六八a一一）という『天体論』の開巻の章の言葉に明らかに見える、ピュタゴラス以来の神秘的な三への崇拝が生きているると見るべきであると思う。

確かに、アリストテレスの観察には、思い込みによる間違いが散見するのは事実である。「我々の観察したところでは、馬とある種の牛以外の、いかなる動物の心臓にも骨はない。馬や牛の心臓は大きいので、全身におけると同様、いわば支えとして骨が入っているのである」（前掲書、同章六六六b一九―二一）という文章を見れば、アリストテレス自らが解剖をしたことはほぼ確かである。しかし、ここにある観察は半分しか真ではない。島崎の註によるとここで言われている骨とは、os cordis（心骨）のことであり、有蹄類の心室の隔壁内部、大動脈の起始の下部に認められる十字形化骨部のことであり、牛と鹿に普通の現象であるが、馬では老体にしかなく、病的退化現象かと思われる、ということである。同様にして、循環系の所見にしても、彼が動脈と静脈とを判別できなかったということがしばしば指摘されている。確かに、この両者は同じ phleps という単語で呼ばれることも事実である。

しかし、それは今日我々も血管という単語で両者を総称して呼んでいるのと大差ないことである。むしろ、アリストテレスが大動脈をアオルテー（aortē）と呼び、大静脈をメガレ・プレプス（megalē phleps）と言って区別し、「血管がこの二本で、しかも一つの起源」（『動物部分論』第三巻第五章六六七b二〇）を有する、と書いていることを賞讃すべきであろう。なぜならば、静脈、動脈の完全な機能の説明は、周知のごとく、ハーヴェイ（Harvey）に至るまで知られなかった事実なのである。解剖学の草分けのアリストテレスの知識が、この方面に関して決して充分でなかったために、今、あげて来たような欠点がありはする。

顕微鏡もなかった時代であるから、性交時の女性の体液をも精液と同じくスペルマ（sperma）と呼んでいる（『動物誌』第一巻第三章四八九a九他）のも不当である。『動物誌』第十巻第五章六三六b一七―二一にあるように、性交時に男女が共に走る（同時に射液する）のでなければ不妊の原因となると言うのも正しくないであろう。しかし、我々は、そのことのゆえに、彼を過小評価してはならない。その観察の範囲がきわめて広く、多くの点で驚嘆すべき正確度をもち、動物学の祖であることに間違いはない。性の実態と性の機能は、生物が自己の種属を、個体の可死性にもかかわらず、時間の中に永続させる不思議な事象であるから、アリストテレスは特別に注意を払って研究し、特に『動物誌』第十巻は人間の不妊症の問題にあてられている。更に、『動物発生論』全五巻は生殖作用のみの研究である。その第二巻第一章で、「生成するもの（生物）はそれにとって可能な様式においてのみ永遠なのであり」（七三一b三一―三三）、それゆえ、「数えられる個体としては永遠であることのできない生物が種として永遠なのである」（七三一b三三―三五a一）。従って、生物は類とか種のレヴェルでは常に存在している。雌雄ということはその原理であって、それらは発生のためにある。しかるに、起動因は形相因を含む場合、確かに質料因よりも、神的で、つまり存在論的に優位に立つ。より優位なものは、できるだけ、劣位のものから自己を分かち、独立していなければならない。それゆえ、雄はできる限り雌から分離していなければならない。このようにして、個体において雌雄の別があるものや、個体としては雌雄が別々に分かれているものも成立する。そして、このようにして、性別が何ゆえあるかを第二巻第一章のテーマの一つとして説明している。

性別の存在する事実を、その目的と相関的に、しかし、その目的からではなく、四原因論全体を考慮に入れて、存在論的根拠から説明した点は一つの貢献と言うべきであろう（私も、また、別の考察をこの問題に加え、性別の存在理由を明らかにしている。拙著『愛について』五、六、七章参照）。性は人間にとって、単に生殖の機能ばかりではなく、危機と破滅への緒でもあるが、喜悦と飛躍の機縁でもある。それゆえ、性が哲学のタブーであってはならない。

アリストテレスは、この面でも、プラトンとともに、人間の重要契機について、省察の労をいとわなかった哲学者の一人である。それゆえ、興味ある観察例も多い。例えば、性徴について述べるところでは、「成長しかけた少年少女があまりに性行為に熱中すると、さまざまな体調の変化とともに、声が変わり、雄山羊の鳴き声に似たものになる」(『動物誌』第七巻第一章五八一a二一)などという記録もある。こういう息ぬきになるような書き方は、「場所によって動物の性格も違って来る。例えば嶮岨な岩山は動物の性格を穏やかな平野の動物とは違う性格にする。すなわち、外見も平地のものより、野性的で勇猛で、ちょうどアトス山の猪が好例である。現にこの猪の雌には低地の雄もかなわないのである」(『動物誌』第八巻第二十九章六〇七a一〇―一三)というようなところにもある。しかし、全体がこのような巨視的な観察断片の集合であると考えたら、大変な誤りになる。彼の本領は方法論的反省を十分に伴った学問を営むところであり、正確な観察と慎重な推理を示すことである。

その方法は、どのようなものであろうか。原則的なことは、『動物部分論』第一巻第一章で次のように述べられる。「それゆえ、研究方法をゆるがせにしてはならない。まず、類全体について一般的に述べ、その後で特殊なことについて考察すべきか。それともいきなり、一つ一つの種について論ずべきなのか」(六三九b三―五)、すなわち、方法は演繹か帰納か、出発点は思索か観察かを自ら問うのである。そして、彼は次のように「自然学者もまず動物に関する現象や各動物の部分を観察し、その次に理由や原因を論ずるべきか」(六三九b八―一〇)と問う。そして、現実にアリストテレスの動物学の体系はこのようであって、『動物誌』は生態現象を、次に『動物部分論』で各器官をそれぞれ細かに観察し、『動物発生論』は生成の原因を論じている。これらを通じて、五百種を越える動物が論じられる。そして、実際の手続きとしては、継続的実験的観察のほかに解剖も行い、今は失われたが、『解剖図説』という著書もあったと言われている。

生態観察者としてのアリストテレスの驚嘆すべき業績については、有名なものとして例えばglanis（なまず）の産卵の習性に関する報告が『動物誌』第六巻第十四章にある。

「卵からの成長が最も遅いのはなまずであって、それゆえ、産まれた卵がたまたまそばに来る小魚に食われないように、雄は四十日も五十日も傍にいて見守っている」（五六九b一四―一七）

ところが、欧州の普通のなまずはsilurus glanisで親は穴に産卵し、雄はそれを放置して顧みることはない。そのため、久しく右の報告は何かの間違いとされていた。ところが、スイスの動物学者で、後に渡米し、アメリカの動物学を盛運に導いたアガシ（Jean Louis Rodolphe Agassiz）が本書を読み、その習性をアメリカのなまずで検証し、この種類はそのため、parasilurus Aristotelisと呼ばれるようになった。また、鮫の子宮の解剖的所見（『動物誌』第六巻第十章五六五a一二以下）が十九世紀の偉大な動物学者ヨハネス・ミュラー（Johannes Müller）によって検証されたことも有名である（これら一連の動物学関係の事実は、岩波書店版全集の島崎三郎氏の註に負うところが多い）。

以上の例はアリストテレスの研究が並々ならぬものであることを示すと共に、訓練された多数の助手を組織した綜合研究が、この方面に関しては完全に行われていたということを想像させるに十分である。

四　霊魂について

霊魂とは

なお、自然学の一つに入るものとして、月下の世界の中で最高の存在と言われる人間についての研究が一部門を成す。人間について彼は何を考えたのであろうか。人間についての生物学的考察は『動物誌』の中に書かれている。また、人間の社会的動物としての問題は、その有名な『ニコマコス倫理学』やその続編たる『政治学』等において述べられている。『動物誌』に録されている動物学的な見地から見た人間論としては、人間の体の解剖的所見や、主として生殖に関する男女の性的機能の相違等についての十分な記述がある。しかし、それと並んで、特に人間の生命の活動に注目して一巻の書物をなした『霊魂論』がある。これはまた心理学とも呼ばれている。

彼がこの研究をどれ程大切に思っているかは、テキストを開けばすぐわかる。

「われわれは知識《エイデーシス》を立派で高貴なものに属すると見なしており、ある知は別の知よりも精密さの点で、あるいはまた、より卓越した、より讃美すべき対象にかかわっている点で、より多く立派で高貴であると見なしているが、この両方どちらの点でも、魂についての博物誌《ヒストリア》を第一級のものの一つだと我々が考えるのは、思うに当然のことであろう。その上また、魂についての知識《グノーシス》は、全真理に対して、とりわけ自然に対して寄与する

ところが大きいように思われる。なぜなら魂は諸々の動物のいわば原理《アルケー》だからである」（四〇二a一―七）

アリストテレスの心理学もしくは霊魂論は、何ゆえ、特に人間論とされずに自然学の中に位置づけられるのであろうか。それについては、霊魂または心理と訳されたギリシア語 psychē 及びそれにあたるラテン語 anima について、若干の説明をしなければならない。psychē については、ニーチェの学友であったエルヴィン・ローデ（Erwin Rohde）の有名な書物がある。それを待つまでもないことであるが、もともとプシュケーは英語読みをすればサイキであり、一般に近世ヨーロッパでは、心ないしは魂と理解されてしまっていた。しかし、ギリシア語におけるプシュケーは何か。ホメロスの詩を読めば、プシュケーは、人が死ぬ際に、その口から最後の息とともに飛び去る人の形をした透明な霊魂であり、ハデス（冥界）に去ってそこに彷徨《さまよ》う実体であった。しかし、その後、このプシュケーについての思想が深まるにつれて、それは気息よりも生命であると解されて来た。しかし、プシュケーが生命であるとすれば、それは、また人間の最も人間らしい生命としての精神的生の主体たる霊魂ということになり、そして他の生物の場合のプシュケーとはただの生命である、ということになるであろう。従ってギリシア語で empsychon（すなわち魂を中に持つ）という言葉は生物という意味である。そのように、プシュケーは本来「生命」または生命を司る主体「生魂」と訳さるべきなのである。それゆえアリストテレスが『Peri psychēs』すなわち『プシュケーについて』という題を残している書物は、正しく古典ギリシア語的に読むならば、『霊魂について』よりも、『生魂について』もしくは、『生命について』と言わなければなるまい。そこで、前にも触れた人間の三重構造において問題となったところのもの、㈠栄養を摂取するプシュケー、㈡運動を司るプシュケー、㈢理性的な思考を司るプシュケーの三者を、それぞれ植物的生魂、動物的生魂、理性的霊魂と訳すと同時に、しかしまた、植物的生命、動物的生命、人間的生命という意味合いを含めておくべきではないかと思う。

今、これだけの下準備を整えた上で、アリストテレスの『プシュケー論』すなわち『生命論』またの名『霊魂論』について少し述べてみようと思う。しかし、その前に言っておかなければならないことは、この書物の原典はきわめて整備されていないことである。異本の多いのは、よく読まれた古典の常として忍ばなくてはならないにしても、それらの異読を照合して、一貫したテキストを校訂するのに成功した人はまだいないように思われるので、正確に読むことが今日でも至難な書物である。

アリストテレスの霊魂論は三段階の展開を見せている。第一段階は、『エウデモス倫理学』や初期の『対話篇』断片に見られるプラトンの『パイドン』風の実体としての霊魂不滅説で、この場合は、人間の霊魂しか問題にされていない。次に第二段階は、動物学研究の頃の生魂論で、「人以外の動物でも大抵の場合に生魂の状態を示す形跡が認められる」(『動物誌』第八巻第一章五八八a一九)とあり、それは動物の生命の原理として考えられ、心臓と関係づけられるので、テキストとしては、例えば、『動物部分論』第四巻第五章に「すべての動物において生魂の感覚的部分と生命の原理が、心臓部にある」(六七八b二―四)というのがある。そして、第三段階が、アリストテレスのアテナイ帰還後に書かれたと思われる本書の考え方で、それは、第一段階と第二段階との対立した考え方を綜合して、「霊魂（生命）は身体の現実態である」（『霊魂論』第二巻第二章四一四a一八）とする説を立てた段階である。

さて、霊魂を生命または生魂とのかかわりにおいて、身体の現実態としてとらえた右の定義に立脚すると、霊魂の能力とは、つまり生命力のことである。それはどのような力か。アリストテレスのテキストから知られる限りでは、少なくとも次の八つの能力が、人間と相関的に考えられる。㈠栄養摂取　㈡生殖　㈢感覚　㈣欲求　㈤場所的運動　㈥表象能力　㈦認識　㈧創造。これらのうち、人間に特色的なものは、㈦、㈧であり、人間のプシュケーを扱うとはいえ、『霊魂論』は創造には触れていないから、認識に考察の重点を置いた認識論の書物と見ることができよう。その見地からすると、第二巻第十二章の冒頭部分は大事である。「感覚は感覚対象のもつ形相を、それの質料を抜きにして受け入れることができる」（四二四a一八―一九）と述べ、感覚が質料なしに形相のみを抽象するものとして、すでに知識作用の萌芽がそこであらわになっていると見ている。そして、そのような原初的抽象能力として、第三巻第一章で、視覚、聴覚、嗅覚、味覚、触覚という五感があげられている。このような感覚は自然における経験の中で作用するものであるから、認識論という面をもつプシュケー論も、自然学の中に位置づけられる。そして、そのことは、人間が自然的存在であることを思えば、人間的生命の原理としてのプシュケー論が、「自然学」と「自然を越える学」（形而上学）を結ぶ意味で、動物学の後に、最高の動物の能力について考えることを促す。

アリストテレスはその小論文集の中にもプシュケーについて多く説き及んでいるし、自ら『動物部分論』第一巻第一章で「プシュケーを語りプシュケーを知ることは自然を探求する者の課題である」（六四一a二一―二二）と述べ、また、『霊魂論』第一巻第一章においては「プシュケーについての認識は真理全体のために大いに貢献するが、とりわけ自然の認識に対して最も貢献する」（四〇二a五―六）と述べている。このように、アリストテレス自身がプシュケー論を生命論として自然学の中に位置づけ、かつ、地上的生命の最高の発露である理性的生命を持つ人間の生命の能力を生命論の限りで考えるのであるから、アリストテレスにおける自然学は、人間を自然的生命と見る限りにおける人間学を含む。

明らかなように、生命論としての『霊魂論』は必然的に自然哲学の中に位置づけられ、これが人間の生命であるがゆえに知的活動に関する認識論的な反省となったのであり、今日から見れば当然、心理学、論理学や認識論に入れられるべきものの一部がこのようにして経験科学を含む自然学に帰属させられている。

尚、歴史的に興味のあることは、アリストテレスはここでも学問の三分節法（人間的霊魂、動物的霊魂、植物的霊魂）を述べるときに、プラトンが『ティマイオス』六九c以下において書いた考えを踏襲していることである。そこでは、プシュケーの三つの部分が胸、腹、下腹という体の三つの場所に配置されたとあり、それぞれの機能も『霊魂論』におけるものと殆んど同じである。アリストテレスは、明らかに『ティマイオス』から学び取ったと思われる事柄を述べているのに、ここでは、プラトンの名前を全くあげていない。これらについてはさまざまの臆測が可能であるが、アカデメイアではそのようなプラトンに基づく共通知識、共同方法が常に求められ語られていたと見ることもできる。それとも、三という数の尊重であろうか。後にストア学派の間でも学問は、論理学、自然学、倫理学という体系構成で三分節法をなすが、その三分節法の基礎となるクセノクラテス（アリストテレスの同僚でアカデメイア三代目の学頭）の学問分類がやはり、これに似た三分節法であった。これもピュタゴラス学派に始まる三という数に対する信仰的な評価と関わりがあると考えれば、この学派を尊重したアカデメイアの一般的風潮にアリストテレスも染まっていたと見ることができる。それとも、霊魂、否、生命は事象的に三つに分かたれるのであろうか。

プシュケーの構造と定義

自然における諸生命が、いずれも目的論的に構成されているという事実は、目的を意識する知性に対してのみ、自然の構造が示されるということにほかならず、その意味においては、自然物のうちで目的因を理解する知性を持った人間が独特の位置づけを要求すると言わなければならない。目的因を真に理解するものは窮極目的としての神にまで及ぶ生命を与えられているので、そのような生命の自己開示としてのプシュケーの自己展開は、その極点において人間を幸福にするはずであるということを予測させる。

人間のプシュケーがどのような構造であるか、と問われる場合、何よりもまず明らかに意識されて来るのは、それが一般の動物と異なって、理性を頂点にした構造である、ということではないか。プシュケー論は、そういう人間の理性の研究でもあるために、倫理学や形而上学と密接に関係した自然学となり、これから当然、超自然的なものを考える形而上学につながるという体系的な順序は、我々のよく理解し得るところである。今、ここでの考察は、その体系的な方位において、進められていく。

アリストテレスはプシュケーをどのように定義したかということから、まず述べていかなければならない。彼は第二巻第一章で定義を試みて言う。「プシュケーとは、可能的に生命(zōē)を持つ自然的物体の第一の完全現実態(entelecheia)である」(四一二a二七—二八)。この場合に生命とあるのは、括弧《かっこ》内にも示したように、ギリシア語ではゾーエー(zōē)と言い、アリストテレスの説明によると、それは「それ自らによる栄養摂取、成長、衰弱のことである」(四一二a一四—一五)。それは、単に無に対する有とか、死に対する生という意味ではなく、無生物に対する生物の場合のように、自らの生成変化を自らの内部からの力で類種的規定性において展開していくことという意味なのである。このような生命を有する物体はプシュケーではないと言われるのは、プシュケーがこの生命を持つ物体の実体として一応その肉体とは別個のものと考えられているからである。このようにして生物体を質料、霊魂的生命を形相とみているのがアリストテレスの特色ということができる。そして、第一の現実態とは、より先に備わっている現実態のことであり、知識と知識活動とを対比すると、双方とも現実態であるが、前者がまずなくては後者は出て来ないので、生成の上では、知識が第一の現実態と言われる。そういう対比で眠っていて何も働かせていなくても、生命があるものとしての自然的物体はプシュケーという第一現実態をもっていることになる。

さて、右の定義では満足できずに、彼は更に植物の場合も含めて、プシュケーのあらゆる場合にわたって共通な定義を下すとなれば、「プシュケーとは器官を有する自然的物体（有機的自然物）の第一の完全現実態とでもいうことになろう」（四一二b五―六）と述べる。

このようにしてギリシア語の中で離れがたい二つの単語、すなわち、プシュケーとゾーエーを、区別しようと努力したことは、同じく生命論を展開すると言いながら、なぜプシュケー論が動物学ではなく「霊魂論」、ときによっては「心理学」と言われるのかという所以も明らかになるにちがいない。とにかく、比喩の巧みなアリストテレスによると、「瞳と視力とで眼であるように、プシュケーと身体とで生物である」（四一三a二―三）にちがいない。さて、そのようなプシュケーを我々は何と訳すべきであろうか。すでに故人となって二十年にもなろうか、かつて上智大学の総長を務めたこともあるヘルマン・ホイヴェルス（Hermann Heuvers）神父は、文化勲章に輝いた中村歌右衛門のはまり役となった『細川ガラシア夫人』という歌舞伎の原作を書いたり、さまざまな能の作品を作ったりもした日本語に堪能な詩人であったが、同時にアリストテレスの隠れた研究家として忘れてはならない学者でもあった。神父は、プシュケーの訳をゾーエー（生命）と区別しなければならず、さりとてそれを霊魂と言えば、動植物にも霊魂があるということになり、人間の尊厳が失われることを憂い、ラテン語のanimus（人間的精神）とanima（動物的プシュケー）の区別のように、人間の霊魂と人間を含めた生物全体の生命原理との間に何らかの差をつけるべきであるとし、ある日私に、例のごとき丁寧な言葉遣いで、「プシュケーの訳は生魂《せいこん》となさってはいかがでしょう」と勧めてくださったことがあった。古い日本語の言葉に生魂《いきすだま》という言葉があるが、生魂とはまさしく生きすだまであり、それはおよそ生きとし生けるものの内側の能力として、まことにふさわしい訳ではないかと思う。それならば、植物が持とうと動物が持とうと人間が持とうと生ある限りのものであればよい。そこで、暫らくプシュケーを生魂と訳して話を進めていくことにしよう。

プシュケーの能力

生魂（プシュケー）にはどのような能力があるのか。アリストテレスは第二巻第三章で、「生魂を持つものの中のあるもの、すなわち生物のあるものは、栄養能力、感覚能力、欲求能力、場所的運動能力、思考能力の全部を持っているが、あるものはその中の幾つか、またあるものはその中の一つしか持たないというものもある」（四一四a二九―三二）と言っている。

これは何を意味するのか。言うまでもなく、植物には栄養能力すなわち栄養摂取という生魂しかなく、動物には更に欲求し感覚し、移動する能力が備わり、人間にはこれら四種のほかに思考能力（ロゴスを持つ）が属するとされ、これら諸々の力の各々がさらに細かく分けられながら、結局のところ思考能力の最高段階としての直観的理性に至るのである。ここでテキストに列挙されただけでは、感覚能力と想像力（phantasia）の別もつかず、思考能力の中で推理や直観の差がわからず、栄養能力の中に生殖能力は含意されているのか否かわからない。従って、ここに列挙された能力は、それぞれ語の広い意味で使われていると考えなくてはならない。思考能力につながる基本的な能力としてきわめて大切なものは、感覚能力であるが、これについては、すでにそれが合成的対象の形相を質料なしにとらえる表象能力としての限りにおける抽象の第一歩である旨を述べておいた。それは、従って、事物との接触において我々がとらえる形相として理性の対象ではないところの、可感的形相を表象としてとらえる。この表象というのは、時々そう考える人々がいるので注意しておくが、アリストテレスの言うphantasiaすなわち想像ではなく、可感的形相の意味である。

ギリシアでは、重要物件に封をするとき、閉じ目を蜜蠟で封じ、その上に金属製の印形指環で印を押す習慣があったが、アリストテレスは表象能力を、蜜蠟が印形の型だけを受容する例を以て説明している（四二四a一九―二五）。この例はわかりやすいが、これもプラトンの『テアイテトス』に使われていた例である。

アリストテレスは「プシュケーが感覚を持つなら、また想像（phantasia）と欲求とを持つ」（第二巻第二章四一三b二二―二三）と言って、想像力が感覚による表象の後に随伴する現象と考える。「想像は感覚ではない」（第三巻第三章四二八a五）。その理由は四つある。

㈠感覚は知覚を必要とするが、想像は何がなくても瞑目していても夢にも現われる。㈡感覚は動物全般に行きわたるが、想像は限られた動物だけにある。㈢感覚はそれとして感じられる限りでは常に真であるが、想像は大部分が偽になる。㈣感覚は判断ではないが想像は判断の一種である。このようにして、想像は少なくとも四つの大きな精神作用に関係する。一つは感覚像の持続もしくは想起としての記憶、次に現に知覚していなくても意識にあがらせる力としての想像、第三に真偽の判定という判断への傾向、更に、残留すると感覚に似たものであるから、刺戟的となり、行動を誘うという意味で理性に代わっての企投する限りでの計画性（四二八a一―四二九a九）、というこれら四つの営みは、そのまま理性の営みにつながるものである。アリストテレスはプシュケーの理性的営みは理性的部分によるというように、部分（morion）という単語を使う。しかし、これは決して想像力を受けもつ部分と理性作用を受けもつ部分が相接しているというような物質的部位と考えてはならない。それは機能の意味である。従って、この語を構成契機と思わず内在機能に解さなくてはならない。

想像が思惟に近いことは、右の通りであるが、更に、感覚の中でも共通感覚は思惟に近い。第三巻第二章はそれについての考察である。前述の五感はそれぞれ一つの感官に対応する一つの感覚領域があって、例えば聴覚は空気を媒体として音の領域に対応するというぐあいである。ところが、例えば、運動、静止、形、量、数のごときは、それぞれ何か独特の感覚器官をもつものではない。確かに形は見られ、触れられるのである。

能動理性と受動理性

理性の構造的機能はいかなるものであろうか。第三巻第四章で次のように録されている。「さて、霊魂がよって以て認識し、また思慮するところの部分について、それが独立であれ、あるいはまた、場所的に独立でないが、定義の上で独立であれ、それが他の部分、すなわち機能と比べてどのような差異を持っているか、またそれの思惟することとはそもそもどのようにしてあるのかを、検討しなければならない。

ところで、もし思惟することがあたかも感覚することと同じであるとすれば、それは、思惟されるもの（思惟対象）によって、何らか受動《パスケイン》することであるか（すなわち何らかの作用を受けることになるか）、あるいは何かそれに類した別のことではなかろうか。つまり、そうすると、この思惟する部分、すなわち理性は非受動的でありながら、しかもその思惟対象の形相を受け容れるものであり、その形相と全く同じものではないが可能的にはそれと同じようなものであらねばならず、こうして、理性（思考するもの）がその思惟対象に対する関係は、あたかも感覚能力がその感覚対象に対するのと同じことになる。だが理性は、万有一切を考えるのであるがゆえに、アナクサゴラスも言ったように、ほかとまじり気があってはならない。すなわちそれは、一切を知り、一切に優越せんがため、換言すれば、一切を認知せんがためにである」（四二九a一〇―二〇）人が理性と呼ぶところの霊魂の部分が一切に優越している、というのは、それが一切を包越しうるからであり、その包越可能のために、それは一切の形相と同類の非質料的な、そしていかなる形相をも受け入れうる純粋可能性でなければならない。それゆえ、理性は思惟してある形相と一つになる以前は、純粋可能態にあって、現実態にあるもののいずれにも属しはしない。「それゆえ、理性が身体に混合されている、というのは道理に合わない」(四二九a二四—二五)。そして、理性は感覚を利用することはできるが、感覚のように自己の「道具としての器官をもたない」(四二九a二七)。このように、思惟の対象となる可知的形相を受容する理性をアリストテレスは受動的理性(nous pathētikos)と呼んだ。それは、しかし、理性のすべてなのではない。

アリストテレスは第三巻第五章で言う。

「自然全体の中で、あるものはそれぞれの類のための質料であり、他のものは原因であり、しかもあたかも制作技術がその質料(素材)に対して果たすような役割を果たしながら、すべてのものを作りなすがゆえに、能作的原因であるから、理性的霊魂においてもそれらの差異がなくてはならない。そして一方の理性は、すべてのものになることにおいて質料のごときものであり、他方の理性はすべてのものを作りなすがゆえにその能作的原因のごときものである。そして、この後者は、例えば、光のように、ある種の状態としてある。というのは、ある意味では、光もまた、可能的にしか色でないものを現実的に色であるものに作りなすからである。かかる理性も独立で、非受動的で、まじり気のないもので、本質上、現実活動(energeia)である」(四三〇a一〇—一八)

これをもって見るに、受動理性が認識して可知的形相を見知ることができるのは、この非受動で能作的な理性が目に対する光のように働きかけるからである。この能作的で非受動の理性のことを、後世がストア派以来能動理性（nous poiētikos）と呼ぶが、アリストテレスにはこういう呼び方はない。この章は、アリストテレス研究家の間でも色々と疑点が多く、古来解釈も分かれるところである。テキストを読んで、理性的思惟とは具体的にどのように解すべきであるか。ここまでであれば、能動理性がそれぞれの個人において人格の頂点に位置しているようにも思われるし、また、他方ではそれは神的知性にも見える。アリストテレスはここで何を言おうとしたのであろうか。テキストを読み進もう。

「このようにして、非受動的理性は、ある時には思惟し、ある時には思惟しない、というようなことのない常に現実態にある存在なのである。そしてそれは、離されているときにのみ、まさにあるがままに自由なのであり、こうしてそれのみが不死であり永遠である。しかし、我々は前世のことを記憶していない。なぜならば、あの理性は非受動的理性、従って不生不滅の理性であるのに、我々の肉体のうちにある受動的理性の方は可滅的だからである。そして、それがなくては、思惟するものは何もない」（第三巻第五章四三〇ａ二二—二五）

この文章は、この前の引用よりも更に難解な文章であり、何度読んでも意味が正確にとれないところは残るが、しかし、アリストテレスがここで言おうとしていることは、我々が能動的理性と呼び慣わしているものは、我々の中に内在する受動的理性と違って永遠的であある、というだけである。それが正確には我々の中に位置するのか、神のもとにあるのかについては、明らかにされていない。章全体を顧みても、その点に関しては、曖昧《あいまい》である。この区別が、のちにトマス・アクィナスが当惑しながらもそれを利用して、intellectus possibilis（受動理性）に対し、能動理性を intellectus agens と呼び、「その仕事は可知的形象（species intelligibilis）を感覚的表象（phantasmata）から抽象することによって、それら形象を現実態にもたらすことである。『霊魂論』第三巻には能動的理性とは〝それによって霊魂がすべてを作り出すもの〟と言っているのはこの意味である」（『神学大全』第三部第九問題第四項解答）と述べたものである。

尚、この原文の不明瞭なことは、アラビアの註釈者たちをも苦しめたけれども、そこからまた、個別的霊魂は亡びるが、人間の種的霊魂は亡びないという、イスラムの学者たちの霊魂二分説が考案された。これについては、ルネサンスの哲学者、ピエトロ・ポンポナッツィ（Pietro Pomponazzi）の名をヨーロッパの中でそれを論じていた人の一人としてあげておこう。(2)

生理の研究――酒と人間

以上をもって自然関係のところを終わりとする。しかし、なお参考資料として述べておきたいのは、アリストテレスはこのような自然学研究を、主として小アジアのアッソスに止まっていた時代以後に行ったと言われていることである。しかしそれは必ずしもその通りなのではなくて、すでにアカデメイアに籍を置いていたころから、かなりな程度、動物学また

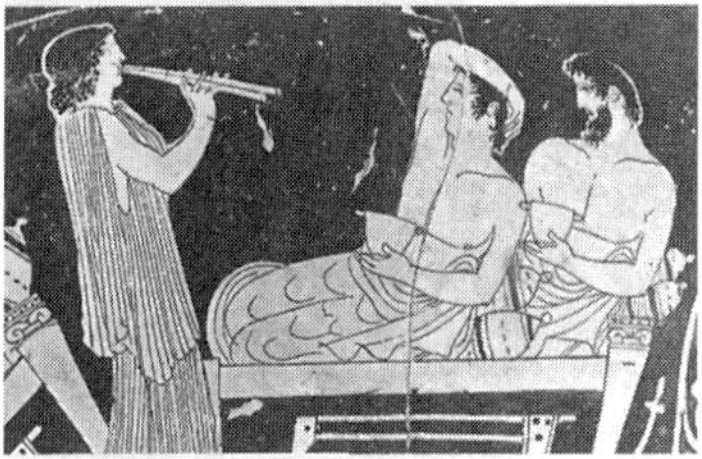

ギリシア人の酒宴（アテナイ、「赤絵の杯」より）

は生理学的な面に興味を持っていたとみえる。アリストテレスの若い頃の断片においても、例えばその対話篇『饗宴』（プラトンと同じ題の書物である）の中に、ピロンが伝えているところであるが、次のような文章がある。酒に酔う酔い方にも二通りあるとして、「一つは酒を飲むに等しく、他方は酒に酔い痴れるに等しい」（『断片』R^2一〇一・R^3一〇六・S一三）というような区別をしておいて、アテナイオス（Athēnaios）が『ディプノソピスタエ（食通）』に引用した文章であるが、「酒は適度に沸騰させると、それを飲んでも酔うことが比較的少ない、それは沸騰させるとアルコールの方が弱くなるからである」（同、R^2一〇二・R^3一〇七・S一三）というように科学的な説明を施す。

同時に、「老年の人々は最も早く酩酊するのが常であるが、それは彼らの体内に保有されている自然の体熱が僅少で微弱だからである。だが非常に若い人々もまた、彼らの体内に保有されている熱が多量であるために比較的早く酩酊するものであるが、それは酒が付け加えた熱によって彼らが容易に征服されるがためである。もの言わぬ動物にあってもまた、豚はブドウの絞りかすを餌に与えられると酔い、また、鳥や犬はオイヌータ（oinoutta アルコール植物）と呼ばれている植物を食べると酔い、また、猿や象は酒を飲むと酔う。それゆえに人々は猿や鳥を酔わせて、すなわち猿は酒で酔わし鳥はアルコール植物で、捕獲するのである」（同、R^2一〇二・R^3一〇七）と述べていて、何らかの観察なしにはどのような発言をも慎むという態度をすでに早くからとっていたのである。

尚、笑い話のようなことも付け加えておけば、これも断片にあることなのであるが、アテナイオス前掲書二四bによるとアリストテレスは、「ブドウ酒に酔った人々は俯《うつむ》きに前方に倒れるのに対して、大麦製のビールをしたたかに飲んだ人々は頭をのけぞらせて仰向《あおむ》けに倒れるのである。それはブドウ酒は頭を重くするのに対して、ビールは知覚を麻痺させるからである」（同、R^2一〇一・R^3一〇六・S一三）と言っている。これらのことは、確かにブドウ酒を飲みながらの会話がはずみ、疲れて来ると、人は今日でもテーブルに肘を立ててその手の上に額をのせて眠り込むように酔う場合が多く、豪快にビールをあおった場合には仰向けにのけぞり返って寝るというのは、見られることである。これら酩酊の現象学がすべてアリストテレスのユーモアであるのか、研究であるのかは、今となってはわからないが、一つのエピソードとして述べておくことを許されたい。アリストテレスの方法はこのような身近な事象の細かな観察からそれらを含んだ宇宙のすべての事象を支配する法則（logos）に至るのである。

註

（1）ここで「音楽的」と訳されたmousikosというギリシア語は、本来ムーサ（Mousa）の女神つまりラテン語のMusa、英語のMuseに由来し、古典ギリシアでは一般に「ミューズの女神にかかわりのある」という意味の形容詞であって、「文芸、歴史、音楽などに長《た》けた」ということであり、そこから「教養ある人」をも意味する。

（2）　最近日本でも、「アリストテレス全集」中の訳註のほかに、水地宗明の『アリストテレス「デ・アニマ」注解』（晃洋書房）が二〇〇二年に刊行された。尚、ピエトロ・ポンポナッツイは、イスラム文化を取り入れたアリストテレス研究家の一人であった。ルネサンス時代に較べると、久しく忘れられていたのがアラビア語世界のアリストテレスであったが、二十世紀後半にその方面の研究が盛んになった。日本ではまだあまり知られていないと思うので、一つの例として Aristoteles Semitico-Latinus founded by H. J. Drossaart Lulofs があることを注記しておきたい。今、それは自然学の方にまで進み、Aafke M. I. van Oppenraaij 編集の De Animalibus についての Michael Scot ; Arabic-Latin Translation, 1998, Bril・Leiden・Boston・Köln も出版された。これの general editors は H. Daiber と R. Kruk である。こういう研究書はアラビア語が読めないと意味はないかと思うが、将来日本でもこういう領域の研究も必要となろう。

4　形而上学

一　『形而上学』の構成と成立過程

「メタピュジカ」の由来と意味

形而上学という名称、すなわちメタピュジカ（metaphysica）は、メタ（meta）とピュジカ（physica）の二つの単語から合成されている。すでに著書の概略を説明した際に述べたように、これはphysicaすなわち「自然学的なもの」のmeta「後に」言及さるべきものという意味に解釈されてよい。もとよりこの名称が考案されたのは、すでに述べたように、ロドスのアンドロニコスがアリストテレスの原稿を編集するにあたって、題名の定かではない、重要な一群の原稿類をその内容上『自然学』の後に置いて全集の順序を形成することにしたという、編集上の秩序決定に由来する。この題名を欠いていた一群の文書は、アリストテレスが、その原稿の中で呼んでいるところでは、これも既述のことであるが、第一哲学（prōtē philosophia）またはテオロギケー（theologikē）すなわち神学であった。

そもそも生成消滅する月下の存在者、永遠不滅の天界の存在者、それらはいずれも運動することにおいて変わりはなかった。この運動の原理、すなわち、この運動を起こしかつ秩序づけているものは何なのであるか、ということが、自然学の内で問題となった。そして、運動するもの同士の相互関係を維持するものは、それら動くもの同士の法則であった。これもアリストテレスは何らかの形で解決していった。しかし、それら相互の法則をそのようにあらしめて全宇宙の秩序を保つものがあるか、ないか。それこそがアリストテレスを際立たせた問題意識、第一原因を追求する問題提出であった。それればかりではない。いやむしろそれに先立って、あらゆる現象的存在者を含めて、存在するものが語られるが、その個々の存在者の研究、また個々の存在の種や類の研究は、それぞれの専門科学によって営まれているが、そもそも、端的に「存在」とは何であるか、また、人間がそのような存在者の間にあって「知る」とはいかなる意味を持つのか、というようなことを原理的に探求する必要があった。そして、そのほかにも、尚、彼として考えなければならなかったことは、およそ学が成立するとはいかなることか、という問題である。これらの問いは一般に哲学の最も基本的な問いであるが、それらがすべて『形而上学』において論ぜられている。従って、アリストテレスの哲学者としての本当の意義を求めようとするならば、我々は『自然学』よりもこの『形而上学』を選ばなくてはならない。

根本に普遍への志向

それではこの『形而上学』、彼自らによれば「第一哲学」、と言われたものの対象は何なののであろうか。まず、彼は、およそ考えるためには人間がいかなるものであるかを見なければならないと考えた。なぜならば、誰かほかの者が考えるのではなく、ほかならぬ人間が考えるからである。『形而上学』冒頭に、有名な次の文章がある。

「すべての人間は、生まれつき、知ることを欲する。その証拠としては、感覚への好みがあげられる。というのは、感覚は、その効用を抜きにしても、すでに感覚することそれ自らのゆえにさえ愛されるものだからである。しかし、殊にその中でも最も愛好されるのは、眼による感覚（視覚）である。けだし、我々はただ単に行為しようとしてだけではなく、全く何事を行為しようともしていない場合にも、見ることを、いわば他のすべての感覚にまさって選び、好むものである。その理由は、この見ることが他のいずれの感覚よりも最もよく我々に物事を認めさせ、その色々の差別を明らかにしてくれるからである」（第一巻第一章九八〇a二一—二七）

これは、人間と知識との関係につき、諸々の世紀を貫いて教え続ける偉大な文章である。ここでは、人間がものを知るのは、人間の使命でもなく、人間の職業でもなく、それは人間が自然によってそのように仕向けられている本能として告げられている。つまり人間が、自然に人間として生きるときに、知識を除外して考えることができないということなのである。そして、たとえその確実性や明晰度において著しく不十分な知り方であるにもせよ、感覚的な知識すなわち知覚についても、その重要性が謳われている。このことは、感官による知覚を初めから排去しようとし、そのような例をしばしば説明したプラトンとは、対比的なものと言わなければならない。

さて、この感覚（aisthēsis）から、それではどのようにして知識（epistēmē）にまで進むのであろうか。アリストテレスは更に続ける。

「動物は感覚を有するものとして自然的に生まれついている。この感覚から記憶力が、ある種の動物には生じないが、ある他の種の動物には生じてくる。そして、このゆえに、これらの動物の方が、あの記憶する能力のない動物よりも一層利口で、教わり学ぶに適している。ただし、これらのうちでも、音を聴く能力のない動物は、利口ではあるが教わり学ぶことはできない（例えば蜂のごときがそのたぐいである）。しかし、記憶力のほかに更にこの聴感覚を併せ有する動物は、教わり学ぶこともできる」（九八〇a二八―b二五）

ここでアリストテレスは、明らかに、人間の最も喜ぶ感覚が視覚であり、視覚によって人間がおよそ自己の置かれている状況が何であるかを知り得るがゆえに、視覚は最も必要な感覚であることを認めながら、尚、耳を介して与えられる言語の必要性をすでに暗示している。単に瞬間的な知覚によって反応するばかりでなく、これを時間の経過において記憶することができるものは他の動物よりは利口であるとしても、しかし、音を聴く能力がなければ教わり学ぶことができないということは、いろいろな意味で重要な認定である。現実に人間がものを仕込む場合に仕込みやすい動物は、すべて聴力を有する動物なのである。

アリストテレスは更に続けて言う。

「さて、このように、他の諸動物は感覚表象や記憶で生きているが、経験を具有するものはきわめて稀である。しかるに、人間という類の動物は、更に技術や推理力を以て生きている。ところで、経験が人間に生じるのは記憶からである。というのは、同じ事柄についての多くの記憶がやがて一つの経験たるの力をもたらすからである。ところで、経験は学問《エピステーメー》や技術《テクネー》とほとんど同様のものであるかのようにも思われているが、しかし実は、学問や技術は経験を介して人間にもたらされるのである。けだし、〝経験は技術を作ったが、無経験は偶運を〟とポロスの言っているとおりである。さて、技術が生じるのは経験の与える多くの心像から幾つかの同様の事柄についての一つの普遍的な判断が作られたときにである。というのは、カリアスがこれこれの病気にかかった場合にはしかじかの処方がきいたし、またソクラテスの場合にもその他多くの人々の場合にも、それぞれその通りであった、というような判断をすることは、経験の仕事である。しかるに、同じ一つの型の体質を有する人々がこれこれの病気にかかった場合には（たとえば粘液質の、または胆汁質の人々が熱病にかかった場合には）、そのような体質の患者のすべてに対して常にしかじかの処方がきく、というような普遍的な判断をすることは、技術の仕事である」（九八〇b二五—九八一a一二）

さて、ここでアリストテレスは三つの重要なことを述べている。一つは、人間という類の動物は、経験を構成し、技術や論理、推理力を持つということである。第二に、経験は、一見学問や技術と同じであるように見えるが、度重なる記憶を整理してそれから学問や技術が成立する場であるというように、経験（empeiria）の性格規定をしている。三番目に、経験は個々の事実の種別的な整理であるが、技術（technē）は普遍的判断である、ということである。さて、このように考えてみると、アリストテレスは、普遍的ということが知的にすぐれていると考えていることがすでに明らかである。普遍（to katholou）への志向は、ソクラテス以来プラトンを通じてギリシア人の中に深く植え付けられた学問の根本志向であった。

成立過程——イェーガーの説

編集の事情については、本書第Ⅰ部ですでに述べた通りであるから、ここでは繰り返さない。アリストテレスの死後二百年あまりして、彼が友にして高弟であったテオプラストスに託していた原稿を、リュケイオンの学頭であったロドスのアンドロニコスが編集したという基本的なことは銘記すべきである。

しかし、全巻を構成する各巻が、いつ、どのようにして書かれたかということについては、古来いろいろの説があった。特に十九世紀以後の古典文献学の進歩につれて、『形而上学』の成立過程についてさまざまの考察が行われた。有名な説としては、イェーガー（Werner Jaeger）の発展的解釈による考え方がある。

イェーガーは、ドイツのすぐれた古典文献学者であり、すでにドイツで『アリストテレス』という書物を書いていたのであるが、戦争中にアメリカに渡り、そこで更に『パイデイア（Paideia 教育）』や『初期ギリシアの神学』を著わし、また偉大な教父で新プラトン主義者のニュッサのグレゴリオス(Gregorios de Nyssa)のテキスト編纂などを行い、英独両語によって卓越した業績を残した学者である。その人が言う、「アリストテレスのみが古代の偉大な人々の中でただ一人ルネサンスを経験しなかった人である」(Aristoteles, Berlin 1923, 五頁)。この意味は何かというと、すべて他の卓越した古代の哲学者については、古代末期に生じ中世に形成された古い体系的な伝えが、必ずしもそのままに受け取られず、さまざまな文献実証的な歴史研究によって新しい見解がもたらされていたのである。それにもかかわらず、アリストテレスに関しては、中世初期に成立したアラビア語訳からラテン語に訳されたり、あるいはギリシア語に堪能なメルベケのギョーム(Guillaume de Moerbeke)が直接ギリシア語からラテン語に移した翻訳の仕事、その翻訳をもとにするトマス・アクィナスの註釈などのように、与えられた全集を、その史的成立を顧慮することなしに、体系的に理解するという考え方のみが行われていた。しかし、イェーガーはアリストテレスの初期の断片に関する透徹した研究から、それが後期のアリストテレスとかなり異なるところがあるのを見抜き、アリストテレスについても発展史的な見方によって考えなければならないと思うようになった。その結果、彼はアリストテレスの主著である『形而上学』『倫理学』『政治学』『自然学』について興味ある解明を施しているが、わけても『形而上学』における成立史的研究は、二冊の書物で周到に論じている。

一つは、一九一二年にベルリンから出た『アリストテレスの形而上学の発展史的研究(Studien zur Entstehungsgeschichte der Metaphysik des Aristoteles)』である。この書物は、極端に文献学的研究に偏っているが、更に哲学的内容を顧慮し、より慎重に扱った書物『アリストテレス――その発展の歴史の基礎――（Aristoteles ― Grundlegung einer Geschichte seiner Entwicklung ――）』（一九二三年）において前著の論過に重大な修正を施しながら、決定的な説を立てた。それは、学界のその後の動静もこの後者の価値は高しとせざるをえないような、それ程慎重な配慮に基づいて書かれたものである。それによると、当時アカデメイアに勢力のあった東方イランの永劫回帰の神秘思想による文飾の上であるにもせよ、その師プラトンを東方の大預言者ゾロアストルスと六千年の神秘的期間を隔てて並立させている文章を含んでいたと考えられる対話篇『哲学について』は、到底プラトンの生前に書かれたとは思えない。プリニウスの伝えるところでは、「エウドクソスは秘法の教えを、哲学上の諸傾向のうち、最良のものと考えた人であるが、ゾロアストルスがプラトンの死の前六千年に生きていたと伝えている。アリストテレスもそう言っている」（『博物誌』三〇・三）とあるところからみると、また、その帯びている東方的色彩がプラトンの晩年のアカデメイアの風潮の反映と見られることと相まって、『哲学について』はプラトンの死後間もなく書かれたものであろう。

ところで、ローゼが呈示したこの対話篇の特色を、イェーガーは『断片』（R^2一一・R^3九・W一一・S七八）がイデア数を烈しく論難するのを見て、次のように述べる。「この対話篇は、ひたすらイデア数の学説に対するアリストテレスの反論のゆえに書かれたものである」（前掲書一二七頁）と言い、尚『断片』（R^2一八・R^3二二・W二〇・S八九）（R^2一四・

R³一二・W一三・S八一）やプラトンの『ノモイ』や『エピノミス』の影響、更に前述の東方宗教の世界観的迫力を考え合わせて「これらは対話篇の第二の主要部分にもあてはまることであり、それはつまり宗教哲学である」と断じている（前掲書一五九頁）。そしてこの対話篇と『形而上学』を比較して、「この対話篇にある歴史的な研究、イデア論に対する批判的言説、そして思弁的神学的な傾向は『形而上学』においても、第一巻すなわちA《アルファ》巻及び後に続く書物の中では特に第十二巻すなわちΛ《ラムダ》（A《アルファ》の次にα《アルファ・エラトン》があるため、字母として十一番目のΛが第十二巻である）の巻に見出される」（前掲書一七一頁）ということに基づき、現在の形而上学を解体して、この性格に合う巻や章だけをまとめれば、原形而上学が復原されると考えた。具体的にはイデア論批判において一人称複数形（〃我々がイデアを批判する〃という一人称複数形は、アリストテレスが、まだ、プラトニストの意識をもっていたとイェーガーやロスは解するのである。私はそう思わないが、それについては後に論じてある）をもった巻を早期のものと断定し、その形が使われている諸巻、すなわち、A《アルファ》、B《ベータ》、Γ《ガンマ》、E《エプシロン》（ただし第一章のみ）、M《ミュー》（第九、第十章のみ）、N《ニュー》、及び前記Λ《ラムダ》を以て Ur-Metaphysik すなわち原形而上学とする。

ところでZ《ズデータ》、H《エータ》の両巻は非物質的、プラトン的普遍存在者の否定に始まり、物質としてのヒュレー及びヒュポケイメノン（基体）の積極的意義の証明が展開される。しかし、それに先立つ諸々の巻とは何らの連絡もない。また、それに続くΘ《テータ》が第九巻第一章一〇四五b三二において、「先立つ諸々の巻において」という語で指示している論議が、A《アルファ》の初めでもΘ《テータ》

の初めでもなく、Z《ズデータ》の初めであるところから、Z《ズデータ》、H《エータ》、Θ《テータ》の相互の連続性ならびに他の諸諸の書物と比べてこれら三巻が一つのグループとして独立していることが認められる。そこで、この存在一般の学を主題とするこれら三巻を他と区別した。また一〇七六a八から一〇八六a二一までの文書、すなわち第十三巻M《ミュー》巻、第一章から第九章の途中までの文書は、イデア論批判における一人称複数形を欠いているので、アリストテレスがプラトンの仲間から脱却してから後の時代、すなわち中期以後または後期に属し、Z《ズデータ》、H《エータ》、Θ《テータ》、M《ミュー》（第一章から第九章）を後期形而上学と称する。そして後にアリストテレスがこの二つの形而上学、すなわち、非質料的神学的存在論と、質料的存在者の存在論の統合を企てて、E《エプシロン》の第一章から第四章までと、I《イオータ》全巻を挿入して、一つの『形而上学』を完成したと言う。α《アルプハ・エラトン》とK《カッパ》は、それぞれボーニッツ（Bonitz）、及びナトールプ（Natorp）によって偽書の疑いが持たれた。イェーガーはその真作であることを主張しつつも、これがアリストテレス自らによって『形而上学』に加えられたか否かについては明言を避けている。哲学的思索ではなく、単に定義が並べられているだけのΔ《デルタ》については、古代から独立の書ではないかと言われていた。すでにボーニッツが注意しているが、アリストテレスの著書目録を作成した古代のディオゲネス・ラエルティオスが、その目録の中で、これは独立の書物であるとし、『形而上学』本来の中には属さないと見る人は多い。イェーガーも、「存在という語の分析の便宜のため、アリストテレス自身がここにΔ《デルタ》巻を挿入したとは思われない。これは形而上学の講義の中に当時組み入れられなかったものであり、おそらく独立の方法論として区別されていたと思われる。これが現在のように、不適当な位置におかれたのは編纂のときではないか」(前掲書二二〇頁)と言っている。

このように言うことにより、イェーガーは「アリストテレスその人が『形而上学』の最終形式を求めて努力していた」(前掲書二〇九頁)と述べて、アリストテレス自らの編纂を一方では認めながらも、他方では、新しい序論を含むM《ミュー》の位置及びα《アルプハ・エラトン》、Δ《デルタ》、K《カッパ》等の結集は編纂者という語の示すように、後代の人であると考えている。そしてイェーガーではA《アルプハ》、B《ベータ》、Γ《ガムマ》、E《エプシロン》、Z《ズデータ》、H《エータ》、Θ《テータ》、I《イオータ》、Λ《ラムダ》の編纂序列は明白であるが、M《ミュー》、N《ニュー》、K《カッパ》、α《アルプハ・エラトン》、Δ《デルタ》をどこに位置づけるべきかに関しては不明である。従って、『形而上学』によってアリストテレスを理解しようとする場合に、いかに読むべきであるかは必ずしも明確に示されてはいない。のみならず、一見周到な理論に思われるこの議論にも、若干杜撰《ずさん》な点が伏在している。

彼が指標とする一人称複数形については後に述べるとして、エンドレ・ファン・イヴァンカ (Endre van Ivanka) は Scholastik 7. 1932: Die Metaphysik in Jaegers Aristoteles において、「もしイェーガーの言うように(イェーガー　前掲書二一一頁)、Z《ズデータ》、H《エータ》が原形而上学とは関係のない存在者の多岐的な意味に関する論文であるとするならば、Z《ズデータ》(第七巻)第十一章一〇三七a一〇以下の『しかし、この結合体としての実体の質料より以外に、何かある別の種類の質料があるか否か、また、我々はある別の種類の実体を、例えば数とかそれに似た実体を探求すべきであること、これについては後に考察されねばならない。というのは、この考察のために、我々は、さしあたり、感覚的な実体を規定しようとしているのである。というのは感覚的実体についての研究は、実はある意味では自然の哲学すなわち第二の哲学のなすべき仕事なのである』（一〇三七a一〇―一六）という文章をいかに解すべきか」と問う。この文章には一貫して、第二哲学すなわち感覚的存在者の学と第一哲学すなわち非質料的存在者の学の統一の理念があって、二つの形而上学に分けることを不可能にする。「もとよりイェーガーはこの部分を後の挿入と言いたいでもあろうが、それに触れていない」（イヴァンカ　前掲論文一八頁）と言い、類似の例を三つ（Z一〇二九b三―一二、一〇二八b一三、一〇四一a七）あげて批難している。

さて、このイェーガーの説を幾らか利用して書かれたW・D・ロスの考え方を吟味してみよう。ロスはオックスフォード大学の倫理学の教授で、アリストテレス研究家としては、そのすぐれたテキスト校訂と註釈とを以て、代表的存在である。

しかし、その前に一言述べておきたい。以下六頁にわたるロスの所説については、一般の読者は飛ばして、すぐ二九八頁から読み進めていただくのでよいのではないかと考える。研究者になろうとする人は一読しておくべきである。そしてその際、少なくとも出隆教授訳の『形而上学』（岩波文庫）を参照していただきたい。

ロスの説

ロスは、まず、『形而上学』を構成している諸巻の中で、相互に関連の深い論文集を一まとめに取り扱うことにして、A《アルプハ》はどの巻よりも先であり、九九三a二五がB《ベータ》を予告し、B《ベータ》は九九五b五と九九七b四でA《アルプハ》を溯示しており、Γ《ガムマ》は一〇〇四a三三で明らかにB《ベータ》を溯示し、かつB《ベータ》を暗示するところが少なくない。そこで、A《アルプハ》、B《ベータ》、Γ《ガムマ》の論の進め方は統一性があるため、この一体性は確かであるという。EはBの提出した問題と形式上少しも照応しないが、Kすなわち、かなり早期に弟子によってアリストテレスの講義のノートとして作られたところの、そのKが、その最初の部分においてA、B、Γ、Eに論じられる話題と対をなしていることにより、A、B、Γ、Eは連関した論文である。Z、H、Θはお互いに指示する関係及び問題の連関性があるところから、明らかにまとまった一連の論文である。「A、B、Γ、E」と「Z、H、Θ」とは、ボーニッツやブランディス（Brandis）の意見では『形而上学』の二つの大きな柱であり、イェーガーではZ、H、Θは本来の『形而上学』には属さないことになって、この二つの連続は否定されているが、しかしEの巻末とZの冒頭を参看して考えれば、E、Zの連続は可能である。そして更にZとHはそれぞれ一〇三七a一二及び一〇四二a二三に於いてM、Nを予告しているので、MのAとの複雑な重複や矛盾は、Mの第三章、第四章がアッソス時代の講義の序論としてA第九章の代わりをなしたものと見てしまえば、A、B、Γ、E、Z、H、Θ、M、Nが連続する。また、IはA九九五b二〇で提起され、Γ一〇〇四a一七で形而上学者の仕事とされた同一性、差異性、類似性、非類似性ならびに反対性等の問題をその第四章から第十章で扱い、一〇五三b一八ではZを指示しているため、多少とも独立的論文の匂いはあるが全体に属するとみて差し支えなく、かつまた、Nの一〇八七b三三の一者の研究において、それについて完全な探索をなしたIを指示していないところから、論理的にM、Nの後に来るものである。このようにして、ロスによれば「A、B、Γ、E、Z、H、Θ、M、N、I」の十巻が多かれ少なかれ、連続的な著作を成すと見なされ得る、ということになる。

さて次に、周辺にあって本来的には形而上学に属さないのではないかと思われる書物としてロスは、α、Δ、K、Λをあげる。αをAとBとの間に挿入する試みとして、B九九五b五にある文章がα九九五a一九に投入されているとアレクサンドロスがすでに看破しているが、このαは、古典文献学の立場からは完全にアリストテレスの文章であり、内容からみて『自然学』の序論とすべきであるという人々の意見を併せ考えて、ロスは「我々はここでこの位置にこの論文を挿入したのは編纂者の過失であると考えなければならない」(Ross: Aristotle's Metaphysics I. XXV) と言っている。Δは『形而上学』の他の巻と比べて、これのみ『自然学』よりも早くに成立している。そしてΔは『形而上学』に対する非常に役立つ準備過程となっているが、その固有の意味においては準備過程ではなく独立の書物であると言っている。Kはその前半第一章から第八章の途中まで、すなわち、一〇五九a一八―一〇六五a二六においては『形而上学』B、Γ、Eの抜粋であり、後半第八章の途中から巻末第十二章まで、すなわち、一〇六五a二六―一〇六九a一四においては『自然学』第二、第三、第五巻の簡約である。そこにしばしば出てくるゲ・メーン (ge mēn) という言葉遣いを除くと、文辞内容ともに全くアリストテレス的であるが、おそらく弟子がアリストテレスの講義を筆記したものであろうと言う。

右に述べられたKの二つの異質的な部分を結合して一つの書物として提示したこと、それは恐らく全く関連性のないものを妙なふうに結合した例である。それは多分、次のような編者の考えによる。前半の考察は、kata symbebēkos（附帯的）すなわち非必然的なもので論議が終わっているが、後半の考察はtychē（偶運）というこれも非必然的なものから論議が始まっている。それで、両者は本来、それぞれ独立の論文であるのに、たまたま「非必然性」ということで、その類似性が利用され、無理に結びつけたのではないかというのがロスの考えである（前掲書第二巻三〇五頁）。

尚、Λは他の書物から独立的であるが、それでも例えばE一〇二七a一九はΛ六章から八章を、Z一〇三七a一二はおそらくはM、Nであろうが、あるいはΛを指すと見られ、M一〇七六a一〇もM、Nを序論とする失われた他の巻を指すのか、Λを指すのか不明であるが、ともかくこのような言及関係（these references）により、何らかの連絡がΛと『形而上学』の他の巻との間にあると見ることはできる、と言っている。

それならば現在の『形而上学』はどうして今の形態を取っているのか。それについてはかなり蓋然的に論じていて、αは弟子のパシクレス（Pasikles）がアリストテレスの講義をまとめたものと言われてきている（ロス　前掲書第一巻二一三頁）。それはABの順序が成立した後に入れられたものである。というのは、Aの終わりはBの主要問題の序論的疑問を予約していて、初めこの順であった。その後に、序論としてきわめて適当な小論文αをAという歴史的序論の後に入れることにした。そこで$A\alpha B$の順序が出来た。$\varDelta$は$\varGamma$一〇〇四a二八が定義の厳密さを要求しており、E一〇二六a三四が$\varDelta$を指示しているため、$\varGamma$、$\varDelta$、Eと置かれた。$\varLambda$はM、Nと同じく非感性的存在を扱っているため、感性的存在を探求する$ZH\varTheta$の後に置かれた。Iは第二章一〇五三b一八でZの第十三章を溯示しているので、$ZH\varTheta$のまとまりの後に置かれ、KはB、$\varGamma$、Eの抜粋として一見Z、H、$\varTheta$の簡約のごとき観があるため、その三巻の後に、そして$\varLambda$の前に置かれた。

このようにして、$A\alpha B\varGamma\varDelta EZH\varTheta IK\varLambda MN$という順序は成立したが、それはすべてがアリストテレス自らによる編纂ではなく、AとMの複雑な関係からみてA、B、$\varGamma$、E、Z、H、$\varTheta$、M、N、Iという全十巻の系列さえ、定かに著者の配列であろうはずがなく、α、$\varDelta$、K、$\varLambda$の編入に至っては、もとより後人の手によるという結論に達するであろう。

ロスはこのようにして右記全十巻『形而上学』が最も原初的な形であると述べている。それは、しかし、古伝とも一致するところがある。ヘシュキオスの『辞典』の中にアリストテレス著書目録があって、それは紀元前二世紀末のものと考えられるが、そこに『形而上学十巻』とあるので、ロスの規定は正しいのかも知れない（岩波書店版『アリストテレス全集』第十二巻・出隆解説七〇〇頁）。

『形而上学』の各巻の成立ならびにその配列に関するこのようなかなり詳細な専門的問題を一般的な入門書において述べることは、興味をそぎ、また無用の試みであるという批評も起こり得るであろう。しかし、およそ古典を研究しようとする場合、自らがそのような手数をふむと否とにかかわらず、古典を理解するためにはそのような研究への配慮が背後になければならないし、また、自らが本式に古典と取り組もうとする場合には、そのような操作が興味深くなるものであるということを示すために、敢えて試みた次第である。

これらの学説に対しては、特にイェーガーに対しては、前記エンドレ・ファン・イヴァンカのほかにもハンス・フォン・アルニム（Hans von Arnim）や、ジョン・バーネット（John Burnet）や、またファン・ボイテネン（J. M. van Beuytenen）等の批評も再三述べられ、戦後にはまた、チャーニス（Cherniss）やオーツ（Oats）、デューリング（Düring）、今道等の細かな反論や別証等が出されたのであるが、それらは今ここで述べようとは思わない。なぜならば、さまざまの反論があったにしても、依然として基本的にはイェーガーとロスの研究がほぼ基本的なアリストテレス研究の前提として認められているからである。

書物成立史に対する基本的視点

さて、以上のような成立問題に対して、我々としてはどのように対処したらよろしいか。ロスは、この順序の問題に関しては、二つの側面、すなわち、それらの巻が書かれた順序と講義として行われた順序の別がある、と言う。しかしこの両者は、結局においては相応じると考えられる。むしろ私には、一つの書物の各々の部分が実際に書かれたその時間的順序と、編纂の際に著者自身がどのように位置づけるかという、その順序の問題が重要なことではないかと思われる。

相似たことは、ノーマン・ケンプ・スミス（Norman Kemp Smith）がカントの『純粋理性批判』の成立史の研究において立てた問題である。すなわち、彼によると、カントは書かれた順序とは別に、体系的に編纂の秩序を整えたと言い、有名なパッチワーク・セオリー（つぎはぎ理論）を述べている。自分自身を顧みても、一つの体系的な書物を書き上げる際、第一章が第二章よりも先立って書かれたのは普通であるが、しかし、その問題の展開によっては、以前に書かれたものを第三章として入れてゆくことも、しばしばではないが、決して稀なことではない。現にこの書物においてさえも、今私がこの箇所に入れている部分は私の卒業論文の研究成果を利用しているのであって、この部分は本書の真ん中辺ではあるが、最初に書かれた部分である。

哲学者は思考する瞬間においては一つの問題のみに集中するのはもとよりである。だがしかし、瞬間は時間と直ちに同一ではない。一時期において哲学者の考える問題が常に同一であり、そして異なれる時期に同一の問題を再考することが不可能であると考えるとすれば、それは明白な誤りである。そしてまた、体系的な予想を持たないで、ひたすら機械のごとく進展する発展史的理解方法にあつらえむきの哲学者が、かつて何人存在し得たであろうか。少なくともすべての哲学者をかかる類型に数え込む必然性はどこにもない。一つ一つの文献の成立史の研究はもとより大切であるが、それと一つの著作の成立とは、またおのずから方位の異なる問題である。一つ一つの文献の成立にとらわれて、みだりに後代の編集者たちの挿入や誤りを云々することには賛意を表しがたい。また、単語のフィロロジー（Philologie）を過信するのも問題である。古典文献学が古典文学や古典哲学に寄与した功績は偉大なるものがあった。ルネサンスの文献学者及び十九世紀後半以降二十世紀の前半にかけての古典文献学の隆盛はまことにめざましいものがあり、それによって多くの謎が明らかにされたことは事実である。しかし、そのような古典文献学至上主義は、聖書学における様式史研究（Formengeschichtliche Methode）のように語の探索にとらわれて文章やテキスト全体の展望に及んでいないことを知らなければならない。一見動かしがたいかにみえるイェーガー、バーネット、ロス等のいわゆる第一人称複数の説も、こういう単語的文献学に基づく白昼夢となっているのではないか。

バーネットは次のように言う、「『形而上学』の第一巻においてアリストテレスはプラトンのイデアの説をきわめて奇妙な仕方で批判している。というのは、彼はそこで、このイデア説を依然として我々が持っているところの説というふうに一人称複数で語っておりながら、しかもそれを批判している。このことは何を意味するのであろうか。彼がアッソスの地にすでに移り住んでいたのに、いまだにアカデメイアのメンバーのつもりで書いているとみるほかはない」（Burnet: Essays and Addresses 二八八頁）と言っているが、これはロスとともに（ロス　前掲書第一巻序論）、イェーガーが一人称複数に注目し（イェーガー　前掲書一七六頁、ならびに一二七頁）、これを著作の年代決定や思想の発展史に利用しているのをそのまま支持しているのであるが、さて今、それを我々は原典に即して注意深く見てみよう。

尚、原典に興味のない読者は三〇四頁に飛んでよい。

いわゆる一人称複数形（Wir-Stil）について

(1)主張。Wir-Stil で従来のごとき年代決定を企てるのは間違っている。

(2)主張の意義。右の主張は一般が是認する方法を否定するものである。他の方法をとることによって、アリストテレス著作、とりわけ形而上学の成立に関して、新しい考察を立てるための一里塚である。

(3)証明。九九〇b八—九を読むとき、一人称複数を意訳して、「我々プラトニスト達が……」（ロスは英訳に際しわざわざこうしている。この見解は殆んどすべての人々に支持されている。こういう点に一つの事大主義がみられる）とすることが流行している。もしそう読むと、九九七b三—一二の文意を解しえないだろう。ここで論難せられている to phanai はプラトン的イデア論であり、これには彼が毫《ごう》も与《くみ》していないことを汲みとりうるのを度外視して、全く文法的に考えてみるに、legomen という Wir-Stil は程なく phasin, phaskousin と三人称複数に化し去り、ekeinoi という他者指示の人称代名詞が現われるのをどう説明すべきか。ロルフェスは前の九九〇b八—九の箇処をコデックス A^bM に従って deiknutai と読み改め以下これに準じているが（Rolfes の読み改めには充分の説明がついていない。たとえこうしても一人称複数形についての問題は解決できない）、quod confirmat etiam Alex. と言ってEをとるクリスト（Christ 校訂 Teubner 版テキスト）に従うべきである。ただ、訳する場合、deiknumen の対象を hoti 以下の内容とせず、hous tropous で表わされた方法と関係させるべきである。原文は tous ではなく、hous が用いられている。事実アリストテレスも決して形相の存在を否定してはいない。方法に対する批判であることは、以下を文脈に注意して読めば明瞭である。後の hōs men oun の hōs は、hopōs の意味であろう。方法的なものに対する反対であることは九九〇b二二—二三でも明らかである。イデアの存在ではなく、その証明方法で問題があると述べていることを見ぬかなくてはならない。そうすることによって、イデアの性格が変わって来る。すべての Wir-Stil は、A の最初で四原因を探究したときの Wir-Stil と同じく、いわば "editorial we" である。毫も「我々プラトン学徒」の意味はない。

もっとも、今少しくわしく分ければ、アリストテレス形而上学の editorial な Wir-Stil は次の三つに分かれる。第一に日常的常識人を指すもの、第二にある論述の場における共通の主体を示すもの——すなわち解り易く言えば、「我々は今から考えてみるならば」というほどの意味の Wir-Stil である。直接法によるかかる表現は今日我々も使うが、ギリシア修辞法の上でもしばしば使われ、プラトン、クセノポンの対話篇でソクラテスがよく用いているのは周知の事実である。第三には純粋に自己の考えを主張するものである。三つの Wir-Stil を一度に見ようと思えば、例えばコデックスEに従って読んだときの、九九一b三—八と九九三a一一—b五の文章をよく調べればすぐ判る。最初の legomen（Alexander に従う。Christ は読み改めている。このことに関しての私の考察の説明は省略する）は第一のWir-Stilである。誰でも『パイドン』を読めばhōs以下のことを読むのであるから。次のhōn ou phamen eidē einaiのphamenは第二のWir-Stilである。なぜならこのhōnは文脈から明瞭に人工品であって、人工品のイデアを否定するのはプラトンの考え方である。すぐ続く文章のechoimenという語によって示される我々は第三のものである。『自然学』第二巻第三章または第七章を改めて見直すまでもなく、四原因を主張するのはアリストテレスであり、その中のエイドスは人工品にも認められる。従ってここを前の文章流に書けば、hōn phamen eidē einaiとなる。これは前の文章と矛盾する。ゆえに第二と第三のWir-Stilを区別しない人々は困ることであろう。またいわゆるWir-Stil流の人々は更に困るであろう。

右の区別を意識してテキストにあたれば、決して「我々プラトン学徒」と読む誤解をせずにすむ。

(4)結論。右の証明によって、アリストテレスのWir-Stilの本質が解明せられ、従来のようにして年代決定を試みることが正しくないことを示しえた。かえってこの証明により、アリストテレスの『形而上学』Aが書かれる頃、その著者はすでに全くプラトンに対して批判的であったことがわかる。

つまり、このようにして、アリストテレスにおけるすべての一人称複数形は『形而上学』Aの最初の方で四原因を探求したときの一人称複数と同じに、講義における主体としての彼、及び聴講生を指すか、もしくは著者たる彼を複数的に示す一般の論文用語すなわちeditorial we と異ならないと思われる。この意味ではテキストを読めば明白なことなのであるが、一人称複数形は全巻を貫いているのである。いわゆる一人称複数形が、「今プラトン的イデア論を論じるのであるが、仮にその方法を我々が採用すれば」という意味と、「実際に自己の立場を語る我々すなわち私」という、二つの意味を持っていることを看破しなければならない。そして、後者の使い方を、イデア説に関しては、アリストテレスはしていない。

私が、語のフィロロジーを過信することは文のフィロロジーを見失うことであると言うのは、このような意味である。すべてコンテクストを顧みず、全体構造を全く無視する「単語の文献学」は、実は他の根拠による一つの積極的理論の検証にはなり得ても、自らが主たる根拠として一つの理論を構成するにはいささか力が及ばない趣のあることは、他の場合におけるこの学の成果からも、当然帰結されることになると思われる。最近、構造主義や解釈学がテキストという語を多用し、すべて組み合わせの全体から意味を理解しようとして、「文の解釈学」となっていることは、十九世紀後半から約百年にわたって、あまりにも分析にとらわれすぎ、展望を見失った「語の文献学」に対するひとつの批判と思われる。しかし、構造主義者は文献学と歴史とを無視し、解釈学派は言語学に依存する傾向がある。従って、私は文の古典文献学的な研究を解釈の基礎としなければならないと思うものである。それこそは、真の philologia は philosophia につながる、と言ったプラトンの伝統である。

文章心理学的理解について

一般に繰り返しを認めず、それがあればすぐ、いずれか一方を編纂の際の手違いとか、後人の挿入と決めてしまうことは、立論に対していかなる論者にも共通に働く慎重化の心理が、必然的に同一事項、同一文章を、あるいは立場を変え、あるいは文字通り再現することがあり得るという事実を洞察していないことになりはしないか。事象をめぐる思索（Umkreisendes Denken）を主張するベルリンガー（Rudolph Berlinger）はむしろ反復や立場を変えた見方を常に行うところに現実の思索があると言う（Das Nichts und der Tod 三二頁）。「A九九五a一九―二〇」と、「B九九五b五―八」の重複は、イェーガーはじめ多くの人々によりaとBとを接続せしめたとして、「九九五a一九―二〇」の方は後人の挿入とするが、トマス・アクィナスは「B九九五b五―八」の註において、「第二巻においては、学そのものよりも、学の様相が問われねばならないという意味である（Dictum est autem in secundo libro, quod prius quaerere modum scientiae, quam ipsam scientiam）」（Thomas Aquinas: Commentaria in Metaph.Aristotelis. Lectio II.346）と述べているが、この素直な読み方がなぜ素朴として退けられるのであろうか。「とにかく」とか「ところで」とか「双方とも」という意味にすぎないが、ge mēn, de ge, to…te 等のギリシア語の使い方が、アリストテレスの著作において偏って存在している事実から、ツェラー（Zeller）のように、Kの純、不純すなわち真作か偽書かの問題を論じる人もあるが、これなども、たやすくは積極的理由にはなり得ないと思う。ロスでさえも、「ある著述家がその生涯のある時期に幾つかの慣用句を用い、そして後にはそれを使わなくなってしまうということもあり得る」(Ross: Ibid. vol.I. XXVI) と言っている。

方法的な特色としてのアポレティカ (aporetica)

我々はアリストテレスの哲学の方法はあらゆる角度から自問自答するアポレティカであると性格づける。この見地に立って、その方法に従いながら読み進めば、表面的な矛盾もアポレティカの持つ基本性格の中に解消して、かなり明確に体系的な思索が望見されると思う。『形而上学』におけるこのアポレティカ的性格の把握を知らないですますと、著者たるアリストテレスの問題解決の連関性の意図を見失うことになり、いたずらな過剰分析主義を通してアリストテレスの全体的理解を不可能にさせてしまう。α、B、ΓからΔへの移行、更にはまた、A、α、B、Γ、Δ、Eの系列からZ、H、Θへの問題の転換的連続の中に深い論理の連関を透視し得るのである。このようなことの詳細は後に示される。

いずれにせよ、我々は今述べた四つの点において、それぞれさまざまの欠点があったにしても、主としてイェーガー、ロスについて述べたのみであるが、そのほか、バーネット、ロバン、またボーニッツ、クリスト、ナトールプ、ツェラー、チャーニス、デューリング等のなし遂げた研究は敬服すべきものがある。我々は今、これらの結果を盲信したり偏見をもって拒絶したりせずに正当に評価し、これを批判的に活用することによって新しい目で『形而上学』に向かおうと思うが、今まで述べてきたことからすでに明らかなごとく、私の研究は『形而上学』の体系的理解の方位にあることは明らかである。しかるに、その立場の最も著しい前例は、中世における哲学者の研究である。これらの研究は近代の古典文献学以前のものであるために、今となっては刻舟の感なしとしないかもしれないが、一応顧みることにしよう。

中世スコラ学者の説

一般にはイェーガーが述べているように、アリストテレスのスコラ学的な把握というのは石化した概念の図式主義である（前掲書二頁）とせられ、スコラ哲学者の固定化がアリストテレスの正しい理解の敵であるかのように伝えられている。もとより中世のスコラ哲学者たちは、「人々が何を考えていたかということではなくて、事の真理がそこでどのように述べられているかということに注目する」（Thomas Aquinas: Comm. in de caelo. Lect. XXII. トマス・アクィナス『天体論註釈』二十二講）、と言うように、自ら哲学者であることのみを主張し、文献学的研究は乏しかったから、相当の改釈も行われたことは事実であり――例えばアルベルトゥス・マグヌスはアリストテレスを全き意味でキリスト教化した、と言われているが、それはひとつの徹底した改釈であり、すでにボエティウスにおいても、その萌《きざ》しはあった。偽書として今日では問題にされない文献をも、アリストテレスのものとして研究していたことも事実である（『存在と本質について』第五章の初めにある文章を見ると、『原因論（Liber de causis）』が引用されているが、これはその当時、アリストテレスの著作と考えられていた。バルデンホイエル（O.Bardenhewer）がこれを偽書と証明した）。しかし、原典に対する客観的、批判的、歴史的精神の配慮が中世哲学者たちに全く欠けていたわけではない。例えばアルベルトゥス・マグヌスは、今日では誰も疑うことなくアリストテレスの著書とする「人はすべて生まれながら知ることを欲する」と始まるあの書物（『形而上学』）についてさえ、それがテオプラストスのものか、アリストテレスのものか、一応検討している。このことの是非は別として、慎重な態度があったことは、この例を以てしても解るであろう。

さて、中世の哲学者におけるアリストテレス論の変遷は、ここで触れるにはあまりに大きな課題であるために、今はスコラ的アリストテレス解釈と言えば誰しも思い浮かべるトマス・アクィナスを例にとって考えてみたい。彼はその『アリストテレスの形而上学全十二巻の註釈』という書物の序言において、本書を一貫した体系性のもとに理解しようと努力して次のように言う。

「実体範疇を扱う限りでは、本書は神学なき神的な学問（scientia divina）であり、存在者とそれに附随するものを扱う限りでは形而上学（metaphysica）であり、事物の第一原因を探索する限りでは第一哲学である（Dicitur enim scientia divina sine theologia, in quantum praedictas substantias considerat. Metaphysica, in quantum considerat ens et ea quae consequuntur ipsum.…… Dicitur autem prima philosophia, in quantum primas rerum causas considerat.）」（Thomas Aquinas: Comm. in XII. Metaph. Aristotelis. prooemium 1–2）

このように述べて、*M*、*N*両巻を除いてできているメルベケのギョームの原典からの忠実な翻訳に従い、十二巻のラテン訳の『形而上学』を完結した一つの著作として扱った。*M*、*N*を持つ写本を顧みなかったことなど、多くの非難されるべき欠点もありはするが、体系的に一貫した解釈をとろうとするこの態度には今日もう一度見直されるべきものが含まれている。スコラ哲学の伝統において、この理解方法がいかに継承されているかは、トマスの研究家として令名があり、その註釈の編者でもあるカタラ（R.Cathala）やエガン（F.C.Egan）の説を見ればよい。彼らはその編者としての序文にきわめて明快な全体の見取図を掲げ、『形而上学』が三つの部分に分かれると言っている（編者序文第十及び第十一節）。それによると、第一部（第一巻から第四巻まで）は『形而上学』への入門序論部分であり、形而上学的認識論である。第二部（第五巻から第十巻まで）は一般存在論の部分である。第三部（第十巻から第十二巻まで）は自然神学であり、事物の最高原因を扱う。そしてトマスが*M*、*N*を註釈しなかった理由としては、「最後の二巻はアリストテレスの独自の説の展開ではなく、神と離存実体についての他の哲学者たちの説の紹介であるから、不要である（Non enim continent expositionem suae propriae doctrinae, sed tractant de deo et de substantiis separatis secundum opinionem aliorum philosophorum, non vero juxta propriam.）」(Cathala: Ibid. Praefatio 第九節）と言う。

中世の伝統そのもののごときこのような説に全面的賛意を表明する意志はないし、更にトマスの考え方だけでは各巻や章の成立に関して何の研究成果も生まれず、非歴史的に築かれる独断的な体系研究は可能としても、これでアリストテレス像が浮かび出て来るという望みは少ない。我々はこのような偏った全体的解釈を古典解釈の一つの類型と見なし、これに応じて論理的な読解を忘れず、しかし、また、相手が古典であるからこそ、フィロロジーを忘れず、これを単語から文章の水準に高め、考察を進めていこう。

私の説

現在の『形而上学』がストラボンの師テラニオスか、またはロドスのアンドロニコスの編むところであって、アリストテレスその人の手によって公刊されたものでないことは確かな事実である。しかし、また後人の加工もその度はそれほど大きいものではないと思われる。プラトンのあのように美しいまとまりを知っている人々が、自由に原稿を採択して手を加え得たとすれば、『形而上学』のアポレティカは今少し整った形態を示したであろう。後代、諸々の説が発生して来る原因となった編纂としては粗忽《そこつ》な態度は、却ってその原状を暗示するように見える。

私は編者を著者のアリストテレスであり、おそらくは彼の整えた順序のままに、多少の字句の移動校訂が行われたと思われるものが『形而上学』の今日の姿であると考える。もとより私は、アリストテレス全集にアンドロニコスの手が全く加わっていないとは思わない。しかし、『形而上学』に関しては彼の手は少しも加わっていないと思うのである。それでは、どこにアンドロニコスの手の跡があるかと言えば、例えば『大倫理学（Magna Moralia)』

をアリストテレスの著書として全集の中に入れたことにはアンドロニコスの誤認があったと思われる。この書物は、後に示すが、私の証明したところによると、アリストテレスの著作ではなく、おそらくテオプラストスやストラトンの同僚であったと考えられる。このようにペリパトス学派の人の手になる書物をもアリストテレスの書物と見間違えていたというところに、彼の編纂の必ずしも十分ではないところがあるというのである。しかし、それは逆にアンドロニコスが編纂者としてきわめて慎重であり、彼がアリストテレスの書物と信じ込んだものをそのまま組み込み、その書物群をどのように番号づけるかという、その序列化が彼の仕事であったと思われる。

成立の時期

ここでは各巻がいつ書かれたか、その意味での成立を扱おうと思う。各巻相互の指示、予告、及び『形而上学』各巻と他の書物との相互言及が書かれた時期の決定に有力な証拠を示す。その詳細な論及はここで述べる必要はないと思うが、一応ロスやイェーガーの説を紹介した際に述べたことを想起し、私の考えが結論的に述べられるところを見ていただきたい。$\varDelta$のみは恐らく他のいずれの巻よりも早く書かれたとのみ言うことはできない。これは周知のように定義集である。従って学問的な著述の基礎になる述語の問題を取り扱ったものである。私が$\varDelta$を初期のものと考える理由の一つは、第三章ストイケイオン〔字母〕を構成要素として使用しようとする苦労が読みとられ、これはそのような意味づけが尚熟さない頃のものである。

確かにE、Z、Θ、I、また自然学及び生成消滅論でも、$\varDelta$巻ではなかろうかと思われるものが指示されている。ただしその定義内容は、ロスに従えば必ずしも『形而上学』のために適しているとは思われないが、いずれも形而上学的問題を含んでいるのと、それから著書目録を作ったディオゲネス・ラエルティオスがあげている定義集が二、三あって、それが同じ書物の異本なのか、あるいは全く異なった書物なのかが、今日となっては不明であり、従って、それが全く異なった書物である可能性もある。それゆえ、$\varDelta$とは別に、早期に成立していた定義集の存在も考えられるので、$\varDelta$が必ず『形而上学』のほかの巻に対する顧慮なく書かれた早期の書物であると断定することはできない。のみならず、A、α、B、Γにおいて、この巻は指示されていない。また、コリスコスという固有名詞が出てくるが、これをバーネットのようにコリスコスがいたアッソス時代の講義の証拠にする、と言うのも一方的で、コリスコスはアカデメイアの同僚として、若い教授アリストテレスの助手の形で、アカデメイアでの論理学の講義に陪席したことも考えられる。それよりも同じ存在をめぐっての考察であっても、Γ巻第二章と$\varDelta$巻第七章では取り扱いが違う。前者が同義と類比、実体と属性の関係を論じているのに対し、後者は存在が語られるのは自体性においてか、付帯性においてかと問い、カテゴリーとしての存在、可能態、現実態としての存在を問うており、より短い内容に、より充実した論理構造をみたしている。それで$\varDelta$は$\alpha B\Gamma$の後に書かれたと見るべきであろう。

　*A*は早い時期に書かれたと思われる。そしてこれと一群を成す*B*、*Γ*も同様に早い時期であろう。*α*もそのころに書かれたものと思われる。これらの早い理由は、ここにおけるイデア論批判を見るに、後に名指しで批判されるスペウシッポスやクセノクラテスの名前が出て来ない。このことはアカデメイアにおいて傑出した哲学者はまだプラトン一人の時期において生じた批判であったと思われる。あるいは、むしろアッソスの分校において、まだ、アカデメイアを代表する学者が充分に自説を展開していないころのことであり、クセノクラテスがアリストテレスとともにいた時のものである。*E*にも固有名詞コリスコスは出て来る。*Z*、*H*、*Θ*の成立は多くの人も言うように連続して書かれたものと言えようが、*Z*にはコリスコスが名指されており、動物研究の題材には、前にも述べたように近くのレスボス島特産のものが多く、動物関係の書にもコリスコスの名前が現われる。そして*Z*、*H*、*Θ*が感性的実体を取り扱うものとして、動物の研究との相互影響を示すとすれば、まずアッソスの時代に書かれたと推定できよう。ただしそのためには、語られているコリスコスが分校経営者のあのコリスコスであるということや、アリストテレスが講義の草稿にもそのようなことを書いたとか、あるいはこの草稿を写し取った聴講者がそのような例までもそのままに書いたというような、いろいろの条件が必要になってくる。

　*Λ*は、独立した論文の形態を示しているようには見えるが、尚それでも*E*巻一〇二七a一七―一九に述べられていることを無視するわけにはいかない。そこでは、「しかし、更に、多くの場合にあると言われる物事があるとしても、常にあると言われるような物事は全く存

しないのではないか。あるいはそもそも永遠的なものなど存するのであろうか。だが、これらの問題については後に検討することにしよう」という予告は、私には決定的なものと思われる。事実また、Eにおいてしばしば言及される第一哲学としての神学は、現存の著作形態の中ではΛを措《お》いてほかに求めることはできない。この巻は、Eで予告された書かれざる神学の代用に編まれたのかもしれないという推測も可能であるが、ただ、Λ巻の現在の形が、早い頃に成立したと定めてしまうのは必ずしも正しくはない。すでにプロティノスによっても、この書の八章が全体と異なる色調を持つことは指摘されているというが、イェーガーは「大体は早い頃に成立していたが、八章のみはエウドクソス（Eudoxos）の高弟カリッポス（Kallippos）の説があげられている関係上、カリッポスが天文学でアリストテレスを助けた年代、すなわち紀元前三三〇年から三二五年、すなわちアリストテレスの晩年に編入されたものであろう」（イェーガー　前掲書三六六頁）と言い、ロスもこれに同意見である（ロス前掲書第二巻三八四頁）。このことは私としても認めざるをえない。そしてこの事実は、著者によってΛが『形而上学』に使われた証しになるであろう。

M、Nは一般に一人称複数のないことからAよりは後期のものとされるが、しかし、この一人称複数がそれほど決定的に標準となることはあり得ない、ということは前に述べた。ただしM、Nは開巻劈頭にZ、H、Θを指示していることから、Z、H、Θよりも後に書かれたということは確実であろう。その上年代決定にも意味を持つと私に思われるのは、批判の対象がAやZ、H、Θのものとは異なっていることである。私の見るところでは、ここではもはやプラトンのイデア論はさして問題とならず、むしろZに批判されたスペウシッポスはもとより、かつてレスボスに遍歴の苦しみをともにしたクセノクラテスのイデア的数理哲学の名指しの攻撃が見られる。このことは、批判の対象となるべき立派な論を立てた著名なイデア論的哲学者がA巻の頃はいまだプラトン一人であったのに対し、三人となった学界の動静を、従って、また、時の推移を物語っている、と私は思う。そのゆえに私はM、Nをクセノクラテスがアカデメイア第三代の学頭となった頃の、すなわちアリストテレスがリュケイオンの学頭となって間もない時期のものであると考えている。

I、Kの書かれた時期もわからない。Iについては一〇五三b一八においてZの指示があり、A九九五b二〇、Γ一〇〇四a一七はこの巻の伏線であろうから、これらのものよりも後の著であろう。KもB、Γ、Eや『自然学』の抜粋であって、これらよりは後であるが、他の巻との前後はあまり判然としない。

アポレティカ的統一の理解について

前述のごとく各巻成立の時代はそれぞれに異なり、必ずしも現在の配列が書かれた意味での成立の順序に従っているとは思われないとすれば、『形而上学』はいかに読まれるべきであるか。前にも述べたように、ノーマン・ケンプ・スミスのいう四つの時期の列挙がある意味でカントの『純粋理性批判』の成立に関しては正しいとして、結局その体系的な書物が諸々の断章のモザイクであったにしても、カントの与えた体系は彼を理解するのに絶対的のものではなかろうか。文献の成立を論定して発展の内的理解を試みることはよいことであるが、そうすることによって、その発展を必然たらしめている変化を貫く統一した体系の基本性格が理解できないようになるとすれば、いかなる哲学者の研究の場合といえども、方法的に再考を要するであろう。

我々は前にアリストテレスの哲学の方法として、弁証論（dialektikē）から出てきた一つの新しい考え方をアポレティカ（aporetica）と命名した。そこにおいては、アポレティカがディアレクティケーからどのようにして生ずべきであり、事実いかにして生じたかについて触れたに止まり、それが何であるかについて説明をしていなかったので、今ここでは、簡単にアポレティカの説明を行わなければならない。

アポレティカは、自ら問い、自ら答え、自ら批判するという構造を持つ。すなわち、考える主体が一者であり、その基本構造は三契機より成っている。このことは思考展開の合目的性及び問題の自己内在性すなわち主体的に懐疑すること（aporēthai）を意味する。従って解答は袋地から抜け出る意味で巧妙に解明すること（euporēthai）にほかならず、それはディアレクティケーにおける解答が、まず自己のあらかじめ知れるところのものの非学問的な対話的披瀝によって確認されてゆくのと、はなはだしい隔たりがあると同時に、それは学問の性格をまず現象の説明にあると規定することにほかならない。それはソクラテス、プラトンにおいて、イデア的実体の確信に発する上からの哲学が、現象を絶した概念世界の構造を論じ、現象をしてそれに従わしめようとした方向とは対蹠的である。そして、このアポレティカの名称は、アリストテレスが哲学の場と考えたアポリア (aporia) から来るのである。「我々の求めている学のために、まず立ち入って論じておかなくてはならないのは、そこで第一に論議さるべき種々のアポリアについてである」(第三巻第一章九九五a二四―二五) というように、アポリアから思索は抜け出さなくてはならない。

さて、アポレティカは自らの問いに自ら答えるものとして、まず自己に手近な答えから出発してゆく。それが我々により近いものから、すなわち我々により知られているものから自然 (physis) においてより知られたものへ、というあの『自然学』第一巻一八四aにおいて明らかにされた方法に結晶する。

さて、『形而上学』においては、例えば問題からそれの巧みな解答への移行に際しては、手近にあるところの先行哲学者の言説でよいものかどうか、これを手がかりとして探求に入っていくということもある。それなのにここで語られるものは、他者のロゴスではあるけれども、ここで語る人はすでにアリストテレスであって、まさしくそこには立場の転換が行われている。すなわち批判の基準はそれによって現象の統一的な説明がはたして可能であるか否か、という、純粋にアリストテレス的見地にほかならない。このためにはロゴスは必ずプラグマすなわち現実に返ってこなくてはならないが、事象そのものが否定するとき、いかなるロゴスももはや有効な論理 (eulogos) として解決 (euporēthai) しているのではない。そうして、その事象を看破する洞察とははたして何であるかについては、彼は何事も語ろうとはしない。けれども、それが健全な常識であったと述べることは、アリストテレスが重要な理論的問題の展開に際してさえ思索者に要求したパイデイア（paideia）という言葉によっても首肯し得るところであろう。パイデイアは、すでに健全なる良識を母体とする人間形成の鍵である。かかる良識が事象に照らして空論を検出したとき、よりよい解答を求めて別な探求の道をとる。すなわち、問題視野の転換が自由に行われ、アポリアは異なった層からより巧みに答えられようとする。そして一つのアポリアは多くのアポリアを生みながら他のアポリアと全体的に関連を保ち、その内部において現象の最適な説明諸原理の統一への志向が動いている。存在の秩序がアリストテレスにおいては直ちに思惟の秩序であったと言われるロゴスとプラグマの並行関係も、このようなアポレティカの性格に支えられているのである。

アポレティカもこのように見て来ると、ディアレクティカと同じく動態の論理である。しかしながら、それは、一つの理性が一つの統一へ向かって進むのであり、ディアレクティカにおける対話者の二つの項の浮動しない中間に限界的に立てられた意識一般を、自己一人の内部に獲得して、一人の人間の普遍的思索の可能性を立証して後代に伝え、更に問題転換の合目的性によって、体系的統一を崩しはしないエウロゴス（有効な論理）であるという意味では、動的であり静的である論理（logica dynamica et statica）である。

『形而上学』をいかに読むか

『形而上学』を読むとき、もしも我々が右に述べたようにアリストテレスに独特の方法であり、かつそれゆえにアリストテレスの理解に必要なこのようなアポレティカを意識していれば、いかなる成果を得るであろうか。まず、いかに読みいかに理解したかを示す簡単な図式を掲げ、アポレティカ的統一を示そうと思う。

　アポレティカ的転換は色々の実例を通じて明らかにすることができるが、いま、「Z、H、Θ」について述べてみることにしよう。既述のように、イェーガーは、「Z、H、Θ」の一群と「B、Γ、Δ、E」の一群との関連を認めず、もとはそれぞれ独立の書であったものを『形而上学』最後の編纂期においてE第二章から第四章までの挿入によって初めて『形而上学』全体の一翼たらしめたものとなし、これを後期のものと見る。この説に従う人が多いのは前述の通りであるが、しかしその説の危険性は、部分的にはイヴァンカによっても指摘された。ロスはΘにおけるen tois prōtois logois（Θ第一章一〇四五b三二）を厳密にin the first articleと考え、それがZの第一章を指すところから、「Z、H、Θ」の独立性を主張し、これらは「A、B、Γ、E」とは異なった論文である、とするけれども（Ross: Aristotle's Metaphysics I. p.XVIII）、ギリシア語のプロートス（prōtos）はそれ自ら最上級と比較級の二つの意味を持つ形容詞であって、en tois prōtois prōtoi（先立つものの中で最も先なるもの）という使用例もあるように、複数形で示されたprōtoiは、ロスの解するように必ず英語のthe firstと同じく厳密であると考える必要はない。却ってロスが別の『アリストテレス』という書物において、「しかし、単にΛの第二章、第五章ばかりでなく、ZからΘの大部分が感覚的実体に含まれている原理を取り扱い、そして『形而上学』の主要な営みの単なる準備としてみなさるべきである」（Ross: Aristotle 一五七頁）という考え方は、この「Z、H、Θ」の一群が『形而上学』の全体構造の必然的構成要素であることを物語っている。

今、もし、我々がアポレティカの方法を顧みれば、そのことは明瞭になる。アポレティカは論理的準備の後には「我々により知られているもの」から「自然においてより明らかなるもの」へと進むものであることは、すでに述べた。ところで、『形而上学』の問題としてアリストテレスは質料から離れている実体を取り扱い、神的なるものについて論ずると宣言したけれども、感性的現象界に住む我々にとって、それがはたしてどのような実体であるのか、最初においては全く不明である。そこで、アリストテレスはZ巻では第三章において、「さて、一般には感覚的な事物のあるものが実体であるということで見解が一致しているから、我々はまず第一に、感覚的な事物のうちにこの第三の実体を探し求めなければならない。恐らく、一層多く可知的なものへと移行するのが（学習上）効果的だからである。すなわち、およそ学習する者は、それの自然において一層少なく可知的なものを介して、それの自然において一層多く可知的なものへと進むべきである」（一〇二九a三三―b五）と言って、まず方法として感性的実体を扱うべきことを言明している。そうであるとすれば、我々はここで論じられる感性的実体の考察を通して、彼が詳細に説明する eidos（形相）と、to ti ēn einai（本質）、energeia（現実態）、dynamis（可能態）等の概念が神学においても使用されている事実を考え合わせ、ファン・イヴァンカとともに、「すでにZは主要問題の解決に必要な廻り道である」(Scholastik. 7. 一一頁)、ということは正しいのである。そうすれば、分析する人々、分断する人々(chōrizontes)に従わずに、この書の解読は矛盾を見ずに行われ得るであろう。このほかにも成立に関する細かな研究は幾らでもあげることができるが、それを詳論することは、本書の性格に十分にはそぐわないので、次の話題に入ることにする。

雄大な体系が望見される未完の書物

さて、『形而上学』の編纂について、尚一言触れることにしておきたい。『形而上学』の全き意味での編纂は行われなかったものと思われる。アリストテレスは前に我々が見たように、その著作については十分の完成を加えずして逝いた。この書十四巻はしかしながら彼のある計画に基づいて、大体において順序よく書かれた一群の草稿を主流として、更に、あるいは異なる時期に成立した巻を適当に配置して、アポレティカ的連続性を持った統体とするように自ら企てたものである。

そもそも『形而上学』は著者がカルキスへ向かって流謫《るたく》の旅仕度に忙しかったとき、十分の時間的余裕なく急遽編まれたものであるということは、考えに入れておかなければならない。この色々な書類が、ある計画に従って彼の手によって並べられたことは事実であると思うが、そのある計画とは何か。それはかねて、時あらば完成しようと志していた彼のいわゆる prōtē philosophia(第一哲学)を、それまで彼の手元にある限りの講義案や、聴講録や、草稿などから、曲がりなりにも一つの全体にまとめあげようとすることであった。ロスのいう言葉では、「『形而上学』の失われた、あるいは書かれざりし部分」(Ross: Aristotle's Metaphysics I. p. XXVII) は、恐らく失われたのではなく、書かれざりしままであった。晩年の著『ニコマコス倫理学』では、ソクラテス、プラトン的伝統を破って、sophia (理論知) と phronēsis (実践知) の明確な別が企てられているにもかかわらず、『形而上学』は全巻を通じてこの区別が行われていない。そして比較的後年のリュケイオン時代の最も初期であろうと我々が認めたM、Nにおいてさえ、例えばM巻 (第十三巻) 第四章で、phronēsis はプラトン説に対する批判の際に、ヘラクレイトスの言説を重んじたプラトンの言葉として sophia と殆んど全く同一内容の語として使用されている。すなわち、「およそ感覚的な事物は絶えず流転している。従っていやしくも認識または phronēsis がある何ものかについてであれば、感覚的実在とは別の常に同一に止まる実在が存在しなければならない。流転して止まらぬものには、認識はあり得ないからである」(一〇七八b一四—一七)。それなのに、学について論ずるのがその主題の一つであり、かつ『ニコマコス倫理学』でもその価値の認められている『形而上学』が、学と深くかかわる知識の分類の点で『ニコマコス倫理学』の分類と違っているという点を放置しておくことは、『形而上学』が既刊の書であるか、または同じ目的の他の書物が存在するのでない限り、体系的にはもとより、心理的にも不可能である。しかるに『形而上学』はその時まで既刊の書物ではないし、それに類似の書物もない。ゆえに『形而上学』は、何らか新たに補訂されるべきでありながら、その著者の境遇の急変と比較的早い死のために、遂にその日を見ずして終わった未完の書である。Λにおける以上に立派な内容の神学を、我々はΛにおいて偲《しの》ぶほかはない。ともかく未完の書物であるとはいえ、そこには基本的性格においてはすでに決定している雄大な体系が望見され得るし、決定的な体系であるとはいえ、その内部には自由な問題視野の転換によって広げられた豊饒な発展の跡をたどることができる。

編纂について再言すれば、この書十四巻は、書かれた意味での成立はいずれもリュケイオンの学頭時代のきわめて初期、すなわち彼の五十五、六歳以前に属する。しかし、編まれた意味での成立は、事態の急に迫られて、未完を意識しつつ、彼がアテナイを去るに臨んでの多忙のうちにおいてであったと私は言う。従ってその成立は五十九歳の頃ではなかろうか。

二　イデア論批判

イデア論の持つ矛盾

『形而上学』で存在者の構造を考えるアリストテレスの基本的立場は、プラトンの形相に関する教えと緊張関係にある。それらの重要概念として、実体（ousia）、本質（to ti ēn einai）、基体（hypokeimenon）、形相（eidos）、質料（hylē）、現実態（energeia）、可能態（dynamis）などがあることは、すでにアリストテレスの思想を全体的に見る場合に説明しておいた。しかし、アリストテレスは常に、まず自己がプラトンと異なることを明らかにしようとしていた。それは彼のイデア論批判によく見ることができる。そこで、アリストテレスのイデア論批判がいかなるものであるかということを明らかにしておかなくては、その知識論、存在論の特色は不明である。それゆえまずイデア論批判を顧みてみよう。

アリストテレスのプラトン・イデア論の批評は、全面的な攻撃ではない。アリストテレスの哲学においても、もしエイドス（形相）を抜いてしまえば、もはやアリストテレスの哲学はない。そして、周知かどうか、不明であるが、大切な事実として、プラトンのイデア論と言われはするが、プラトンはエイドスという語も多用し、イデアとエイドスの異同を全く意に介さない人々が多い。それゆえ、アリストテレスはプラトンの意味のエイドスを否定し、自らの意味のエイドスを認めた、と言ってよい。それゆえ、非物質的形而上学性においては、プラトンのエイドスもアリストテレスのエイドスも全く共通であるが、しかし、それにもかかわらず両者は非常に相異なり、プラトンのイデアはその定立の根拠からアリストテレスによって非難されているのである。それならば、なぜアリストテレスはプラトンのイデアをそのように反対したのであろうか。

以下にアリストテレス『形而上学』第一巻第九章によって五つの理由をあげよう。

(1)知識は一定のものであり、流動常ならぬものではない。ところが現象界にある限りのものは変化常なき仮象であるため、知識は、いかにして、その一定普遍性を保ちながらこの可変的なものに打ち勝つのであろうか。

このようにして知識すなわち学問の対象として諸現象の背後にその原因として存在する永

遠不動の像がなければならない、とプラトン学派は言う。もしそうであるとすれば、それについて認識し得るすべてのものに対してイデアがなければならないことになるであろう。例えば、今我々が、人が生まれ、人が老いて、人が死ぬことを知り、そのことをすべての人について認識しているとしよう。するとまた我々は、ここに老衰というイデアや消滅というイデアを認めなければならないということになるであろう。けれどもイデアはプラトンにおいては真なる存在として、また価値的なものにとらえられ、消滅や老衰のような非価値的なるものにはイデアを認めないと言っているとすれば、ここにイデア論は自ら内的矛盾に陥るのである（九九〇b一四）。

(2)また、多数のものの上にそれらがみな共通の名称（onoma）をもって呼ばれるゆえに一つのイデアがある、とするならば、イデアは普遍者として実際に存在するものについてのみならず、およそ命題の主語となり述語となる一切の言語は、それらがオノマ（onoma 名詞）であれ、レーマ（rhēma 動詞）であれ、ともかく背後に真の存在たるイデアを持つと言わなければならないであろうが、もしそうであるとすれば、言語はそのままイデアに通ずるものとなりはすまいか。ところで、否定を表わす単語はどの言語にもある。そうすればイデア論者の好まない否定的なるものについてもイデアを認めなければならなくなるであろう（九九〇b一三―一四）。

(3)更にもし理論的に厳密に追求していく人々に従えば、もし多くのものの述語となるもの（例えば人間）が、その述語を持つもの（例えばソクラテス）から離れて存在するとすれば、述語となる人間というイデアは、これがその述語となるソクラテスとは違って、それ自身の実体を持っているとすれば、そして人間が個々の人間にも形相にも述語として付加されるとすれば、個々の人間とも形相とも異なった第三の人間（tritos anthrōpos 又は homo tertius）が生じ、同様にして無限への背進が現われるであろう（九九〇b一七）。

(4)プラトンの著書たる『ソピステス』では同一と他者という関係のカテゴリーが最高の一般者として実在の中に数えられるが、判断の基礎を論理的に研究した共同性（koinōnia）の弁証法は、遂に自然的存在と価値についてのみイデアを認めたプラトン自らの基本的考え方に矛盾して、結局関係のイデアを認めていることになるであろう（九九〇b一六）。

(5)またプラトンのごとく考えれば、同一物に対して数多《あまた》の原型《パラデイグマ》が、従って数多のイデアが存することになる。この第一巻第九章と第十三巻第七章をも援用すれば、人間について言っても、動物と二本足と同時にまた人間自体もなければならず、あるいは足自体も、手自体も、頭自体も出てくる。それらの多くのイデアの関係は明示され得ないであろう（九九一a二七―二九、一〇七九b三一―三三）。

以上五つにまとめた批判はアリストテレスによって多くは結論だけしか言われていない一、二行の文章によるイデアに対する数多の内在批評を、プラトンとの関係において理解されやすいようにと、私が解釈し直した文章である。

イデア論では説明できない「運動変化」

このような内在批評においてイデアを立てる人々の論理的な誤謬は十分に明らかとされる、とアリストテレスは考え、更に、それらの反駁はさておいても、アリストテレスにおけるプラトン的イデア論への根本疑惑、従って最も本質的な批評は次の文章である。

「特に最も疑問とされてよいのは、そもそも形相が感覚的な事物に対して（永遠的な諸天体に対しても、あるいは生成消滅する事物に対しても）どれほどの役に立っているかという点である。なぜなら、形相はこれらの事物に対して、そのいかなる運動や転化の原因でもないからである」（九九一a八―一一、一〇七九b一二―一五）

第一巻第九章と第十三巻第五章と二度も同じ言葉を繰り返して述べているように、事物の運動変化は、永遠不動で遊離した実体イデアからは、どうしても説明できない。こうして、アリストテレスの考えでは、感性的事物からは全く外在的でありながら、しかもそのものの実体であるというような存在を考えることはできない。

「およそsophia（知恵《ソピア》）とは現象の原因を探求するものであるが、プラトンの方法で進めば、動く現象の実体を等閑に付することになるであろう。我々にかかわりのない外在的な超越的実体に、元来、内面性のないコーラ（空間）のような質料がいかにしてエロスの思慕を感じ得ようか。何を言おうとも、イデア論は空虚なたわごとを以て（dia kenēs legomen）説明を試みるに過ぎない」（第一巻第九章九九二a二四―二八）

このようにして、真の存在としてのプラトン的なイデアは、用なき仮構として容赦なく退けられている。トマス・アクィナスはその註釈において、「アリストテレスは、イデアが感覚的事物に対して何の役にも立たない（ideae ad nihil possunt sensibilibus utiles esse）ということを示して、イデアの措定に関してプラトンの考えを破壊したのである（Thomas Aquinas: Comm. in Metaph. Aristotelis. Lectio XV. 225)」と言っているが、これはすぐれた見解である。

確かにアリストテレスは、種々論理的な自己矛盾をイデア説において指摘しているけれども、事は、むしろ論理学の問題よりももっと端的であり、生成消滅、運動変化という現象界の最も顕著な事実を説明し得ないというところに、プラトンのイデア論の最大の欠陥を認めている。

イデア論批判を終えるにあたって、批判の基準となったものが現象の説明の可能か否かという問題と、生成や運動、すなわち現象を重視して日常性についての顧慮が多大であるということ、この二つのことを注意しておきたいと思う。これらは後に大きな結果を導入する一つの動機となるからである。

三　知識論

プラトンの知識論

前節で、アリストテレスによって否定されたイデアは、ソクラテスとプラトンにあっては知識の唯一の対象であった。従って、また、イデアが否定された以上、それと照応するプラトンの知識論は否定されなければならない。今、我々は、アリストテレスの知識論を特色づけるために、このイデアと照応しているプラトンの知識論を簡単に顧みてみよう。

その本来の姿を明確にしてゆくためには、個人によって、知識についてとか、力量の試みとしてというような副題を付されていた知識論である『テアイテトス』篇を中心として、『パイドン』、『メノン』、『ピレボス』、『ソピステス』等を研究しなければならないが、今は、この節ではそれを指摘するに止めて、結論的に考えを述べるほかはない。

ギリシア語の知識を表わす普通の言葉は、sophia, epistēmē, phronēsis, technē 等である。後代はそれらに対してそれぞれ sapientia, scientia, prudentia, ars すなわち英知、学問、賢慮、技芸というふうに訳し分けていて、それに何らの誤りはない。しかし、もしこれらの四つの区別がギリシア語の昔からすでに存していたと考えて、このように峻別して古典のすべてを読もうとするときは、大きな過ちに陥ることを注意しなければならない。このうち第四のテクネーすなわち技芸については、よほど特殊な場合にしか知識と同一視されて語られることは少ないから、今、話を前三者に限定したいと思う。

セクストゥス・エムペイリコスが伝えるところでは、予言的哲学者ヘラクレイトスが、次のように言っている。「それゆえ、共通なものに従わなければならない。それなのに、このロゴスが共通なものとしてあるのだけれども、多くの人は、めいめい、あたかも自分に特別の phronēsis があるかのように生きている」(Diels-Kranz: Die Fragmente der Vorsokratiker 二二B二、邦訳の内山勝利編『ソクラテス以前哲学者断片集』〈全六巻、岩波書店〉及びG. S. Kirk & J. E. Raven: The Presocratic Philosophersは、ともに初期ギリシア哲学研究に必須の文献である）という文章を見るが、このプロネーシスとは現象の基底を深く洞察し、共通なロゴスを知る学問的認識のことであり、また、デモクリトスのある断片によると「稀に偶然はプロネーシスに向かって闘う。しかし、人生の多くの場合知的な洞察が支配する」（Diels-Kranz: 六八B一一九）とあって、このプロネーシスも明らかに原子の運動の機械的必然性を洞察するものとして全き理論理性であり、かくてギリシア語でものを書いた哲学者に関する限り、プロネーシスには実践も含まれていたにせよ、理論理性の機能があったことを忘れてはならない。

見方によると、この傾向はすべての思想家にあてはまるとは言えない。アテナイにおいては、この語の二義的な使用方法は必ずしも一般化されていなかった。例えば喜劇詩人アリストパネス（Aristophanēs）は、ソクラテスを揶揄する『雲』という作品においてphrontistērion（プロネーシス実験所）という単語を造語している（『雲』九四）が、これは、次のような理由で、アテナイ市民には奇異に響き、喜劇的効果をねらっていた。

プロンティステーリオンとは、プロネーシスを実験したり研究したりする場所という意味になるが、もともとアテナイでは、この単語は識見や賢慮という意味で使われていたため、アテナイ人が聞けば、正常な市民が常識的に教養を深めて獲得する見識などを、実験や研究によって獲得しようとする場所に聞こえ、ソクラテスを皮肉に扱うにはまことに恰好な表現であった。

アテナイの用法がどうであれ、古代ギリシアで哲学を興したイオニア地方の語法では、プロネーシスは学問的知識の意味をも持ち、それをソクラテスは輸入し、プラトンも継承したと思われる。そのことは、プラトンの著書『ピレボス』（二〇E一―二）においても、プロネーシスは理性認識としてソピアやエピステーメーと同じように使われている。このことは、また同書の二一A一四においても phronein（プロネーシスを使って考えるという動詞）と noein（nous ――理性――を使って考えるという動詞）とは同じように扱われている。

更に、アリストテレス自身も、初期の著作で、「すべてのものの中で最も美しく、且《か》つ最も善く、最も快きものである幸福」（『エウデモス倫理学』第一巻第一章一二一四a七―八）に生きるには次の三つにかかわるところが大きいとして、プロネーシス、実践の才としての aretē（徳）、感覚的快としての hēdonē（快）の三つをあげている。この三者は『エウデモス倫理学』では第一巻第四章一二一五a三四―三五でも繰り返しあげられている。そして、この際のプロネーシスは、「ある人々はプロネーシスをアレテー（徳）よりも大いなる善であるとする」（同第一巻第一章一二一四b二一―三）という文章から見ても明らかなように、道徳とは区別された知であるとされている。従って、プロネーシスは、アリストテレスにおいても、早い頃は理論理性的認識であったと見てよいであろう。従って、ある時期の来るまでは、ギリシアの哲学界においては、哲学用語としてのプロネーシスは、sophia（知恵、英知）と全く同じ意味であった。

さて、それならば epistēmē（認識、学問的知識）とソピアとはどのような関係に立つのか。思うに、人が sophos（知者）と呼ばれるとき、その人はアレテー（徳、才能）としてのソピア（知恵）を身につけていることではないか。従って、その人は客観的真理体系としてのエピステーメー（学問）を自己のうちにもつ人である。すなわち「エピステーメーとはソピアと同じである」（プラトン『テアイテトス』一四五Ｅ六）と言わざるを得ない。すなわち、知識には成果として見られた知識体系すなわちエピステーメー的な面と、それを知る作用の両側面があることを注意しなくてはならない。これら両者は全く別々の存在とは言えず、一方を予想せずしては他方を考えることのできない本質的対概念である。

知識は、まず獲得された知識として一般的普遍的性格をもたなくてはならない（『テアイテトス』一四四Ｄ八―一四八Ｄ二）。従って、それは概念的統一性をもつから、教えられ得るもの、学ばれ得るもの（mathēma）でなければならない（同一四五Ｃ七―Ｄ九）。しかし、そのようなものは、知る人が知っていると感じているものであるから感覚であるかもしれない（一五一Ｅ一―三）。それならば、感覚と知識とはどう異なるのか。感覚は感官を通じて獲得されるものであり、各々の感官はそれ固有の領域しかもっていないが、すべての感官に固有な諸々の対象領域について立証され得る一般的なもの（koina）が知識の対象である。従って、感覚が肉体を媒介として常に肉体的器官とともにあるのに対し、知識は純粋に内から与えられなければならない。すなわち外からの感覚を素材として内から判断を下すものが知識なのである。

このようにして、結局知識とは外部から与えられた流動する感覚の多様性を、魂が自らによって弁別・総合の範型と照合して永遠不動の法則に従って行う推論において生ずるものであり、その推論の基礎となる概念がすなわちイデアなのである。このようにしてエピステーメー（学）は、そのままイデアを直観するソピアとつながるのである。

アリストテレスの知識論

プラトンのイデア論は、アリストテレスの知識論に大きな影響を及ぼしたことは誰しも否みはしない。後期プラトンの論理思想がアリストテレスの知識論に及ぼした影響の深さは、両者の共通の用語例が多いことを以てしても予測できるであろうし、また、事実、そこで論じられている概念的思惟の法則や、思惟と感覚との峻別などは、すでに遠くイオニアやエレアの学派に発したものとはいえ、洗練された学の趣においては、プラトンに磨かれたアリストテレスの学問の面影を十分に見ることができる。

ソクラテスの弟子の中では、アンティステネスが、判断としての知識の成立を否定しているのに対して、プラトンとアリストテレスは、ともに二つ以上の概念の内包量を比較し、そこに共通な一般性を発見したときに、両者を結合する命題が成立するという全く同一の思想に立脚して判断成立を保証するのである。

それならば、両者は知識論として根本的に同じであったのか。そうでないことは、本書は前にイデア論の肯定と否定によって明らかにしているはずである。それならば、このイデア論を認めるか認めないかということによる両者の差異は、知識論として具体的にどのような違いを示すのか。

すでに述べたように、プラトンの知識は、魂の内部からイデアに溯《さかのぼ》ることによって到達されるものとして、初めから純粋な自己運動であり、感覚はその自己運動を促す手がかりであったにすぎない。これに対してアリストテレスにおいては、すでに本書の二八四頁において、『形而上学』の開巻劈頭の文章を説明したときに述べたように、知識は感覚↓記憶↓経験↓技術↓学問というように、段階的に純化されて来るものとして、知識は感覚の meta-morphōsis（変化）であった。従って、「感覚は知恵（ソピア）であるとは見なさない」（九八一b一〇）、と言いはするが、しかしまた「感覚は確かに個々のものごとについては立派な知識（gnōsis）である。ただし、それは例えば火について何ゆえに熱くなるかを説明しないで、ただ、その熱いという事実を告げる」（九八一b一一―一三）と言い、感覚こそ事実認識の基礎であるという考え方をするのである。それゆえ、形、数、動静のごときものは、アリストテレスにおいては共通感覚によるものとされており、感覚と知識との密接な関係は、感覚の転換的連続の反復の成果として知識を成立させる程である。

それではアリストテレスにおいて知識を表わす各種の言葉はどのようになっているのか。アリストテレスは知識一般を表わす最も広い言葉として gnōsis を使っている。そして、このグノーシスに、個々の事実（hoti）を認識する感覚的知覚と、その個々の事実の何ゆえにそうあるかという理由（dioti）を認識するエピステーメーとを分け、そして九八〇b一の言い方を見る限り、プロネーシスとエピステーメーとの区別は、その初期においてはなされていない。そして、ソピアは、このときからすでにグノーシス（知一般）から区別されて、あらゆるものの原因たる最も高貴な神的存在に向かうものと考えていた。これが後になると、少し変わり、知覚すなわち事実認定から、一方的にただその事実の原因を問うエピステーメー（理論的学問）に転換するだけではなく、個々の人間がその事実をいかに扱うべきであるかという行為のための実践的判断を学問的に追求しなければならないと考えるようになった。

このような倫理学についてのアリストテレスの関心は、かなり若いときからあったことは、その『エウデモス倫理学』という著書などによって明らかであるが、対象が単なる知覚的事実であるか、また、永遠不動の原因であるか、それとも個々の人間が個々の事実に対する際の態度決定の規範にかかわるかということによって、知識の種類が異ならざるを得ないと思うようになるのである。それが後にエピステーメー（理論的学問）とプロネーシス（実践的認識）とを分立させてゆくことになる。

そしてこの分立は、アリストテレスの知識論がプラトンの知識論と全く異なっていることを表わすものであると同時に、ソクラテス以来の知行一致の一元的な考え方に対し、理論知と実践知とを区別することにおいて、ソクラテスに対するアンティテーゼを立てることにもなる。そしてこの分立は、『ニコマコス倫理学』において最も鮮烈に見出されるがゆえに、この『倫理学』の成立そのものが、アリストテレスの後期すなわちプラトンから全く独立して自己自身の思索を展開した時代の書物であるという説にも役立つのである。この年代決定はイェーガーがなしたことである。しかし、まだ我々はアリストテレスの形而上学の説明段階にいるのであるから、形而上学においての限りではアリストテレスはいまだエピステーメー（理論的認識）、プロネーシス（実践的認識）の別は立てていないのである。それを立てていないまま、彼はいかなるテーマを考えるのであろうか。

四　存在論

存在の原理・原因の探求

すでに述べたように、E・Z・H・Θの諸巻は存在論である。しかし存在論とは何であろうか。今日、存在論といえば誰しもオントロジーという言葉を想起するであろう。しかし、この単語 ontologia は、一六一三年に近代スコラ学者、R. Goclenius によって造られたものである。それは言うまでもなく、ギリシア語の存在（on）と論理（logos）の合成語である。しかし、この名称がアリストテレスと関係をもつことは確かである。なぜならば、アリストテレスは『形而上学』Γ巻（第四巻）の劈頭において、「存在（on）を存在（on）として研究し、また、これに本質的に（自体的に）属する事柄を研究する一つの学がある」（一〇〇三a二一―二二）と言っている。ギリシア語の“on”は〝存在すること〟（einai）という不定法の現在分詞なのであり、すでに述べたが、英語の being にあたる。それゆえ、アリストテレスの言葉を英語に直すならば、being を being として研究する学がある、ということになる。

その意味は何か。我々は、例えば人間という一つの存在を、動物として研究することもできる。その場合、人間は生物学の視点から研究されることになる。しかしまた、人間という存在を法的責任の所有者として研究することもできる。この場合、その存在は法社会学的な視点から、あるいは倫理学的な視点から研究されることになる。

しかし、もしこのように存在を特殊領域に限定せずに、人間という存在を存在として研究することはできないであろうか。否、更に一歩を進めて、およそ存在を存在として思索できないか。アリストテレスは、存在を存在として研究する学は特殊的科学のいずれの一つとも同じではない、と考えている。というのは、それらの学は、いずれも存在を存在として全体的に考察しはしないで、ただ、それのある部分を抽出し、これについてそれに付帯する属性を研究しているだけだからである。

しかし我々が、そのような限定をしないで、存在としての存在の構成要素や、存在としての存在の第一原因をとらえなければならない。従って、*E*《エプシロン》巻すなわち第六巻の冒頭でアリストテレスは言う、「我々の求めているのは、諸々の存在（on　在ると言われるもの）の原理（もとのもの、archē）や原因（aitia）である」（一〇二五b三―四）。ただし、ここでは言うまでもなく明らかに数としての存在や生物としての存在を扱うのではなく、「存在としての存在（on hēi on）」の原理や原因を求めているのである。この on hēi on を英語に直せば、being as being である。これは、他の学問のようにある特定の存在や、ある特定の類を引き出して存在を研究しようとするのではなく、存在を端的に存在の地平において問おうとするのである。

日本語で「存在」は事物としてあるもの、すなわち「有」としてとらえられがちである。しかし、ギリシア語を含む印欧語族で「存在（being あるいは to be）」というと、「有」だけではなく、命題の繋辞（コプラ）つまり is（〜である）の「ある」も含まれ、存在論は述語論を含むことになる。

実体（ウーシア）

それでは存在を存在として研究するというのはどういうことか。アリストテレスはE巻第二章で「端的に存在といわれるものにも多くの意味があるので、そのいずれをとるかということをまず考えなければならない」（一〇二六a三三—三四）と言い、まず第一に、付帯的な意味での存在を取り上げ、試してみる。それは偶然的な意味で存在と言われるものであり、例えば家を建築する場合に、家が作られると、それに付帯して起こる限りの色々な存在がある。つまりその家が、ある人には快適なものとして存在し、ある人には邪魔なものとして存在するが、そのような「偶有として」存在する存在のしかたは偶然なものであり、学問の対象にはならない。従って、存在としての存在を研究する場合に、このような付帯的な存在は省かれるのである。それゆえ、我々の対象とするものは、自体的な存在でなくてはならない。それは三つに分けられる。すなわち、㈠真としての存在と偽としての非存在である。

それはどういうことか。真というのは、現実において基体とその属性とが結合されている場合、それを命題において、基体を主語とし、属性を述語にして、主語と述語とを肯定的に結びつけて語り、現実において基体と属性とが分離されている場合、主語と述語とを分離して配分する判断のことである。そして偽なる非存在とは、これとは正反対にすることである。

どのようにしてこの命題的な操作が存在とかかわると言えるのであろうか。すでに前にも触れた通り、それはギリシア語においても、英語その他印欧語に共通なことであるが、命題において、SがPであるというそのであるという言葉は、英語ではS is Pと言うが、そのis（繋辞）は、この場合、肯定判断を表わす述語であり、特にSの存在を肯定する動詞ではないにもかかわらず、同じSの存在を肯定するHere is S、あるいはS is hereというis（存在）と文法的には全く同形である。従って、SがPであるというときのその「である」は、日本語のように、ここにS「がある」という存在指示と形の上での区別がない。そこからして、㈡命題の肯定否定がそのまま存在としてとらえられるのである。

これは言語にとらわれた考え方であろうか。そのように見ることもできる。もう少し、考えてみよう。「SはPである」という判断は、実は「SがPとしてある」ということであり、つまりは「PとしてSが存在する」ということになりはしないか。今、具体的な例で示してみよう。

「馬は動物である」ということは、つまりは「動物として馬が存在する」ことではないか。

「私は学者である」ということは、「学者として私が存在している」ということではないか。従って、アリストテレスが命題の真としての存在、偽としての非存在というように述べたことは、単に言語の形式に引かれた考えではなく、そのまま存在という問題が、命題の肯定、否定という問題としてあり得ること、換言すれば、命題の肯定、否定による真偽の問題が、存在の問題の中に含まれるということなのである。この問題に関しては*E*巻すなわち第六巻の第四章で述べられている。

このように考えてみると、更に一般化してカテゴリーとしての存在ということを考えてみなければならない。それは先に述べた「……である」というあり方は、「人間である」というように実体の場合もあれば、「白である」というように性質にかかわる場合もあるし、「三尺である」というように量にかかわる場合もある。そのように考えてゆけば、「Sが歩く」というような判断さえも、「Sが歩くものである」というふうに考えてみれば、そこで存在が能動にかかわることになる。同じく、「Sが打たれる」という判断も、「Sが打たれてある」というふうに言えるとすれば、受動もまた存在の一種ということになる。このようにして、すでに述べたアリストテレスの十の範疇がそのまま存在の表として妥当するのである。このことについて*Z*巻すなわち第七巻の第一章を読めばよい。しかし、㈢最も端的な意味での存在とは、ものの何であるかという本質や、またはこれと名指せる個物である。それゆえ、端的に存在すると言われるものの中でも、特に第一に、すなわち勝義的に存在すると言われるものは実体である。

今、我々が実体と訳しているのは、アリストテレスの用語では ousia であり、それは言語的な意味としては、やはり存在を表わすオンと同じく存在すること（エイナイ）の女性形現在分詞 ousa をもとにしてこしらえられた言葉であり、もともとの意味はどっしりとしてあるものという位の意味で、それから転じて財産などをも意味する。それから実体という哲学用語に使われるようになった。

存在論から神学へ

アリストテレスは実体を二つに分けて、第一実体と第二実体というように区別して、前者は基体的に存在するもので、例えばコリスコスという名前の人がそれであり、後者はその人の持っている本性、すなわちその人に属する種や類のごとき普遍者である。そしてこのような個物内に内在する普遍者を、アリストテレスはそれが人間の精神の目によって見抜かれるものと考え、見られた形という意味をもつエイドス（eidos）という言葉で呼んだ。我々はそれを形相《けいそう》と訳している。古くからある顔かたちを表わす形相《ぎょうそう》とは音が違う。

ところで、このエイドス（eidos）すなわち形相という単語は、プラトンのイデア（idea）と同じ意味なのである。そしてそればかりではなく、プラトンもまた、自らイデアを語るときに、ギリシア語としては同じく形を意味するため、eidos という単語をも使っている。それゆえ、プラトンもアリストテレスも、両者とも形相を実体としていることにおいては変わりがない。そして、その実体がまた普遍者であることについても変わりがない。

もとより、プラトンにおいては単なる普遍者的な形相の代わりに、価値の理念のような形相も存在し、それらはいずれにせよ個物に内在するものではなかった。これに反してアリストテレスの形相は、あたかも生物の種概念のように、個物に内在する普遍であり、また仮に価値的なものである場合でも、それはその価値あるものに内在している形式であり、その形式ゆえに、それをもつものの価値が生じるようなものと考えられていた。

そして、特に重要なことは、アリストテレスにおいては勝義の第一の実体とは、決して普遍者ではなくて、現実に存在している存在者なのである。換言すれば、私は人のイデアの影などではなく、私は人という種に属しているが、それは、私の私という実体の内部に、人という種を内包しているからである。従って、もし私が人であるという判断が正しいとすれば、それは私の中に私という基体と私の本質的属性——人間とが、私において結合しているのを命題において結合させたからであり、私が馬であるという命題が、偽としての非存在であるのは、私の内部にない馬という種的形相を、命題において私と結びつけているからなのである。

このように考えてみると、存在を存在として考えるということは、容易なことではないが必要なことである。そして、このような存在としての存在が何ゆえに存在するのかということを問うのは、生物としての存在が何ゆえに存在するのかと問うこととは自ずから問いの位相が異なって来る。生物としての存在は、生物学的必然性を考えて、例えば親にあたる雌雄が、交接することによりその精子が卵巣において胎児となり、時満ちて誕生するというようなことを原因として考えていかなければならない。しかし、存在としての存在がなぜ存在するのかという問いは、それら個々の種別的な規定の彼方にある存在一般の存在可能性に対する問いとなる。

このようにして、それらは必然的に第一の存在、絶対的な存在、この世の生成消滅を含めたあらゆる現象の統轄者があるかないかという問題にかかわって来る。こうしてアリストテレスの存在論は、その究極において第一の存在者を探し求める第一の哲学、超越的な神の存在を証明する神学となるのである。

「存在は多様に語られる」

アリストテレスが存在と言うとき、ギリシア語では on（存在者）、ousia（実体）、einai（存在すること）という使いわけがあるが、これは、いずれも最後の einai（すなわち英語で言えば to be）にあたる不定法の文法的変化によるものである。それゆえインド・ヨーロッパ系の言語で書かれたすべての存在論が、存在を表わす動詞と繋辞の動詞、いわゆる「ガアル」、「デアル」を、その文法的同形のゆえに混同して扱っているように、アリストテレスでも、問題の処理はその外形的な混同を哲学的に区別していく方向に展開されてゆく。尚、反復することになるが、ousia（実体）は einai（to be）の女性現在分詞 ousa の変形であって、かなり古い時代に形成された造語であるが、必ずしも哲学用語と限らず、むしろそれ以前に日常的には存在度のあるものとして、物資とか財産の意味に使われていたし、哲学用語となってからも、その意味でも使われていた。

さて、アリストテレスは、『形而上学』の中で、「存在は多様に語られる（to on legetai pollachōs）」（第四巻第二章一〇〇三b〇五）という有名となった言葉を述べている。今、その多様な存在を、前述した分類に従ってまとめ直すと以下のようなものになる。

(1) to on kata symbebēkos ト・オン・カタ・シュンベベーコス（偶然的または付帯的存在）。その例としては、「正しい人は音楽的である」という命題におけるあるということ。そもそも判断とは、主語概念と述語概念との結合・分離のいかんによるが、〃正しい人〃という概念と〃音楽的〃という概念とは、常に必ず結合するとは限らない。音痴でも正しい人は幾らもあるから、この両概念の結合は必然的ではなく、偶然、付帯的にそういうことがあるということで、付帯的存在とはこのような形で命題に現象する。

(2) to on kath' auto ト・オン・カタウト（自体的存在）。これには三種類ある。

(a) 第一に、to schēmata tēs katēgoriās ト・スケーマタ・テース・カテーゴリアース（範疇の表）の示すだけ、いろいろの形で命題の述語として「デアル」ということが語られる。すなわち範疇形態としての存在（アル）の意義とは命題の中で必ずしも常に明示されるとは限らないが、二つ以上の単語的概念がbe動詞（einai）によって結合されて成立している。従って人が歩くというような命題では、「人が歩きつつある」とか、「人が歩くものとしてある」とか、「人は歩いているものである」というのと同義であり、命題は常にこのようにして存在を内包するのである。

(b) to on hōs alēthes ト・オン・ホース・アレーテス（真としての存在）、あるいは to mē on hōs pseudos ト・メー・オン・ホース・プセウドス（偽としての非存在）。すなわち右に(a)で述べたように、命題は存在を内包するので、肯定と否定とが命題の繫辞を介して存在の問題とされ、そのため、命題の真偽がやはり存在と関係して来るのである。

(c) to dynamei on ト・デュナメイ・オン（可能的存在）及び to energeiai on ト・エネルゲイアイ・オン（現実的存在）。「大理石の中にヘルメスの像がある」、というような言い方は、やがて彫刻家の手に渡る素材としての大理石の現在の状態について一つの可能性を、存在という言葉を使って述べているのであり、可能的な存在とはこのようにして現われる。

さて、上のことをまとめると、初めの二つはいずれも「甲は乙である」という命題に属しているが、最後のものは、「甲は可能的に乙である」というのと、「可能的に甲がある」という二つの判断を含んでいる。

「さて、上のごとく to on はさまざまに言われるが、それはしかし多様な錯雑の状態にあるのか。その諸々の意味は同一ではないけれども、しかし、いずれも一つの本性において語られている」（第四巻第二章一〇〇三 a 三三―三四）、とアリストテレスは言う。あたかも、医学的ということが、あるときには医者について言われ、またある場合は医学の天分に関しても言われ、更には手術や診断のようなものもそう呼ばれ、また、その道具であるメスや薬のようなものにも言われ、それらのものは相互に相異なっているけれども、しかし、いずれもそれらが等しく医学的と言われる中心には、医療という一つの本性が認められる。

従って、存在の場合も確かにそれは色々に異なっているように見えるが、すべての医学的と呼ばれる事物を研究する一つの学、医学があるように、色々な言われ方をする存在についても、存在の本性を問う一つの学問がなければならない。それが前に述べたon hēi onオン・ヘー・オンの学、すなわち存在を存在として考える学のことである。

さて、このようにして、「存在は多様に語られる」ということが、存在の類比（analogia）という考え方を生み出す根拠である。

存在と命題

さて、学は普遍的な知識であって、例外者にかかわるものではない。すなわち学の対象は、to aei ト・アエイ（永遠的なるもの）か、少なくともto hōs epi to poly ト・ホース・エピ・ト・ポリュ（蓋然的なるもの）でなければならず、法則を求める学は、法則の否定者を踏み捨てて歩む。それゆえにこそ、学は学びかつ教えることのできるものである。

しかしながら、今最初にあげられた「付帯的存在（to on kata symbebēkos）」とは、「大工がその息子の病気を治した」というときのように、全く例外的な事象である。「大工が同時に医者である」ということは不可能ではないが、偶然であり、そこには「他のようにはなり得ない」（to mē endechesthai allōs）としての必然性（anagkē ——アナンケーと発音する——）は存しない。それならば、論理的必然性に頼って、これらの偶然的な事象を学の対象としてこのまま進めることは、学者としては非良心的である。従って、to on kata symbebēkos（付帯的存在）は、考察の範囲から除かれなければならない。

更にまた、「甲が乙である」という命題を見て、そこに存在があると言われるのはどのように考えるべきであろうか。「甲が乙である」という事実（hoti）の真偽を述べるときの「アル」は、人間の意識の pathē パテー（受態）である。

アリストテレスによると、我々が「あなたは色白である」と言うから「あなたが色白である」という事実が真であるのではなく、「あなたが色白である」という事実があなたにおいて真であるがゆえにこそ「あなたは色白である」という我々の判断は真であることになる。従って、問題はむしろ「甲は乙である」という命題の中の「デアル」が、はたして事象において結合しているものを命題において結んでいるのか否かということが問われるべきであり、「甲が乙である」という事実が存在と言われる場合は、その存在は、この命題の内部の存在であり、従って範疇の形式や、現実態、可能態という見地に基づいて言われる存在であろう。

従って、仮にこれが真なる命題であるとしても、このような形で人間の思考のうちにある真としての存在も、また本質的なる to on（存在）を問うところの学の対象からは排去されなければならない。なぜならば、命題における真と偽とは事物の側にはなく、ただ、そう思う人の思考の中に存するのみであって、それは必ずしも客観的な存在ではないがゆえである（第六巻第四章及び第九巻第十章の要約）。

この真としての存在についてのアリストテレスの考えには多くの疑問が残っている。わけても、原典の示す矛盾した表現は、その最たるものであろう。すなわちE巻すなわち第六巻第四章では、「真としての存在とか偽としての存在というようなものは、本来のすぐれた意味での存在（on tōn kyriōs）とは異なる存在である」（一〇二七b三一）と言っているのに、第九巻第十章においては、「最もすぐれた意味での存在（to kyriōtata on）とは、真としてのあるいは偽としての存在である」（一〇五一b一—二）と言い、これはどのように考えても、前掲のテキストと正面衝突をするものである。

十三世紀にアリストテレスを解釈したトマス・アクィナス（Thomas Aquinas）及び二十世紀にアリストテレスの『形而上学』のテキストを校訂したクリスト（Christ）はこの矛盾に気づかずにいるが、イェーガー（Jaeger）は、このテキストのキュリオータタ（kyriōtata）の意味を、「すぐれて」の意味ではなく、「最も高度に」とでも読み、「普通に使われている」、というふうに変えて読もうとしているが、ロスはそれを否定する（Ross: Aristotle's Metaphysics II. 二七五頁）。

ロスは、この場所には写本間にかなり差異があることから、誤写（一〇五一a三四のmenの後に置かるべきものを行を違えての誤写）ではないかと言う（Ross: Ibid. 1051b1 の註）。ほかに読みの可能性がないので、これに従うほかないかもしれない。なるべくテキストに従って読む方が望ましいので、私はかつてkyriōsの原義に帰って、「最も権威的な存在は命題の真や偽という存在である」と読み、一般に命題の形式で真偽を発言することが社会生活一般にまた政治その他に最も力強い影響を与えている「存在」であるとしていた時期があった。典拠としては、ピンダロスの『イストミア』やアイスキュロスの『アガメムノン』等をあげたのである。

ほかの二つのト・オンは、いずれも必然的で事物の側に即していると思われるから、我々の抱くウーシア（実体）についての予想に近いものがある。そこでウーシアとは何であったかを調べ、上の二つの種類のト・オン、すなわち述語形式、カテゴリー（範疇）の存在（on）及び現実態の存在（on）とウーシアの関係を考えてみよう。

質料と形相

定義のあるのは既述のようにΔ巻である。Aの次にαが入っているのでそれは第五巻になるが、その第八章でアリストテレスは言う。

「ウーシアとは㈠端的な物体ないし単純物資（hapla sōmata ハプラ・ソーマタ）。例えば地、水、火、物体であり、またこれらから成るもの、生物、また、神的なもの（daimonia——恐らく天体か）、またこれらのものの部分のことである。そして、一言で尽くせば、自ら主語であって他の述語とはならないもの。㈡自ら主語であり、他の述語とはならないものに内属し、それらのものの存在の原因をなすもの、例えば動物に於けるpsychē（生魂）。㈢かかるものの中に内属してそれらを定義づけ、tode ti（個物）を特徴づけ、それの破滅は全体の破滅となるもの、例えば物体における面。㈣to ti ēn einai（本質、ものの

何であるか、直訳すると、ありしところのそのあり、すなわちそのもののロゴス、定義であるもの」（一〇一七b一〇—一三）

このようにして、「ウーシアとは結局大別して二つの意味で言われる。まず、(イ)上述の(一)がこれに属する。すなわち、他の属性としての述語とはならないもので、つまりは to hypokeimenon eschaton（究極の主語または主体、または究極の基体）すなわち個体であり、(ロ)上述の(二)(三)(四)がこれに属する。それはこれと指し示されうる存在であり、かつ離れて存しうるもの、ギリシア語では、ho an tode ti on kai chōriston ēi すなわち、各々ものの型式（morphē）と形相（eidos）である」（一〇一七b二三—二六）。

同様のまとめ方が第七巻第三章にもあり、こちらの方では、論理形式も顧慮されている。
「実体という語は、それより多くの意味においてではないにしても、少なくとも主として次の四つの意味で用いられている。すなわち(一) to ti ēn einai ものの何であるか〔本質〕と、(二) to katholou（普遍的なもの）〔概念〕と、(三) to genos（類）とが、それぞれの事物の実体であると考えられており、更に(四)それぞれの事物の基体 hypokeimenon がそれの実体であると考えられている。ところで、基体というのは、他の事物はそれの述語とされるが、それ自らは決して他の何ものの述語ともされないそれ〔主語そのもの〕のことである。……事物の第一の基体は最も真にそれの実体である」（一〇二八b三三—一〇二九a二）

右の引用から明らかなことは、ウーシアすなわち実体とは、個物と形相の両者になる。と

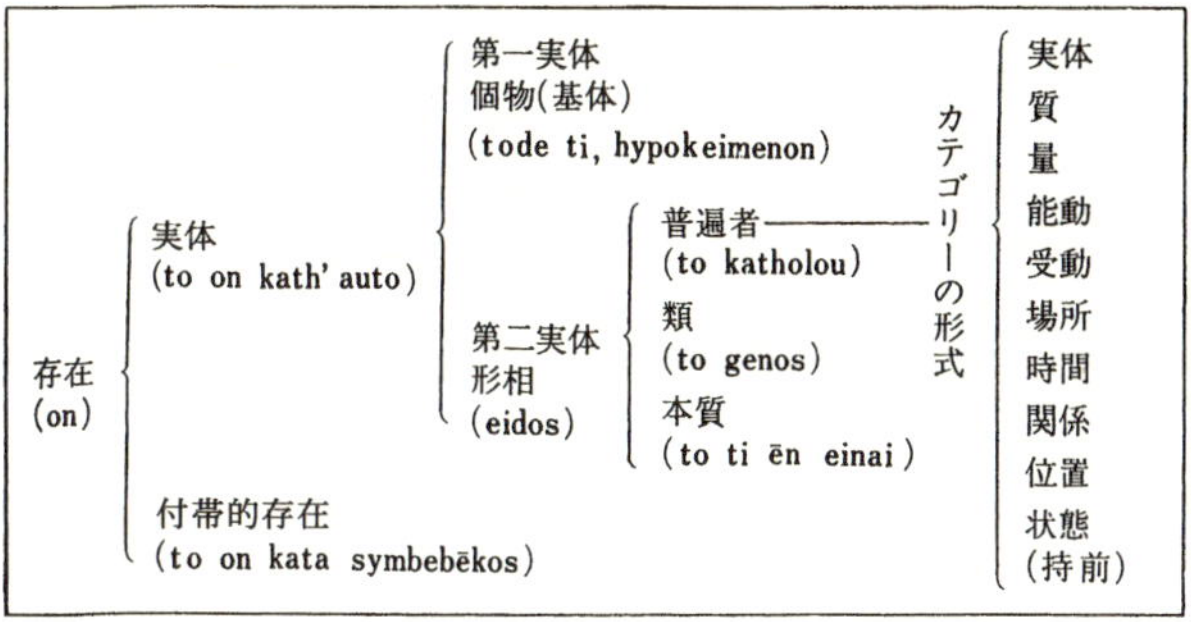

ところで、ここにこの両者について三つの問いが生じる。すなわち、㈠この二つのウーシアは、二つとも同じ意味でウーシアであるのか。次に、㈡この両者の関係はいかなるものか。更に、㈢個物とは述語とならないとすれば、説明不可能なものではないか。それなのに、前二者の問いに答えるには、個物がそれらの問いの中に含まれている以上、まず第三の問いの解答を得なくてはならない。

さて、認識されるとは何らかの意味で述語されることで、従って認識とは述語化である。ゆえに、自己において述語とならないものは認識されない。その意味においては、第三の問い、「個物は説明不可能、認識不可能である」ということは正しい。けれども、このまま引き退ってよいわけではない。個物の説明不可能性とは、我々が述語化の方向において、個物とは何であるかと問うたがゆえに完全な解答を得なかった結果なのである。今、問いの形式を改めなければならない。すなわち、個物はいかなる要素に分析され得るか、すなわち個物には何があるか、と存在論的に問うことにしよう。

今、完成した人工品を考えることにして、大理石の胸像と大理石の柱があるとする。それらは二つとも大理石という点では等しいが、胸像はヘルメスの形をしており、柱は円筒形をなして高い。しかも、その形のゆえに胸像は部屋を飾るものとなり、柱は天井を支えるものとなっている。このようにして、その材料を組織する形成の基底としての形のゆえに、素材を同じくして本質を異にした二つのものが生じている。

このようにして、アリストテレスはその共通な材料を、プラトンも使っていた材木の意味をもつhylē（ヒュレー）すなわち、質料と呼び、述語化しているし、その内的組織の規定、型、形態を、これもプラトンが使用していた単語を使ってeidos（エイドス）と呼んだ。そして、これをもとにして形相因、質料因のほかに、起動因及び目的因までも考えられたことは、すでに説明した通りである。このようにして、アリストテレスの存在は一つの表をもって示すことができる。その表を示そう（三五一頁）。

五　アリストテレスの存在論の意義

アリストテレスの存在論は、おおよそ以上のごとき内容をもっている。それは、あらゆる存在者はいかなる種類に分けられ、いかなる意味で言われるかということ、つまり存在者とはいかに説明されるか、という現象学的著述としては、十分価値あるものであった。しかし、それにはまだほかにも色々の特色がある。それを簡単に述べておこう。

個物の実存的優位

アリストテレスにおいては、個物こそは最も本来の意味のウーシアとされていたことは今述べた通りで、それはもと、師のプラトンにおいては、イデアの影として貶《おとし》められたものであったが、今や真の存在としての個物は tode ti（この何）と言われ、具体的存在者としてそれは「形相と質料の synolon シュノロン（合成体）」であるということも、イオニア系自然学者の元素主義や原子論とも大いに線を異にする。思うに、それは、あるがままの個物の抵抗現象を知覚するところの感覚において、知性的秩序の潜在を主張するアリストテレスの知識論の当然の帰結と見ることができようが、事実、まず存在すると言われるものは、感覚に訴える自己外の個物である。このようなものを何よりもまずシュノロン（合成体すなわち統体）として見る。

アリストテレスは個物の個性（後の中世のドゥンス・スコトゥスの用語で言えば haecceitas）を問わず、類種関係の設定以下に降りなかったところに、我々が彼の生物学の反映を見ることとは行き過ぎであるとしても、個物、この生成消滅し、常に不安な状態にある現象的存在者を、それの本質よりも、それの形相《エイドス》よりも重視して問題にしているところには、何か我々の周囲の現実の世界の重みや匂いを感じる正しいセンスが彼にあったと言われるべきであろう。

古代論理思想の完成と新しい学の予感——アンティステネス考

知識の段階は、存在の分類の内的原因となっているが、私は、存在の論もまた、そのままアリストテレスの論理学に著しい特色をもたらしたと考える。まず第一に、アリストテレスこそは、古代の論理思想が脅かされていた一人の巨人を退け去って、それをして泰山の安きにおくと同時に、やがて新しい形而上学をもたなければならない古代論理の有限性を自覚させたものと言えよう。

それは何のことか。まず論理学から判断を奪うとすれば、論理学の殺戮を意味するであろう。だが、まさしくそのような恐るべき哲学者をアテナイの歴史は持っている。普通には、アンティステネス（Antisthenēs）と言えば、プラトンやアリストテレスの加えた論難と酷評とともに、時間がこしらえた伝説のために、単に無欲清貧の実践訓を説き、既存の倫理や論理の否定者として学的には蔑まれている。しかし人は、彼の著書であるとしてその名の伝わるもののうち、論理学関係がいかに多いかを見落としてはならない。

更に、アリストテレスが『形而上学』においてその名を明らかに示した回数はわずかに二度とはいえ、それはかつての同僚でプラトンの甥、アカデメイアの二代目学頭として名高い数理哲学者スペウシッポス（Speusippos）と同じ回数であり、更にまた、プラトンがアンティステネスについて語ることしばしばなるを思い、かつそれらの言辞が、ことごとく重大な論理的問題を暗示することに気づけば、そして更に彼は常にソクラテスの hetairoi（ともがら、仲間）に属していたことを自他ともに許すのを想起するとき、アンティステネスの知の否定は深い思索より出たものであろうと、私はかねてより、思わざるを得なかった。もし、そのように思う人がいるとすれば、ヴィラモーヴィッツ＝メレンドルフ（『プラトン』第一巻二〇一―二〇四頁）、フィールド Field（『プラトンとその同時代者』）などはよい参考になるであろう。今はその人の思索全体がいかなるものであったかは別として、その論理思想に関してこの章に必要な限り触れるにあたり、あらかじめ、その人の思索には基礎があったことを認めておこう。以下に私のアンティステネス考を述べる。

　アリストテレスは、『形而上学』第五巻第二十九章において、「それゆえアンティステネスが、何ものも、ただそれ独自の言葉（logos）でしか言い表わされ得ないと考え、〝一つの主語には一つの述語あるのみ〟と言ったりなどしたのは全く単純である」（一〇二四b三二―三三）と録しているが、これによれば、アンティステネスは真の判断としては、「甲は乙である」という命題において、甲と乙とが全《まった》く同じであるべきだという全くの同一判断、純粋の同一判断しか認めていなかったことがわかる。

　例えば、同じく第五巻第二十九章においてアリストテレスは、「8は2という概念を用いればある倍数であると定義し得る」（一〇二五a一）と言っている。これは8＝2×4として、2なる概念によって8を述語することを認めるが、アンティステネスの考えによれば、2なる概念をたとえ使うにしても、8は8＝2×4でもあり、8＝2^3でもあり、8＝16÷2，8＝10－2，8＝2＋2＋5－1でもあり、8は8以外の言語では流動的にいろいろの側面から見てみることができても、決してそれで8が完全に定義されたことにはならない。

更に、もし「甲は乙である」を一般の人々が満足する程度のところで認めるとすれば、「馬は動物である」という判断も、「犬は動物である」という判断も、ともに成立してしまい、そこから「馬は従って犬である」ということにもなるであろう。

もとより中概念不周布の誤謬であると我々は言う。けれどもアンティステネスの考えでは、そもそもどうして犬は動物であるのか。さらに規定して、犬は動物の一つであるといっても、動物の一つと犬とが同じものであるものか、と言うに違いない。だからアンティステネスでは、例えば推論式の第一格の第一式を使って、「すべての動物は死ぬものである」「すべて犬は動物の一つである」ゆえに「犬は死ぬものである」という三段論法を構成しても、それは真としては認められはしない。なぜならば、すべて動物はまた生きているものでもあり、死ぬもので規定が尽くされたわけではない。死ぬものといえば色々なものがあるが、これまた犬と同じではない。犬にしたところで死ぬものと同じではない。従って先の中概念不周布の誤謬も、彼にとっては問題にならない。

大体馬がどうして動物と同じであり得よう。馬は四本足の動物、たてがみのある動物等々、要するに概念の内包量のすべてが尽くされなければ、馬の概念たり得ることはない。従って、『形而上学』第八巻第三章でのアンティステネスについての言及は興味深い。「あのアンティステネスの仲間や、彼らのように無教養な連中がaporia（難問）としたところのアポリアにも、機微に触れるところがある（echei tina kairon）。すなわちそれによると、ものごとの何であるか、すなわち本質を定義することはできない。なぜなら、定義は長談義

(logos makros) になるからである」（一〇四三b二三―二六）。どうして長談義になるのか。アンティステネスの考え方では、定義は内包量を尽くさなくてはならないからである。それは不可能の業である。「できることとは、かえってただそのものがどのような（poion）ものであるかを言うほかはない。銀については、それの〝何であるか〟ではなしに、ただ〝錫《すず》のようなものである〟と言い得るのみである」（一〇四三b二六―二八）。対象のその時々の様子の少しずつの記述がようやく可能であるに過ぎないし、それも他者を述語とする言い換えに過ぎない。

従って、そもそも犬は動物であると措定したことが間違いなのであり、もしこれが正しければ、判断は規定のすべてを尽くさずして言えるのであるから、その根拠は単なる類似であろう。従って命題における「である」とは本来的には、「似ていること」になるのか。そうすれば「存在」とは「類似」なのである。犬は動物に似ている、確かにそうであろう。それなら馬は犬に似ている。ところで、〝似ている〟は〝である〟であったから、馬は犬であると言えるのではないか。それがいけないと言うのなら、真実には「犬は犬である」、「馬は馬である」と単純な同一判断を繰り返すほかはない、というのがアンティステネスの考えであった。

プラトンは、判断は知識における中枢作用であることを信じ、この論敵に対して判断の可能性をkoinonia（共通者または普遍者）の弁証法によって保持しようと企てた。厳密にはそれはイデアの世界における類種、最高概念の弁別に使われるが、この共通者（ta koina）

を利用する方法は、判断すべての原理となる。

周知のように、プラトンのイデアは個物に対して類概念ではあるが、論理的に下位に立つものが上位概念に外延関係において包越される通常の類概念と異なり、イデアと個物との間には、むしろ内容的には分有関係が成立している。すなわち美という概念の中に、花も美少女も美人も種として存するのではなく、花が、また美女が美なるイデアに参与（methexis）することにより、美自体がそれらのものに分在（parousia）する（すなわち部分的に表われる）のであり、このようにして、それらが美をコイノーニア（共通者）とするのである。

従って「甲は乙である」において、乙はイデアであり甲は個物であるが、純粋に式化すれば、「甲は乙をもつ」となる。すなわち、甲例えば馬は、直ちに乙例えば動物ではないが、甲たる馬は乙なる動物性というイデアを分けもっている、つまり、分有するということは確かである。こうして分析判断としての判断の可能性が保証される。

これは実体的存在者が範疇的存在者を属性としてもつこと、換言すれば、主語的存在者が述語的存在者を属性として内にもつことであるが、プラトンにおいては、もつ主体たる実体的存在の方が実は真の存在者ではなく、これはイデアの影であり、もたれる方乙すなわち述語がイデアであり真実在である。こうしてこの分有の思想も、もつ方が影でもたれる方が実在という妙な関係になっているが、この不合理は次のようになる。

すなわち実在とは実体的存在のことである。しかるにプラトンでは、実体的存在たるイデアがいつの間にか述語的存在となり、範疇的存在者に変位している。

このようにプラトンの共通者（タ・コイナ）は判断を救うかに見えたが、範疇的存在者が現実的な実体的存在をもつという不合理になり、スティルポンではSを実体存在にしてみたが、それでも述語も実体的存在であるため、主語は生じても述語ができない。二つとも範疇的存在にするのでは主語がなくなる。残る道は、プラトンの〝SはPをもつ〟においてSを実体的存在とし、Pを範疇的存在とすることである。そして、前に掲げた存在の表から明らかなように、アリストテレスでは、まさにSとPとの記号の通りに、Sが第一実体としての実体存在であり、Pは範疇存在であった。従って個物についての判断とは、その内包を記述すること、すなわち実体存在はいかなる範疇存在——規定詞——エイドス（形相）をもつかということの陳述という実体存在の述語化である。言い直せば、「ガアル存在」の「デアル化」である。

従ってアリストテレスにおいては、判断とはその主語の相異なることによって次のようになるであろう。

(1)主語が合成体（synolon）である場合。判断とは第一実体からそれに内属する第二実体を抽出する（ekthesis）、そして『形而上学』Z、第七巻第六章で「各々の事物それ自らとそれの本質とは、付帯的な意味においてではなしに、一つであり同じであるが、更にまた、次の理由からしても、すなわちある事物を認識するというのはその事物の本質を認識することであるとの理由からしても、そうである。すなわち、それゆえに抽出によっても両者は同一であらねばならない」（一〇三一b一八―二一、テキストのこの読み方はいろいろ問題があるが、ボーニッツに従う）とあるように、判断は分析的に可能である。式で表わすと、

S is P = P can be extracted from S = S has P = P is in S

従って、特殊者の中に普遍的述語が投入されているという矛盾した表現をもって語られる論理的構造は、プラトンの分有に酷似しているが、プラトンにおけるとは逆に、主語たる個物こそ実体であり、述語の実体化は第二実体としてしかその限度が許されていない。ともかく、判断とは実体的存在から述語的範疇的存在を抽出すること、そして推論とは、その部分的に抽出された存在に即してそれを共通者として二つの概念の関係を見ていくことである。

(2)主語が形相（エイドス）の場合。アリストテレスでは、第二実体としての形相は、また実体の to ti ēn einai として実体的存在でもあったことは、前に触れておいた。従ってこれも主語となる。その場合の判断とは、論理的領域論、類種関係、矛盾・数学的関係等の論理計算等、「第二実体相互の関係」として可能であるのは論を待たない。この場合にもまた、(1)におけると類似のこと、すなわち、より規定の多い概念からその内包量を抽出する分析関係が基本的である。

さて、古代の論理は文献的論拠を待つまでもなく、内属論理の形をとっていて、すべて分析判断であった。アンティステネスもプラトンもそれに変わりなく、アリストテレスも先に述べたごとくに分析判断の可能を示したことになる。それは、古代論理思想が自己の論理に疑いを抱いているとき、みごとにその疑いを解決し得たのであったが、しかし、それは一つ

の個物を固定し、そこから第二実体を抽出するという第二実体の世界の構成を行う従来の論理思想の可能性を証明してその完成をはかったものと見られる。

けれども、その成功のためには、彼は個物としての「個の存在」を実体として設定した。一度これが実体とされたとき、個物はその個物性を普遍者であるカテゴリー（述語）で主張することはできず、従って個物からは内容づけられたカテゴリーの諸形式によって一般的述語が抽出されるのみである。従って、いかに範疇的存在を抽出していっても、実体的存在の存在は、その底をつかれずに残る。かかる不可解な個物が真の実在であるということは、従来の論理学の有限を示すことであろう。

我々の周囲は、このような述語化しきれない多くの実体存在の群れている世界であり、このようなものにこそ我々は常に対応しなくてはならない。この範疇存在は、そのもとに内在する述語化の軌道たる可能性から現実性への方向は、大体本質的に定まっているであろうが、その軌道の幅員は広く、いかなる規定をもつものになるか、我々には解らない。

一体このような未定の述語を包蔵し、不安な動きを示すこれらのものが、全体としては秩序をもっているのはなぜであろうか。また、このように従来の論理の知、つまり抽象的な述語的存在という道具では、いかにも処理しがたいこの現実の個物の世界で、我々はいかにすべきであるのか。

ここに我々は、形而上学の大きな課題である神学への道の一つを予感するとともに、また、形而上学の扱う限りの知では処しがたい実体的存在の世界を論理的に発見し、ここに何か新たな知への志向が不安のうちにかもし出されているのを見出し得るであろう。

存在論の体系的意義

古来の哲学者たちの最大の問題であった存在と生成とを統一的に解決した形相、質料、それから現実態・可能態の概念と存在の詳細な分析とは、アリストテレスの哲学の体系においていかなる位置を占めるのか。プロティノスにおいては、質料は悪の原理として一者（to hen）のイデアに対立する暗黒の存在になったことは周知のことであるが、アリストテレスの『形而上学』Λ《ラムダ》巻における神の一者的超越性のゆえに、人はしばしばΛを含めた存在論においてアリストテレスの世界観を求めようと試みる。例えばアンドレアス・ニュグレン（Andreas Nygren）などはそうである。一面においてそのことは正しいであろう。しかしながら、そのために質料に対して悪の原理を負わせた存在の階級制を、閉ざされたヒエラルキーの形態で、アリストテレスにも認めていこうとする一般の哲学史家や神学者の解釈は、正しいとは考えられない。

私は、Δ、E、Z、H、ΘがΛへの正統な準備工作であったということを認める者であることは、すでに述べたとおりである。けれども、それらの諸巻は、自然的事物に関しては、すでに自然学その他において企図され、成功を見たところの分析を存在者一般に適用したものであり、どこまでも存在者の種類と分析に終始し、その中からΛへの道を見つける場所、すなわち「我々により近き立場」（proteron pros hēmas）の段階であり、神学への方法論的序説である。

ここには本質的にΛとは異なるものがある。すなわちΔ、E、Z、H、Θは、世界の「ありとしあるもの」（on hēi on）はいかにして説明されるかという方法的な問いとそれに対する答えであり、Λは、前に得たその方法によって、何ものかこの世の第一原因者があり、そしてそれはいかなるものかと問いかつ答える存在論的なものである。従って、E、Z、H、Θに世界観はない。ここは、むしろ方法論の確立を示すものであろう。すなわち、ここでは、いかにすれば現象に即した現象の説明は可能になるかが問題であり、現象学的記述の域を出ない。

人は、この方法論の確立された場所において、いかに自然学の類比が、また、わけても生物学の類比が行われて成功しているかに気をつけなければならない。さりげなく使われているentelecheia（完全現実態）の概念も、最も具体的に理解しようとするならば、我々は、生物がその生殖能力を有するに至ったときの生の頂点と解することができよう。

以上のように、存在論は、自然から神への橋渡しとしての体系的意義をもっている。このようにして㈠個物の優位とそれに対する重視、㈡論理学の新生の胎動、㈢方法論の全き確立、という存在論の三特色を通じても、我々は我々の現実の生が、その漠然とした意味においてにせよ、そういう生が貫流しているアリストテレスの思索という点に注意すべきであろう。人々はこのことを言わない。そして機械的に論理化された彼の存在論と、生き生きとした生態叙述に終始する彼の生物学とが、あたかも無縁であるかのように考えてしまう。しかし事態はそうではない。

六　神　学

テオロギアとしての神学の否定

アリストテレスはトマス・アクィナスの大著『神学大全』Summa theologiae すなわち theologia の summa（総合体系）を支える学者であり、そういう意味からも、theologia の父祖の一人に数えられる。それゆえ、アリストテレスは theologia を樹立したと言われる。しかし、その実は逆なのである。ここは言葉の遊びに見えるかも知れないが、真に大切なことである。アリストテレスは theologia を嗤《わら》い、これを打ち倒した人なのである。まず、theologoi すなわち theologia を奉ずる人々を、「ヘシオドスをめぐる一派やその他すべての theologoi は、ただ彼等自らにとって真実らしく思えることを考えただけであって、我々他人のことなど顧みもしない。……それは確かに彼等自らにはよくわかる言葉でそのように語っている。しかし、まさにこれらの原因の作用について彼らの語るところは、我々の理解を超えている」（『形而上学』第三巻第四章一〇〇〇a九―一五）と言い、このような mythikōs（神話的に）語る人々に対して、apodeixeōs（論証的に）語る人々を立て、この後者を学問的検討の相手とした（同一〇〇〇a一九―二二）のである。それればかりではない、アリストテレスは、神学（theologia）の名をあげてこれを批難する。『気象論』第二巻

第一章に次のような文章がある。

「ところで、神学（theologia）の探究に日を送った往昔の人々は、陸と海にはそれぞれ初めと根がなければいけないと考えて、海の源を案出する。恐らく、彼らは、そうすることによって、言説に一層の重みと荘厳さが得られると思ったからであろう。……しかし、人間的な知識において、これよりも賢かった人々は、海を生成したものと考えている」（三五三a三四―b六）

ここでは、かつて私が「日本の神学」誌上（「神学年報」一九七三、〝神の存在証明について〟二八―五六頁）に述べておいたように、神学《テオロギア》はそれを営む人々の責任によるのではあれ、明らかに自然学以下のものと決めつけられている。

それでは、自然の研究から存在一般の研究に移り、しかるのち、神学に至るのである、と書いて来た今までの遠い道程は、それがアリストテレスのテキストに依拠したものであったというのに、その人のテキストによって否定されるのか。それはテキストの書かれた時期の差による著者その人の思想の違いなのか。それとも、この相反する考えは、いずれか一方のテキストがアリストテレス以外の人の手に成ることに由来するのか。

テオロギケーとしての神学

彼は言う、「離れて存在するとともに不動であるある存在を研究する学があるはずである」（『形而上学』第十一巻第七章一〇六四a三三）。そして、この学は何と言う名で呼ばれているか。『形而上学』第六巻第一章では次のように述べられている。

「理論哲学にはマテーマティケー、ピュシケー及びテオロギケーの三つがある。もし、神的なものがどこかに存するとすれば、それは明らかにあのような独立・不動・永遠な実在の内に存すべきであり、そして最も尊い学は最も尊い類の存在を対象とすべきであるから、これを対象とする第一の学はテオロギケーと呼べよう。一般に理論的な学問は他の学問よりも一層望ましいものであるが、その中でも、このテオロギケーが最も望ましいものである」（一〇二六a一八—二三）

神の存在や属性に関する論理的証明を含む学問は、アリストテレスの呼称では、テオロギアではなくテオロギケー、すなわち、epistēmē theologikē である。この差は小さいものではない。テオロギアとしての神学は、神に関する与えられた情報の整理や説明である。これに反し、テオロギケーとしての神学は存在を存在として研究する学の補完的頂点に立つものとして、第一哲学に属するものである。そのような学として、アリストテレスは、このテオロギケーとしての神学を含む第一哲学が他の諸学と異なる点を、次のように述べる。

「これらの諸学は、ある特定の存在や類を抽き出して、かかる特定存在の研究に専念しているが、しかし、㈠存在を存在として端的に研究するものではなく、㈡その研究対象の何であるか（本質）については何の説明もしないで、却って、これから出発している。すなわち、これら諸学のあるものは、これを感覚的に自明であるとし、他のあるものは、その何であるかを仮定として許しておいて、ここからそれぞれの対象とする特定の類の存在についてそれの自体的諸属性を、あるものは必然的に、あるものは粗雑に論証している。それゆえ、諸存在の実体や本質を論証することは、明らかにこのような帰納法《エパゴーゲー》によっては不可能であって、ある他の解明方法によらねばならない。同様にまた、㈢これら諸学は、その対象として専念するところの存在の類がはたして存在するか否かに関しても、少しも論証しない、それというのも、ものの何であるかを明らかにすることとそのはたして存在するか否かを明らかにすることとは、同じ性質の推理力の関することであるからにほかならない」（『形而上学』第六巻第一章一〇二五b七―一八）

この文章の意味は何か。ここで明らかに、「ものの何であるか」を問わずに、「もののいかにあるか」を問う学と、「ものの何であるか」を問う学が区別されている。「もののいかにあるか」を対象とする学は、当然、記述の学、測定の学、考証の学であり、一言を以てすれば、情報の学である。これに対し、「ものの何であるか」は断定することであり、これを主題とする学は判断の学である。そして、「そのものがはたして存在するか否か」という問題は、アリストテレスがものの何であるかを問うことと同質の推理力にかかわる、と言っている通りに、判断の学に属する。あるいは、かつて私が『解釈の位置と方位』（一九七〇年）の第二章第三節及び第五節で述べたように、それは判断の学の自己展開としての解釈の学であり、論証の学である。なぜならば、あるものが存在するか否かという問題は、そのものが存在するか否かを記述することではない。測定し、記述しうるものは、すでに何らかの形式で存在していなければならないので、存在を問うことは在るか否か学的に不明のものについて、証拠を以て、在ると判断するか否かということであるからにほかならない。更にまたその問いは、まさしく存在とはどういう意味であるかを解釈する学であり、その意味に応じて存在を論証する学である。テオロギケーとしての神学を、このような存在判断の学として、アリストテレスは存在論の終極的補完であると見なし、貴重なものと考えるのである。

神（theos）は、シモニデスの詩の引用文中にあるのを省いて、『形而上学』の中では、九八三a六、八、一〇、一〇〇〇a二九、一〇七二b二五、二九、三〇などに出て来るし、その形容詞（theios）はその変化形も合わせると、九八三a一、二、五、六、七、一〇二六a一八、二〇、一〇六四a三七、一〇七二b二三、一〇七四b三、九、一六などで使われている。第一巻と第十二巻とに集中しているのも事実であるが、他の巻にもあることを、右の一〇二六は第六巻、一〇六四が第十一巻であると書いて、注意を喚起しておきたい。神は、テオロギケーすなわちテオロギアと違って、思い込みや仮設や啓示から出て来たものには疑いをさしはさみ、その存在を問うところの学、そういう学としてのテオロギケーとしての神学の対象である。

そのテオロギケーの本体はどこにあるか。アリストテレスの神が問われるのは、神という言葉の頻度とは直接のかかわりはない。第一巻では、むしろ神を対象にする学の可能性が問われるのであって、本式に神が研究されるのは第十二巻（Λ《ラムダ》巻）のみであり、それも、第七と第九章とのみである。ただし、オウンズはその基礎が第六章にあると指摘している（J. Owens: ‘The Relation of God to world in the “Metaphysics”’ in Acts du VIe Symposium

Études sur la métaphysique d'Aristote. édités par Pierre Aubenque 1979)。

このようなテオロギケーはいかなる学問なのであろうか。それを私は以下に説明したい。基本的な事柄の説明は含まれているが、他の学者たちの説とは多分に異なったものである。それは今から五十年前の私の論文（発表は「哲学雑誌」一九五四年七一九・七二〇合併号）であるが、何も変える必要はないと思う。むしろ、オウンズの発表の後の討論で、ベルティ（E. Berti）がアリストテレスの神学は他の著作、特に失われた著作の断片との関係が大切であると一九七八年に指摘している（前掲書二二三頁）が、私は一九五三年の論文でそれをすでに行っている。

〈アリストテレスの神学〉

（一）問題提出の意味　アリストテレスの神学はその著書と目される『形而上学』Λ《ラムダ》巻に尽きると考えられている。このこと自体は若干の付帯条件を加えれば、私にも認められる。しかし内容の説明に至っては、歴史的成立についても、体系的構成についても、従来の色々の学説を全て拒否しなくてはならない。私の考えがほぼ完全に立証されるには、いくつもの証明群が必要であった。しかしここでは文献学的原典研究やギリシア宗教史の援用を一切省略して、本質的な結果のみを抄記しつつ、この問題の大体を示そうと思う。恐らく、骨子となるものは一つの思想を理解しようとする精神であるから、記述は詳細を除いてもなお生命を保つであろう。いわば文献研究の上に樹《た》てられたアリストテレスの新しい体系的研究の一つの重要な局面を示しうるところに、この小論の意義が存する。

（二）問題の緒

純粋形相たる不被動の起動者①としての神は、アリストテレス流には論理的に証明されている。しかし、同時にそれに帰せられている神秘的超越性や至福なる観想、その他さまざまの完全性は、それ程明瞭に根拠づけられてはいないようにみえる。さらに色々の書物の末尾②に冠飾のようにきわめて不自然に現われているように思われる。

この事実を解釈して、前者の運動原因者の方は全くアリストテレス的なものであるが、後者はプラトンの影響を脱却しえなかったアリストテレスが処置に窮して唐突に付加したものとみる者、あるいは後者をギリシア秘教や東方の神秘思想と関係づける者、さらには神秘的なところのあるテオプラストスの改竄《かいざん》であるとする者、依然として宇宙的エロスを付会する者がいるなどさまざまであるが、いずれもアリストテレスの体系に全く異質的なものが混入していると考え、その始末に困惑している。はては不被動の起動者ですら、アナクシマンドロスに暗示された弁証法的必然性の修辞的装飾とみる人③さえ出て来て、イヴァンカ④とA・マンシオン⑤を除いては、アリストテレスの神について立言すれば、パスカルがデカルトとその神に浴びせた言葉か、カントがアンセルムスの考えに対した態度か、そのどちらかをそのままに言ってしまう気風も生じている。

これらに対して一々反駁を企てることは容易ではあるが、ここに述べるのは煩わしい。ただ以下の諸点をあげてアリストテレスの神学を再考してみる必要のあることを指摘し、次第に問題に迫ろうと思う。まず第一に、アリストテレスは第一哲学を神学と呼ぶ。しかも、神は彼の哲学的主著のいずれにも出て来る。それは確かに枢機の一つになっている。次に、彼はできる限り批判的に論理的に考える哲学者である。第三に、このような一人の思想家が自らの体系の重大な概念について、何らの論理的手続きも踏まずに、右の人々の主張のように曖昧に処理するであろうか（もとより体系的思索家は、しばしばその原理的概念について説明を欠く場合が多い。しかしそのときにはそれを自明のものとして公理化している。しかしアリストテレスの場合、神は公理となってはいない、常に到達点である）。

もちろんここから早速次の問題が生じる。このように理路整然としていないのは、恐らく後代の編纂者の不手際によるものではないか、従ってそこには恣意の加筆も編纂も考える必要があろうと。しかしその証拠は何であると言うのか。それについてかつて人を満足させ納得させる研究があったか。ありはしない。むしろ後代がもし手を恣《ほしいまま》に加えたとすれば、却って外観は整合性を備えたものをこしらえるのが常であろう。現在の状態は逆にその原性を暗示していはしないか[6]。この問題の決定には色々の考察が必要である。ここではこれを一つの根本仮定として論じ進めることにする[7]。

(三)　問題の展開　ではアリストテレス自らがなぜこのように解りにくい書き方をしているのか。現存著作の分析と彼の生涯の特殊性という二方面から考え合わせて、この問いに答えることができる。

(1)現存著書の分析。現在までに集められている断片は他の学者の引用した文章を拾うのであるから、アリストテレスの原文を想像するには少し無理がある。しかしキケロがアリストテレスの文章を激賞すること一再ならず、またアリストテレス自身修辞学には異常な関心を寄せていることから、[8]若い頃の著書は名文であったと思われる。ケピソドロスの見当違いを惹起したイソクラテス攻撃[9]もアリストテレスの文章への自信の程を示すものである。ところが現にほぼ完全な形で残っている後年の大著は、すべて右のものを欠き、講義の草案かあるいは誰かに筆記させた講義録の手控えとも言われるべきこと、[10]さらに例えばカリッポスに助けられて晩年Λ《ラムダ》八章に加筆していること、[11]リュケイオンで「オルガノン」に含まれる著作にも加筆していることで分かるように、[12]後日にこれら草稿に手を入れていることを忘れてはならない。また、『ニコマコス倫理学』の編纂者はその書物の終末が不自然な急ぎ方をしているという感じを抱かせずには編みえなかったことも忘れてはならない。

(2)その生涯から。アリストテレスはマケドニアの勢威の急激な衰退とアテナイによる最後的な民族運動のためにアテナイを去らざるをえなくなったこと、及び晩年は恐らく慢性の胃病で苦しんでいたこと、この二つの事実は顧慮すべきである。

これら若干の事実を総合してみるだけで、次のように主張することができる。すなわち、アリストテレスは他日完成すべき自己の哲学体系を書き上げようとして、講義草稿、抜粋、その他の手控えを蔵していて、新しい研究が起こるごとに手稿に加筆するかあるいは書き留めたものを加えるかしていた。しかし自分の身辺のかなり急激な変化と不吉な予感とが彼を駆って、早急の間に一応のプランに従って手稿群を編ませるに至った。[13]それゆえに少なくとも巻末の部分はいずれも彼が常々考えていた完璧なものを書く代わりに、その仄《ほの》かな影を映す旧稿の改筆をもって間に合わすか、素描をもって補う他なかった。『形而上学』一〇二七a一七―一九の予告、またE《エプシロン》巻にたびたび出る第一哲学、神学、これらのものに照応するものが現在多くの人が疑惑をもつΛ巻をおいて他にないことも、これで明らかに意味を得る。誰もオウンズのように訝《いぶか》る必要はない[14]。Λ巻は事実上、書かれざりし神学の代用に、恐らくは早期に成立したものに加筆して、今の位置に晩年になってから置かれたものと思われる。従ってここには晩年の成果『ニコマコス倫理学』で考えられる神の内的属性も、説明不充分のまま、結論的にとり入れられている。

(私の右の考えを文献学的にもっと確かめたい人は、『形而上学』の成立についての私の説を検討して頂きたいし、内容的により深く確かめようとする人は、アリストテレスがどのような体系的理由からプロネーシスをソピアから峻別しなければならなかったか、更にこの区別されたプロネーシスをもって、彼がどのような問題に立ち向かい、どの程度の未完成で終わっているか、というギリシア哲学の恐らく最大の問題の一つを、『ニコマコス倫理学』を『形而上学』の線に沿ってたどりながら考えてみればよい[15]。)

なお、若干のいわゆる哲学的著作がアリストテレス自らの手になるものであるということは、『動物学』その他もすべてが同様であるということにはならない。はたしてアテナイオスを境として引用が異なっているか否か、そしてここに正当な問題提起をなしうるか否かをいまだ私は触れえない。ついでにエウクレイデスのストイケイアの大部分の知識は[16]、すでにプラトン時代のアカデメイアで論じられていたとみることには無理はないと思う。フォクト[17]

はこの点で古代の書物の意味を知らないと考えられるし、ツュルヘルは断定の基礎に、どれほど思いすごしがあるにもせよ、シュテンツェル、テプリツ、テイラー、ロバンを考慮に入れて対決する必要があった。(18a) 少なくとも、形而上学、倫理学に関する限りでは、よしんばエウクレイデスを標尺にしても、それで年代や著者を下降させるわけにはいかない。チャーニスはイデア数についての伝説を否定してはいるが、幾何学について否定的になってはいない。(18b) これらの話題をここに詳論するゆとりはないが、考察がそれらを無視しているものではないことを付言するのは必要と思われ、要領を述べたまでのことである。

ここまでの我々の主張は次のように要約される。すなわち、アリストテレスはその晩年、草稿群に加筆しつつ、それらを編み、または編まれるべき形態に整え、念願の哲学的著作の輪廓を示す応急の代用品とした。

さて、それならば、こうして成った書物から、我々はいかなる方法を使って、いかなることを理解するか。次の課題は神学に関して右のことを企てることである。

(四) アリストテレス神学の構造――その発展と究極の体系の摘要　我々の方法は平凡で着実である。彼の著作とみられるもののうち、主題に関する文章のある書物のおよその年代決定を企てる。(19) その際この主題と無関係な史実及び文献学的根拠に基づくように注意した（これらの考究は本書の前半で行われている。ただ断片の研究について一、二のことを付言する必要があろう。断片の利用価値つまり真偽の問題に苦しみ、一時は引用者が明らかに書名を指すもののみを使ってみたこともある。これはツュルヘルが採っている方法であることを知った。しかし古代における引用の性格について考え直した結果、それをやめることにした。また、断片の年代決定に関しても色々の問題があるが、大体通説に同じと思われて差し支えない。本書の一六二頁以下の「初期対話篇」を参照されたい[20]）。

右の結果、我々はアリストテレス神学思想に次の七段階の発展を識別することができ、それによって従来の諸説に代えて、その本来の相を明らかに知ることができる。以下に簡単にそれを提示する。

(1)宗教現象学的段階。問題に注目し始める最初の手がかりとなったのは、エウデモスの死ではないかと思われる。神秘的脱魂の事実や夢の不思議にすがって心霊現象を通じて永生という宗教的問題を考察する[21]。アリストテレスの初期の対話篇『シュムポジオン』ではその全貌がわからないから断言を憚《はばか》るけれども、傍流的には少なくも一般の宗教儀式や典礼の記述や意味が読まれる[22]。アテナイ一般の多神教への多少の現象学的関心は、非伝統的な生い立ちのアリストテレスが、伝統の中に何ものかを求めようとした心の動きを示すようである。

(2)東方秘教への関心の時期。早くからピュタゴラスの神秘的数理への関心を有していたアカデメイアは、また東方の永劫回帰の神秘思想にも異常な注目を浴びせていたと思われる[23]。中にはどうかと思われるものもあるが、とにかく断片によればしばしばゾロアストレスに言及しているアリストテレスも、その例外ではない[24]。マレイが述べる通りのギリシア宗教のカオスの中には、本来的な生命を認めえなかったアリストテレスの宗教的探索は、自ら赴くところを変えたわけである。けれども倫理的実感を除いては殆んど根拠のない東方神秘思想はやがて捨てられてしまう。

「哲学が絶対に必要である」ことを主張する有名なレトリックで始まっていたかと思われる『プロトレプティコス』は、またアリストテレス自身が己に立ち帰って思索を建て直した象徴である。[25](3)自己への還帰——『プロトレプティコス』と自然学的研究——。知識そのものの目的を超時空的永遠の真理に求め、神をこの方位に探索するようになってからは、単なる宗教的憧憬とは異なった理論性を帯びて来て、神も複数形をとることが稀になって来る。理性で結ばれることを意味する印象的な「人は死すべき神かとも[26]」という語の中には、心を中心として考え進んだ若いアリストテレスの一つの到達点があると思う。同じことが『ペリ・エウケス』の中でも認められる。[27] 同時に見落としてならない事実は、この頃からアカデメイアの部門科学の振興によってアリストテレスの動物学、天文学等の研究がますます進んで行ったことである（詳細な文献研究を企てたツュルヘルの否定的眼差しでさえも、断片と現在の動物誌の中に若干の連絡や共通点を認めている。[28] 断片を初期のものとなす我々の考え方からすれば、それは初期の水準を物語るものであろう。これら自然学的部門研究の成果は次期に大きな意味をもって来る）。

(4)神の存在証明の第一次的完成の段階。神についてのさまざまの考察は企てたにしても、アリストテレスはいまだその証明を示したわけではない。結局アッソス時代に完成したにもせよ、大部分はアカデメイアで書かれたであろうと多くの人々に思われている『ペリ・ピロソピアス』において、神の問題がはじめて哲学的に扱われているのをみる。

まず彼は素朴な神観を排し[29a]、無益な神秘主義を無視した後[29b]、「神的なものの観念は二つの源から人間に生じる、魂の現象からと天体の現象からと」[30]と言う。恐らく問題を感じた当初は魂という内部からの道しか有しなかった彼の視野の拡大が行われている。魂からの証明の手がかりは、理性の超越性と言うこと[31]、及び比較可能[32]という事実の論理的帰結としての至上者の指示の二つであり、天体という言葉で表現されている外界からの道は、結局秩序の統率者[33]としての神を目指していることになる。しかし師の大作『ティマイオス』の空想に対する反動からか、世界の存在の重量を強調し、世界そのものが一つの神であると言ったかとも思われる[34]。二つの永遠者の関係、また、akatonomaston（名づけ得ざる者[35]）と神との関係などについてはこの段階においても決して明瞭ではない。重要なことは外界の秩序からの証明に対して目を向けたことである。

(5)運動よりの証明。企てられた時期を(4)と明確に区別することは難しい。しかし精緻な形式をとるのは(4)の頃の一契機の発展であると解される。我々の外界に見出される種々の秩序を分析して、これを外的または内的の差こそあれ、すべて運動に還元し、これを因果原理[36]によって解明してゆき、第一動者としての不被動の起動者をもって神とする証明である。この完成によって、しばしば潜勢的に読みとられる恐れのあった造物主[37]という性格は全く喪失されている。無論『ノモイ』におけるアテイズム反論に運動からの証明の企てが読まれはする[38]。しかしプラトンは秩序の攪乱を説明するために起動者を複数にしている。アリストテレスは秩序の乱れを恒常性の欠如すなわち神的存在からの距離とすることによって、質料の側にもって行き、整合性を企てている。

それればかりではない、本質的な異なりは、プラトンが少なくも言葉の上ではこの問題に形相を使わず、他の多くの問題との連関を絶つ[39]のに対して、アリストテレスは形相＝質料という静態的概念、現実＝可能という力動的概念、種＝類という論理的秩序、内発運動の場合をも含めての起動＝被動等、それぞれ縦横に連絡のある対概念を操作して、一つの理論的大体系を構成していることである。早くにプラトンのイデア証明を批判して、toioutoi logoi to men prokeimenon ou deiknuousin, ho ēn to ideas einai[40]（このような諸論議はイデアが存在するということを証明していない）と端的に言ってのけたアリストテレスの哲学の内部には、単に外面的類似から強いてすべてをプラトンに帰そうとすれば解らなくなる事柄が多い。バーネットはこの点で躓《つまず》いている。この問題もまたそうであって、自然学から形而上学の頃は、第一動者は完全に存在のヒエラルキーの頂点に立つ冠飾でもあると同時に、体系の論理的帰結でありつつ体系の枢であり、概念秩序から言っても空間秩序から言っても、至高の位置を占めるものであった。下からする証明のこのような見事な構築的論理的完成はプラトンにはないし、一方述語とこそなれ主語にはならない[41]という存在の充溢としてのイデアの豊かな内実性は絶対にアリストテレスの哲学にはなく、プラトンが発見した神の他の位相である。

とにかく、右の運動よりの神の証明が普通にアリストテレスの神の存在証明として知られ、有名な「思惟の思惟」も単に離存的理性からの帰結とされている。しかし実はそれに限るのは間違っている。

(6)魂の現象からの最後的な試み。右のように外界からの証明を一応完成させてみても、そのの方法によって出て来る神は、単に純粋形相としての不被動の起動者にすぎない。このものの生命の実態を求めなくてはならない。彼は早くから神があるとすれば、それは一つの精神であることを洞察していたから、内部から到達しようという企てを決して捨てなかった。しばしば挫折したことは今日までの記述で明らかである。彼は従来とは異なった方法を晩年になって企てる。同じく魂の現象からと言っても、この度は形相的対象を全く別にして、『エウデモス倫理学』のように魂の本質や永遠性を問わず、『ペリ・ピロソピアス』のように知識論に走らず、魂の全体構造及びその機能の広い考察を通して人間学を組み立て、その後でいわゆる via eminentiae の方法の原始的使用によって、神の生命の内的充足性を思惟や幸福や善に関して説明しようとする。このことは『ニコマコス倫理学』を注意深く読めば、誰にも認められるであろう。もとよりこの書物の中に完全な証明の記述を期待しても空しい。結論的に書きつけられているのも事実であるが、右のような筋道を見ぬくことはできよう。精細な説明や論証を省いているのは何も神のみに対してではない。オルトス・ロゴスについても同様である。その理由は前に述べたとおりである。

(7)総合の時期、第二次的完成。それは彼の死の前二年以内の期間である。彼は外からの証明と内からの証明の完全な総合形態をもつ完成した神学を企てていたが、ついにそれを克明に録す時はなく、恐らくは早期に成立していた運動からの証明を録したもの、現在すなわち

Λ《ラムダ》となっているものの原稿への加筆をもってこれに代えた。彼はフェルマーの最後定理を神に関して残したわけである。生涯をかけての考究の精華のみを加筆し、それに関するものは機会があれば書き上げたことであろう。天文学上の訂正も、ただ一つ出る hōs erōmenos（愛せられる者のごとくに）という言葉も、文献学が示すように、右の推察を肯《うべな》わさせる。

変事に際して急ぎ編んだ文章の行間に、我々は多くのことを読みとることができる。

まず類比性の考え方によって、一切のものを存在という地平の上に収め、ここに生起する秩序ある運動を認めて、因果原理によりその第一動者を論証する。これは他を規定し、自らは非被規定性をもつゆえに形相のみである。形相は現実有であるから、このものはまた動かされるすべてのもののもつ現実有すなわち完全性の集約する焦点である。ゆえに知識、生命、幸福、善すなわち価値の一切もすべてそのものに備わっている。優越的上昇法をもって、人の魂の機能から出発して、右の完全性が神においていかにあるべきかを証明していく。

(8) 以上の考察によって、我々はアリストテレスの神学が次の注目すべき諸性格を備えた一つの theologia naturalis であったと思う。

(a) 日常的経験と純粋な実在様式とを存在の類比の上におき思考の場所を確立していること。従って体系の孤児ではなく、必然的聯関において全体の枢要部門となりうること。

(b) 力動的生成を可能＝現実の図式をもって形相に固定化する段階的概念構成を組み立てている。これにより、運動と価値とを結びつける方法を案出している。

(c)因果原理をギリシア的終末性（アナンケー・デー・ステーナイ）で鎖づけること、円環運動を無限恒常の象徴となすこと、という二つの論理的パロキアリズムがみられる。

(d)右の諸特色によって、神の存在を自然的理性によって論証しているが、実証科学の領域からの非実証的な投射によって、著しくその哲学的価値を傷めている。

(e)神の属性についてはa fortiori, eminentiaの方法によって、精神の現象学から上昇して結論している。内部からの道にも、良心や道徳の立法者としての神を定かに見ることはできない。恐らくオルトス・ロゴスは今後この方面の研究で一つの鍵となるであろう。

(f)こうして、外から存在を、内から性質を、それぞれ論じた形態は、『ペリ・ピロソピアス』で言った「二つの源」からの考察をそこでの暗示的また混迷の段階よりははるかに高めた成果であると思われる。それは確かに顕現的には不完全であるけれども、従来言われているような矛盾や不明を含みはしない。また今まで考えられていたよりも、古典的証明法である五道流に近いものであると言って差し支えない。彼が五道流では取り入れられているメテクシス(44a)を極力避け通したことは、理論を平面的に明瞭にはしたが、一方で充溢する生命感を思想の全体から多少とも喪わせていることには、誰しも気づくであろう（五道流については三八五頁以下参照）。

テキストを知悉する炯眼《けいがん》の読者は恐らく直ちに『自然学』Θ《テータ》巻における天的動者唯一性の明示と『形而上学』Λ《ラムダ》巻に見られるその唯一または複数性の明示という著名な困難を根拠にし、さらに殆んど疑いなく真正とされ、私もまたこれをアリストテレスに帰する有名な遺書の神々への讃美を助けとして、私の右の考察に色々の反問を用意しうるであろう。それらの問題は整理すれば次の二つに尽くしうる。すなわち、㈠編著者の問題――このような明瞭な矛盾を犯すからには、少なくとも『形而上学』の編者は著者その人ではあるまい。㈡一神論か多神論かの問題――アリストテレスにおいて一神論という思想をいかに位置づけるにしても、右のように明瞭なものではあるまい。

(五) 発展の拒否　いずれの時期を通じてもアリストテレスでは神の単複は曖昧であり神学的発展を数において認めることは不可能である。

右の起こりうる反問に対しては、ただ一つの答えで十分である。すなわち、私は神の単複の矛盾と見えるテキストをいかに処理しているかを示せばよい。解決の基礎は結局テキストの耽読によって天的動者という術語の指示する実体は何かを求めること以外にない。この試みはすでにブッセ[44b]が三八年に行っていた。しかしながら原文献渉猟の範囲が限られていたため、彼は発展を認めえず、結論的には多少は誤っていると思われる。

確かに(5)で我々が触れておいたように、『自然学』(二五九a八―九)では不被動の起動者はただ一と明示されるが、『形而上学』Λ巻では六章、七章、九章で天的動者多数性の可能性が示され、時に我々が(7)で最後的訂正すら加えたと言った八章において(一〇七三a三七―三八)及び一〇七四a一五―一六において、不被動の動者は複数形で語られていて、それらの現実に存在することが明らかに言われていると言ってよい。ところでここに想起すべきは『生成消滅論』(三三七a一九―二二)のテキストである。早くからアリストテレスはこの考え、すなわち「各々の円環運動はそれぞれ固有の一つの不被動の起動者（hen to auto kai akinēton kai analloiōton, kai ei pleious hai en kykloi kinesēis, pleious men）を有してはいるが、全宇宙はまたただ一（hypo mian archen）の動者によっている」という考え方を確立していたようである。『形而上学』Λ巻の動者の数の問題は、確かにこの光の下に見なくてはならない。Λ巻の七章が第一天の運動の研究であり、八章は更に第一天の恒星運動に基づき他の天球の運動の法式化を企てていると見られもする。また確実に天球は彼の考えでは理性体であったから、その運動の起動因は天球霊魂であり、それには位置的にも生成的にも運動はない。ところでそれの宿る天球は八章によれば、可視的永遠者であるから（一〇七三b六）、天球的霊魂は可視的なるもの、つまり感覚的なるものから離れてはいない。ゆえにこれは七章の第一天の起動者であるもの kechōrismenē tōn aisthētōn（一〇七三a四―五）という完全な超越的離存的純粋形相性をもってはいない。実にこの離存者こそ神である。諸天球のそれぞれの自発的起動理性は、円環運動の作用的起動因であり、それらの理性はいかにして調和を相互に保っているかと言えば、目的的起動因としてこの第一の起動者をもっているのである。ここにこそ私が前に注意して扱うべきだと言っておいた kinei hōs erōmenos の語句の全重量がかかっていると言ってよい。以上のように考えれば、従来矛盾と思われ、これを時間系列に配列して歴史的発展でのみ解決が企てられていたものも、体系的に整合性を得るであろう。ブッセの論文はこの点ですぐれている。

最後に、遺書の問題に一言触れよう。ディルタイ以後哲学史は逸話を重んじたディオゲネス・ラエルティオスに逆行して、日記や書簡が大切なものとなっているから、アリストテレスの遺書も放置しえないであろう。しかし古典に通じた人は誰でもポリスの遺書の書式の存在を看過できないであろうし、習慣的成句の使用も考えてみなければならない。またブッセが指摘したように、アリストテレスが払った社会の安寧秩序のための賢慮もそこにはあったかも知れない。不敬罪は彼をも危地に陥れたのであるから、不敬な遺書は遺書としての法的効力を喪わせるかと考えたかも知れない。いずれにせよ、この問題については以上で十分であろう。

（六）附言　以上はこの問題に対する研究成果の一つの素描である。印刷の都合上、不本意に省略された純文献学的部分は本来割愛されるべき筋合いのものではない。これらはまた折をえて発表しなくてはならないが、研究者にとって右の説明で不十分ではないと思う。附言しておきたいことは、ヨゼフ・ツュルヘルに対する一つの反論とアリストテレス哲学の根本性格及びこれに関係して五道流（神の存在証明のための聖トマス・アクィナスによるquinque viae ——五つの証明法）についてである。

(1)ツュルヘルはいわゆるアリストテレスの著作集と呼ばれるものをテオプラストスに帰する大切な証拠の一つに、アリストテレスのものである断片とこれら著作集との間の矛盾間隙《ディスクレパンツ》があるという事実を数えている[45]。しかし、右に示したところによれば、断片と著作集には少なくとも体系の根本問題については発展こそあれ変身すらもありえず、いわんや矛盾撞着のごときは存しない。これは一人の思索家の心の歴史とみることができる。しかもテオプラストスの『形而上学』における第一動者への批難㊻を思い合わすとき、我々はツュルヘルの弱点を指摘しうることは確かである。

(2)右に示したアリストテレスの神学の大要から、ただちに我々が結論しうる重大な事柄が幾つかある。その一つは、アリストテレスの形式的整備は私が先に一寸触れた思想の西欧的パロキアリズム㊼で支えられているということである。明確を欠く「アナロギア」、円環運動の尊重、地球中心天動説、無造作な「アナンケー・デー・ステーナイ」という語を取り去ってしまえば、今日も生命ある彼の明確な概念規定も問題提出も、すべては四散してしまう。しかも、それらの支えはいずれも確かに我々を首肯させるに足る思索なしに、使われている。それらは古典ギリシア一般㊽の世界では通用しえた。彼はいわばその大地に根を下ろして立っていた。彼ほどに大きく見事な体系はその前後にありはしない。彼は古典ギリシアに存し、かつそれにふさわしい全財宝㊾を一つに総合し、閉鎖的な球を完成している。しかしただそれだけに過ぎない。もとよりその中にも永遠の価値をもつものはあろう。特に彼が倫理学で暗示している方向㊿は今日もなお一つの課題となっている。しかしこれは例外的なことである。全般から言って使えるものは causa instrumentalis となりうるものにすぎず、それも多くは全ギリシア古典世界の共同遺産と言っても過言ではない。五道流の始祖である聖トマスの体系は決してアリストテレスの亜流ではない。そのことは五道流がとる「内からの道」はその「外からの道」と同じに存在を指示し、アリストテレスのように属性付加に止まりはしない(51)ということからも理解できようし、随処にプラトン的パルティチパチオが利用され、粗《そ》笨《ぼん》な天文学は大体捨てられ、天体理論は天使に応用されていることからも明らかであろう。それにもかかわらずアリストテレスの影響を除き去ると、聖トマスも致命的になるであろう。その哲学の危険はここに存する。すなわち永遠の哲学を称する人々の心の中に、ギリシア的パロキアリズムに根を下ろしたものが多すぎはしないかということである。それは本来ギリシア精神という言葉が表現するものとははなはだしく異なったものである。思惟の主観性偏重を是正し、いわゆる客観への突破を成功させた十九世紀末以降の偉大なアリストテリズムの復興(52)は、今やその役割を一応果たし終えて、アリストテレス哲学そのものに内在する右の限界の本質性を見極め、自己の楼閣が現在は風化し去って枯れ果てた砂上にあることを知らなくてはならない。現代スコラ学の著しい変貌はなおその余喘《よぜん》を保たせはするであろう(53)けれども主観の哲学が没落し去って久しい今日、客観の哲学もまたこのように内部崩壊に面しているという事実は、哲学そのものにとって厳粛な反省と新生の期待を強いるものである。(54)古典的ギリシア世界の終末した後の舞台に目を注ぎ、発想の豊かさを審《つまび》らかに調べ、何らか全く新しい体系を求め呼んだジャン・ダニエルウ(55)の仕事は、我々の考察と異なって神学的ではあるが、誰が何と言おうとも、古典研究が生んだ最大の学的刺戟の一つであることは疑いえない。洋の東西を異にしても、古典の探究の道すがら流れ出る言葉が相似ていることは、古典そのものが自己の限界を語るがゆえであろう。温故知新は思えば当然のことであろうけれども、哲学の世界でのみは二者は分裂して幾その時をか経ている。(一九五三・六・二三)

註

（1）不被動の起動者と訳したのはギリシア語から言えば不動の動者で差し支えない。ただ日本語の感じから神経に障らぬようにこうしたまでのことである。尚、アリストテレス神学の古典的研究として手近には出隆教授のものが「哲学雑誌」にある。

（2）心理学について本論文であまり触れていないのは手落ちのためではない。原典批判に煩わしい問題が多すぎるからである。その解釈について本論文の他のテキストに対する考え方は妥当しよう。

（3）Burnet, Taylor, Murrey, Jaeger, Ross, Nygren, Régis, Robin, Gohlke 等周知のもののほかに、J. Zürcher: Aristoteles Werke und Geist 及び W.E. Hocking: J. of Philos. 1946中の論文。

（4）E. van Ivanka: Aristotelismus u. Platonismus in theol. Denken. Schol. 1939 XIV.

（5）A. Mansion: L'Action du Dieu Moteur d'Aristote sur le Mond. Library of the Xth International Congress of Philos. 1. 1949.

（6）古くウイルソンは『ニコマコス倫理学』についてそう言っている。高田三郎訳書の註参照。

（7）本書の都合上で資料の掲載が不能であるから仮定とするわけである。自己矛盾を生じなければ一つの成果となるであろう。

（8）Gigon はその著で修辞学についてのアリストテレスの証言を信用している。Gigon: Sokrates S. 202. 尚以下断片をFと書く、ＦＲはすべてローゼの一八八六年、ＦＷはヴァルツァーである。ＦＲ65、又Cicero de Or. I.II.: Cicero. Inv. 2.2.

（9）Eus. P.E. 14.6.9—10. Ross. The Works of Arist. vol. XII Selected Fragments p.4.

（10）F. Blass はアリストテレスに対して hiatus 忌避の検出を試みている（Rhein Mus. 30）。夭折したJ. M. Watson（Aristotles' criticism of Plato 1909）は一人その価値を認めるのみである。年代決定には役立たないと思うが、少なくとも文章として修辞法に適うか否かの度合を決定するのに、この方法は正しい観点に立とう。また、今一つの方法は、ギリシアに普遍化した文章体であるイソクラテス流の小辞の呼応があまり端正でないという点から実証する道がある。とにかく、いかにキケロがその簡潔を讃えたにしても、今日のアリストテレス著作集の短文章に古典文章規範の白眉をみることはできない。バーネットもこの点では我々に一致している。出・宮崎訳『プラトン哲学』八章。

(11) Λ《ラムダ》巻の八章が色調を異にしていることは、プロチノスが既に指摘していたと言うが、イェーガーはエウドクソスの高弟カリッポスとの交渉を暗示している。

(12) もしコリスコスでアッソスと言えるなら、リュケイオンでリュケイオンと言えるであろう。文章論の上からは現在何も言えない。範疇の論について内容上からこの説を強めることはできよう。

(13) 少なくとも『形而上学』をもし現在のままの形で理解しようとすれば、人はこれ以外の仮定を考えるわけにはゆかない。ところで『形而上学』の各巻の連絡関係はキケロの修辞法の構造やスコラの論証形態に酷似していることに気がつくであろう。そしてそれはすべてアリストテレスの修辞法と無関係ではない。これだけでも我々の想定はすべてをロドス人に帰するより余程すぐれている。この点に関し、西欧修辞学の伝統を扱った R. Kurtius: Europäische Literatur und lateinische Mittelalter. 1948は別の面で参考になろう。

(14) J. Owens: The Doctorine of Being in the Arist. Metaphyo. Chap. XVIII. p.287.

(15) 特にプロネーシスがアリストテレスの哲学で占める意義についての体系的研究はいまだ一つも出ていない。これについても私は一九四八年三月合格の De Philosophia Aristotelis という卒業論文で考えている。参考として故吉満義彦教授の『神秘主義と現代』中に「プロネシス」という論文がある。私は藤井義夫教授の書物にもこの点に関しては異見をもっている。島芳夫教授の『行為の全体的構造』中の第二章アリストテレス論には部分的であるがこの点では一番すぐれた見解が読みとれる。

(16) 立体幾何学に関しても若干の考察がアカデメイアで行われていたことは、たとえば Respub. 五二八

d以下を見ればわかる。エウクレイデスのスコリアを利用して、多くの学者はアカデメイアの数学の高度なことを示している。

(17)　Vogt Heinrich: Die Entwicklungsgeschichte des Irrationalen nach Platon und anderen Quellen des 4 Jahrhunderts. in Bibliotheca Mathematica 3. Folge 10. Bd.1. Heft.〔Zürcher: 前掲書にも要約がある〕

(18 a)　Zürcher の六〇頁以下七三頁までの所論は語義、語法の研究では抜群のものであろうが、内容からの説得力を補わなくてはならない。

(18 b)　Cherniss の説は Ross の『イデア論』一四二頁以下に要約されている。この書は全面的に Cherniss との対決がある。

(19)　年代決定の試みは、プラトンのものでさえ決して落着したわけではない。M. Wundt はそれを戦後に発表していた。アリストテレスに関しては Gohlke と Louis のものが新しい。村治能就氏が Gohlke の結果を「古典研究」に載せている。これらをここで顧みる必要はない。P. Louis: Sur la chronologie des Oeuvres d' Aristote, Bulletin Ass. Guillaume Budé 1948もある。

(20)　Ross: The W. of Arist. VXII. selected Fragments. introduction. 1952. この研究書はその訳の正確さとともに新しい資料に手をのばして一つの収穫である。私のこの論文の大体は一九五〇年の秋に完成していたから、この訳書によって二、三の訂正を加えることが出来た。断片の研究にはまたS. Mansion: Philos. de Louvain 1950の中の論文とエットレ・ビニヨンネには深く啓発されるところがあった。この論文はその方向を全く三者に負わないけれども、それぞれの仕事に助けられたことを録して謝意を表わす必要がある。

(21)　FR43、また、エウデモスのそもそもの成り立ちが魂の永生へのあこがれである。尚 a1-Kindi: cod. Taimuriyye Falsafa 55.（Ross: 前掲書二三頁）

(22) FR101、FR102、FR105

(23) FR6、FR7、これは明らかに『ペリ・ピロソピアス』の中にあるが、本論への序論的部分で後程否定されるべきものである。イェーガーの示すように（Aristoteles 一三五—一三八頁）、東方への関心はアカデメイアの風潮であった。プリニウス、D・ラエルティオスにもアリストテレスのこの関心の表われている文章がある。FR34、FR35、FR36、Plin, N. H. 30.

(24) 参照。プロネーシスとパヌルギアとの対置に何かこの影を見ることもできる。

(25) FR50、W10、FR51、W2。この論法と小ソクラテス文献との関係も問題となる。

(26) FR61、W10

(27) FR49、W1

(28) Zürcher: 前掲書三三頁。

(29a) FR13、W8

(29b) FR15、W15

(30) FR10

(31) FR10

(32) FR16

(33) FR10、FR11、FR12、W13

(34) FR18、W18、FR19、W18、FR26。このあたりのフィロンやキケロの説明はあまり要をえていないからアリストテレスがどう言ったかはっきりしたことはわからない。

(35) W27。こういう統一力に似たものを一つの原理にみてゆく思考、つまり「善」に帰一させる思考過程をプラトンについて巧みに論じた論文がある。加藤信朗「メテクシス」（都立大「人文学報」一九五二）。ただし全面的にこの論文が正しいかどうかは別の問題である。とにかくプラトン風のメテクシスをそのまますぐれて理論的なものであると見なす彼の説には同意できない点もあるが、方向としてこの説は正しいであろう。

(36)　Physicaで、もう認められる。

(37)　『ペリ・ピロソピアス』の断片では、確かにティマイオスの影響はあった。キケロの引用には特にその感がつよい。

(38)　『ノモイ』八九六a―八九七b。

(39)　神をプシュケと言うのは正しいが『ノモイ』の神と善のイデアとの結びつきはかなり難しいものがある。バーネットの貴重な見落としをテイラーが惜しむように、イデア論が『法律』で捨て尽くされたわけではない。それなのに、イデアと神との関係はプラトンの限りでは明らかでない。

(40)　FR187

(41)　「主語となって述語とはならない」というアリストテレスの実体の規定はプラトンが明らかには言っていないが、メテクシスの考えにおいて窺われるところの「述語となって主語にならない」というイデアの性格を裏返したものかも知れない。テイラーはあくまでイデアを主語面に追求しようとするが、それは当を失している。これについて私は一九四九年に「イデア論」で考究している。一時井上忠氏はこの面から興味ある論稿をこしらえたことがあった。私の忠実な文献研究は結論の新しさから出教授、井上氏、加藤氏、藤氏、藤沢令夫氏らの同意は得難かった。しかし最近井上氏は私とは独立にきわめて類似した結論に変わって来ている。それは最近の論文でも窺えるであろう。このことは私の考えにとっては、一つの大きな確証を与えられたと言ってもよいものであろう。ただし、井上氏の論述のスタイルや方法は私のとるところではない。尚、ごく最近、一九九八年のＩＩＰの集会で、ピエール・オーバンク氏は私の考えに賛意を示した。

(42)　註(11)を参照。要するに星の数や廻転の問題である。

(43) 人はこの句に拘泥しすぎている。これは一つの説明の仕方である。この点で最も害毒を流したのはニュグレンの軽卒な断定であろう。文献を忠実にみれば宇宙的エロスを想定するのはおこがましい。

(44 a) メテクシスについて　註(35)に紹介した加藤氏の論文と「哲学雑誌」七二〇号で論ずる井上忠氏の論文、及び田中美知太郎教授「ロゴスとイデア」参照。

(44 b) 尚これについては、Bousse: Sur la théologie d'Aristote: monothéisme ou polythéisme. R. Thomiste Oct. 1938, Mugnier: La théorie du premier moteur et l'évolution de la pensée aristotélicienne. Paris. 1930を参照。

(45) Zürcher: 前掲書 I. Teil I. Kapitel. 特に二二頁。

(46) Theophrastos. Metaphysica. 5a14—25.

(47) 小教区を意味する paroikos から生じた parochial に基づく語で、本来普遍的なはずの思想が、地方の特殊な表象などをもとにして体系化されること。

(48) プラトンは確かにこの世界を越える達眼をもっていた。

(49) ギリシア哲学の学校的総括の限りでは、ラファエルはアリストテレス一人を中心に置くべきであった。なぜならギリシア学界において生じた一切の知識は彼に流れ込み、彼が整理したのであるから。デモクリトスをも彼が知っていたことはプラトンから隔たせた一つの要因となるであろう。このことは、プラトンの偉大さを貶めることにはならない。

(50) 倫理学の豊かな問題性は暗示に富み、彼をして今日なお偉大なる問題提起者たらしめている。de philosophia Aristotelis I はそれについて論じた。事実プロネーシスの分立は、イェーガーの史的研究で止むべきではない。また、ヴィットマンのごときオルトス・ロゴスの解釈も平凡にすぎる。ポリティケーとの聯関については、出隆教授の示唆は正しいと思う。「哲学雑誌」の七〇〇号に同教授の論文がある。尚その他 Van Buytenen: Fragmenta uit Aristoteler Politeiai.

(51)　本論文（四）の(7)、(8)参照。
(52)　客観への突破具体化の方向とは岩下荘一『新スコラ学』、池上鎌三『現代哲学の諸問題』、松本正夫『世紀への展望』、エミル・ブレイエ著、河野与一訳『現代哲学入門』、Sawicki, Bochenski 等の現代哲学論のいずれによっても共通して窺えることである。しかしこれらの書は、決断・行為・創造への傾動を見抜いてはいない。
(53)　A. D. Sertillanges, Balmes, Maréchal, J. de Vries, J. B. Lotz のごとき人々の書物ははなはだ意義ある内容をもっている。古典的原理は現代に生きるように改められている。現代の多くの哲学の中で確かに最もすぐれたものの一つに数えることはできよう。しかし私の言った限界の中でのあがきのように思われる。
(54)　この言葉によって私は一般にスコラ学の教育的価値をいささかも無《な》みしてはいないが、それはあくまでも初歩的な訓練のためである。実際スコラの術語を全く知らない人が思索の道に入ることは難しいと思われる。
(55)　Jean Daniélou については「哲学雑誌」七一三号の私の小文「教父学についての小葉」を参照されたい。このほかにアンリ・ド・リュバック（Henri de Lubac）やジャン・マリー・コンガール（Jean Marie Congar）の一九四〇―七〇年代の諸著作も、将来の展開を見すえた達観を示している。

5　倫理学

一　倫理学の大体

アリストテレスには、その主著の一つに数えられる『ニコマコス倫理学』全十巻のほかに、『エウデモス倫理学』全八巻（今日伝わるものは全五巻すなわち一、二、三、七、八各巻で、その第三巻の終わりに、「次に続くべき第四、五、六の三巻は『ニコマコス倫理学』の第五、六、七巻とそれぞれ同一であるとして、通例省略される」と録されている）及び『大倫理学』二巻の二書があるから、一応三種の倫理学があることになる。しかし、三書で一つの体系を成すのではなく、大筋においては三者とも似た内容をもち、それぞれ違った時期に成立したものと思われ、仔細に検討すると、相互にかなり明瞭な差異を示す。

このうち、『大倫理学』は、通称ラテン語で Magna Moralia と呼ばれているが、後世のものである。『エウデモス倫理学』については、グラント（Grant）のように、恐らくアリストテレスの著書ではなく、その高弟の一人ロドスのエウデモス（Eudēmos）がアリストテレスの草稿に大幅に手を入れたか、彼自らが書いたものではないかという説と、後にイェーガーに論破されたと自ら認め、説を変えるまではバーネット（J. Burnet）が立てていたように、エウデモス自らが書いたという説（バーネットは一九〇〇年『ニコマコス倫理学』の中でそう主張していたが、ハーディによると一九二四年英国学士院における講演でその点に関してはイェーガー説によって覆えされたと述べた由である。W.F.R. Hardie : Aristotle's Ethical Theory 1968. 七頁）と、そして今話題になったイェーガーの説、すなわち、アリストテレスの思想は発展史的に見られるべきであり、『エウデモス倫理学』はエウデモスの手に成るものではなく、アリストテレスの初期から中期への移りゆきの頃の著述であろうという説の三つがある。ロスもこのイェーガー説をとる。

イェーガーがこのように主張する最大の根拠は、理論理性（sophia）と実践理性（phronēsis）とが本書では後年のアリストテレスのように峻別されていないということで、そこからまだ十分独立した思想家になっていない頃の著書ではなかろうかと言うことである。また、多くの学者が何ゆえ戸惑うかというと、第七巻第十章に「思うに神さえも我々の能力に応じた犠牲を嘉納するからである」（一二四三b一一―一二）というような、過度に宗教的な文章があり、確かにアリストテレスも神を観想することを認めるが、しかし、それに並んで「神に奉仕する」（同書第八巻第三章一二四九b二〇）と言うかどうか疑問であるとするからである。

私は『エウデモス倫理学』の中にも、ポリスに関するやや否定的言表がある（第七巻第十章一二四二a二二―二七、第九章一二四一b二八）ところから、何か考えられはしないかと思うが、同書についてはいまだ何も特別のことは言えない。しばらくはイェーガーの説に従う。尚、アリストテレスの倫理思想の発展説については、イェーガーとほぼ同様の研究をすでに一九一〇年にケイズ（Thomas Case）が行っているというハーディの指摘がある（Hardie : Ibid. 七頁）。

アリストテレスの倫理学書といえば、尚、初期の対話篇を忘れてはならない。『善について』は逸することはできないし、『プロトレプティコス』にもその傾きはある。偽書とされているものに『徳と悪徳について』もあり、これらは、アリストテレスが初期の頃から、倫理問題を大切にしていたこと、及びそのような師をもつことから、その学園リュケイオンには、倫理学的文献が多かった、ということを物語っている。

アリストテレスの倫理学はその独立を失うことなく、politikē ポリスの学（都市学、政治学、国家学）に統合されていかなくてはならないことを忘れてはならない。しかし、私はまだ『政治学』を十分には検討していないので、十分に知らないことに知ったかぶりをするのはよくないことであるから、本格的な論説としては、倫理学のところで本書を閉じようと思う。

以下に、『ニコマコス倫理学』の成立考及びその書の基本思想を人の生き方として述べ、次いで『大倫理学』を『ニコマコス倫理学』と比較研究し、アリストテレス倫理学の最も大きな特色を明らかにし、併せて『大倫理学』の成立時期をも明らかにし、アリストテレスの学風を伝えるペリパトス学派を始めとするヘレニズムの哲学の展望も企てたい。

二　『ニコマコス倫理学』の成立年代決定についての一つの寄与

(一)試みの必要性

イェーガーの研究[1]を読み、バーネットがこれに基づいてなした楽観的な言葉[2]を知れば、問題は片づいたようであった。しかしいかにマンシオンの異議に論破されようとも、シェーヘル[3]の言う『エウデモス倫理学』がニコマコスよりも後だろうとの新説を放置するわけにゆかない。ツュルヘルはテオプラストスの改作もしくは著述であることを、例えば一一五三b三二の theion ti に基づくなどして巧みに力説[4]する。要するに、問題は決して落着したわけではない。何らか客観的な基礎をもつ年代決定の試みがいくつかなされなければならない。ここに示すのはその中の一つである。これも独立にもちうる効果はきわめて部分的であろう。

(二)主　張

『ニコマコス倫理学』の成立は少なくとも前三三五年以後に属すると思われる。

(三)証　明

私が決定的な証拠となしうると思うのは、この書物におけるスペウシッポスに対する言及とその言い方である。スペウシッポスへの言及はそれだけでこの書物が中期以後に成立したことを物語るが、とりわけ一〇九六b五―七の文章は問題になる。ピュタゴラス学徒に対しては legein という現在不定法が、スペウシッポスに対しては epakolouthēsai というアオリスト不定法が、eoikasin 及び dokei の補語として用いられている。もちろん最も初歩的公式に則って動作態の差異であると解することが文法的に間違いであるとは言えまい。しかし、殆んど言説思考の動詞の裏側であると言ってもよい動詞の補語となっている不定法には、しばしば時間差が認められることが多いのは、あたかも間接話法の場合と等しい。特にここではピュタゴラス学徒の学説は歴史的であれ、または現に誰かいるにせよ、言っていることは周知のことであるから現在を用い、スペウシッポスの場合に彼が生前 epakolouthein したことを強調している。これはもう一つの考察によってさらに明瞭になる。すなわち、一一五三b四―五では imperfect の elyen が使われている。つまり、スペウシッポスの一派を総称的に述べるときではなく、明らかにスペウシッポスのみに関する場合は、常に過去の匂いのすることは、確かに『ニコマコス倫理学』の特色である。『形而上学』ではピュタゴラス学徒と総括して言うときでなく、明らかにスペウシッポス一人が問題にされているとき、その動詞がどの写本でも現在形であることを忘れてはならない。この対照を認めて、『ニコマコス倫理学』はスペウシッポス歿後に起草されたものと考えることは決して無理ではない。

次に、文献の遡示関係から、ある蓋然的な推測が成立して、右の結果を強めると思われる。『ニコマコス倫理学』一〇九六a二三―二四の文章は、明らかに to on の分析を自明のこととしていて、『形而上学』を溯示していはしないか。もとより、直ちに人は鉾を転じて、逆に『形而上学』九八一b二五―二七が『ニコマコス倫理学』一一三九b一四―一一四一b八の説明を前提としていると言うかも知れない。これは無論イェーガーの術語研究を使えば容易《たやす》く釈《と》けるけれども、今は彼と独立に証明する必要があるから、ここにそれを使わない。ただほかに三または四の倫理学関係の本が著わされており、少なくとも『エウデモス倫理学』はその内容からもこの場合に応じうるものとみることは可能である。事実その第二巻第一章の概念分析は右の溯示に照応しうる。もとよりこの順序づけの結果そのものは、さまざまの仕方で早くから言われてもいた。こう考えれば『形而上学』九八一b二四―二七を後人の挿入とする必要は少なくとも内容の上からは生じないであろう。

以上二つの経路、すなわちスペウシッポスに対する動詞の問題、及び文献溯示関係の解明から、かなり明確な結論を輪廓づけることができよう。スペウシッポスは前三三八年（ないし三三九年）に病歿しているから、『ニコマコス倫理学』は少なくともその後に起草され、しかも『形而上学』のAやM、Nの諸巻よりも後のことである。さて前三三九年から三三五年までの間、アリストテレスはおそらくマケドニア宮廷や故郷スタゲイロスにいたはずである。従って明らかに多数の文献を必要としているもの、明らかに講義の手控えのようなものをここでは書き難かったし、書く必要もなかったと言えるかも知れない。ここには実は文体論的考察が若干の効果をもつものとして書かれるべきであるが、今は省略する。前三三五年以後、彼は教授活動をアテナイで再開しているから、『ニコマコス倫理学』の成立はその後に属すると思われる。

㈣結　論

動かし難い確実性を求めれば、右の証明では前三三九年もしくは三三八年以後の起草ということになる。尚、これと相補い合うものにアリストテレスの神学についての内容的及び文献的考察が企てられている。右の証明はともかくイェーガーの phronēsis による考察を決定的に裏づける力をもつことは否定できまい。

㈤附　論

尚、このスペウシッポスへの言及の研究には、ダマスコスのニコラウスがテオプラストスに帰した短い形而上学[5]をロスとともに真正なものとする人々の幾人かが、そこでスペウシッポスに使われる動詞の現在形に着目して異論を立てるかも知れない。五a一四—二五の手厳しいアリストテレス批判は、本書の成立の晩《おそ》いことを物語り、それにもかかわらずスペウシッポスに現在形が用いられているのは、そもそも論文における言説動詞の時称をあげつらうのはおこがましいと言うこともできよう。確かにスペウシッポスは一一a二三でも六b六でも、現在形とともに出ているが、注意すべきことは、その書き方である。そこではスペウシッポスを全く一学派の祖として扱かっていて、彼が現に説いているというのでもなく、歴史的あるいは理論叙述の現在形でさえなく、むしろ彼の学派に属している人々がこう主張するという書きぶりであって、これは全く彼をかなり過去の人として扱っていることになろう。全く同じ表現法でプラトンもアルキュタスも書かれている。前記二つの主著におけるアリストテレスのスペウシッポスへの言及の時称の差は、熟知の間柄のスペウシッポスの死を経験して日の浅いことによっている。

註

(1) Jaeger : Aristoteles. 1923. S.267—9.

(2) バーネット著、出・宮崎訳『プラトン哲学』八章。

(3) Schächer : Studien zu Ethiken des Corpus Aristotelicum in Stud. z.Gesch.u.Kult. d. Altertums 22 Bde. 1940.

(4) Zürcher : Aristoteles Werke und Geist. S. 259—270. なお（3）の要領はここで知ることができる。その他 Gohlke, Louis 等に新しい発表がある。これに関して Prantle, Spengel, Grant, Joachim, Burnet 等の考証があるが、古いしほかで手近にわかるから省略する。Jaeger の説は結局正しいわけである。cf. Burnet : Comm. to E. N., Zeller : Bd. II. Teil 2 の註、邦語ならば高田三郎教授訳書、及び私にははなはだ異論があるが、藤井義夫教授の近著がある。これら二つは成立考を主題にしていないが、それぞれ参考資料を知るに便であろう。

(5) オイケンに暗示せられた Zürcher の Alla-mēn-Stil と Ou-mēn-Stil によるアリストテレス著作集の年代決定は、推論や結果に疑義はあっても確かに企てとしての意味をもつ。このような方法でしかも文体論的な手がかりを発見する率が多くなれば、アリストテレスとテオプラストスを明瞭に分けることができるかも知れない。そうすればロスやフォブスの断定の可否は一層証拠立てられて来る。

三　人の生き方

㈠行為の目的

理性的動物すなわち言語を語る動物として規定された人間は、種的同一性の大枠の中で本能に従って記号を交わしながら、相似た行動を自然の中で反復している他の動物とは異なり、めいめいがさまざまの場合に、主体的に独自の行為を実践してきた。そのためのどんな技術もまたそれを裏づける学知もみなうまく成功するように狙いを定める。こういうことをアリストテレスは人間の生き方の根本構造と見て、『ニコマコス倫理学』の出発点とした。彼は言う。

「あらゆる技術《テクネー》も研究《メトドス》も、またあらゆる行為も選択も、すべて等しく何らか善きものを希求していると考えられる。それゆえ、善とはすべてのものの希求するところのものであるという人々は正しい。しかしながら色々の場合の目的《テロス》には違いがある。すなわち活動《エネルゲイア》自体が目的である場合もあり、活動による成果《エルガ》が目的である場合もある。このうち行為《プラクシス》以外のものが目的の場合には、活動よりも成果の方が、本来、より善いものである」（第一巻第一章一〇九四a一―六）

彼はこのように目的の系列をたどって、「善《ト・アガトン》」の頂点には「最高善《ト・アリストン》」があると言う（同第二章一〇九四a二二）。

㈡幸福の追求

「よく生きること《ト・エウ・ゼーン》」こそ「幸福《エウダイモニア》」であって、これにはおよそ三つの主な生活形態がある。「快《ヘドネー》」を追う人は享楽的生活《ビオス・アポラウテイコス》、「名誉《テイメー》」を追う人は政治的生活《ビオス・ポリテイコス》、知恵《ソピア》を追う人は観想的生活《ビオス・テオレテイコス》を送ることになる。このようなことを続く第五章で述べたあと、真の「幸福を決定するのは徳《アレテー》によって生じる活動《エネルゲイア》であり」（第十章一一〇〇b一〇）、「人が人間として多くの人々と生活を共にする限り、徳に従って行為を選ぶのである」（第十巻第五章一一七八b五―六）と言って、徳目倫理学の典型を作り上げた。そして徳目の中でも重要なものに、実践知としての賢慮（phronēsis）、勇気（andreia）、節制（sōphrosynē）、正義（dikaiosynē）の四つがあり、また友情《フイリア》及び寛仁《メガロプシュキア》などがあげられている。彼はこれらの徳が個人においてその持前《ヘクシス》になり、自然に行為の形相《エイドス》とならなければならないとした。それでも「善い人であることと善い市民（ポリスの一員）であることとは、恐らく同じではない」（第五巻第二章一一三〇b二八―二九）と言い、個人の倫理を考え終えて第十巻第九章において、彼は「我々の先人は立法をめぐる問題を未解決のまま残した。〝人間にかかわる哲学（he peri ta anthrōpeia philosophia）〟の可能な限りの完成のため、この問題について、ポリス体制について、我々自ら考察をめぐらせるべきであろう」（一一八一b一三―一五）と言って、倫理学を「ポリスの学（politikē）――政治学」の書につなげるのである。

四　古書七行考という論文について

前に述べたように、アリストテレス全集として伝えられている書物群の中には、右の大著『ニコマコス倫理学』のほかに二つの倫理学書がある。そのうち『大倫理学』通称ラテン語でMagna Moraliaと呼ばれている書物がある。そのテキストの一部を克明に読むとき、古代ギリシアの倫理学に関して実にさまざまの哲学的内容が知られてきたので、その論文をアリストテレス倫理学のまとめとし、また哲学史論文の一つの典型として示したい。そしてここでの思索を橋渡しとして、アリストテレスの『政治学』に入ることにしたい。

五　古書七行考

——『大倫理学』第一巻第二十章一一九一a三〇—三六に対する註と解釈

(一)序

三つの疑問がただちにこういう論題に向かって投げかけられるにちがいない。第一は一体これが哲学に何の意味をもつ問題提出であるというのか。それはプラトンの道であるからと私は答える。ソクラテスを学びながら次第にいつか彼は自分の考えを彫塑していった。ひとつの大きな思索の構造性を知ることが自ら哲学をうち樹ててゆくための修練になる。それゆえ、こういう哲学史的な問いかけも一つの重大な意味をもつはずである。当然のこととして第二の問いがこの答えに追討ちをかけて続く。哲学史の必要性は一応認めるとして、では訊くが『大倫理学』の著者は偉大な思想家なのであるか。いや、その著者は今のところ誰ともわかってはいない。どれほどの力量であったかも、出発点にある我々の知るところではない。だがこの論題を扱うことがプラトンやアリストテレスを正しく研究するために経なくてはならない一つの段階であると私は答える。すると第三の問いが現われる。それならばまたどうしてこんな小さな部分にこだわるのか。それにはアラトスの言葉を引いて答えることにしよう。ストア学派のこの哲学者の警《いまし》めは、「日々の兆しなべて究めよ久方の天占いはおろそかにすな[1]」という歌であるが、ここでとる意味は、大事を立言しようとするには、関係のある文章であれば、いかに微細な箇処であろうとかりそめにしてはならないということである。特にこういう小部分を選んで註解の形をとってみようと思うのには、また別の理由がある。「哲学雑誌」第一回の古代特輯号でも私の担当は古典文献学的研究であったが、印刷の都合で、当時苦心して使用した写真版をそのまま写し載せるわけにゆかず、原典批判の部分は殆んど割愛しなくてはならなかったため、途中の手続きを示すことができなかった。今度は写本にもかなりあたってみることのできる機会を与えられたので[2]その手続きを前とは別の方法で簡単に表わしてみたいが、それにはこの箇処は絶好であると言ってよい。

　今までのところをまとめれば、こうである。大切でもない本のこの小さい部分を古典文献学的に精密検査をしながら考えてゆくと、ある重大な哲学的課題に面して思索を深めることになるということと、原典批判の手順の雛型が示されて、同時に二、三の事実が確証されるであろうという三つのことが、さしあたり本論文の形式的目的である。

取り扱う順序は次のようにする。

原典（Susemihl 校訂）及び私の訳。原典批判（文法、語法、意味、慣例、対応、パレオグラフィア、発音、文法的注釈）。『ニコマコス倫理学』との内容的及び形式的比較。『大倫理学』の書物としての性格、その著者及び成立年代の決定。一つの哲学史的問題提出。哲学的課題。終わりに結びの語若干と本論文に附属する註が入る。

㈡『大倫理学』第一巻第二十章一一九一a三〇―三六の原典及び訳

M. Moralia XX. 1191a 30–36 — ἔτι δὲ καὶ ὥσπερ ἐπάνω διειλόμεθα, περὶ φόβους καὶ κινδύνους οὐ πάντας ἀλλὰ τοὺς ἀναιρετικοὺς τῆς οὐσίας. — ἔτι δὲ οὐδ' ἐν τῷ τυχόντι καὶ παντὶ χρόνῳ, ἀλλ' ἐν ᾧ οἱ φόβοι καὶ οἱ κίνδυνοι πλησίον εἰσίν. εἰ γάρ τις τὸν εἰς δέκατον ἔτος κίνδυνον μὴ φοβεῖται, οὔπω ἀνδρεῖος· ἔνιοι γὰρ θαρροῦσιν διὰ τὸ μακρὰν ἀπέχειν, ἂν δὲ πλησίον γένωνται, ἀποθνήσκουσιν τῷ δέει.

31. ἀναιρετικοὺς $\Gamma\Pi^2$ αἱρετικοὺς Π^1 Va. 33. πλησίον Bk., πλησίοι P^2, πλεῖστοι Ald., πλείους Va., πλεῖον cet. 34 οὔπω] πῶς Kb Ald. Va.

「さらに、我々が上に分析的に説明したように、勇敢はあらゆる種類の怖れや危険とかかわりあるものではなく、生命の滅びに至りうる怖れや危険とかかわりをもつものである。さらに、勇敢は好き勝手のときにも、またいつのときでも示されうるものではなくて、怖れや危険が迫っているときに示されるものである。なぜなら、仮に十年後にやっと襲って来る危険を前にして怖れないとしても、その人が勇敢だとは言えない。というのは、危険から離れているときは元気だが、それが近づいて来ると、恐怖のために死んでしまう人々もいるからである」

㈢原典批判

(1)一一九一a三一について。$\Gamma\Pi^2$は「ἀναιρετικούς」Π^1及びVaは「αἱρετικούς」をもっている。つまり、Vetusta Translatio（ルネサンス期の人文主義者たちのラテン訳の形から彼らが見た古写本の形を想定したもの）、Marcianus Vetus及びVaticanus 1342は「アナイレティクース」を、Laurentianus, Parisiensis Coisilianus 161, Aldina及びVallaは「ハイレティクース」をもっているわけである。そこで今ここでの問題は、どちらの言葉が正真正銘の原典Xに録せられていたかを定めることである。まず文法的見地からは二様の読みのいずれも可能であり、両者とも古典アテナイの哲学文献に見出すことができる。しかしアリストテレスの文献中に「ハイレティコス」という語はボーニッツの索引によれば見当たらないことになっているのに反し、「アナイレティコス」はここの場合を別にしてなお他に四例あって、その四つのいずれの場合にも、他の読み方は存在しない。そこで統計的に見て

「アナイレティコス」の方が「ハイレティコス」よりもペリパトス学派的であると言うことができよう。

文脈上の意味合いから言って、「ハイレティコス」が不可能であるとは思えない。我々はこれをとって次のように訳すことができる。「……人が生命を選ぶことのできるような怖れや危険とかかわりをもつものである。……」。もし我々がこの多少奇異な表現を次のように解釈していけば、この読みも妥当するかにみえる。すなわち、日常の場合我々は難なく生きているから、特に生を選ぶという必要はない。しかし戦争の場合など自分の生を選ぶ必要性も可能性もあるであろう。例えば生を選ぶために逃げたり、命乞いをしたり、相手を討ち倒すまで闘ったりするわけである。そこでどう振る舞うのがよろしいかという形で勇敢という徳の規定についての関係が出てくることになる。だがこの解釈はいささか不自然である。なぜならこういう場合、日本語でも近代の西欧語でも、「死を選ぶ」とか「生を抛《なげう》つ」という言い方を用いこそすれ、その反対の場合を使うのは稀なのである。そしてそれはギリシア語[3]でもそうである。例えばプラトンにも alla hēirou, hōs ephēsta, pro tēs phugēs thanaton（かつて語ったごとく、[4]あなたは逃亡よりもむしろ死を選んだ）とか、古くシモニデスにも pot' aglaon ōlesan hēben（そのときかれらは花盛りの若さを打ち滅ぼした）とある。それのみならず突然の怖れの場合を考えてみるとき、何かを選ぶというのははなはだもどかしく思われる。人はただちにその持前に従って行動をとらなければならない。そしてこれこそがまたペリパトス学派の創始者の考えであった。

『ニコマコス倫理学』には、ta prophanē mèn gàr kắn ek logismôu kài lógou tis proéloito, tà d'exaíphnēs kata tēn hêxin[5]（というのは、あらかじめ明白な危険なら、人はこれを理性的判断によって選《プロエロイト》びもしようが、突然の危険は持前《ヘクシス》によるほかはない）とある。もちろん「ハイレシス」と「プロアイレシス」はいくらか違ったものではあるが、どちらも選択という語義では一つのものであるから、右のように考えてよろしい。それゆえ、普通の語法に従った慣用法からみても、アリストテレス風の考え方からいっても、「ハイレティクース」は隠当な読みとは言えないであろう。もちろんここで何もアリストテレスに合わす必要はないので、語法上の無理を示すだけでよい。

だが人はこう尋問することができよう。右のようにして「ハイレティクース」を排斥しようという説明はすべて「ウーシア」を「生命」と訳しているからである。何ゆえこの言葉をもの珍しくもそう解しなくてはならないのか。もしこれを別様に解すれば別な結論が出はしないか。哲学者にふさわしくまず「本質」とか「実体」という意味をここにもって来ても、この章の前後の脈絡をたどってみると木に竹を接《つ》いだような具合で、これは問題にはなるまい。成る程一一九〇b一一においては「ウーシア」は疑いもなく財産 res familiaris であるし、一一九六a三でもこの言葉はまず間違いなく「財産」であろう。その上、『ニコマコス倫理学』の中に見られる限りの「ウーシア」はすべて「財産」か「本質」かのどれかにあたり、「生命」という使い方はそこにはないのみならず、『大倫理学』の中でも「生命」として解せられるところはほかにはない。それゆえにここでもむしろ財産と見るべきではないか。

そうすると、財産を選ぶようなときないしは財産が滅びるようなときが勇敢の徳の試金石だということになって、これは明らかに章の考えの方向と相容れない。そこでアームストロングは工夫して、ou peri phobous kai kindunous tous anairetikous tēs ousiās[6]と読み改めてみた。ou panta alla を削除して文の初めに ou を附け加えたので、「財産が滅びるような怖れや危険などではなくて」という意味になるが、それならばやはり「ハイレティクース」の方は意味が不自然になるであろう。

しかし、話をウーシア問題に返すがアームストロングのような大胆な任意の読み改めはなるべく慎んだ方がよい上に、彼のようにウーシア即財産という解釈にこだわる必要は少しもない。なぜかというに、ウーシアはペリパトス学派の文献の中ではしばしば生命を意味しているし[7]、また、この学派の文献には同一の書物の中で一つの言葉の意味を何の但し書きもなく別様に用いる例を幾つも見ることができる。[8]もとよりそれは常識が前後の関係から意味を正しく汲みとれる場合に限られているけれども、それゆえ我々はここのウーシアを安んじて「生命」と解することができるし、そうすることによって二十章全体の文意を筋の通ったものにできる。その上アームストロングのように伝承形態をひどく害《そこな》う必要を認めないですむ。そこで問題は再びウーシア問題の以前に復《か》える。すなわち、「ハイレティクース」の旗色が悪いままである。試みに我々が初めに訳したときのように「アナイレティクース」をとってなお一度考えてみよう。死の危険が明らかに勇敢の一つの試金石であった『ニコマコス倫理学』と異なって、『大倫理学』の著者はあらわには死という言葉を用いてはいないので、幾人かの人々にとってはここで「アナイレティクース」をとることはやはり困難にみえるかも知れない。しかし二十章でこの本の著者があげる戦争の例を観れば、ともかくも死がここでも勇敢の主要な対象であると言うことができよう。それゆえに、意味の上から考えても、「アナイレティクース」の方が「ハイレティクース」よりすぐれていることになる。

否、それのみならず、我々は『エウデモス倫理学』の中に決定的な同一表現を見ることができる。すなわち『エウデモス倫理学』第三巻一二二九a三九―b一に all' epi monais tais toiautais phainomenais esesthai lupais phobos ginetai, hosōn hē physis anairetikē tou zēn（本来生命を打ち滅ぼすような性質とみえる苦痛に際してのみ、恐怖は生ずる）とある。これをもって、アナイレティコスという言葉はペリパトス学派の専門語または術語と言うことができるであろう。これは今までのアナイレティコスの優位を決定的にするものではなかろうか。

要約すると、我々の考察は次のようであった。アナイレティコスとハイレティコスとは二つとも文法的に可能であり、アッティカの用例にもかかない、古典期前後の文章に見出される。しかし、統計的・語法的・ペリパトス風思考上、意義上において前者が優位であり、更に、ペリパトス風表現として前者の原性はほぼ動かし難い。

ここでももちろん我々は最古の手稿本K^bすなわち Laurentianus LXXXI. II. を尊重しなくてはならないけれども右のような事情から、我々は「アナイレティクース」をK^bに反しても原形であると主張する。(9) ΓとM^bすなわち Vetusta Translatio と Marcianus Venetus 213 という二つの有力な写本が「アナイレティクース」の方をもっていることは右の推測を助けるものである。そして「アナイレティクース」から「ハイレティクース」への毀損《きそん》過程はまず心理的に容易に説明される。なぜならば両者は頗《すこぶ》る相似ているからである。しかし、それをもっと具体的に説明しようとすれば、古文書学《パレオグラフィア》的研究を行わなくてはならない。それはもちろん古い大文字書体の時代と中世の中期頃の小文字書体の時代とに少なくとも二分して考えなくてはならない。

大文字書体においては、N字の中央斜線はしばしば両側の垂直線よりも弱く書かれる。この斜線はそれゆえ時とともに消滅したり、不注意のため見落とされることは考えられる。その場合、もし二つのAの間に立つNがいずれか一つのAにはなはだ近く書かれると、人によっては斜線の弱まったNをIに見ることが起こりうる。そうすると二つのAIが生じるが、そのときはただちにまたはさらに写される折に一方のAIが捨てられてしまう。今、例として五世紀頃の大文字書体で右の転化を示す。

別表①を参照。

小文字書体ではιとνとの混同は実に起こりやすい。例えば十世紀頃の写本態で示せば、

別表②を参照。

そういうわけで私は「アナイレティクース」の原性を疑わない。なお因みにベッカーもズーゼミールもこう読んでいる。

(2) 一一九一a三三について。*πλησίον* BK, *πλησίοι* P², *πλεισтοί* Ald, *πλείους* Val,

別　表

① 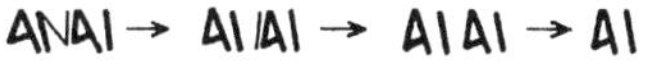

② 

③ 

④ 

（πλεῖστοι の形である。）

⑤ 

（πλείους の形であるが　これでは又 πλείονες への転化も考えられる。）

⑥ 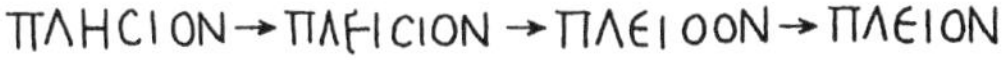

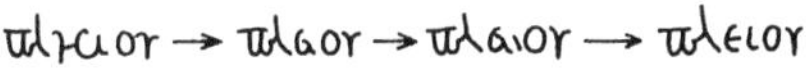

⑦ 

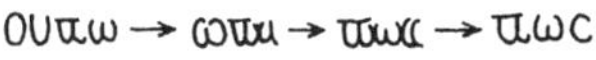

πλεῖον Cet. ここはどうも難しい場所である。我々はベッカーの訂正に従って「プレーシオン」と読み、そういうふうに訳してみた。しかし、権威の高いも低いも別なく、すべての古写本にはこのような伝承はない。P^2すなわち Parisiensis Coisilianus 161 を除くと、古い写本はすべて「プレイオン」となっている。これでも意味は通じるので、訳せば「怖れや危険がみちたときに」となるからかまわないようなものの、この章の末行すなわち我々の問題にしている小文でも、末行にあたる一一九一 a 三五にどの写本でも「プレーシオン」というのが見られ、この意味の方がここ三四でも妥当性が高いから、もし古文書学的見地から「プレーシオン」から「プレイオン」への書体転化の可能性がたどられるならば、我々は後者をとって差し支えないわけである。ところでP^2は「プレーシオン」に非常に似た形の「プレーシオイ」をもっている。これは文法的には不可能ではないが、散文に使われる例を私は知らない。語法上慣例に背くと考えられる。というのは普通ギリシア人は「近い」というときはいつも副詞の「プレーシオン」を使うもので、例えばプラトンにもそういう用例がある[10]。だがP^2の「プレーシオイ」は「プレーシオン」からの書き違えであることは容易に想像せられる。これはP^2の写された頃の書体を模して試みると、次のようである。

別表③を参照。

さてここにP^2が依拠したものでこの場所に「プレーシオン」をもっていたと想定せられるテキストを今便宜上P^xと名づけよう。Aldina はP^2と同族であるから、従ってアルディナのもとになったのはやはりP^xのはずである。この両者の関係はこうであろう。

別表④を参照。

Valla の場合はおそらく次のようである。

別表⑤を参照。

P群同士の関係は右のようにして解かれた以上、ここで問題はP群とK^bとの間に書写体上のつながりがあるかどうかということになる。二つの古い写本同士の関係であるから、我々は中世中期よりもずっと以前の大文字書体のものも顧慮しなくてはならない。

別表⑥を参照。

さらにかかる視覚上の問題ばかりではなく、発音上の類似から起こる写体変化も考えられる。古典期の発音がいつまでも保たれていたわけではなく、H《エー》がI《イー》に発音されるのは既にアレキサンドリア盛期にも考えられることである。plēsion → plision → pliion → pleion この転化はきわめて自然で母音間のSの脱落はどの語族にもおしなべてみられることであるが、ギリシアでは古くからのことである。

以上のようであるから、我々は「プレーシオン」と読むことにする。

(3) 一一九一a三四について。*οὔπω*] *πῶς* K^b 'Ald, Va. もし三五のandreiosの後の半終止符の下に点をうつとすれば、つまり疑問符をおくならば「ポース」と読むことが文法的に可能である。リデル＝スコットの大辞典では「ポース」の前にいつも「カイ」のある引用を示しているため、こういうときには「カイ」が必要だろうと思う人もいようが、ギリシア文献には幾らも別の例があって、例えばプラトンにはしばしば pōs? とあるし、(11) アリストテレスにも pōs aitioi esontai? などと使われている。しかし少し論理的に考えると、「ポース」ではいささか不足であることがわかる。なぜかというに、十年後に初めてやって来る危険を今怖れていない人は、今は無関心であっても、その十年目に勇敢であるかも知れないし臆病であるかも知れない。とにかくそのときになって、勇敢である可能性をもっている。それゆえ、ただ「ポース」だけでは非論理的であって、どうしても「ポース」を生かそうとすれば pōs nūn andreios? と nūn を挿入しなくてはならない。彼が今勇敢であるとどうして言えようかという程の意味である。従って何も入れずにすむ oupō の方がはるかによいので、もし古文書の転化可能性が示されれば、これをとる方がよいが、パレオグラフィアの上からは両者の関係を容易に示すことができる。

別表⑦を参照。

それゆえ、*οὔπω* をとる次第である。

㈣翻訳に関しての文法的註釈

(1)一一九一a三〇の eti de kai hōsper …… 解釈に二つの可能性がある。つまり eti de kai, hōsper と eti de, kai hōsper という具合にちょっとした区切りのちがいである。三〇行の eti はもとより二六行の ho men gar toioutos 及び三二行の eti de に対応している。問題になるのはまず kai の機能である。もちろん eti de kai という使い方は例えばツキジデス第一巻八〇のように見ることができる。しかし、何ゆえ三〇行には kai があって三二行にはないのか。それについて考えてみなければならない。偶然だとすましてしまうこともできようが、内容の吟味をしてみよう。三〇—三一行の内容は既に一一九〇b九—二一の間で述べられたことであるが、三二—三三行に言われている時間の問題はいまだ『大倫理学』では触れられていない。二二—二八行の兵士の例は一見その問題にみえるが、これは時間のことではなく、経験の有無を言っているにすぎない。それゆえ、三〇—三一行と三二—三三行とは言及されているかいないかの点で異なっている。前者は反覆であり、後者は新たに附け加えられたものである。eti はその差別をここで明らかに示そうとしている。二つの eti de はそれゆえ、『形而上学』一〇四一b一六—二六の men…eti…de…eti…de と同じような対応であり、kai は eti　de に続くよりもむしろ後の hōsper と一緒になるとみる方がよい。hōsper kai というので始まる文章はアリストテレスには沢山あって、kai hōsper は目新しく、ここに著者がアリストテレスではないことを言う根拠もあるであろう。kai はその一つの文法的機能として、次に続く語を強調する場合があるから、ここでは kai は hōsper を強めていて意味はほとんど kai hōs と同じになっている。従って、その気持ちを出して読めば、もともとこう訳す方がよかったかも知れない。「たとえすでに上で分析的に説明した通りではあるがここにくりかえして言うとすれば……」。少なくともニュアンスはこういう具合である。

(2)一一九一a三〇の *διειλόμεθα*・*διαιρέω* の中動態のもともとの意味は「区別する」とか「分類する」distinguere generis species である。この著者はこの章の最初に勇敢——男らしさを明瞭にするため、臆せずにいることをさまざまに分析的に説明している。従ってここでただ「考える」だけでは弱すぎるし、「論理的に区別する」では強すぎるので分析的に説明したと訳をつけた。

(3) 一一九一a三二。*τυχὼν* はここで「偶然の」ではなく、好き勝手のときにとか自分自身に都合のよいとかいう意味である。また *πᾶς χρόνος* は *ἀεί*（常に）ではない。一つ一つの時を総称していうのでいつでもというわけである。二つが一緒になって、「自分の都合のよいときにいつでも」位に訳してよい。

(五)『ニコマコス倫理学』との内容的及び形式的な比較

我々は既に厳密な原典批判を行ったのであるから、この部分に関する限りは、この正当化されたテキストに従った訳を重んじてよい。そして訳に関する疑義はすべて原典批判の際と文法的註解の際に扱われて氷解しているから、つけられた訳文は正しいものであると主張してよい。従ってそれを学問的な研究に用いてよいわけである。

さて、『大倫理学』は偽アリストテレス文献の中に数えられる場合が多いが、またアリストテレスのものだと主張してやまない学者もいる。これを真書としたり偽書としたりする人の証明の仕方は多くの場合説得力に欠け、中には初めから偽書として、扱う人もいるため、問題はいまだ決定の段階に至ってはいない。[12a] そればかりではなく周知のことであるが、本書を後代の抜粋書と見なすイェーガーやロス及びその説を継承発展している、ヴァルツァーに反対を浴びせたフォン・アルニムによれば、本書はアリストテレスの他の倫理学文献に先立つ最も若いときの真書であるという[12b]。つまり成立の時代さえ一致した見解が見られないまま、本書は暫く学界から回避された状態になっている。我々もこの書物を初めからともかくもペリパトス学派のものとして扱っていたが、それはもう誰にも自明のことで今更それを疑うのは愚かしいが、はたしてこの学派の創始者の手になるものか、学派に属した人のものであるか、また、成立の年代はいつ頃であるかをできるだけ明らかにする義務をもっている。そこでまず考えられる語法や語調の特色を明らかにするため文法もくわしく見てみたが、そこではたった一つの例外を除いて殆んど特にアリストテレスとは別人の手であるというに足るだけの根拠は求められなかった。もとより写本にして七行の小部分でそういうことを求める方が無理な要請ではあろうが、とにかく確かにアリストテレスであるとも言えず、探索の地平は自ら文法とは別にあることを知ったのみである。

そこで別の方法として、まちがいなくアリストテレスの著書である『ニコマコス倫理学』と色々と比較して、何らかの明確な結論を出すように試してみる。比較の対象はまずこれまで問題にしている『大倫理学』の七行とそれに対応する『ニコマコス倫理学』の諸部分をあるかないか探し集め、それを見較べながら勇敢に関する章全体に及ぶようにする。また、比較の手順は二つに分かれる。初めに比較されるべき部分の内容的比較、次いでそれらの部分が勇敢に関する章全体にそれぞれどういう位置を占めているかという形式的比較である。尚、『ニコマコス倫理学』の引用は高田三郎教授の名訳を用いる。ところにより訳を変えたが一々ことわってはいない。尚、比較の相手である『ニコマコス倫理学』には一向原典批判も訳の吟味もしないのは不十分ではないかという当然起こりうる質問については、『ニコマコス倫理学』には最近まで多くの原典批判があり、かつここで用いるところは左程問題になる箇処も少ない上に、高田教授の訳は尊敬すべき業績であるからそのまま使うので、無批判なしわざをしようというのではないと答える。『ニコマコス倫理学』についての原典解釈の人とちがった意見のことは前に発表したものがある。[13]

(1)内容的比較。方法としては、まず『大倫理学』の一行ずつを上段に書き、それに対応する内容の文章を『ニコマコス倫理学』の中から抜き下段に録すことにしよう。相異があったら原文の後に括弧に入れた文で指摘することにする。

『大倫理学』

一巻二十章一一九一a三〇—三一　勇敢はあらゆる種類の怖れや危険とかかわりあるものではない。

三一　生命の滅びに至りうる怖れや危険とかかわりをもつ。
〔ここには死の区別はない〕—a

『ニコマコス倫理学』

三巻六章一一一五a一〇—一二　勇敢な人という資格はこれらすべてにかかわるとは考えられない。

一一一五a二六—二九　最もおそろしきものは、死である。……だがまたあらゆる場合における死に勇敢なる人がかかわっているとは考えられないであろう。

三二―三三　好き勝手のときにも、またいつのときでも示されうるものではなくて、怖れや危険が迫っているときに示されるものである。

三四―三五　十年後にやっと襲ってくる危険を前にして怖れないとしても、その人が勇敢だとは言えない。
〔ここには突然の怖れとあらかじめ知らせられている怖れの区別がない〕
―b

死の区別
㈠最も美しき死すなわち戦争における死（一一一五a三〇）
㈡海難や病死（一一一五a三五―b一）
㈢自殺（苦痛回避の）（一一一六a一二―一五）

一一一五a三三―三四　うるわしき死に関して、それもおよそ忽《たちま》ちのうちに死を招来するごときことがらに関して……。

三巻八章一一一七a一七―二二　突然の怖れにおいてこわがらず心を乱されないということは予知せられる怖れにおいてそうであるということよりも一層多く勇敢なる人を特徴づける所以である。けだしかかる場合においてはかかる挙措が準三五―三六　危険から離れているときは元気だが、それが近づいて来ると恐怖のために死んでしまう人々もいる。

勇敢の章全体を通じて apothnēskousin（死滅する）と phobos anairetikos tēs ousiās（生命を滅ぼす恐怖）との二つのみが明らかに死を意味する語である。
〔ここには死《タナトス》という言葉が全章を通じてただの一度も出て来ない〕―c

備に依拠することの少ないだけそれだけ多く自己の持前に基づいているからである。

三巻七章一一一六a七―九　無謀な人々は猪突的たるに止まり、危険の到来する以前においてはそれを欲していながらその渦中においては尻込みをするが、勇敢なる人々はこれに反して行動の最中においては神速であるにかかわらず事前には平静である。

勇敢が論じられる四つの章を通じて死《タナトス》という言葉は多く見られる。少なくも七回。

右の対照表をよく見てみよう。『大倫理学』が第一巻第二十章という勇敢に関するただ一つの章の末尾に短くまとめてもっているところのものは、すべて『ニコマコス倫理学』の勇敢に関する諸章の色々な場所に散見される。それゆえ、我々はさしあたり『大倫理学』は『ニコマコス倫理学』の抜粋による提要ではないかと言うことができよう。あるいはまた逆に、前者に萌芽としてまとまっていたものが、後者において分裂開花したのであるから『ニコマコス倫理学』こそは『大倫理学』の展開形態であるとも言えよう。そういう大まかな比較ではどちらともつかない結びになってしまう。我々は相違に注目して、表の上段に括弧に入れられてある部分を考えてみなくてはならない。a、b、c三つが示すところによれば、『ニコマコス倫理学』の勇敢にとっての主要なことは戦死であったと言わざるをえない。事実cで言及せられているように、『ニコマコス倫理学』では死が勇敢の章だけで七回も数えられる。そこではポリスのための戦死が主題的に考えられている。けれども『大倫理学』ではそういうことがない。

人はこう主張することができる、すなわち、『大倫理学』には『ニコマコス倫理学』では常に認められる強いポリス意識が欠けていると。それが書かれた時代はすでに晩《おそ》い。少なくともこの章に関する限り、我々はここにポリス意識の喪失を感じとることができるであろう。従って、本書の著者はポリスの衰えたのちに己の後古代的または後古典的時代意識でアリストテレスの書物あるいは講義手控えとして伝わっていたものを利用していたペリパトス学派の学者であった。

それならば、あたかもイェーガー、ヴァルツァーたちの古い主張のように、本書は単に『エウデモス倫理学』『ニコマコス倫理学』の抜粋で短い講義草案か提要のようなものになるのであるか。[14] そうではない。本書の著者はおそらくポリスの徳であった勇敢概念を更新する必要を認めて、ポリスの倫理学を彼の時代の倫理学に直したものと考えられる。彼は意識的に戦争における英雄的死を論じないようにし、勇敢の徳にふさわしい領域を生命の滅びに至る怖れや危険一般に拡張している。単なる抜粋ならば、このように抜粋されるべき書物の中心的主題を抹殺してしまうことはあるまい。それゆえに『大倫理学』は『ニコマコス倫理学』よりも後に、これを参照したペリパトス学派の人の手によって成立したものであるけれども、その厳密な意味での抜粋ではない。

だが、まだこれですべてが決定したわけではない。このペリパトス学派の人がアリストテレスその人であるか、それとも別の門弟であるかどうかはこれで判然としているわけではない。なぜなら本書がアリストテレスによって書かれた可能性はまだ残っているからである。というのは、彼自身が教えたこともあるアレキサンダー大王がギリシアのポリス政治形態を崩れさせてゆき、すでにアリストテレスは晩年にはいやでも己の理想としたポリスが衰運に向かうのを看取せざるをえなかったと考えられるので、彼自らその慌ただしい最後の逃避の前後に、昔に較べるとポリスと離れて生きる人間のために、新しく最後の倫理学を著わしたかも知れないではないか。こういう想定が正しいかどうか、それを見究めるには次の考察を経なくてはならない。

(2)形式的比較。問題の箇処一一九一a三〇—三六が『大倫理学』の勇敢に関する章である第二十章全体において、いかなる位置を占めるか。もっとくわしく言えば、この部分が全体に対していかなる形式的意義を有するか。こういう問いが我々の今度の考察の出発点である。これに答えるため、我々は一一九一a二三まで溯ってみなければならない。『大倫理学』の著者はまず一一九一a二三—二五において、具体的な説明を根拠にして、一つの定義に似た形で、勇敢の徳を簡潔に規定している。けれどもこの規定が完全ではないため、何らかの若干の条件を補うことが絶対に必要であった。それゆえ、三つの補足的条件を著者は二六以下に示さざるをえなかった。三条件とも内的に同一構造をもっている。つまり否定的規定を通じて積極的肯定的な形式を与えられている。以下に示すと、

(a)全然怕《こわ》がることのできない人を勇敢だとは言えない。勇敢な人というものは怖れを感じても平然としている人のことである(二五—三〇)。

(b)あらゆる種類の危険ではなく、生命の滅びに至る危険や怖れ(三〇—三一)。

(c)好き勝手のときやいつもではなく危険の迫ったとき(三二—三三)(以下三六まではこの項の説明にすぎない)。

右のようであるから、我々が扱っている文章は、『大倫理学』における勇敢の規定に対する補足的な三条件の中の最後の二つだということになる。そこでただちに我々のなすべきことは、『ニコマコス倫理学』の中にこれらと同じような条件が、これらと対応する資格で、

つまり勇敢の規定の補足的条件として見出されるかどうかということである。もとより内容的に対応する文章のあったことは既に本節の(1)で示した通りである。しかし、それらの文章は勇敢に関する諸章に散在しているのであって、それらの書かれた形式的条件は、我々の吟味の対象となっている文章とは全く別である。我々は今の条件にかなう文を別に探さなくてはならない。それでまず『ニコマコス倫理学』の中で勇敢という徳が規定されているかどうかを探してみなければならない。それは一一一六a一〇―一二において見出される。「勇敢とは述べられたごとき場合（戦争の死の怖れ）においての、平気な及び恐ろしい事柄に関しての中庸であり、その行為がうるわしくあるがゆえに、ないしはそれをなさなければ醜悪であるがゆえに、行為することを選び、それを敢てする」とまとめられている。ところで、少しでもアリストテレスに通じている人ならば、ここでただちに注目すべき事実に気がつくであろう。言うまでもなく、この規定は徳一般の定義（一一〇六b三六―一一〇七a二）と形式的に寸分違わず一致しているということである。「徳に関する一般論はかくして終わった。すなわち徳の類が概略的に――徳は中庸であることならびに持前であることが――述べられ、また徳は徳をつくり出すところの行為と同じ性質の行為を行う動向を即自的に有しているということ、徳は我々の力の範囲内に属していて随意的であり、正しきことわりの命じるところに従うということが述べられた」。こうして訳で較べるとその寸分違わぬ対応がどうしてもぼやけてしまうが、以下に原文で対照表を示せば私の言うところに肯けるであろう。

勇敢	徳一般
1　mesotēs esti peri tharralea kai phobera	1　mesotētes eisin
2　hexis (cf. 1116a6－7) mesōs echei（中庸の状態にある）ゆえに mesotēs は既に hexis である。	2　hexeis
3　hypomenei	3　hyph' hōn te ginontai, toutōn praktikai kath' hautās
4　en hois eirētai（cf. chap.6）戦争における死	4　eph'hēmin
5　haireitai	5　hekousioi
6　kalon（価値はオルトス・ロゴスの指示する対象になる）	6　hōs an ho orthos logos prostaxēi

すなわち、『ニコマコス倫理学』では、勇敢の徳は徳一般の定義の方式に従って定義されており、殆んど間然するところがないために、何らかの補足条件を附加する必要はないわけである。それゆえ、きわめて当然のことであるが、この本には、よしんば多くの具体的説明

が勇敢の規定の後に続きまたは展開されはするけれども、『大倫理学』における勇敢の規定の後の必要な補足条件文章に対応するものは全然見出せない。それは何ゆえであるか。既に今述べたように、『大倫理学』での定義が学問的に不完全であり、他の方は完全だからである。だが何ゆえそうなのであるか。ここに『大倫理学』の勇敢の規定を念のため原典で示してみよう。ho dē hormōn dia logon heneken tou kalou epi to kinduneuein, aphobos ōn peri tauta, houtos andreios, kai hē andreia peri tauta（理性によって行動し、うるわしいことのために危険をおかし、これらの事柄について怖れない人が勇敢な人なので、勇敢はこういうことに関している）。

　これで明らかにわかるように、『大倫理学』の著者は大切な徳の規定に際して、メソテースやヘクシスというような必要不可欠の術語を使わないでいる。更に奇妙なことは以下の事実である。彼は内容的には殆んど中庸《メソテース》、持前《ヘクシス》などと同じ考えをもって勇敢を説明し、また他の章ではこれらの術語を使用しているし、更にこの第二十章でも他のペリパトス学派風の術語を駆使しているにもかかわらず、ここでは決してヘクシス、メソテース、エネルゲイアなどという一番重要な術語を一度も使ってはいない。『ニコマコス倫理学』の勇敢の諸章では、例えば kata tēn hexin (1115b21, 1117a22), echei (1115b31, 1116a7), apo hexeōs (1117a20), echousi (1116a5) とはなはだ多くヘクシスとかかわりのある語やヘクシスそのものが多く見出されるというのに、それが『大倫理学』第二十章には一つも見当たらない。形から言えば同じ語群の echonti が一つあるけれども、それはここでは意味上ヘクシスとは何の関係もない。メソテースもここには一つも出て来ない。もちろん、我々は古写本の状態から人々の認めている大きな脱落がこの章の文頭何行かを永久に読まれえないものにしている事実を忘れてはならない。喪われたその部分であるいはこれらの術語は使われていたのかもしれない。例えば第二十一章ではその冒頭にメソテースという字が読まれるし、一体に最初両極端をあげてその中庸であるという言葉から始まる書き出しは、『ニコマコス倫理学』でも普通見られるところである。しかしそれにしても、重大な定義や議論の出て来るという後半部に、必要な概念が少しも使われていないのは、アリストテレス的な論理性の欠如に他ならず、何ら但し書きもなしにこのような扱い方をするのは成熟したアリストテレスの行うところではない。必要な概念を使用していないがゆえに、ここでは主題の明確な規定を表現できなかったばかりではなく、他の章との体系的聯関を失う怖れさえ生じる。これらの事実は確かに著者が『ニコマコス倫理学』を書いた後のアリストテレスではないことを明らかに示すであろう。

以上の観察からは二つの可能性が生じる。『大倫理学』の著者はいまだ発展し切っていないごく初期のアリストテレスその人であるか、または彼のすぐれた徳一般の規定があるにもかかわらず、それを故意か偶然か利用せずに、勇敢の内容をいささか不手際にまとめた彼の学派に属する人かである。

ところで我々は(1)において内容的比較を行った際に、本書の成立が『ニコマコス倫理学』の成立よりも後であることを結論することができていた。よって本書の著者は断じて若いアリストテレスではありえない。従って我々は先程の形式的比較から生じる二つの可能性のうち第二のものをとらざるをえない。『大倫理学』の著者はそれゆえ決してアリストテレスではない。

(3)以上二つの比較の綜合。(1)と(2)をまとめてみればこうなる。『大倫理学』の成立はポリス的意識の喪われかける頃であり、著者はその頃のペリパトス学派の人で、アリストテレスの諸著を参考にしながら、いわゆるポリス倫理とは少し異なった倫理を構成しようとした人である。我々はこの主張を次節の出発点として、更に一々を明確に定めてゆきたいと思う。

(六)『大倫理学』の書物としての性格、その成立年代及び著者の決定

前節(1)で述べたように、本書はアリストテレスの倫理学の単なる抜萃ではない。強いポリス意識が喪われかけているときに、その時代意識においてポリスの倫理学をいくらか一般化しようと目指す点が仄見《ほのみ》え、この点において多少の創意をもつ書物である。そのことは既に触れておいた死の扱い方でよくわかる。ポリスが生活の真の中心である時代は、超個人的なポリスのために死ぬことは最も美しい死であった。勇敢の徳はこういう場合において最も完全な姿で発揮されると考えているアリストテレスの世界は、少なくともこの徳に関する限り、ホメロスやシモニデスの限界から一歩も出ていないと言わざるをえない。しかし、死はそれがどんな死であろうとも、個人に絶対に確実にしかもただ一度決定的なものとして襲って来るものである以上、人間は死の理由や原因や場面のいかんを問わず、それに従容と向か

勇敢な覚悟を必要とするものではないか。ポリスのための個人ではなく、個人のためのポリスというポリスが往昔の権威を失い、帝国の統治下に完全に服してしまう時代である。そういう時代に右のような死の一回性と絶対性が普及して来たのである。だが本書はその開巻劈頭にやはり「倫理学はポリティケーの基礎であり、すべてをまとめてポリティケーという一つの名にした方がよく思われる」という意味のことを述べている程であるから、もとよりポリスはいまださほどは衰え切らず、個人倫理が国家学においてその終極を得るという古典時代にあった典型的思想の一つが生きていた時代に成立したものと言わざるをえない。本書は一方、死の問題で未来に属し、他方、学の結構で過去に属するという典型的な過渡的性格をもつ。

そういう過渡的な時代はヘレニズム文化の興る頃から始まるが、それは大体前三一〇年前後である。一方ペリパトス学派第三代目の学頭ストラトンの死後は周知のように、アンドロニコスに至るまで、この学派は久しくただテオプラストスとストラトンの自然科学的方面を継承していたので、アリストテレスの文献も形而上学や倫理学のようなものはあまり顧みられなかったであろうし、第一アンドロニコスに至るまでには、史上からはとにかく消えていた程であったから、およそストラトンの死の前頃には本書が出来上がっていたとみるべきであろう。それというのもテオプラストスやストラトンは自身自然科学者であったといっても、いわゆる形而上学的なものや人間学的なものを著わしていたし、彼らの同僚には先師の広い知識の全分野に興味をもつ人がまだ多かったにちがいないし、その頃ならばアリストテレスの手稿文書を学園内の教授達は利用することが出来たと思われるからである。ストラトンは前二六九年に死んでいるので、従って本書の成立は紀元前三一〇年頃から二六九年頃までの間であろう。

著者は従ってテオプラストスやストラトンの同僚であったと考えられる。その著書はアリストテレスの著書と同じく、やはり講義の手控えであったかも知れず、しかし原書かその写しかが学園内に保存されたであろう。けれどもストラトンの死後殆んど二百年間アンドロニコスがペリパトス学派の新紀元を画すまでは塵に埋もれていたであろうし、その間にアリストテレスのものと思い誤られてしまうのも容易に考えられることである。

以上で本節の主要な考察は終わるが、私に解らない問題が一つある。アリストテレスのものとされていた三冊の倫理学書のうち、何ゆえまた量において一番小さい本書が『大倫理学』と言われるかというしばしば疑われた書名考である。これにも諸説[15]あるが最近はまた、本書の成立や解釈について私とは全く正反対の説をなすゴールケが見解を述べ[16]ているが、彼の訳にはギリシア文学の基本教養もないのではないかと疑われる点もあるから、書名考もまた間違っている。彼によると『大倫理学』はアリストテレスの若い頃の作で、それに先立つ「徳と悪徳」に較べて大きいので『大倫理学』という名があるのだという。『大倫理学』の後にエウデモス、ニコマコス両倫理学がその発展として生まれて来たという。因みに大方は「徳と悪徳」を偽書に数えているし[17]、また、よしんば真書としても倫理学書とは言えない小論考である。また、この書名考は、右の私の文献学的検査の後でみれば、前提が間違っているのであるから、問題とするに足りない。

だが私自身書名に関してはあまり根拠はないが、二巻ともパピルスか羊皮紙の一巻きが他の倫理学書に較べてきわめて大きいという事実が、リュケイオンの図書館の中でこういう呼称を定着させていったものと考えている。例えば、『ニコマコス倫理学』では最大の巻第七巻がベッカー版の頁数に還元すると約十頁であるのに、『大倫理学』の第一巻は約十七頁、第二巻は約十五頁である。それは普通の巻の約二倍近いものである。

終わりに、右の長い考察の結果は、成立年代と著者という点では、イェーガーやロスやヴァルツァーやディルマイヤーとやや相似たものとなっているが、導出の過程も使用した原典の場所も、場合によっては方法も、全然ちがったものである。色々と異なった精細な個別研究が追い追い同じような結果を指し示して来れば、それを一応研究的一致として事実に近いものと断定する資料がふえるわけであるから、わずか数行の試みでも意味をもつことができる（もちろん、小部分の考察に限ったのは雑誌論文の制限を考えたからである）。

ただ、『大倫理学』の書物としての性格について、勇敢や死の解釈については同じような意見を読んだことはない。

また、『エウデモス倫理学』について殆んど触れていないのは、一見不十分にみえるかも知れないが、我々の右の考察全てにとって、それはまず必要がないことは、証明手つづきを見直してみれば明らかであろう。

(七) 一つの哲学史的問題提出

一般の哲学通史ではアリストテレス以後の哲学の解説がにわかに杜撰《ずさん》になり、ヘレニズム時代にはあまり注目すべき哲学的企てはなかったかのような印象を与えてしまう。ストア学派や新プラトン主義の体系も、ソクラテス以前の断簡より短く扱われてしまう場合が多く、その理由としては、哲学が宗教の代用のようになって、純粋の学問性が喪われたからであると言われる。もとより個別研究ではすぐれたものが少なくないが、一般の眼は右のような見地から注がれ、この時代の夥しい文献は尊敬と熱意をもって顧みられることが稀である。しかし、はたしてヘレニズムの時代は哲学的創意において前代と比較にならぬ程劣った時代なのであろうか。この問いに対して我々の文献研究は何かをもたらすものである。

(1)もう一度、我々は問題の数行を読み直してみよう。そこには何か新しい哲学的術語があるであろうか。一つもありはしない。そこで読まれる言葉は、プラトンやアリストテレスの著作の中に幾度も見えるものにすぎない。これは恐らく、ヘレニズム時代の哲学書のすべてを象徴している事実であると言ってよい。この時代の哲学はすべて古典時代の術語で語っていると言って差し支えはない。新しい哲学は新しい概念を必要とし、それは更に新しい術語を必要とするであろう、だから、それをもっていない哲学は亜流か折衷にすぎないと言って、ヘレニズムの哲学を軽視するのは、およそギリシアの文献に通じない短見者流の主張にすぎない。ソクラテスやその時代のソフィスト達以前には、そもそも哲学的な用語というものがありはしたが決して十分ではなかった。従って、ソクラテスに始まりプラトン、アリストテレスと継承された古典期の哲学は、対象を明確に表現するための造語運動という一面をもち、アリストテレスにおいてはその極点をついたと言ってよい。こうして一応の道具立てが揃えば、もちろんいよいよとなれば新しい言葉をこしらえなくてはならないにしても、大抵のことには不足せず、現存する術語を駆使しながら、事象そのものに深く徹することが問題となる。新語がないという事実が思索の創意性の欠如を常に表わすとは限らない。プラトンの面白い一節を紹介しておこう。

「だが、もし我々が造語術を学んだとすれば、神々にかけて、それこそ獲得した暁には我々が幸福になっているはずのものではないか、と私が言ったら、クレイニアスが承《う》けて言うに、僕はそう思いません。

そこで私が、どんな証拠をもちだすかね、と言うと、

クレイニアスが申すに、僕の見るところでは、ある造語家は自分で作った独特の言葉を使うことができないのです、ちょうど竪琴作りが琴を使いこなせないように。それでこの場合も、自分では造語しえない人々が、あの造語家たちのこしらえたものを使うことができます。そこで言葉に関しても作る術と使う術とは別だということは明らかです[18]」

ヘレニズムの哲学者たちは確かに造語家ではなかったが、前代が造った言葉を使って創造的に考えていった人々であったかも知れない。もちろん私はここで古典時代の大思想家たちを単なる造語家であると言うのではないが、彼らによって形成された術語で組み立てられる思索が、すべて古典時代の限界に止まるはずは必ずしもあるまいと問うわけである。我々は

今からヘレニズムの哲学がはたしていかなるものであったか、特に取り出してみるべき創造的なものをもっていたか否かを、調べて行かなくてはならない。だが研究はこの場合いつも我々の七行のテキストをもとにしなくてはならない。我々は今一度どんな点に『大倫理学』のこの部分を際立たせる特色があったかを思い出そう。それはまず第一に死に対する考え方が『ニコマコス倫理学』とは本質的に違うことであった。勇敢の徳は死に接するものであるが、ポリスへの犠牲の戦死が他に較べて最高の対象であるというようなことはなく、その場所や様相が何であれ、およそ死である限りの死が迫る怖れに対して、自己を失わぬ徳が真の勇敢であると考えられている。死が個人の実存にとって決定的瞬間として絶対的に予在している以上、人はたとえどこにいようとも、万般の現象を通してそれと対決しなくてはならない。このようであればこそ、『大倫理学』の著者はアリストテレスと違って、突然性と被予知性の別を立てていない。本質的に死は予知せられている事実であり、現実に襲うときは、死は生の断絶として常に突然である。このような危機に面する場合に、真の勇敢が常に求められる。このようにして、ポリスを媒介することなく、死の個的実存における絶対性を暗示する点が、『大倫理学』から汲みとれるヘレニズム哲学の一特色であろう。死が自己のものである以上、何でプラトンの言うように、神の呼ぶまで待つ必要があろうと言って、eulogos exagōgē（自殺は理にかなっている）つまり自殺を倫理的権利[19]と正当化するゼノンに発するストア学派の考え方も、これを裏書きするものである。だがこれは確かに一つの特色にはちがいないが、もしこれだけならば、それは一つの創意とは誇りえない一つの強請による発見にすぎないであろう。なぜなら、世界の事情がおもむろに変貌して来て、人はもはや文字通りの意味では zōion politikon（ポリスに住む動物）ではなくなっていたのであるから[20]、誰でも当然ポリスを離れた考え方をもたざるをえないであろう。哲学は確かに存在の時間的現象態に呼応する面をもつ。存在は変化する様相において真理を象徴化するから哲学が現象に醒めていることは必要である。今の場合も、ポリスの事実的崩落によって、哲学がポリス的限界を超えて死の意味を一歩深く考え直しているわけである。しかし、現象の強請に応じて、時代が贈るものを映発するだけであるならば、仮に真理の一面を輝かしえても、夕暮れて飛ぶふくろうにすぎず、哲学は事象そのものからは遠いことになる。時代の呼びかけに対する応答以外に、その頃の哲学にはなお他に何かを生むことができたであろうか。我々はまたテキストに復《かえ》ろう。

(2)すでに述べたように、『大倫理学』の勇敢の章でも死はその徳の対象として第二のテーマであるにもかかわらず、そこでは全章を通して、ho thanatos 死という言葉は一度も使われていない。テキストには、主題とはあまり関係のない補足的説明文に「頓死する」という位の意味で使われている apothnēskō を除けば、ただ一つ、例の文献学的研究の対象ともなり、主題と密接な聯関をもっている phobos anairetikos tēs ousiās という形容詞的表現の「生命の滅びに至る」というのがあるだけにすぎない。それは一体何を意味するものであろうか。偶然であろうか。既に主題の勇敢が何らか生命の危機と関係がある以上、死という言葉が用いられるのが本来当然であるのに一度も使われていないということは決して偶然ではなく、著者の故意によるものであろう。では何ゆえそうする必要があったのか。著者がここで本当の勇敢という徳を考えるとき、従来の考え方を脱け出すためには、どうしても死 ho thanatos という表現を避けなければならなかったからである。タナトスとはギリシア人の間で、普通自然的生命の終局と考えられ、それから先は人によっては死後の生命を肯定したし、人によっては否定してもいるが[21]、要するに生物としての自然的生命が無と化することであった。生命のかかる自然的消滅に対する自然的な恐怖を克服してあるべきように戦うことが、古典期までの勇敢の徳であった。しかし、人間として本当に勇敢に振る舞うとは、そういうことに限るであろうか。そういう死が本来最も怖ろしいものであろうか。すでにソクラテスは審《さば》きの庭で言っている、「だが諸君、死を免れるのが難しいのではあるまい。悪を避けるのこそはるかに難しいのだ。死よりも早くそれは走り迫るからね[22]」。この最後の流麗な言葉、thatton gar thanatou thei[23]は人間には死よりも早く先に己を害うものがあることを暗示している。人間の人間としての生命には死による自然的消滅のほかに、決断による悪への崩落があるのではないか。『大倫理学』の著者は、人間の自然的死とともに併せてそういう人間の生命の非自然的死、非人間性の中へ崩れ落ちてゆくことを表わすのに anairein（滅ぼす）に由来する言葉を使ったのであろう。この語はテオプラストスの用例でみても「打ち滅ぼして生命なり価値なりを失くす[24]」という意味であるから、右に言ったような状況を兼ね表わすのに最も適当な語であったし、すでにアリストテレスも『エウデモス倫理学』で使っていた言葉であったから[25]、ここにタナトスの代わりに用いたわけである。それならば、アリストテレスもそういう意味で使ったのであるか。もしそうだとすれば『大倫理学』の新しさは、ここに見られはしないわけであるのだが、二人の使用した語は同じでも、それに含ませた意味が全くちがうことは、その後に続く語を見れば、直ちに明らかとなる。アリストテレスはごく普通に tou zēn と続けているから、[26]その意味は自然的生命の自然的な壊滅 hē phthora としての死 ho thanatos を指しているにちがいないが、『大倫理学』の著者は tēs ousiās とはなはだ含みの多い言葉を使っているのを見逃してはならない。これを生命と訳してよいことは既に言語学的研究の際に述べておいた通りであるが、何ゆえこの語が選ばれたかを考えてみる必要がある。ウーシアは古典時代において、その原意から哲学的に昇華せられた複雑な意味をもつ語になっていたのは周知のごとくであって、単に自然的生命だけを限定的に意味するとは限らず、人間の命の人間としての在り方、人間の本体というものをも、併せて暗示することができる。差し支えのない限り、必要に応じて、一つの言葉でいくつかの対象を暗示する使い方は、文学のみならず、哲学においても、ギリシア人の行うところであった。[27]このように言葉を選んだことによって、『大倫理学』の著者は前に我々が触れた二つの死、すなわち、自然的死亡と人間が悪に敗れて人非人の状態になるという意味での、人間らしさの喪失、人間の本質にふさわしい生命の喪失という形での死、この二つを同時に暗示することができた。こうして読み直してみると、テキストの要旨は次のように説明される。すなわち、勇敢の徳は自然的な死の怖れや危険に、また、それればかりではなく、むしろ人間の人間たるにふさわしい本質を滅ぼすような悪の怖れや危険にかかわるものである。こうして勇敢は人間の価値を決定するような倫理的危機においてあらゆる誘惑にも毅然として自己を失わない心の力と見られてくる。それゆえ、ここにはじめて、andreia すなわち勇敢と訳せられていたものは、その本来の意味「人《アネル》たること、人間《アンドレス》らしさ」という意味を、ホメロス的な腥《なまぐさ》い戦場の「男《アネル》らしさ」、「雄々《アンドレス》しさ」の克服として、倫理的に結晶させることができた。こういうふうに、体系的な倫理学の中に epimeleia tēs psychēs（魂の世話）というソクラテスのテーマをポリスから解放した形でとり入れたことに、本書の一つの大きな特色がある。自然的な死は怖れるに足りず、まことの怖れは魂の死という内面の問題であり、ここに人生の戦場を見出し、実存の当為が決定的に担われる場所としてのスピリテュアリテすなわち霊性を理性と意志に並立する個人の能力として立てたことは、ヘレニズム時代の哲学、ことに新プラトン主義と呼ばれる哲学の偉大な特色であるが、そこに至る仄かな芽生えをこのテキストに読みとるのは、決して不当な改釈ではあるまい。

　だが、霊性の個人の能力としての発見とはいきおい哲学が宗教の中に止揚せられ、溺消してしまう非学問的な思弁への道を拓いたことではないのか。はるか後代のヘレニズム中期の人ではあるが、ソフィストと呼ばれたアリスティデスの著わした hieroi logoi（聖書）に充ちあふれるアスクレピオスへの狂信ぶりを読むならば、アスクレピオスがそこでは、プラトンの世界霊魂として扱われているだけに[28]、いよいよもって理性の堕落を見せつけられる気がする。これなど全く特別な例ではあるが、仮に百歩をゆずって、ヘレニズムの思想の多くがこれに類するものであったとしても、そこには少なくも一つの著しい哲学的進歩がみられる。それはすなわち、理性の認める方向にないものは霊性はこれを信じないし、霊性の視線は理性が可能な限りこれを具体的にたどろうとするという精神構造の一元性を確立したことである。換言すれば、それは存在の根拠への実存的近迫であり、実存の根拠への存在論的接近とでも言うか、主観的確信と客観的真理との接点を求める合理的体系的思索の新しい形態を樹立したことである。このことはクレアンテスやアラトスの哲学詩を一読すれば明らかであろう。かかる思惟構造が成立したということは、誠実なる思索の成立として「奸智に長《た》けた」ギリシア人の歴史における特筆すべき事件と言わなければならない。というのは、古典期後期においてはポリス守護神が地縁的協同態的霊的生活の中心であった一方において、他方理論的にはそういうものは滅ぼされ、善のイデアとか世界霊魂とか不被動的起動者というようなものが実在の根拠であり、それこそが真のテオスであると帰結されていて、理性と霊的生活とは各々別の方位を固有のものとしてもっていた。プラトンやアリストテレスのような人でさえ、その点に関してはしばしば曖昧な表現をして憚《はばか》らない[29]。これは個人のものとしての霊性の確立がまだ明瞭ではなく、ポリス的霊性とでも言うべき一種の全体意識から脱却し切っていなかったからであろう。ヘレニズムの哲学者たちをしばしば折衷主義として蔑むことが多いが、彼らは古典期の哲学がついに一個人としては果たしえなかったソクラテスの命題「テオリアとプラクシスの一致」を体系的に企て、その中に彼らの仕方で尊敬すべき成果をあげているものがある。この注目すべき事実が、個人能力としての霊性の哲学的発見に由来している。

もっともここで霊性にあたるギリシア語は何であるかと言われると、奇妙な答えをするほかはない。それは結局プシュケー[30]であるが、作用を中心にしてみればピスティスであり、ロゴスから区別して言えばヌースである。こういうものが一つにして表現されるとき、我々の言葉として霊性ということができよう。個人の霊的生活あるいは宗教的内面性の営みは、もとより古くからないわけではなく、エウリピデスの描いたヒッポリュトス[31]のごときは、異常なほど清らかで、確かにフェストゥジエルの書いたように[32]人格的宗教の水準であろうが、この霊性はしかしいまだ哲学的なものとは無関係であって、対象になる女神アルテミスは優しいけれども、ポセイドンの呪いをどうすることもできず、まして存在の根拠どころではない。その距離をなくしてゆき、合理的思索と内面的霊的生活の調和を実現したということは、ヘレニズム時代の並ならぬ貢献であった。そしてこの体系的な考え方には前の死の問題に較べればポリスの有無の影響が直接ではないにしても、それでもポリス守護神の衰運という事実がその誘因となっていることは否めない。もっと純粋に哲学の内部からのみ生じるような創造的なものがヘレニズム時代にはないものであろうか。我々は更にまたテキストに復ろう。

(3)すでに我々はこの七行のテキストには古典時代になかったような新しい術語が形式的には何もなかったことを知っている。いや、そればかりではなく、この部分に先立つ勇敢の規定文にも、その規定の補足条件であるこの部分にも、術語の上から見て、一つの奇妙な事実のあったことを想起するであろう。それはヘクシスやメソテースなどという定義に必要な概念を一つも使わずにいる著者の態度であった。これらの概念を偶然使い忘れたのであろうか。だが、他のすべての章においては、彼は縦横にそれらを駆使していて、場合によっては平凡化しても、まとまりという点ではアリストテレスの大著よりもすぐれていることもあるというのに、最初に置かれている大切な勇敢の徳を扱う章では、よしんば章頭の写本の欠損部分にそれらの語があったと仮定しても、いざその徳が何であるかを言うときに一つの専門語も使わないというのは偶然とのみ片附けるわけにはゆくまい。しかも、当然のことであるが、術語不使用の結果、勇敢の規定の仕方はそれほど明らかではなくなっている。では一体何ゆえこの著者は、定義の明瞭を犠牲にしてまで、術語の使用を差し控えたのであろうか。

まずこの現象が一応勇敢の章に限るということを考えてみなくてはならない。そしてこの章で扱われる主題的なものは何であったかを、単に言語学的解読のみならず、我々の施した解釈を顧慮しながら、列挙してみよう。

勇敢

人間たること——人間たるにふさわしい態度。

死

内面的死——人間失格。

霊性

勇敢ないしは人間らしい雄々しさを定義するには、まず死、内面的死——霊性の崩落——という二つの怖ろしい事実に面してもたじろがず人間らしく立ちふるまう徳という内容を念頭におかなければならない。ところでこの二つは、どうにも把握できないものではないか。一つは生命の終止であり、他は犯罪とか失敗とか過失とかという人間的な範囲の問題ではなく、人間としての資格を喪う程の魂の堕落である。人が人として存する限り、いずれもまず自分のものとして経験できないものである。そういうものがあることは知っているが、しかし、他の徳の対象の場合のように、例えば財産、快楽などのように、我々が一応少なくとも想像しうるものではない。本来的に言って、それは我々人間としての個的実存の世界には存在しない無であり、この実存の彼岸においてしか、触れられえないものである。従って我々はこれを他の徳の対象のように修養の場にすることができないのではないか。アリストテレスが徳の一般論のところで、「また勇敢についても同様で、我々は怖ろしき事柄を軽蔑しそれに耐えるように習慣づけられることによって勇敢な人となる」(33)と書いたのに倣《なら》って、『大倫理学』の著者も、「勇敢も適度の怖れにあうことで高まる」(34)というふうに録して、その徳が怖れを媒介として練習をつむうちに、死という関門において従容《しょうよう》とした態度をとる点にまで形成されることを暗示している。それはそうである限り、獲得されて自分のものとなる一つのヘクシス（持前の徳）である。だが、死の恐怖に対する覚悟とは、雷の怖れや戦車の轟きなどで形成されてゆくものであろうか。死は前述のように無であり、有をもってしては直線的には迫りえない超絶的なもの、深淵である。それに対してはその周辺にあるものから放射される随伴現象の超克によって形成される一つのヘクシスが立ち向かえるものではない。そこにはむしろ個人の全存在の重量が問われ、あらゆる持前の綜合した人格の最後的活動が待たれている。死への演習はもっと内的な全人格的な霊的生活の精進《しょうじん》でなければならない。それはもはや単に一つのヘクシスと言われる以上のものではないか。ここに至って著者は自己の体系の危機を感ぜざるをえない。自己の用意していたカテゴリーの無力を見せつけられるからである。彼はここで普通の定義を放棄して問題の重要性と未決性を暗示するほかはない。それゆえ死というテーマに対するアリストテレス的論理の敗北を、彼は無言の中に語り、何らか新しい思考方法もしくは論理の必要を告示していると見ることができよう。これはペリパトス学派につとに芽生えていた不安であった。アリストテレスの忠実な後継者であったテオプラストスがすでにこう言っている。

「けだし万事につけて定義的論証を要求する人は、定義的論証そのものを破壊することになるし、同時に知るという作用をも破壊することになる。いな、むしろこう言う方が真に迫るであろう。右のような手合いは、定義的論証をもたず、また本性上それをもちえないような事どもを定義的に論証しようとしている[35]」

これは彼自身の意識ではむしろアリストテレスのアナンケー・デー・ステーナイ「(論証的に溯るのをやめて)、ここで立ち止まらなくてはならない」という悪無限の排除と公理の実在を主張する言葉を弁護したものであったであろうが、[36a]同時に、事実上はアリストテレスの直線的三段論法による定義的推理の一面性または非充足性を表明していることになる。こういう深刻な認識論的反省の兆候はまたヘレニズム哲学への芽生えである。堂々と構成されていた古典期の哲学をもってしても、その理想であったポリスが現実には崩れてゆくのをみれば、哲学者ならずともこの学問には批判的懐疑的になりもしようがこうして哲学を捨てた人々の論理的思惟への攻撃は今はとるに足りない。しかし、哲学を営むヘレニズムの学者たちの反省は、外的事情の目に見える激変に一つの誘因的動機を与えられたにもせよ本当の動機としては右に述べた論理的思索に基因している。しかもこの場合注意すべき事実は、論理や思索への反省が、我々の問題としているテキストの例からでもわかるように、認識構造内部の形式的批判としてではなく、具体的課題との相関関係において、いわば形而上学的対象の必然的要請の形で、事象の存在論的要求として、我々に迫って来ているということである。言語学的なストア学派の論理学を思い出すと、右の見方は正しくないようにみえるが、例えば造語の少なかったこの時代に特別の意味で使われて来たエポケー(36b)という概念が象徴的に示しうる精神的態度の由来するところには、死という近づき難い対象を自然科学的にではなく、哲学的に考えようとしたときに生じる問題そのものの重圧を認めなければならない。

(4)我々は本節において、三度テキストに復ることによって、ヘレニズム時代の哲学の著しい特色を若干知ることができた。それはまず、死の個的実存における絶対性の把握に出る人生観的傾向、個人能力としての霊性の発見、理性と霊性との方位的一致、定義的直線的論証ないし概念的思惟への懐疑、などであった。誰でもヘレニズム時代の哲学書を一冊選んでみれば、確かにこれらの事実を多少とも公約数として認めうるであろう。だが、これらの性格ははたしてこの時代に初めて生じたものであろうか。ポリス的倫理学を著わしたアリストテレスやポリス的古典時代との比較から見たときは、殆んど確実にそう思われもした。だが、ここに取り出してみた事実は、一つとしてプラトンの中にないものはないと言ってよい。hoi orthōs philosophountes apothnēskein meletōsi[37]（まことの哲学者は死ぬことの演習をする）というとき、死はいかなる死であっても個人に一回限りのものであり、それに向かって全人格を傾けて覚悟をすべきであると言うのを読みとれない人がいるであろうか。全ての人々の勧告にも従うことはできないという理由として、hoti tōi theōi apeithein[38]（あの神を信じないことになるから）と答えるソクラテスを読むとき、個人能力としての霊性は明らかに認められるし、『ノモイ』の神の存在証明[39]を思い出せば、確かに理性は霊性と方位を共にしていたとしか言えないであろう。また善が epekeina tēs ousiās[40]（有性の彼岸）だとすれば、logos（定義的論証）は ousiā に対して妥当するものであったから[41]、定義的論証が善とか一とか美という超越には追い及ばぬものであることも告げられているのではないか。彼の講義が弟子たちに ainigmatōdōs[42]（謎めいて）聞こえたという事実は、彼がすでに聴講者アリストテレス達の理解しうる定義的三段論法の水準をはるかに抜いた新しい論理を何か模索し使用し始めていたことを暗示しはしないか。そうだとすると、我々がヘレニズム哲学の創見的特色としたものは、すべてプラトンの書物の中に芽として存在していることになる。はるか後代の、ヘレニズムの内面性の完成者の一人に数えられるセネカが、安心立命のためと称して市井を逃れ静寂の地に隠棲する人々を警めて、animum debes mutare, non caelum, in te ipse secede.[43]（心を変えねばならぬので、空をかえよの謂ではない。己自らのうちに隠れ棲め）と教えたこの最後の句は、マルクス・アウレリウスのギリシア語では、anachōrein eis heauton（己自らの中に引き退く）であるが autēn de eis hautēn syllegesthai[44]（魂をそれ自体のうちに集中させる）というプラトンの言葉があるのに気付けば、ヘレニズムの誇りである霊性の哲学的深化でさえも、その淵源をプラトンの形而上学に仰ぐことになりはしないか。

それでは、この時代は全くプラトンの思想の影に立ち、ヘレニズム精神の哲学的創意性を求めた本節の研究志向は全く裏切られたかにみえる。もとより、プラトンのポリス的限界は前述のように、プルタルコスによれば、「人類のすべてが同じ一つの市民であると思わなくてはならない[45]」と言ったと伝えられるゼノンのコスモポリテースの見解とは異質的な隔たりがあるけれども、このポリス的理念を別にして考えれば、プラトンは確かにヘレニズム精神の偉大な師表であった。ただ我々は散見される予言的な暗示の萌芽性と、学問としての体系の間に横たわる哲学的営みの構造的差異を認めるならば、この点においてなおヘレニズムの神秘的霊性の哲学を再評価しなくてはならない。本節冒頭の問いに対しては、いまだこの限りでは、肯否は一応慎まなくてはならない。

尚ここに、我々の右の考察が随伴的に生む意外に興味深い事実を指摘しておこうと思う。まず右の研究全体をまとめてみると、どうなるか。我々は古典期よりヘレニズム時代への過渡期に成立したと推定された『大倫理学』の暗示するところによって、ヘレニズム哲学の特色を導き出した。その結果は、ポリス的なるものから浄化された形でのプラトンの展開であったということである。だが、『大倫理学』とはそもそも、プラトンを模したのではなく、アリストテレスに倣ったもので、その際、後者のポリス的制約や若干の特色を未来的に改めながら書き上げられた書物である。このことは、それゆえ両者に跨るポリス的条件を相殺して考えれば、アリストテレスを未来に向かって改釈すると、あるいは更に適切に、より永遠的に改釈すると、[46]プラトンが現われて来るということである。アリストテレスの改善された形態は、プラトンであったという事実は、ただ、ヘレニズムという一時代に限定されるものであろうか。十三世紀のアリストテレス復興を思うと、そのように見えるであろう。だが、十三世紀のアリストテレスは本来的な思想として要求された哲学ではなく、既定内容の証明方法として利用された哲学であった。しかるに、ヘレニズムのプラトンは本来的思想として発展を期待され深化された形而上学であったし、十三世紀が追い求めた証明の彼岸に立つ思想そのものも、ある確かさをもってすでにプラトンの言葉には表わされていた。右のような次第であるから、プラトンは少なくともアリストテレスとは異なって、時代を超えて、本来的な思想の哲学者として生きる力をもっているのであろう。

(八)哲学的問題提出

右の曲折を経た考察は途上に数々の哲学的課題を意識させた。我々が続いて近い機会に示すべきものは、差しあたり次の三つであろう。まず、

(1)プラトンが考え出していたと思われる新しい論理とはどんなものであったか。それは純粋に論理的課題であるが、まだ誰も成功してはいない。

(2)死についての厳密な思索を企てること、なぜならば、それは大事でありながら文学的、宗教的、生物学的に扱われても、本当の意味で哲学のテーマとなったのは最近のことであり、かつ、それが論理の一つの試金石であること。[47]

(3)死のような課題に立ち向かえる論理の探究。最後の二つはいずれも相互に切り離すことのできない関連をもっているであろうし、それこそが新しい倫理への道であろう。

(九) 結び

原典の文献学的研究の結果、特に新しい読み方を発見しなかったとすれば、不要のものではないかという意見もあろうが、あるテキストを利用して一つの決定的な文献学的事実を知ろうとするときは、我々は厳密な原典批判を繰り返し行わなくてはならない。それは新しい発見を得なくても、新しい検証としての意味をもつ。私はここに企てたような原典批判の研究をこの場所に関して見たことはないし、また、倫理学書同士の勇敢の章の比較もこのように精密にはまだ行われてはいない。また、成立、著者、書物の性質に関しても、本研究は一つの新しい精確度の多い成果を示している。七節の哲学史的解釈の際には、『大倫理学』の著者の意識していなかったであろうと思われることも導出した場合があるが、それはあくまで同時代の他の文献との照応において試みてある。それゆえ、そこでの解釈はいわゆる体系的な内在批評の域を脱していることは否めないが、テキストを少部分に限った以上は、そうせざるをえなかった。右のすべての解釈において特に参考にした書物や論文は一冊もない。

註

（1）Aratos: Phaenomena 422 tōn amudis pantōn eskemmenos eis eniauton oudepote schediōs ken ep'aitheri tek mēraio 最初のところはもちろん「1年中を通じて」ということの意訳である。

（2）これには Paris の Massignon, Firenze の Devoto, München の Klingner, Oxford 関係の文献は Cross, 後に München に移った Pfeiffer 及び Würzburg の Dirlmeier, Müncher の Deku 各教授に種々とお手数をかけた。

（3）Plato. Crito 52 c 7—8.

（4）Simonides: Bergk P.L.G. 105.

（5）E.N.1117a20—22.

（6）これは直接その版にあたりえず、Loeb C.S. の M.M. の該当箇所の脚註でみたものである。

（7）Peri Anapones, 17. 478b33. en hōi tēs ousiās hē archē i.e. en tēi kardiai.

（8）e.g. aisthēsis E.N. 1109b23 と 1113al.cf. Dirlmeier の E.N. Übersetzung und Kommentar, Berlin, 1955 の同所の註。

（9）最古の写本と言ってもそれの則った写本が既に損傷せられている可能性もあるので絶対視することはできない。

（10）Plato. Phaed. 59d3, Phaedr 229a8.

（11）Plato. Phil. 35c8, Arist. Metaphys. 991b9—10.

（12 a）偽書説 W.D. Ross, Jaeger, Walzer, Dirlmeier, 真書説 H. von Arnim, Gohlke.

（12 b）Arnim: Der neuere Versuch die M.M. als unecht zu erweisen, 1929. Wien.

（13）今道友信、「『ニコマコス倫理学』の成立年代決定についての一つの寄与」「哲学雑誌」一九五四、六

八巻七一九、七二〇号七七頁 ff. 本書三九七頁以下。

(14) Jaeger: Aristoteles, 1923 Berlin, Richard Walzer: Magna Moralia und Aristotelische Ethik, IX+300 S. Neue Philo l. Unters. 7 Heft.

(15) Gohlke: Aristoteles Grosse Ethik, 1951 Paderborn の Einleitung.

(16) 同書五九頁（Weil sie sich wehren, wenn sie durch Schläge gereizt werden）と訳しているが人は本当はここでオデュッセウス第十歌二三九行前後を思い出すべきでこういう訳をすべきではない。

(17) Ross は例えばキリスト紀元前か後かの一世紀頃のものだという。cf. Ross：Aristotle, 1923（49）p. 15.

(18) Plato. Euthydemos, 289c6—d7.

(19) H. V. Arnim: SVF. Ⅲ 586, Ⅲ 757—768, M. Pohlenz die Stoa II. 1949.

(20) koinonikon zōion. という言い方はある。SVF. III. 686. 346.

(21) cf. Plato. Apologia 40c5 duoin gar thateron estin to tethnanai.

(22) Plato. Apologia, 39a6—b1.

(23) Plato. Apologia, 39b1.

(24) Theophrast. Metaphysica, 9b5, 21, 11b11.

(25) 本論文三節参照。

(26) E.E. 1229a39—41.

(27) 註(8)、又、ousia の哲学的意味は Arist. Metaph.Δ8.

(28) Aeliaos Aristides: Hieroi Logoi L.55—56 K. cf. André Jean Festugière. The Personal Religion in Greece, 1954. Ⅵ章。

(29) cf. Plato のノモイの祭儀やアリストテレスの遺言。前者に関しては加藤信朗氏の研究が二つある。

「プラトンの神をめぐって」「ソフィア」vol. 5. Nr. 1.「プラトンの神学」「哲学雑誌」七三一号、後者については、今道友信「アリストテレスの神学」「哲学雑誌」七一九、七二〇号九〇頁に言及がある。本書三六九頁以下。

(30) ヌースのこういう見方については異論が多いであろうが、theos aoristos, akatonomastos をとらえる主体はもはや onoma や logos ではなく、つまり dianoia を超えるものであるから、結局 epistēmē や sophia ではなく nous ということになるであろう。これらについては cf. Plato. Rep. VI 509b8, Epist. VII 341, 4—d2., Numenios や Hermes 文書。

(31) Euripides: Hippolytus 1390—1400 の死の場合。

(32) Festugière の前掲書1章。

(33) E.N. 1104a35—b3.

(34) M.M. 1185b30—31.

(35) Theophrastus: Metaphys. 9b21—24. 尚 logos をここで定義的論証と訳した。

(36 a) cf. Imamichi, Seinsproblem im Altertum, Festschrift von Prof. D. Dr. von Gebsattel 1957 Würzburg. また、Imamichi: Betrachtungen über des Eine, 1968.

(36 b) Metrodoros あたりに始まる判断中止という使い方はストアや懐疑論者において重大な認識上の術語である。古い言葉ではないが他の意味に使われることが多い。

(37) Plato. Phaedo, 67e4—5.

(38) Plato. Apologia, 37e6.

(39) Plato. Leges, 896a—897e.

(40) Plato. Respublica, 509b9.

(41) Plato. Symposium, 210a—211c.

(42) Simplicius in Phys. f. 106b, Rose Fr. Arist., 28.
(43) Seneca: Epistolae Morales ad Lucium, 25. 6—7.
(44) Plato. Phaedo, 83a7.
(45) Plut. de. Al. Virt., 1. 1.
(46) 死の個人化、霊性の発見、三段法論理の限界等は単に時代的なものではなく、永遠に真実であることであろうから、未来的と言わず、永遠的と言った。
(47) Rudolph Berlinger: Das Nichts und der Tod, 1955 は一部では、方法論としては、また問題によっては、Heidegger の思索を超えて、論理的にも一歩進めたものと言われている。Helmut Kuhn と Hasenfuß が書評を試みている。なお、J. P. Sartre の Les chemins de la libertê, Paris, 1949 中の La mort dans l'âme 及び G. Bachelard の L'eau et les rêve, Paris, 1942 の中にもそれがたとい文学的表現によるとしても、それぞれ固有な思惟方法がうかがわれる。

六　政治学

(一)ポリス的動物

人間にかかわる哲学を完成させるには、「ポリスに関する学(epistēmē politikē)すなわちポリティケー(政治学)」を倫理学の補完として学ばなければならない。なぜか。「人間は生まれつきポリス的動物である」(『政治学《ポリティケー》』一二五三a二—三)からにほかならない。ここでアリストテレスの言いたかったことは、人間だけがポリスの制度を作り上げたロゴス的存在であるということで、ここのポリティコスを社会的とか政治的などと理解してはならない、とは出隆も明記したことである（出隆『アリストテレス哲学入門』三〇六頁注（４））。

㈡ポリスの規模とプラトンとの比較

さてそのポリス（都市国家）の理想的規模は、アクロポリスの上から一望の下に見られる範囲の領土の中に、成員同士がお互いにいかなる人物かを知り合っている程度の人口が適当であるというものであった。これは全く伝統的ポリス観を一歩も出ず、その弟子アレクサンドロス大王の世界帝国の夢などは彼には到底理解できないことであった。それゆえ『大倫理学』の著者がすでにポリスのための戦死を最もうるわしいとするアリストテレスの生命観を超えて、個人の霊性としてのウーシア（実体）の破滅を恐れるというヘレニズム的宗教的問いかけに達していても、かたくなに古典的ポリスを出ようとはしなかった。これを思うと、若い頃の著書『プロトレプティコス』の断片の中にある小さな国「至福者の島々《マカローン・ネーソイ》」という一種の理想郷は『ニコマコス倫理学』第十巻第八章にある「幸福であるために莫大な外的善を必要とすると考えてはならない」（一一七九a一―二）、「たとえ大地や海を支配しなくても、人は立派な行為をなしうる」（一一七九a四―五）というような語によって裏付けされて、『ポリティケーすなわち政治学』第七章の「至福者の島」の住人が有徳であることへの言及（一三三四a三〇―三四）によって、彼の古典ギリシア的ユートピア像なのである。その点ではこの島を数回語っているプラトンを継承するかにみえる。その傾向は正義《ディカイオシュネー》もプラトンと同様最も大切な徳として反復されることでも認められるようである。

しかし決定的な両者の差異は、アリストテレスがポリスの現状における政治理論を立てようとするのみであるのに対し、プラトンはむしろ瞳を未来に向けていたことである。例えばポリスの市民全体の教育レベルの向上を考えて、幼児《パイス》の頃に乳母たちの語り聞かせる物語の必要性を考えて、そこからはホメロス始め神々が飲酒姦淫などをする古来の神話詩人の作品を除外するという幼児教育の刷新を提言する『国家《ポリテイア》』や、ポリスの常識である城壁は確かに外敵から身を守る施設ではあるが、市民はこれに頼って怯懦となるし、通風や日射しを妨げて市民の健康によくないなど、心身の健全化のため、城壁撤去を主張する『法律《ノモイ》』などを著わし、近世・近代に至って実現する幼児教育や世界に開かれる都市構造を論じているのとは対照的である。

(三)アリストテレスの偉大さ

それにもかかわらず、アリストテレスがもつ偉大さは、『政治学』の最後は七、八の二巻を通して十二章という長きにわたり、当時可能な教育論を幼児教育を含めて詳細に論じ、その要《かなめ》に倫理を置いていることであり、成人については「事業や戦争を行っているときには善い者と見えながら、平和に暮らし閑暇を享有しているときには奴隷のような者と見えることは、なお一層恥ずべきことである」(第七巻第十五章一三三四a三六—四〇)と言い、平和と自由と徳とを重んじていることである。尚、奴隷制度については、彼が奴隷をどれほど人として大切に扱ったにせよ、市民権の認められない人々を認めていたということにより、古代人の及ばなかった点として非難すべきである。

七　詩学

㈠総論

芸術哲学や美学関係の書物として現在のアリストテレス全集の中には『Peri poiētikēs（詩学）』一巻があるきりで、それも二巻以下は残されていないし、二巻があったらしいことはわかるが何巻で構成されていたかも判然としない。この書はイールズ（G. T. Else）を除くとアリストテレスの第二期以後に置く学者が多い。私は悲劇に関する資料など膨大な量の書籍も必要であったと思うので、第四期リュケイオン学頭の時期であったと考える。

周知のように、彼は人間の精神活動を三分して、学問《エピステーメー》、行為《エルゴン》、制作《ポイエーシス》あるいは観想《テオーリア》、実践《プラクシス》、制作《ポイエーシス》とする。芸術は第三の制作に属する。制作とは大工の建築も、画家の絵画も、詩人の言語的結晶もみな含まれるので、「poiein（制作する）」というギリシア語は日本語の「作る」や英語の「to make」と全く同じく広義であるが、poiēma（作品）というときは詩を意味する場合が多い。こういうわけでpoiētikēとはtechnē poiētikē（直訳では制作学）の省略形であるが、一般に詩学という意味に解され、現実に本書は詩に関する学問、それも残された第一巻はギリシア悲劇論、ことに立派な悲劇を創作するための詩論という目的をもっている。ローマ時代のホラティウスの詩で書かれた詩論とともに古典詩学の双璧であるが、アリストテレスの『詩学』は散文で書かれ、西洋では最初の詩学と言われる。

㈡テーマ

全二十六章であるが、これをテーマ別に整理してみると以下のようになろう。

①一、二章は芸術論、②三、四、五章が言語芸術論（言語芸術小史を含む）、③六章以下二十二章までが悲劇に関する本質論や構造分析、技法論、④二十三、二十四章が叙事詩論、⑤二十五章が詩の文芸学的弁護、⑥二十六章は叙事詩と悲劇の比較（及び喜劇研究への予告?）。このように六部に分けられるが、③を詳論しなければお題目だけのことになるけれども、ここではそのゆとりがない。テーマを二つに絞り、序論の芸術学的反省と悲劇構成に関する美学的省察の簡潔な要約を試みる。

㈢芸術学的反省

芸術は自己の感動した「対象の模倣的再現《ミメーシス》（mimēsis）である」（一四四七a一五）。その媒体には色彩、形態、音、リズム、言語などあるが、芸術はその媒体の差によって現象形態を異にして、絵画や彫刻のように不動で沈黙のものもあれば、演劇のように言語を語り空間を動くものもある。しかし、芸術として同じこともある。「同じ肖像画を画くにしてもポリュグノートスは普通より力強い人を描き出すし、パウソーンは普通よりも劣った人を画く」（一四四八a六―七）。劇芸術では「再現の対象は行為する人である」（一四四八a一）が、「喜劇は我々の周囲にいる人々より劣った人を再現しようとし、悲劇はよりすぐれた人物を再現しようとする」（一四四八a一七―一八）。従って作家は現実から典型を創造し、それを模倣的に再現しなければならない。

(四) 美学的反省

「悲劇の構成要素は(1)筋《ミュートス》、(2)性格《エートス》、(3)語法《レクシス》、(4)思想《ディアノイア》、(5)衣裳《オプシス》（外観）、(6)音楽《メロポイイア》」（一四五〇a九―一〇）で、「最も大切なものは筋である。なぜなら悲劇とは人間を再現するのではなく、出来事のつながりとしての行為と人生とを再現するからである」（一四五〇a一六―一七）。

このようにして演じられる悲劇は、アテナイ市民の宗教的行事として観ぜられるのであるが、アリストテレスは悲劇の聴衆という語を多用する。すなわち彼によれば、悲劇はロゴスを中心とするもので、舞台の上での行動を見るのではなく、舞台で語られるロゴスを聴くことを介して、人間の行為を考えるものなのである。それが後世に大きな影響を及ぼすパトスのカタルシスにつながる（「IV　アリストテレスの影響」の「カタルシス説」参照）。

Ⅳ　アリストテレスの影響

はじめに

すでに第Ⅰ部「アリストテレスの思想」の第1章「思想史上のアリストテレス」において、ヘレニズム時代から古代ローマ時代、ボエティウスに終結する教父時代、イスラームの中世、キリスト教の中世、それからルネサンスの科学や人文主義、近世、現代、そしてまた特に日本の現在に至るまでの時期それぞれに及ぼしたアリストテレスの影響については、概略のことは述べられている。今更、何を改めて、ここに後世への波及として示すべきであろうか。

ことに、第Ⅲ部の論文『大倫理学』に関する「古書七行考」は、『ニコマコス倫理学』を側面から説明しつつ、文献学の高度な手法を明かしながら、ヘレニズム時代へのアリストテレスの哲学の影響を十分くわしくたどったものと見ることができるはずなのである。それでもこの上、何ゆえ後世への影響を書かなくてはならないのか。それは本書でアリストテレスの入門書としてなお欠けている部分があるからである。

本書で欠けているものは、倫理学、政治学、詩学の十分な内容説明である。それには約束の紙数の制限もあり、すでに述べたように、『詩学』については私の訳註が出ているから、それを見ていただければよいという理由もある。しかし、それにしても、一冊の『アリストテレス』として、そういうものを欠いているのは、いかにも不備の誹《そし》りを免れまい。それゆえ、以下に、倫理学、政治学及び詩学の内容の説明を兼ねて、アリストテレスと後世との関係を述べるようにしようと思う。

一　倫理学における論理

プロネーシス

すでにⅠの2「日本とアリストテレス」において、西周が行門の論理（実践の論理）を立てようとしていたこと、そしてこのような論理がいまだ西洋にはないと考えていたこと、しかし、それは西周の考えで、実際はアリストテレスに実践の論理があることを述べた（本書六四頁）。それでは、その論理とはいかなるものであるか。この問いを明らかにするために、まず倫理的論理の主体が何であるかを論じなくてはならない。

ソクラテスはプロタゴラスと討論したとき、無知でありながら勇敢である人々がいる、というプロタゴラスの説を反駁した。その所以は、恐怖すべきものと恐怖すべからざるものについて判別しえない無知こそが臆病で、この両者について判別しうる知をもつことこそ臆病の反対の勇敢である、という推論であった。それを討論の過程で確かめ合った上で、ソクラテスは言う、「貴方は今でもまだ最初のように、〃ある人々ははなはだ無知（amathēstatoi）でありながらしかもはなはだ勇敢である〃とお思いですか」（『プロタゴラス』三六〇D八―E二）と。このようにプロタゴラスを決めつけたとき、ソクラテスは「徳は知である」という命題を確認させたのである。しかし、この知とは何であろうか。『メノン』という対話篇で、プラトンは、イデアは内なる知識（en hautōi epistēmē）が想起（anamnēsis）することによって確認されるので、イデアを知るのは学知（epistēmē）である（『メノン』八五C六—八六C二他）とする。徳は徳のイデアを知らなくては実現されないから、徳（aretē）は学知（epistēmē）である（『メノン』八七C三—四）。それならば、前の「徳は知である」という命題の知とは学知（epistēmē）なのか。それに間違いはないであろう、プラトンその人の書物からとっている言葉なのであるから。ただし、その学知をepistēmēだけに限ってよいものか、どうか。換言すれば、徳は学知なり、というときの学知とはepistēmēのみしか対応者としないのか。同じ『メノン』を読み進むと、徳は有益なものでなければならないから、知慧（phronēsis）でなければならず、こうして、徳はphronēsisという知である（『メノン』八九a三—四）と言われる。この二つの知の関係、すなわち、epistēmēとphronēsisの関係、それはいかなるものか。

それを考えるには、二つの知とも、プラトンの哲学（philosophia）の中で求められているので、その語に注目してテクストを読もう。哲学とは、周知のように真なる知（sophia）を希求する（philein）営みであるが、それは当然、この世の感覚的知覚から浄められた学知（epistēmē）によって求められるものである。ところが、『パイドン』を読むと、「哲学を学んで来た人々——pephilosophēkotos（知慧を愛して来た人々）の考えは、プロネーシスを浄め（katharmoi）としている」（『パイドン』六九B八—D二）とある。これを見ると、プラトンにおいては、イデアに向かう知として、epistēmē も phronēsis も、やはり同義に近い、と考えるべきであろう。それゆえ、プラトンでは知識といえば、理論知も実践知も差別なしにひとつの知（sophia）であり、それが目標となる人間の知的営みは、イデアを明らかに見ようとする企てで、epistēmē すなわち phronēsis であった。プラトンが幾度かの苦い経験にもかかわらず、シュラクーサイでの政治実践を試みたのは、知がそのまま実践を試金石とする右の考え方を持していたからである。

それに対して、アリストテレスはどのように考えたか。『ニコマコス倫理学』の第六巻第一章で次のように言う。

「精神にはロゴス的部分と非ロゴス的部分があると言われた。しかし、今、そのロゴス的部分を二分しなくてはならない。すなわち、一つは〝その原理《アルケー》（archē）がそれ以外の仕方においてあることのできない存在者（ta ouk endechomena allōs echein）〟を考究する部分であり、他は〝それ以外の仕方においてあることの可能な存在者（ta endechomena allōs echein）〟を考究する部分である。……これらのうち、前者を認識的部分（to epistēmonikon）、後者を考慮的部分（to logistikon）と呼ぶ。思うに、思案をめぐらすこと（bouleuesthai）と考慮すること（logizesthai）とは同じ働きであるが、それ以外の仕方においてあることのできない事柄については、思案をめぐらす人はいない。……我々は、かくて、これらの部分の最善の持前（hexis）とはいかなる状態（hexis）であるかを把握しなくてはならない。けだし、最善のヘクシスが精神のそれぞれの部分の徳（aretē）で

あり、徳とはそれぞれの部分の固有な働きに対して成立するものである」（一一三九a三一一七）

この文章の意味は明瞭である。まず第一に、認識と考慮とが区別されていて、前者は原理原因からの結果が必然的で他の仕方になりえない対象領域に対する精神の機能であり、それは学的認識（epistēmē）であり、後者は原理原因からの結果が蓋然的で他の仕方になりうる対象領域に、すなわち我々の自由裁量の余地のある対象領域に対する精神の機能であり、それは実践的認識（phronēsis）である、というように、epistēmē と phronēsis とは明確に分立されている。従って、学知（epistēmē）においては、人間は寧ろ考慮せず、見止《みと》めること、すなわち観想しそれを記述することが重要であるが、実践的認識においては、思案し考慮し、自ら決断することが重要で、それゆえ、論理的思考がきわめて大切になる。前者では、知的直観が必要で、判断は常に一応の記述肯定命題を否定命題によって浄化する試みの反復となり、否定神学（theologia negativa）の機能に類似した準備の上に純粋直観を期待する。後者では、自由による決断が必要で、多くの不安な否定命題の継起の反復を断ち切る肯定命題の定立が重要である。

このような実践知（phronēsis）はまさしく prudentia（賢慮）なのである。比較的最近『ニコマコス倫理学』の詳細な訳註を著わしたゴーティエ（René Antoine Gauthier et Jean Yves Jolif:L'éthique a Nicomaque, introduction, traduction et commentaire 1958/59）は epistēmē と phronēsis の分立を否定する傾向に立っている。イェーガーの行き過ぎを警戒

し、その分立を以てアリストテレスの年代決定を行うのも無謀ではないかと言う。そして、phronēsis を prudence というフランス語に移す伝統も今日のフランス語の状況からすれば誤りであるとし、la sagesse と訳す。確かにそこで言われるように、comité des sages（いわゆる wise men の会）という使い方からみれば、phronēsis を sagesse と訳すのはよいかも知れないが、それはフランス語の問題である。ゴーティエは、次のように言う。プラトンの思考範囲が観想と実践の双方にあったから、例えば第六書簡においてsophia はこの二つに分かれている（三二二ＤＥ）が、それは phronēsis と言葉を変えただけでアリストテレスの初期対話篇『プロトレプティコス』でも同じように二つに分かれ、一方は観想、他方は命法的であった（『断片』Ｗ六及びＷ四・Ｒ二七・Ｗ五ａ・Ｒ二九）。彼は更に言う。「アリストテレスと色々関係の深かったクセノクラテス（Xenokratēs）が phronēsis を分け、一つは観想的なもの、sophia すなわち第一原因と可知的本質の学であるとし、他は実践的で、sophia と言っても全く人間的なことに関する知である（アレクサンドリアのクレメンス『ストローマタ』二・五・二四、ハインツェ『断片』七）としたのを、アリストテレスが更に徹底化して行った」（ゴーティエ　前掲書第一巻一、二八―二九頁及び二・二、四六三―四六七頁）。

しかし、ゴーティエの説の特色は、「『エウデモス倫理学』と『ニコマコス倫理学』の双方にわたって、phronēsis の概念にはイェーガーの言うような変化はない、それは常に sagesse pratique であった」（前掲書二・二、四六九頁）という点にある。それは一つの意見である。ただし、プラトンやアカデメイアの同僚、また初期の自己が、すべて徳に関する知識を理論知と実践知の別なく、あるいはsophiaと呼び、あるいはepistēmēと呼び、あるいはphronēsisと呼んでいたものを、ある時期のアリストテレスが峻別した、ということは認めなくてはならない。

このようにして、phronēsisすなわち「賢慮は人間的な善に関しての判断（logos）を伴う真なる行為の持前（hexis）」（『ニコマコス倫理学』第六巻第五章一一四〇b二〇―二一）であり、また賢慮は実践的であり、実践は個別的事象にかかわるから、「賢慮は単に普遍者（to katholou）にかかわるのみならず、また、個別者（to kath'hekaston）をも認識（gnōrizein）しなければならない」（同書、同巻第七章一一四一b一四―一五）。そして「賢慮がかかわるものはそれ以外の仕方においてあることが可能なるもの」（同書、同巻第五章一一四〇b二七―二八）である。このように理論理性と分けて実践理性を重んじたアリストテレスは、「徳は知なり」や「知行一致」ということの非現実を悟っていたからである。

賢慮の定義の影響

霊と肉より成る人間は、ソクラテスの言うように、勇敢な戦いぶりを知っている人は勇敢に戦う、という具合に、はたして肉はよく霊の知に従うであろうか。むしろ、「無抑制的な人（akratēs）は悪と知りつつ情意《パトス》（pathos）のゆえに悪（phaula）をなす」（同書、第七巻第二章一一四五b一二―一三）のである。この教説は説得力があったから、彼の弟子の一人ディカイアルコス（Dikaiarchos）は非常に多くの調査をした人ではあるが、哲学としては、実践哲学以外を認めない考えに立ったと言われている。

しかし、この定義の影響が最も大きいのは、聖トマスの倫理神学ではないかと思われる。例えば持前と訳した hexis は、それがギリシア語の「持つ」（echein）という動詞に基づいているので、ラテン語では「持つ」（habeo）から「持たされているもの」の意味が含まれる habitus と訳され、それは日本語では状態また習慣とも言われている（「人類の知的遺産」20稲垣良典著『トマス・アクィナス』では三四六頁以下に習慣と訳されている）。アリストテレスの hexis は、すでに範疇表の説明のときに述べたように、もともと論理学や形而上学の中ですでに取り上げられた問題であり、トマスにおいても、これが habitus として価値論一般への手がかりとなっている。この habitus が自然的事物において形成されず、人間においで成立することを説明するとき、トマスは『ニコマコス倫理学』に言及し、論拠としてそれを引用している（『神学大全』第一―二部第五一問題第二項解答――前掲本叢書20三五〇頁）。

そもそもトマスにおいては、phronēsis は prudentia として、ほぼそのまま取り入れられている。『神学大全』第二―二部の序言で彼は賢慮（prudentia）は個別者にかかわることを述べ、また賢慮が学知と異なる所以に自由の可能性を認め、行為における選択の自由が罪と功の差を定めることに言及する（『真理について』第二四問題第一項解答）。尚、キリスト教、殊にカトリック教理神学では今日でも罪の最も普遍的な定義としては「悪と知りつつなす」という規定をとり、遠くアリストテレスに溯る。

行為の論理的構造

実践における選択が自由のテーマとして問題になると、選択の対象は何か、という問いが生じる。アリストテレスでは、今し方述べたように、実践理性としての賢慮の対象は、それ以外にもありうる存在者であり、従って、「蓋然的な事柄（ta hōs epi to poly）」（『ニコマコス倫理学』第一巻第三章一〇九四b二一）である。これは人間の思案考量（logizesthai）を必要とする場所である。そこには論理と自由とがある。換言すれば、行為を決定する過程の思考構造の論理があり、そこに自由な選択の余地があるのでなければならない。

アリストテレスは、「願望（boulēsis）は主に目的（telos）にかかわり、選択（proairesis）は手段（ta pros to telos）にかかわる」（同書第三巻第二章一一一一b二六—二七）と言う。それゆえ、「行為の推論（hoi syllogismoi tōn praktōn）」（同書第六巻第十二章一一四四a三一—三二）は左のようになる。

大前提　Aが願わしい（目的定立）。願望の課題。

小前提㈠　p、q、r、s、tはAを実現するであろう。

小前提㈡　しかるにAはpにより最も容易に最も美しく（rhaista kai kallista）達成されるであろう（同書第三巻第三章一一一二b一五—一七）。

結　論　ゆえにpなる行為。

グラント（A. Grant:The Ethics of Aristotle illustrated with Essays and Notes, vol. I. Essay. IV. 高田三郎訳註六〇〇頁）以来、アリストテレスの実践的推論を三段論法と解して来たが、テキストに忠実に読めば、私の見るところでは、四段論法としなければならない。いずれの小前提も仮言命題で、第一小前提は願望実現の可能性をもつ手段の列挙であり、第二小前提は最終的に選ばれるべき手段が有効性のほかに、容易さと美しさ、すなわち技術性と道徳性とに照らして探索されることを意味する。そして、この第二小前提にアリストテレスの特色がよく表われている。

この実践的推論の論理構造を追究する考え方は哲学史の中であまり探索されず、従って、アリストテレスのこういう思考は知られずにいたと言っても過言ではない。それゆえ、昭和二十八年（一九五三年）哲学会例会で「行為について」という題で私が発表をしたとき、技術社会としての現代をアリストテレスの行為の三段論法——当時私はそう言っていた——の前提の逆転が生起する時代として特色づけ、

大前提　手段Pがある。（例えば、電力や原子力）
小前提　このPから目的a、b、c、dが可能である。
結　論　aの実現。

という形式を示し、小前提は技術工学的に調査されているため仮言性を脱却し、定言命題である、ということを含めて行為の構造の変化を述べたとき、大きな反響を呼び、伊藤吉之助、出隆、池上鎌三、桂寿一、岩崎武雄の諸先生、山本信、茅野良男、黒田亘等の同僚諸賢

から数々の質問を受けたものである。これはすぐ『哲学雑誌』六十八巻七二二・七二三合併号に公表された。そして、それは現在の私の主著の一つ『同一性の自己塑性』の第一部第一篇第七章から第九章に及ぶ箇所である。私はこの考え方を一九五七年ヴュルツブルク、一九六四年アムステルダム、一九六六年パリ等でそれぞれ別の形で、あるいは主題的に、あるいは関連事項として発表して来たが、その度ごとに議論を喚起した。特に、一九六八年ハワイでのこれに関する討論で私は井筒教授、マッキーオン（Mckeon）教授、ファン・ブレダ（Van Breda）教授、ペレルマン（Pellelman）教授、ヴァイス（Weiss）教授等の知遇を得ることになった。私の思うに、このような逆の考え方が影響の一つになるのではないかと考えられるところも、アリストテレスの偉大さであろう。私のこの考え方の新しさはポール・リクールも注目し、その『現代の哲学』（坂部恵ほか訳、岩波書店）において新しい行為論として紹介されている。

尚、アリストテレスは行為の推論の大前提は目的でそれの定立は願望の課題であるとしているが、私の考えではキリスト教が思想界に定着したとき、教父たちはアリストテレスを意識することなく、愛を行為の大前提とし、この愛のもとに何が可能かを考えようとした型の行為を模索している。ニュッサのグレゴリウスにそれを見ることができる（T. Imamichi: Notizen von der Metamorphose der klassischen Ethik bei den griechischen Kirchen Vätern, Studia Patristica. vol. V. herausgegeben von Cross. 1962）。尚、行為と美に関しては、シラーを始めとして「美しき魂」の考え方があるが、プラトンやアリストテレスにおける美の意味の投影と見ることができよう。

ポリス学（politikē　社会学、国家学、政治学、都市学）

「人間は本性上（physei）社会的（politikon）動物である」（『ニコマコス倫理学』第一巻第七章一〇九七b一一）はアリストテレスの言葉の中で最も知られたものであろう。前にも述べたが、ここに意図的に社会的と訳したものが、正確にはポリス的であることは言を俟たないであろう。その意味は、人間が自然発生上群居動物であるというのではなく、ポリスに見られるように、法の規制と倫理の維持によって社会生活を営む本性を有するということである。従って、彼は、『ニコマコス倫理学』の冒頭で「あらゆる技術、あらゆる方法、同じくあらゆる行為や選択も何らかの善を希求していると考えられる」（同書第一巻第一章一〇九四a一―三）と言い、善の何であるかを探求すべきであるが、「それがいかなる学問に属するか」と自問して、「それはポリス的学問（politikē）にほかならない」（同書同巻第二章一〇九四a二六―二八）と答える。ポリティケーはまた政治の意味も持つが、ここではポリス学としようと思う。「ポリス学の目的は人間的善である」（同書同巻第二章一〇九四b七）が、善とは何かを明らかにするには、最高善を考える必要があるので、「ポリス学の目的は最高善である」（同書同巻第九章一〇九九b二九―三〇）。かくて、「ポリス学はポリスの成員を善き人間、美しい行為をなすべき人間にすることに最大の配慮をなしている」（同章一〇九九b三〇―三二）。このように見れば、倫理学（もともとは ta ēthika ――性格に関すること――の学）はポリス学の一部ではないかと考えられるが、まさしくアリストテレス自ら『ニコマコス倫理学』の終わりにいわゆる倫理学的問題をほぼ考究し尽くしたあとで、「人間的な事柄に関する哲学を我々の力の及ぶかぎり完成させてゆくために、先人たちが未探索のままにしておいた立法に関する問題を考え、諸々のポリスの制度に関して一般的に論じるべきであろう」(同書第十巻第九章一一八一b一二―一五)と言い、倫理学書がそのまま、史上のポリスの制度や資料を集めた上でポリスと善の関係を哲学的に論じるポリス学固有の領域に入ろうと言っている。それゆえ、『ニコマコス倫理学』は倫理学の書物なのに、その最終章は法哲学なのである。

このような大きな体系的連関で倫理学と社会学、倫理学と教会法、倫理学と国家を結びつけようとする考えは、その後の歴史上にかなり多くその例を見ることができる。そして大なり小なりそれらにアリストテレスの影響はあると思われる。ここでは、トマス・アクィナス、ニコラウス・クザーヌス(Nicolaus Cusanus)とヘーゲル(Hegel)とをあげておくが、その一々の箇所を指摘するゆとりはない。しかし、私の見るところでは、このポリス学は都市哲学(urbanica)として再検討されるべきではないか。アリストテレスは、これも有名な言葉に、「ポリスの広さはアクロポリスから一望に見渡され、住民は顔見知りの程の数がよい」というのがある。都市を幾つかのコミュニティに分け、そこに独自性をもたせながら、巨大都市は都市としての法や倫理を省察しなければ、人間性の傾斜を招く一方ではないかと思う。国でもそうであろうが、都市では、私の面で親愛や友情(philia)が大切で、また公の面で遵法の精神や配分の均等や交渉の公正や交換の平等など一口で言えば正義（dikaiosynē）が大切である。ポリスの法規に敵前逃亡を禁止してあれば、それをした人は、その人個人としては臆病で、その行為は勇敢という徳の反対の不徳をしたことになるが、同じその行為がポリスに即してみれば法を違えた不正の行為となり、処分の対象になる。友情（philia）は、しかし、相互の間に法（nomos）の必要のない間柄である。このアリストテレスの友情論または愛の論は、『ニコマコス倫理学』が『ポリス学』につながる法哲学の一柱であることを忘れさせる。翻訳を通じてでも味わわれることを切望して止まない。

二　詩学の影響

詩学については、私は岩波書店版の『アリストテレス全集』第十七巻に詳しい訳文（九八頁）と註釈（一三八頁）を附した研究を出しているので、本書の紙数の制限もあり、ここではごく簡単に要点に触れることにしたい。最初に詩学の重要問題を二つ出し、その上で影響に言及したい。『詩学』（Peri poiētikēs）の成立年代は前三三〇年頃以後、すなわちリュケイオンの学頭時代である。原典には問題もあり、例えば、イールズ（G.T.Else）は十四ヵ所もアリストテレス自身の後の挿入部分があり、五十八ヵ所も後人の加筆があると言っているが、そのイールズも、この大体がアリストテレスの著作であることは疑っていない。

ミメーシス説

「叙事詩の詩作、悲劇の制作や喜劇の制作、悲劇や抒情詩のもとになるディテュラムボス詩の技法、またあらかたの吹奏法や弾琴術など、これらすべては一括すればミメーシスすなわち模擬的再現というところに落ち着く」(第一章一四四七a一三―一六)。アリストテレスは芸術が一般にミメーシス(mimēsis)、再現であるとする。しかし、芸術が一様ではない理由は、ひとしく模倣的再現と言っても、「その媒体、その対象、その仕方がそれぞれ異なっているからである」(同一四四七a一六―一八)。例えば詩と音楽を考えると、「再現の媒体はリズムと言語と音階であるが、リズムはこれらすべての芸術に使われる」(同一四四七a二一―二三)。

芸術がミメーシスであるという考えは、プラトンにもあって、アリストテレスはそれを継承したものである。そして、芸術模倣説は長く西洋を支配する。従って、これに対する芸術表現説(théorie de l'expression, Ausdruckslehre)は、私が初めて示したように(Revue international de philosophie 1962, Nr. 59 p.90―100)、古代から近代に至るまで expression は農業用語で、意味は果汁をしぼり出すことであり、Ausdruck という語もゲーテの時代にはまだない程であったから、十九世紀の末まで西欧の美学の正統の中では生まれて来なかった。

模倣的再現の対象は何か。プラトンにおいても追放されるべき三、四流の詩人は現実を模倣していたが、一流の詩人は、神に呼ばれ狂気(mania)に憑かれ(『パイドロス』二四五

A)、入神の境（enthousiasmos）にあって神の語るのを聴き、後にそれを人語に移す翻訳者（hermēneus）であったから、イデアの模倣者と見てよい。アリストテレスは、「悲劇とは人間を模倣するのでなく、出来事のつながりとしての行為と人生とを再現する」（第六章一四五〇a一六―一七）と言い、すでに模倣再現の対象が筋や意味であることを暗示するが、それが実は、典型を対象にする考え方なのである。彼は「歴史家はすでに生起した事実を語るのに対し、詩人は生起する可能性のある事象を語る。このゆえに、歴史に較べると詩の方が、より一層哲学的でもあるし、品格が一層高い。換言すれば詩は普遍的な事柄を語り、歴史は個別的事件を語る」（第九章一四五一b四―七）と言う。芸術の対象は事実ではなく、事実の典型としての普遍者なのである。それゆえ、我々の周囲にいる人物よりより偉大な人の典型化に成功すれば悲劇の主人公が作られ、周囲の人物よりより劣悪な人の典型化に成功すれば喜劇の主人公が創られる。

芸術が典型志向をもつことは、また芸術家が認識者であることをも含意しうる。従って、音楽は修辞学とともに芸術でありつつ常に七科の学の中に数えられるし、レオナルド・ダ・ヴィンチでは絵画は学であった。そこにアリストテレスがそのまま直接に影響してはいないと思うが、我々のスタゲイロス人はそのような流れを遠くに発していた。

カタルシス説

「悲劇とは一定の長さで完結している崇高な行為の再現であり、そのため、雅趣に充ちた言葉が使われるが、それは一律の調子ではなく、劇の構成部分の種類に応じて、それぞれ別の言語形式をとり、しかも言語によるとはいえ、この再現は、役者によって演ぜられるのであって、朗詠によるものではなく、かつ、同情と恐怖を惹き起すところの経過を介して、この種の一連の行為における苦難《パトス》の浄化《カタルシス》を果たそうとするところのものである」

（第六章一四四九b二四―二八）

芸術カタルシス説は、ヘレニズム時代からルネサンス期を経て現在に至るまで、詩学の研究者及び美学者の間に盛んな論議を呼び、今日でも定説はない。それは感情の瀉出《しゃしゅつ》（Iamblichos, Bernays）、感情の浄化（Robortello, Castelvetro, Susemihl）、事件の浄化（Otte）、行為の浄化（Else）、事件の解明（Golden）など多様であり、私は、以下の理由で苦難の浄化とするものである。

この部分のテキストは問題である。そこで写本のことを書いておかなくてはならない。『詩学』の写本には、大別してΣ、Ξ、Π、Φの四系統がある。Σ《シグマ》はSyri codex graecus deperditusで、『詩学』のシリア語訳から推定して、その際に見られたギリシア語手写本と想定されるもので、現在は喪われたと目せられるものである。Ξ《クシー》はやはり今伝わってはいないが、多分九世紀前半頃に写されたものと想定され、現在は二番目に古い手写本たるB写本（十四世紀のギリシア語手写本でCodex Riccardianus 46と言われるもの）の原本と考えられるものである。Π《ピー》も推定写本で、そういうものが今あるのではなく、それは右のΞを写したものと思われるが、B写本がもとにしたことはないと考えられるもので、恐らく九世紀後

仮面を持つ悲劇の役者

半に成立した手写本であり、現在の学界で、『詩学』に関しては最も信を置かれているA写本（Codex Parisinus 1741という十世紀か十一世紀に書かれた手写本）のもとになるものである。Φ《フィー》は、これも今伝わってはいず、通常Guilelmi codex graecus deperditus（メルベケのギョームがラテン訳に際して見たギリシア語手写本で今は喪われた写本）と言われているものである。

これら四系統とも、みな、MC写本（カロリンガ＝ミーヌスクーラ、すなわちカロリング朝時代に書かれた小文字ギリシア語写本——古代及び教父時代は大文字写本であった）という今は伝わっていないこの八世紀頃の同一写本に由来すると考えられている。

ところで、私が右に「苦難《パトス》の浄化《カタルシス》」と訳した一四四九b二八の原文は、私の校訂ではπαθημάτων κάθαρσινであるが、学界の趨勢と同じく、私が最も信を置き、私的校訂でも底本としている前記A写本（Codex Parisinus 1741）では、μαθημάτων κάθαρσινとなっている。私は、ごく若い頃、原典通りに考えるべきであろうという主義から、ひとつの可能性として「教養の浄化」という意見を出し、プラトンのムーシケーに基づく人間教育の考え方がアリストテレスにも多々散見することから、その読みとその訳を色々と弁護してみたことがある。しかし、ここは、早くから多くの学者が九世紀のシリア訳の断片やそれに基づく九四〇年にアブ・ビシュルが完成したアラビア訳から見て、παθημάτων κάθαρσιν の誤写であろうと推定していた。字形から見て、ΠとM、πとμの誤写可能性は高いから、この推定は一般に受け入れられていた。幸いなことに、B写本すなわち現存写本中二番目に古い十四世紀の手写本 Codex Riccardianus 46 が一八七八年ズーゼミール（F. Susemihl）によって注目され、そこに παθημάτων κάθαρσιν とあるため、まず問題なく、この読みに従ってよい。

『詩学』では、私の調べた限りでは、παθήματα は一四五九b一一に一度、πάθος は一四五三b二〇、一四五四a一三、一四五七a二八始め、八度出て来るので、パトスは『詩学』に相応しい語と考えられる。これに対し、μαθήσεις が一四四八b七に一度出るだけで、μαθήματα は一度も使われていないから、こちらの方は、この箇処にだけ使われなくてはならない必然性が確証されない限り、分が悪い。しかし、その解釈はさまざまである。類型的に大別して表記すれば、左の表のようになる。

本来ならば、ここにこれらの古代註釈家から二〇〇四年に至るさまざまの学説との対決を介して、私の考えを明らかにしたいところであるが、制限紙数があるので、一応の展望は、私の『詩学』訳註書岩波書店版『アリストテレス全集』十七巻一四三―一四五頁を参照していただくほかはない。そこにはその書と同年であるが少し後に出たスリヴァスタヴァの論文への言及は当然なされていない。ここでは、ただ最も適当と思われる私の説を簡単に紹介す

カタルシスの意味	パテーマタの意味	学者
① 瀉出	感情 ⟶	イアムブリコス (Iamblichos) ベルナイス (Bernays) ルカス (Lucas)
② 浄化	感情 ⟶	ロボルテルロ (Robortello) カステルヴェトロ (Castelvetro) ズーゼミール (Susemihl) 藤沢令夫
	事件 ⟶	オッテ (H. Otte)
	心構え ⟶	スカルスキィ (Skulsky)
	行為 ⟶	イールズ (G. Else)
	苦難 ⟶	今道友信
③ 解明	事件 ⟶	ゴールデン (L. Golden)
④ 美化	事件 ⟶	スリヴァスタヴァ (K. G. Srivastava)

ることにしたい。

ギリシア語として πάθημα は πάθος と同じである。意味は受難、苦難、情態である。そして、注意すべきことは、それが一四五二b一〇によると、逆転変《ペリペテイア》と発見的認知《アナグノーリシス》に次いで筋《ミュトス》の第三の契機をなしていることである。そして、そこでは、苦難《パトス》とは、それを体験する人が身を滅ぼしたり苦痛をかみしめたりするような行為のことであって、例えば、死、激烈な苦痛、負傷、及びすべてこれに類するようなものであるが、いずれも何か視覚の次元において目立つところがある、と説明されている。

さて、筋構成の第三契機としての苦難は、それ自体としては悪であり凶である。しかし、その原因に過失を、その因縁に宿命を入れることにより、同情と恐怖とを惹起する経過を劇として作り上げ、その苦難の意味を明らかにし（clarificatio）、それを介して、苦難に内在する悪を洗い落とし（purgatio）、主人公の苦難を高尚なものに浄化（purificatio）する。これによって、歴史的な個人の挫折による内的苦悩を普遍的意味の次元に還元し、それによって負の価値が高度の理念に関係づけられる可能性が成立する。それはまた、鑑賞者にとっては、結果的に自己の小さな苦悩も洗滌《せんでき》され、感情のわだかまりの瀉出にもなることがある。しかし、カタルシスの中心は、劇の主人公の苦難の意義が解明されることを介して、苦難の価値への浄化が達成せられることである。この解釈が最も正しいと思われることは、単にカタルシスに含まれる医学的意味、宗教的意味、認識論的意味、すなわち、洗滌、瀉出、浄化、救済（エムペドクレスのカタルモイにもつながる）、解明を止揚しているという内容の上からのみではなく、アリストテレスの『詩学』の第六、九、一一、一三、一四各章にある記述、具体的には、一四四八b五―九、一四四九b二四―二八、一四五一b四―一一、一四五二b一〇―一三、一四五三a九―一〇、一五―一六、一四五四a一〇―一三、一五五五b一五に照応し、『霊魂論（生命論）』第一巻四〇二a九―一〇、四〇三a三―三〇、『ニコマコス倫理学』第二巻第六章一一〇六b八―二三の記述にも合うという事実にもよる。

　しかし、定説となったものは、カタルシスについてはまだないので、アリストテレスは詩や演劇の哲学においても、後代に問いを投げ続けている、と言わなくてはならない。

二十一世紀に哲学がどのような形でアリストテレスの影響力を受けたり、これと対決したりながら、己を形成していくのかはまだわからない。しかし、二十世紀から受け継ぎ、それをさまざまに展開しつつあるものは様相論理学、存在論（形而上学）、芸術論そして倫理学であろう。フォン・リクト（G. H. von Wright）の『Truth, Knowledge & Modality（真理・知識・様相）』（一九八四年）やヒンティカ（Jaakko Hintikka）を始めとして様相理論の展開にアリストテレスの影響や刺戟は大きいし、存在論には何と言ってもハイデガー（Martin Heidegger）の『Sein und Zeit（存在と時間）』（一九二七年）がアリストテレスのオン・ヘー・オンすなわち存在としての存在の分析に啓発されたことが二十世紀を存在に目覚めさせたと言えようが、そのアリストテレスの存在論につきオーバンク（Pierre Aubenque）は『Le problème de l'être chez Aristote（アリストテレスの存在問題）』（一九八三年）を著わし、アリストテレスの存在論研究と同時に、その後世への影響を全面的に考究している。芸術論的美学は、アリストテレス『詩学』におけるカタルシス論と創造論とが二十世紀以前と以後の美学を変えた契機の一つだったと言っても過言ではない。それは享受の受動性を否定するとともに、制作のマニュアル化に堕ちた芸術教育に創造への哲学的考迫《アンキバシュエー》を示そうとした。スーリオ（Etienne Souriau）のもとに結集した人々の中のデュフレンヌ（Mikel Dufrenne）やパスロン（René Passeron）たちの“Recherche Poietique”（創造研究）は、試みの域を脱しないが一つの企てであるし、ガーダマー（Hans-Georg Gadamer）やリクール（Paul Ricoeur）、パレイゾン（Luigi Pareyson）や私の解釈学は、ある意味でカタルシス論の変奏ないし展開と見られなくもない。

これら現代につながる問題の中でも、最近とみに考えられることの多いのは正義論である。ロールズ（John Rawls）の『正義の理論』（A Theory of Justice 改訂版一九九九年）などはその代表的なものであろう。彼はそこで、真理が思想体系の第一の徳であるように正義が社会的制度の第一の徳であるという、プラトン＝アリストテレス的伝統つまり西洋哲学の正統に立った上、正義は真理と同様 uncompromising（妥協を許さぬ）ものとする。その中心概念を彼は Justice as fairness（公正としての正義）とするが、これこそがアリストテレスの正義論が古典的な形式で狙ったところである。彼がいかほど多くアリストテレスに負うかは、その言及する頁数がいかに多いかを見ても明らかであり、『ニコマコス倫理学』と『政治学』の今日的意義はこの点でも明らかである。

倫理学の展開としてはこのほかに、前に述べたエコ・エティカ（生圏倫理学）が、行為の論理構造についてアリストテレス批判に始まり、新しい徳目倫理としては彼の補完に始まっている。ほかに私が提唱し、少しずつ学界に定着しつつあるメタテクニカ（技術哲学）やウルバニカ（都市哲学）は、古代のポリスとは異なった意味で現代世界の人間定住の場となりつつある技術連関や都市についての哲学として研究されなくてはならないが、いずれもアリストテレスのポリティケーとかかわりが深い。

問うことにおいてのみ、哲学は生きる。問わしめて止まない彼は、ここでも哲学を生かしめる哲学者たることを証しする。アリストテレスは死して二千何百年か経つが、いまだに現役の哲学者である。

学術文庫版へのあとがき

このたび旧著『アリストテレス』(「人類の知的遺産8」) が、同じ講談社の学術文庫の一冊に加えられることになったことは、著者にとってたいへんな名誉であり、嬉しく思っている。しかも旧著出版から二十年以上経た歳月を考慮し、出版社の側から加筆訂正、増補の可能性の申し出があった。この学問的な態度は学術文庫としては当然のことであろうが、二十年の間に老いたとはいえ多少の努力を続けていた学徒として、感激せざるをえない。もとより厳しい枠はあるから、十分のことはできなかったが、今の私としてなしうべきことは果たしたつもりである。新版の特色は、旧版の誤植その他を改め、かつ旧版以後の自他の研究成果を随所に入れたことにある。ことに前著で不足していた倫理学、政治学、詩学などについては可能な限りの補充を加えた。

私はかつて東京大学文学部で学んだとき、ギリシア哲学専攻の出隆教授のもとで「アリストテレスの哲学について――プロネーシスについての哲学的研究――」という論文で文学士の学位を得て卒業した者である。私は古典研究を基礎にしながら、いわゆる体系形成の思索としての哲学を専攻に選び、形而上学、美学、倫理学の論理的思索を続けてきており、大学での講義は一貫して自分の考えを含めての広義の現代哲学であった。しかし学恩のある出先生から「人類の知的遺産」の『アリストテレス』は絶対に私に書かせよというご推薦があったから、必ずしも専門家ではない私の仕事となった。先生のご病臥中に、前著の青焼をお届けすることができた。その思い出の著作をいくらかよくして再版できる幸せを、関係各位、ことに校正その他にご尽力いただいた相澤耕一氏はじめ講談社の諸氏に感謝したい。

二〇〇四年三月末日

今道友信

アリストテレス年表

西暦	生涯
前三八四	〔または前三八五〕スタゲイロスに生まれる。父ニコマコスはマケドニア王アミュンタスの侍医、母パイスティスはカルキス生まれ。若くして父母を失い、小アジアのアタルネウスに行き、後見人プロクセノス（姉の夫）に育てられる。プラトンはアカデメイアで『テアイテトス』『国家篇』など中期対話篇を公刊。
前三六七	十七歳に達するやアテナイに出て、プラトンの学園アカデメイアに入学。プラトンは六十歳、第二回のシケリア島、シュラクーサイ旅行中。アリストテレスはプラトンの対話篇を読む。
前三六一	プラトンは第三回目のシュラクーサイ旅行をし、悲劇的破局を体験する。アリストテレスはクセノクラテス、スペウシッポス等と共に学び、「学園の知性」と称される。
前三五九	ピリポス二世、マケドニアの王位につく。アリストテレスは教授としてプラトンを助ける。失われた対話篇『プロトレプティコス』『詩人論』等を著わす。論理学関係草稿も出来る。
前三四七	プラトン、アテナイで歿する（八十歳）。プラトンの甥スペウシッポスが学園を主宰し、アリストテレス、クセノクラテス、テ

一般事項
前三九九　ソクラテス獄死。
前三八七　プラトンがアテナイ郊外アカデメイアに学園を創立。
前三八五頃　アリストパネス死す。
前三八三頃　第一回仏典結集。
前三七二　孟子生まれる。
前三七〇　デモクリトス死す。
前三六五　荘周生まれる。
前三五九　秦の孝公、商鞅と諮り改革を行う。
前三五〇　「左氏伝」成立。

オプラストスの三人はアテナイを去り、ヘルメイアスが僭主となっていたアッソスへ赴く。アリストテレスはヘルメイアスの姪ピュティアスと結婚。自然学関係の実験観測等の資料をつくる。

前三四五 ヘルメイアス、ペルシア王アルタクセルクセス三世の刺客により暗殺。アリストテレスは妻とレスボス島のミュティレーネへ行き、二年間滞在。テオプラストスはこの後も同行したらしい。『動物学』関係の原稿が書かれる。『形而上学』の一部も着手。

前三四二 マケドニア王ピリポス二世から、アレクサンドロス王子の師傅として、招聘を受け、以後七年間、ペラで皇太子の教育にあたる。

前三三八 〔または前三三九〕スペウシッポス死す。アカデメイア第三代学頭にはクセノクラテスが選ばれる。

前三三六 ピリポス王暗殺され、アレクサンドロスが王位を継ぐ（二十歳）。アリストテレスはこの前年にアテナイに帰り、リュケイオンに学園を開設。「アリストテレス全集」として今日に伝わる草稿の大部分は、この学頭時代の執筆。

前三三一 ペルシア帝国滅亡。

前三四〇 デモステネスはアテナイとテーバイとに反マケドニア連合を画策する。

前三三八 ペルシア王アルタクセルクセス三世暗殺される。カイロネイアの戦い。マケドニアはギリシア連合軍を破る。デモステネスはアテナイを追われる。

前三三三 この頃、蘇秦が六国の相となる。

前三二三	アレクサンドロス大王、東方バビロニアに死す。アテナイで反マケドニア運動が起こり、アリストテレスはカルキスに行く。	
前三二二	アリストテレス、胃病が嵩じて歿（六十二歳）。	前三二二　デモステネス自殺。

文献

紙数に限りがあるため、インターネット検索可能な状況に鑑《かんが》み、研究者にとり重要な文献表はこれを最少限に止どめた。

原典全集および翻訳全集等

(1) Aristotelis Opera Academia Regia (Berlin 5 vol. 1831—70).
(2) Aristotelis Opera omnia graeca et latine (5 vol. Parisis apud Aegidium Morellum 1639).
(3) Aristotelis Opera Omnia Editio Didotina (5 vol. 1883—88).
(4) Oxford Classical Texts
(5) J. A. Smith et W. D. Ross : The works of Aristotle (12 vol. Oxford 1908—1952).
(6) E. Grumach : Aristoteles' Werke in deutscher übersetzung (Berlin 1956ss.).
(7) Barthélemy Saint-Hilaise : Oeuvres d'Aristote (35 vol. 1837—39).
(8) Loeb Classical Library : Works of Aristotle.
(9) Collection des Université de France (édition Les Belles Lettres).
(10) Philosophische Bibliothek : Aristoteles' Werke.
(11) 出隆監修・山本光雄編『アリストテレス全集』十七巻 岩波書店 一九六八—七三

研究書

(12) W. D. Ross : Metaphysics of Aristotle (2 vol. Oxford 1924).
(13) R. Mckeon : The basic works of Aristotle (Random House 1941).
(14) P. Aubenque : Le problème de l'être chez Aristote (PUF 1983 5e édition).
(15) R. Brague : Aristote et la question du monde (PUF 1988).
(16) W. Jaeger : Aristoteles-Grundlegung einer

Geschichte seiner Entwicklung (Berlin 1923).
(17) 出隆『アリストテレス哲学入門』岩波書店　一九七二
(18) 竹内敏雄『アリストテレスの芸術理論』弘文堂　一九五九　改訂版一九六九
(19) 田中美知太郎編『アリストテレス』(「世界の名著」8)　中央公論社　一九七二
(20) 岩田靖夫『アリストテレスの倫理思想』岩波書店　一九八五
(21) 藤沢令夫『イデアと世界』岩波書店　一九八〇
(22) 牛田徳子『アリストテレス哲学の研究』創文社　一九九一
(23) 水地宗明『アリストテレス「デ・アニマ注解」』晃洋書房　二〇〇二

述語 katēgoria　61, 117, 191f, 196
200, 212
浄化（カタルシス）katharsis
477f
真 alētheia　47, 109, 122, 194f, 338
神学 theologikē　41, 106, 246, 282
343, 365, 368
推論 syllogismos　123, 199, 213f
生命（ゾーエー）zōē　269, 270
存在 on　41, 109, 283, 336f, 365
存在論 ontologia　38, 69, 106
336f, 341, 352

〈タ行〉

第一実体 prōtē ousia　121, 193f
341
第一哲学 prōtē philosophia　105
112, 283
第二実体 deutera ousia　121
193f, 341
中庸 mesotēs　426, 428
定義 horismos　120, 206, 213f
216, 311
テオロギア theologia　364, 366
テオロギケー theologikē　282
365f
徳 aretē　158, 189, 426, 464

〈ナ行〉

人間 anthrōpos　117, 216, 236, 284
認識 epistēmē　204f, 267

〈ハ行〉

パトス（苦難）pathos　459, 479
美 kalon　27, 47, 109, 174, 246
普遍者 katholou　73, 121, 189, 193
プラトン Platōn　22, 33, 124f, 143f
166, 167, 188f, 204, 209, 223f, 252f
323, 434, 441, 467, 476
ポリス polis　44, 395, 423f, 473f

〈マ行〉

持前 hexis　118, 191, 428

〈ヤ行〉

勇気（勇敢）andreia　115, 406f
420, 443
四原因　49, 116, 124

〈ラ行〉

霊魂（魂・生魂）psychē　172
173, 177, 242f, 264f
論証 apodeixis　187, 199, 207
209, 214

索　引

(f はその頁の後数頁に頻出する意)

〈ア行〉

ある（在る）einai 118, 191f, 339f
イデア idea 53, 125, 146, 166, 171, 190, 324f, 341, 464, 477
イデア論 124, 146, 171, 290, 323f
ウーシア（実体）ousia 338f, 349f, 409, 439
運動（変化）metabolē 128, 173, 221, 229f, 234f, 241, 249, 282, 229f, 237, 290, 350
永遠（性）aei 112, 203, 250, 261, 346
エイドス（形相）eidos 42, 324f, 341
エンテレケイア entelecheia 132, 133, 363
怖れ phobos 406f

〈カ行〉

可能態 dynamis 116, 130f, 235
神 theos 21, 172f, 183, 216, 368, 370f
感覚 aisthēsis 204, 248, 266, 273, 284f
完全現実態 entelecheia 235, 270, 363
技術（テクネー）technē 128, 205, 286f
基体 hypokeimenon 73, 192
起動因（作用因）causa efficiens 128f, 176
空間 topos 235, 239
形相 idea, eidos 59, 73, 124, 229, 247, 349f
形相因 causa formalis 127, 176
原因 aitia 111, 198
現実態 energeia 116, 130f, 235, 270
原理 archē 44, 111, 222f
賢慮 phronēsis 466, 468f
行為 praxis 90, 189, 470f
幸福 eudaimonia 133, 175, 179f, 183

〈サ行〉

作用因（起動因）causa efficiens 128, 130, 246
死 thanatos 173, 420f, 436f, 450, 481
時間 chronos 118, 240f, 417
自然（ピュシス）physis 49, 223f, 230f
実践 praxis 110, 208, 470f
質料 hylē 73, 112, 124, 125, 247, 349
質料因 causa materialis 127, 176

KODANSHA

本書は、一九八〇年に小社から刊行された「人類の知的遺産」8『アリストテレス』を底本としました。

今道友信（いまみち　とものぶ）

1922年，東京生まれ。東京大学文学部哲学科卒業。東京大学教授を経て東京大学名誉教授，パリ国際哲学研究所名誉所長，国際形而上学会会長，国際美学会終身委員，エコエティカ国際学会会長，哲学美学比較研究国際センター所長，英知大学教授などを務める。文学博士。主著は『Betrachtungen über das Eine』『同一性の自己塑性』『現代の思想』『エコエティカ』など。2012年没。

講談社学術文庫

定価はカバーに表示してあります。

アリストテレス

今道友信《いまみちとものぶ》

2004年5月10日　第1刷発行
2025年2月12日　第12刷発行

発行者　篠木和久
発行所　株式会社講談社
東京都文京区音羽 2-12-21 〒112-8001
電話　編集（03）5395-3512
販売（03）5395-5817
業務（03）5395-3615
装　幀　蟹江征治
印　刷　株式会社広済堂ネクスト
製　本　株式会社国宝社

ISBN4-06-159657-8

「講談社学術文庫」の刊行に当たって

これは、学術をポケットに入れることをモットーとして生まれた文庫である。学術は少年の心を養い、成年の心を満たす。その学術がポケットにはいる形で、万人のものになることは、生涯教育をうたう現代の理想である。

こうした考え方は、学術を巨大な城のように見る世間の常識に反するかもしれない。また、一部の人たちからは、学術の権威をおとすものと非難されるかもしれない。しかし、それはいずれも学術の新しい在り方を解しないものといわざるをえない。

学術は、まず魔術への挑戦から始まった。やがて、いわゆる常識をつぎつぎに改めていった。学術の権威は、幾百年、幾千年にわたる、苦しい戦いの成果である。こうしてきずきあげられた城が、一見して近づきがたいものにうつるのは、そのためである。しかし、学術の権威を、その形の上だけで判断してはならない。その生成のあとをかえりみれば、その根は常に人々の生活の中にあった。学術が大きな力たりうるのはそのためであって、生活をはなれた学術は、どこにもない。

開かれた社会といわれる現代にとって、これはまったく自明である。生活と学術との間に、もし距離があるとすれば、何をおいてもこれを埋めねばならない。もしこの距離が形の上の迷信からきているとすれば、その迷信をうち破らねばならぬ。

学術文庫は、内外の迷信を打破し、学術のために新しい天地をひらく意図をもって生まれた。文庫という小さい形と、学術という壮大な城とが、完全に両立するためには、なおいくらかの時を必要とするであろう。しかし、学術をポケットにした社会が、人間の生活にとってより豊かな社会であることは、たしかである。そうした社会の実現のために、文庫の世界に新しいジャンルを加えることができれば幸いである。

一九七六年六月

野間省一